LIDERANÇA
LEAN

O'REILLY®

JEAN DAHL

LIDERANÇA LEAN

Como Garantir o Sucesso e Desenvolver uma Estrutura de Liderança

SÉRIE **LEAN** ∞

EDITOR DA SÉRIE, **ERIC RIES**

ALTA BOOKS
EDITORA
Rio de Janeiro, 2021

Liderança Lean
Copyright © 2021 da Starlin Alta Editora e Consultoria Eireli.
ISBN: 978-65-5520-238-0

Translated from original The Leading Lean. Copyright © 2020 by O'Reilly Media, Inc.,. ISBN 978-1-118-50923-4. This translation is published and sold by permission of Agility1 Consulting, LLC, the owner of all rights to publish and sell the same. PORTUGUESE language edition published by Starlin Alta Editora e Consultoria Eireli, Copyright © 2021 by Starlin Alta Editora e Consultoria Eireli.

Todos os direitos estão reservados e protegidos por Lei. Nenhuma parte deste livro, sem autorização prévia por escrito da editora, poderá ser reproduzida ou transmitida. A violação dos Direitos Autorais é crime estabelecido na Lei nº 9.610/98 e com punição de acordo com o artigo 184 do Código Penal.

A editora não se responsabiliza pelo conteúdo da obra, formulada exclusivamente pelo(s) autor(es).

Marcas Registradas: Todos os termos mencionados e reconhecidos como Marca Registrada e/ou Comercial são de responsabilidade de seus proprietários. A editora informa não estar associada a nenhum produto e/ou fornecedor apresentado no livro.

Impresso no Brasil — 1ª Edição, 2021 — Edição revisada conforme o Acordo Ortográfico da Língua Portuguesa de 2009.

Erratas e arquivos de apoio: No site da editora relatamos, com a devida correção, qualquer erro encontrado em nossos livros, bem como disponibilizamos arquivos de apoio se aplicáveis à obra em questão.

Acesse o site **www.altabooks.com.br** e procure pelo título do livro desejado para ter acesso às erratas, aos arquivos de apoio e/ou a outros conteúdos aplicáveis à obra.

Suporte Técnico: A obra é comercializada na forma em que está, sem direito a suporte técnico ou orientação pessoal/exclusiva ao leitor.

A editora não se responsabiliza pela manutenção, atualização e idioma dos sites referidos pelos autores nesta obra.

Produção Editorial
Editora Alta Books

Gerência Comercial
Daniele Fonseca

Editor de Aquisição
José Rugeri
acquisition@altabooks.com.br

Produtores Editoriais
Illysabelle Trajano
Maria de Lourdes Borges
Thiê Alves

Marketing Editorial
Livia Carvalho
Gabriela Carvalho
Thiago Brito
marketing@altabooks.com.br

Equipe de Design
Larissa Lima
Marcelli Ferreira
Paulo Gomes

Diretor Editorial
Anderson Vieira

Coordenação Financeira
Solange Souza

Produtor da Obra
Thales Silva

Equipe Ass. Editorial
Brenda Rodrigues
Caroline David
Luana Rodrigues
Mariana Portugal
Raquel Porto

Equipe Comercial
Adriana Baricelli
Daiana Costa
Fillipe Amorim
Kaique Luiz
Victor Hugo Morais
Viviane Paiva

Atuaram na edição desta obra:

Tradução
Luciene Camargo

Copidesque
Maíra Meyer

Revisão Gramatical
Eliana Mattos
Kamila Wozniak

Diagramação
Luisa Maria

Ouvidoria: ouvidoria@altabooks.com.br

Editora afiliada à:

Dados Internacionais de Catalogação na Publicação (CIP) de acordo com ISBD

D1311   Dahl, Jean
       Liderança Lean: como garantir o sucesso e desenvolver uma estrutura de liderança / Jean Dahl ; traduzido por Luciene Camargo. - Rio de Janeiro : Alta Books, 2021.
       320 p. ; 17cm x 24cm.

       Tradução de: Leading Lean
       Inclui índice.
       ISBN: 978-65-5520-238-0

       1. Administração. 2. Liderança. 3. Inovação. I. Camargo, Luciene. II. Título.

2021-2659   CDD 658.4092
                CDU 65.012.41

Elaborado por Odilio Hilario Moreira Junior - CRB-8/9949

ALTA BOOKS EDITORA
Rua Viúva Cláudio, 291 — Bairro Industrial do Jacaré
CEP: 20.970-031 — Rio de Janeiro (RJ)
Tels.: (21) 3278-8069 / 3278-8419
www.altabooks.com.br — altabooks@altabooks.com.br

Sobre a Autora

Jean Dahl é executiva sênior engajada e focada em resultados, líder de pensamento reconhecida, oradora e empreendedora em série, apaixonada pela criação de empresas Lean adaptativas e responsivas que aproveitam as mudanças para alcançar níveis cada vez maiores de agilidade. Com frequência, a autora presta consultoria a seus clientes, de startups Lean e gigantes corporativos, para trazer a eles uma mentalidade Lean revolucionária e o pensamento Lean e ajudá-los a evoluir continuamente na economia global do século XXI e além. Ela também é diretora-executiva do Modern Lean Institute, organização sem fins lucrativos dedicada a ajudar o mundo a desenvolver e formar líderes Lean através de uma comunidade de mentores, coaches e *senseis* dispostos a dedicar o seu tempo para ajudar as outras pessoas a se tornarem verdadeiros líderes Lean em nosso mundo disruptivo. A autora também se coloca à disposição para proferir palestras corporativas e participar de congressos como palestrante keynote. Ela pode ser contatada através do Modern Lean Institute.

Sumário

Introdução ix

Prefácio xiii

CAPÍTULO 1
Como Superar a Crise Atual da Liderança 1

CAPÍTULO 2
O Conceito Modern Lean Framework™ 21

CAPÍTULO 3
Liderança Própria 37

CAPÍTULO 4
Liderança sobre os Outros 57

CAPÍTULO 5
Liderança de Fora para Dentro 101

CAPÍTULO 6
Liderança em Toda a Empresa 137

CAPÍTULO 7
Liderança da Inovação 175

CAPÍTULO 8
Liderança da Cultura 209

CAPÍTULO 9
Como se Tornar um Líder Autônomo 263

Índice 297

Introdução

Alguns anos atrás, publiquei meu segundo livro, *O Estilo Startup: Como as empresas modernas usam o empreendedorismo para se transformar e crescer*, que é tanto um reconhecimento como uma investigação das muitas direções que a Lean Startup tomou indo além das startups de tecnologia e do Vale do Silício. Os experimentos e processos em execução, como a criação de produtos mínimos viáveis, seguindo o ciclo construir-medir-aprender e o conceito *Metered Funding*[1], foram aplicados a mais tipos de problemas do que eu jamais poderia imaginar, inclusive em empresas grandes e estabelecidas há anos que desejam se manter vitais e relevantes em um novo mundo de negócios. Aparentemente, essas empresas podem ter pouco em comum com os outros tipos de organizações das quais a Lean Startup assumiu o controle: startups pequenas e recém-formadas, startups que tiveram um crescimento expressivo, órgãos governamentais e organizações sem fins lucrativos, para citar apenas alguns. Mas, apesar das diferenças de missão e objetivos, essas organizações possuem uma similaridade fundamental: as pessoas que as administram sabem que a adaptabilidade é a chave para o sucesso no século XXI.

Em outras palavras: liderança.

Conversei muito com algumas pessoas a fim de tentar trazer inovação para suas empresas. Essas conversas tendem a ser assim: os funcionários com novas e boas ideias sobre como lidar com todos os tipos de problemas — desde reinvenções em todo o setor a problemas sociais, ou a maneira como funcionam os sistemas de TI de sua empresa — vêm a mim dizendo que não têm como reagir a essas ideias.

Eles estão presos às antigas estruturas corporativas do século XX, sustentadas por pessoas que, por mais que tenham boas intenções, sem sombra de dúvida também estão presas a uma mistura de complacência e medo. Esses líderes estão fazendo o que sempre fizeram, mesmo sabendo que os riscos de não mudar estão crescendo a cada dia. Às vezes, eles autorizam a criação de uma equipe ou projeto de inovação isolado, mas nunca é integrado de verdade à empresa como um todo e, como resultado, tende

---

1 Nota de tradução: *Metered Funding*, ou financiamento/investimento mensurado em tradução livre, é quando uma ideia ou serviço recebe aportes somente ao apresentar dados validando a hipótese ou o MVP.

a durar pouco. A cultura da empresa e a função dos líderes dentro dela permanecem intocadas.

Esses líderes vivem em negação quanto às enormes e rápidas mudanças ocorrendo no mundo do trabalho e à importância e influência de seus cargos. Quando não conseguem dar o exemplo de abertura à mudança e conscientização de que é fundamental ter uma reação rápida, acabam desencorajando as mesmas pessoas que são necessárias para ajudar a empresa a evoluir, gerando, assim, estagnação em vez de dinamismo e, por fim, levando a empresa à ruína.

Já vi essa cena mais vezes do que gostaria, e Jean Dahl também, por isso ela escreveu este guia abrangente sobre o que os líderes precisam fazer para estimular a inovação e uma reação rápida. Como na maioria das transformações, o processo começa dentro de cada um e em suas atitudes e ações. Depois é externalizado, levando em consideração a contribuição de seus colegas e suas comunidades, a fim de estarem preparados para reagir igualmente a contratempos ou oportunidades.

É de extrema importância essa mudança cultural e estrutural. As formas de pensar desatualizadas, por sua vez, produzem culturas organizacionais hostis à inovação e à reação rápida no exato momento em que essas qualidades importam mais do que nunca. Como afirma Jean Dahl, os líderes de que precisamos agora são, acima de tudo, solucionadores de problemas, e devem ter um foco preciso na geração e entrega de valor a favor do ecossistema do qual fazem parte.

Gostaria de refletir um pouco sobre o significado de "ecossistema". Durante décadas, os únicos stakeholders com os quais as empresas realmente precisavam se preocupar eram seus acionistas. Bastava ter lucro e os negócios perduravam como de costume. Isso não se aplica mais. O mundo está evoluindo tão rapidamente que os "negócios como de costume" literalmente não existem mais. O que é de costume hoje se torna obsoleto amanhã.

Também não é mais suficiente para as empresas ter em mente apenas o resultado final. Sabemos que a maioria das pessoas quer trabalhar e investir em empresas focadas não apenas no lucro, mas também no benefício que trazem ao mundo em que atuam. Isso inclui seus profissionais, clientes, comunidades e até o planeta que todos compartilhamos. Sabemos também que as empresas com essa mentalidade e atitude são tão bem-sucedidas financeiramente quanto as que não pensam ou atuam assim, portanto, não há porque agir de outra maneira. Os verdadeiros líderes veem claramente as necessidades de todas as pessoas a quem eles servem, percebem quando essas necessidades estão mudando e agem de acordo.

É nesse ponto que este livro entra. Ele reúne todas as informações e ferramentas necessárias para liderar de maneira estrutural e filosófica, a fim de que você possa ajudar a guiar sua organização para a próxima fase de sucesso. O objetivo final é criar um ciclo de inovação contínua em todos os processos e produtos da sua empresa, a fim de que ela esteja pronta para enfrentar quaisquer mudanças e desafios que surjam no caminho. Isso significa prestar atenção o tempo todo às informações que chegam, sejam elas de clientes, funcionários ou da sociedade em geral.

A liderança moderna tem a ver com a oferta de oportunidades e a promoção de parcerias baseadas na confiança. Também requer a elaboração de um plano estratégico abrangente que leve a sério a necessidade de inovação contínua. Este livro mostrará a você por que todas essas coisas funcionam e como ser capaz de conquistá-las.

— Eric Ries
Outubro de 2019

Prefácio

Por que o livro *Liderança Lean*?

No mundo de hoje, as mudanças estão em todos os cantos. Níveis cada vez mais altos de volatilidade, incerteza, complexidade e ambiguidade (VUCA) são o "novo padrão". Os líderes de hoje devem reconhecer — tanto dentro de suas organizações como em si mesmos — a necessidade de evoluir continuamente para evitar a extinção e gerar valor para seus clientes.

O livro *Liderança Lean* é um plano de ação para líderes que desejam encarar de cabeça erguida esses desafios de liderança do século XXI. Este livro oferece métodos, ferramentas e estratégias práticas para liderar profissionais capacitados, capazes de adotar e chegar a uma tomada de decisão rápida e flexível. Você aprenderá a aproveitar as oportunidades que as mudanças trazem para garantir o sucesso a longo prazo, gerando valor em todos os níveis da sua organização.

O Capítulo 1, *Como Superar a Crise de Liderança Atual*, aborda como o bom uso da agilidade pode nos capacitar para superarmos os obstáculos enfrentados pelos líderes do século XXI. O Capítulo 2, *O Conceito Modern Lean Framework*™, apresenta uma estrutura influenciada pelas práticas e princípios da Toyota Motor Corporation (bem como pelo trabalho dos grandes nomes por trás do método Lean: Daniel T. Jones, Jeffrey Liker, Eric Ries, Daniel Roos e James Womack) concebidos para ajudar no desenvolvimento e aperfeiçoamento de suas habilidades e capacidades de liderança Lean.

O Capítulo 3, *Liderança Própria*, examina mais de perto como os líderes podem cultivar uma mentalidade saudável de liderança, entendendo as habilidades e capacidades necessárias para liderar a si próprios, além de se tornarem líderes servidores aos outros. Seguindo essa base, o Capítulo 4, *Liderança sobre Outros*, aborda a necessidade de os líderes Lean ajudarem a fortalecer continuamente as pessoas a quem servem, empregando o método de Práticas de Negócios Toyota (TBP, *Toyota Business Practices*) para resolução de problemas e melhoria contínua e oferecendo orientação para estratégias de Desenvolvimento no Local de Trabalho (OJD, *On-the-Job Development*). Esse capítulo também traz um estudo de caso de uma organização que se comprometeu a implementar os princípios e métodos Lean para revolucionar seus negócios.

O Capítulo 5, *Liderança de Fora para Dentro*, aborda a importância de liderar uma empresa centrada no cliente e fornece ferramentas para elaborar uma estratégia omnichannel de experiência do cliente (OCXS). O Capítulo 6, *Liderança em Toda a Empresa*, ajuda a desenvolver um roteiro estratégico que alinha a sua empresa com as necessidades de seus clientes, seus stakeholders e sua empresa, e o Capítulo 7, *Liderança da Inovação*, segue essa abordagem com uma visão de como estimular a inovação e a melhoria contínua através da criação de produtos/serviços revolucionários.

A cultura é parte integral do sucesso de uma organização Lean, e é por isso que o Capítulo 8, *Liderança da Cultura*, fornece a dimensão da Liderança da Cultura do conceito Modern Lean Framework™, que é um conjunto de crenças, valores, comportamentos e ações que representam os elementos culturais de uma empresa Lean que pode ser adaptado para funcionar da melhor forma em sua empresa. Por fim, o Capítulo 9, *Como se Tornar um Líder Lean Autônomo*, reúne todos esses princípios e práticas trazendo conselhos sobre como progredir sendo o líder que sua organização, equipe, stakeholders e clientes merecem.

Enquanto estiver lendo este livro, lembre-se de que você vivenciará a mesma quantidade de fracassos e sucessos no caminho rumo à liderança Lean. Reconheça e considere o fracasso apenas como mais uma maneira de saber o que *não* funcionará. Em seguida, faça o devido ajuste, siga em frente e tente novamente — e comemore, sim, os sucessos que alcançar! Quando algo der certo, reserve um tempo para refletir e entender como chegou lá.

Agora, vamos dar início ao caminho rumo à liderança Lean!

Agradecimentos

Este livro não seria possível sem todos os pioneiros e exploradores determinados que dedicaram suas carreiras ao avanço do conjunto de conhecimentos chamado hoje de "Lean". Em particular, gostaria de agradecer a Dan Jones, Dan Roos e Jim Womack, que escreveram o livro revolucionário que deu início a tudo, *A Máquina que Mudou o Mundo*, e o livro de Womack e Jones, *A Mentalidade Enxuta nas Empresas*: *Elimine o desperdício e crie riqueza*, que definiu os princípios do pensamento Lean, livros que — além da série de livros de Jeffrey Liker sobre O Modelo Toyota, que abrange temas desde excelência no serviço, melhoria contínua e liderança Lean — influenciaram e impactaram muito a sintetização de meus pensamentos e guiaram o meu caminho para escrever o livro *Liderança Lean*. E, é claro, um agradecimento especial a Eric Ries como editor da série e líder Lean dos tempos modernos que trouxe o método Lean ao século XXI, dando início a um movimento que continua a evoluir e crescer nos dias de hoje.

E a todos os meus colegas que ouviram as minhas ideias e deram conselhos e sugestões. Agradeço imensamente a participação de cada um de vocês nesta jornada comigo. Sou grata a todos que encontraram um tempo para analisar o livro, especialmente a Daniel Jones, Evan Leybourn, Eric Ries e Brian Reffell. Suas sugestões trouxeram ainda mais força ao conteúdo e ajudaram a criar um produto final extraordinário.

Gostaria de reconhecer também o impacto que teve o trabalho de Robert Greenleaf na área de liderança servidora para constituir o pilar do meu sistema de crenças em autoliderança e para servir a mim mesma e aos outros, alcançando o melhor que a minha capacidade de líder servidora tem a oferecer. Acredito que, na atual economia global do século XXI, agora mais do que nunca, precisamos de líderes servidores Lean autônomos que possam contribuir e fazer o mundo avançar da melhor maneira possível.

Também gostaria de agradecer a todos os meus amigos e familiares que me incentivaram e apoiaram durante a criação do livro. Quando a O'Reilly Media entrou em contato comigo para escrevê-lo, acho que eu não tinha uma noção concreta sobre o nível de compromisso e esforço que estava aceitando, no zelo que eu teria para contribuir com a comunidade Lean. Por trás de todo escritor há uma vila, e quero agradecer a todos que vivem na minha (e por seus sacrifícios também). Agraço imensamente tudo o que vocês fazem para me apoiar e incentivar.

E, finalmente, gostaria de agradecer à O'Reilly Media por toda a ajuda para tornar este livro realidade. Em particular, Laurel Ruma, Melissa Duffield, Alicia Young e Kristen Brown. Vocês arrasam e tornaram esse processo muito mais fácil... obrigada, e continuem escrevendo!

CAPÍTULO 1

Como Superar a Crise Atual da Liderança

Colocar o cliente em primeiro lugar está no coração da filosofia Lean. Tudo o que um líder Lean faz deve ser orientado pelo objetivo de atender as vontades, necessidades e/ou desejos ainda não correspondidos de seus clientes. Se isso não estiver acontecendo, você não estará gerando e agregando valor. Você está apenas seguindo no piloto automático, achando que o que faz traz valor agregado? Como saber se você está ou não indo em direção ao seu Norte Verdadeiro, ou seja, se você está realizando a sua visão através da missão e do propósito e cumprindo sua proposta de valor?

Os maiores desafios que um líder Lean enfrenta hoje surgem dessas perguntas, porque o significado de *clientes* é muito amplo no mundo Lean. Eles podem ser os funcionários que criam e entregam seus produtos/serviços, os clientes que os compram e os consomem e as pessoas de sua comunidade, de seu país e, sim, até do mundo todo (conhecidos como stakeholders) que são impactados pela existência desses produtos/serviços; em outras palavras, o ecossistema Lean que você, como líder, chama de "mundo". Tudo isso significa que sua perspectiva precisa ser bastante abrangente e não vista apenas pelo que está bem à sua frente.

Significa, também, adotar a agilidade e entender que você deve aprender a reagir com eficácia e se ajustar às mudanças por meio da melhoria contínua e da evolução. Quando você para de melhorar e evoluir, o jogo acaba e a complacência se instaura. Hoje, mais de 40% de todas as empresas deixarão de existir nos próximos 10 anos.[1] A sua empresa será uma das sobreviventes e prósperas ou será apenas mais uma estatística? Você pode escolher agir agora para superar os desafios "dando uma força" para sua

---

[1] Julie Bort, "Retiring Cisco CEO Delivers Dire Prediction: 40% of Companies Will Be Dead in 10 Years", Business Insider, 9 de junho, 2015.

organização reagir de maneira eficaz às mudanças, para que você possa sobreviver e prosperar no século XXI.

Este capítulo se concentra nos problemas enfrentados pelos líderes Lean e fornece o contexto apropriado enquanto você continua a leitura do livro.

Agregar Valor Ao Cliente: o Maior Objetivo de uma Empresa

Como Eric Ries afirma em seu livro *A Startup Enxuta*, "O método da Startup Enxuta [desenvolvimento de produtos orientado em hipóteses] cria empresas eficazes em termos de capital, pois permite às startups [inovadores em geral] reconhecer mais cedo que é o momento de pivotar, gerando menos desperdício de tempo e dinheiro".[2] Fazer experimentos com suas ideias de produtos/serviços faz com que surjam produtos/serviços que geram valor para seus clientes, stakeholders e, claro, para sua empresa.

Portanto, os líderes Lean devem ter um foco profundo em conquistar o coração e a mente de seus clientes:

- Fornecendo produtos/serviços que seus clientes consideram valiosos;
- Atendendo bem a seus clientes para que sua organização mantenha um relacionamento saudável e contínuo com eles;
- Garantindo que a organização esteja à frente das vontades, necessidades e/ou desejos ainda não correspondidos e em constante mudança de seus clientes como condições competitivas de mercado, dedicando um tempo para entender de verdade o que gera e agrega valor.

No entanto, a digitalização de produtos/serviços e dos canais pelos quais são comercializados, vendidos e entregues requer uma abordagem empresarial muito mais holística. Já se foi a época em que os líderes conseguiam se esconder de seus clientes. Os líderes devem estar envolvidos e interagir com os clientes, liderando equipes que resolvem tanto os problemas da empresa como dos clientes. O processo de desenvolvimento de produtos/serviços deve ser uma representação holística que reúne membros da equipe de toda a organização em equipes de alto desempenho que entendem como identificar e gerar valor e como avançar rapidamente em direção ao desenvolvimento e à entrega.

---

[2] Eric Ries, *A Startup Enxuta: Como os empreendedores atuais utilizam a inovação contínua para criar empresas extremamente bem-sucedidas* (São Paulo: Lua de Papel, 2012), 59.

Definição de Valor

Do ponto de vista do cliente, o valor vem de um produto/serviço da mais alta qualidade que é oferecido no mercado no momento certo e a um preço adequado e atende a algumas vontades, necessidades e/ou desejos não correspondidos, gerando e agregando valor quando consumido. Tanto para o cliente como para a empresa, o valor gerado deve ser maior que o investimento feito. Sua responsabilidade como líder Lean é garantir que essa equação seja monitorada tanto da perspectiva do cliente como da perspectiva da empresa e garantir que não seja gerado desperdício, ou seja, permitir que o investimento ultrapasse a percepção do valor. Quando isso ocorre, o produto/serviço não é mais viável da perspectiva de qualquer uma das partes.

Mas como o valor é identificado, gerado e agregado? Para você, como líder Lean, essa pergunta é ainda muito mais difícil de responder. Quando há muitas equipes, produtos/serviços e unidades de negócios, o processo de agregar valor se torna ainda mais difícil.

As organizações geram e agregam valor de duas maneiras distintas:

1. Empurrando os produtos/serviços para os clientes, conhecida como uma *abordagem de dentro para fora*, na qual o valor é definido dentro da organização e os clientes têm pouca participação nos produtos/serviços que os alcançam.

2. De uma *perspectiva de fora para dentro*[3], na qual a organização inicia a concepção e definição do produto/serviço trabalhando com os clientes, perguntando a eles quais ideias seriam valiosas. Esse processo traz para o sistema de produção ou processo de desenvolvimento da empresa as demandas dos clientes em vez de lançar produtos/serviços no mercado com pouquíssima interação deles.

Essa abordagem de dentro para fora é um sistema mais tradicional de push de geração e agregação de valor. A abordagem de fora para dentro é um sistema de pull. O fluxo de identificação do valor começa com o cliente e a organização de gerenciamento do produto trabalhando juntos, trazendo ideias e aprimoramentos do cliente por meio de discussões presenciais, ciclos de feedback do produto, pesquisas, discussão em grupo, análises de dados etc., e definindo o que é o mais importante, relevante e valioso para eles. A equipe — composta por gerenciamento de produtos/serviços, manufatura/tecnologia e operações — avalia e prioriza as sugestões, criando o produto/serviço com base nos dados coletados com os clientes. Em seguida, a equipe desenvolve e entrega os recursos de maior prioridade primeiro. Quando os clientes fazem uma compra e depois a consomem/usam, é gerado valor tanto para os clientes como para a empresa em forma de vontades, necessidades e/ou desejos de um cliente satisfeito e geração

---

3 George S. Day e Christine Moorman, *Strategy from the Outside In: Profiting from Customer Value* (Nova York: McGraw-Hill, 2010), 5.

de receita ou valor da empresa, constituindo, assim, uma situação em que todos os envolvidos saem ganhando.

Para muitas empresas, permitir ao cliente liderar e trabalhar em equipes holísticas de produtos/serviços representa uma grande mudança. No entanto, é preciso fazer tudo o que estiver ao seu alcance para manter um foco aguçado em seus clientes, impulsionando a criação de produtos/serviços centrados no cliente considerados valiosos por eles.

Reconhecendo a Atual Crise na Liderança

A Internet das Coisas (IoT) marcou o início da era da competição global à velocidade da luz. Para acompanhar esse ritmo e manter-se competitivo em um mundo digital, os líderes devem adotar novas maneiras de organizar, executar e evoluir. Permitir que esse modo antigo permaneça, diminui a capacidade de sua empresa evoluir, o que afeta diretamente a capacidade de se manter relevante e competitiva na economia global de hoje. Ou, ainda pior, aquelas soluções milagrosas que transformam a empresa em passe de mágica trazendo novas maneiras de trabalhar da noite para o dia são nada mais nada menos tiradas dos contos de fadas.

Infelizmente, esse tipo de líder almeja abertamente imitar o que acreditam ser histórias de sucesso da noite para o dia de empresas como Amazon, Google e Airbnb. Enquanto isso, não mudam nada em si mesmos ou em suas empresas, mas esperam, e até acham que merecem, resultados diferentes. Não é realista pensar que uma grande empresa com tantos anos nas costas mude tudo em si mesma da noite para o dia!

As startups como Amazon, Google, Airbnb, Zappos etc. foram todas formadas nesta nova era de disrupção. Criaram suas propostas de valor a partir da perspectiva dos clientes, identificando e criando disrupção nos mercados antigos e estabelecidos. As empresas destronadas pela Amazon, como Sears e JCPenney, e até mesmo eBay — um disruptor que, por sua vez, foi desbancado até certo ponto. Uma vantagem que as empresas modernas formadas nas últimas duas décadas têm é que elas não carregam toda a bagagem que as empresas estabelecidas carregam. E seu sucesso está na maneira como seus líderes respondem à mudança. Eles a aceitam e adotam, construindo estruturas organizacionais descentralizadas, modelos operacionais e forças de trabalho ágeis e responsivas, para que toda a organização possa mudar o foco facilmente e seguir outra direção em uma semana, duas semanas, um mês ou alguns meses. Isso faz total contraste com as empresas mais tradicionais que buscam gerenciar a variabilidade do sistema a rígidos esforços de controle de mudanças e centralização, o que resulta na incapacidade de reagir rápida e efetivamente às condições do mercado em constante mudança.

Hoje, os líderes de empresas mais antigas e estabelecidas enfrentam desafios intensos provocados pela tentativa de permanecerem relevantes e competitivos em nossa economia global. Eles devem reconhecer o senso de urgência e crise iminente e liderar agressivamente suas organizações para encarar esses desafios o mais rápido possível. Essa é a marca de um verdadeiro líder Lean que está à altura: primeiro reconhece que há um problema, depois o enfrenta de cabeça erguida para evoluir continuamente e evitar a extinção corporativa pela incapacidade de competir em nível global.

Dez Desafios de Liderança do Século XXI

Vamos dar uma olhada nos principais desafios que você pode enfrentar e como este livro pode ajudá-lo a estar à altura da situação e superá-la.

Desafio 1: Autodesenvolvimento para Líderes

Os líderes, muitas vezes, não entendem que precisam primeiro se desenvolver e liderar a si mesmos antes mesmo de tentar liderar os outros. O autodesenvolvimento contínuo é a chave para ser um líder eficaz do século XXI. Você deve entender primeiro sua própria natureza multidimensional, o que significa esforçar-se constantemente para se desenvolver nas bases social, intelectual, espiritual, física e emocional. Você está em constante evolução, esteja ciente disso ou não, e essa evolução precisa ser consciente e intencional. Antes de mais nada, os verdadeiros líderes se conhecem muito bem — possuem autoconsciência. Passam um tempo buscando entender seus pontos fracos e limitações e, em seguida, trabalham com diligência para resolvê-los e superá-los continuamente.

Afinal, como líder Lean, seu objetivo é a busca da perfeição. Mas, francamente, esse objetivo é inatingível, e os líderes Lean são espertos o suficiente para entender esse fato. No entanto, essa busca, essa procura incessante pela perfeição que é inatingível, ainda os impulsiona. Como resultado dessa procura, você evolui e fortalece suas habilidades o tempo todo para liderar a si mesmo, o que aumenta sua capacidade de liderar os outros. Quem seguiria alguém cuja vida pessoal e profissional é uma bagunça? Essa experiência não é bem positiva, inspiradora ou transformadora a longo prazo para seus seguidores, e é por isso que as pessoas escolhem seguir os líderes que seguem.

Como enfrentar esse desafio:

- Procure entender quem você é e a sua importância, que começa acreditando em si mesmo e se respeitando. A construção da sua autoconsciência vem quando se é honesto consigo mesmo e se faz um esforço conjunto para desenvolver uma quietude interior, conhecida como *mindfulness* ou atenção plena (Capítulo 3). Estar em contato com seu eu interior e entender o que o faz feliz e o que lhe dá uma sensação de satisfação e realização faz de você um líder muito melhor no longo prazo. Saber onde está e aonde deseja ir é muito poderoso.
- Ser movido por um viés rumo à ação e enfrentar os desafios de cabeça erguida é a marca do líder Lean (Capítulo 3). A persistência, a tenacidade e o fato de não

ver o fracasso como o fim dos tempos são características pelas quais as pessoas serão atraídas, e elas pedirão ajuda a você para desenvolverem essas características em si mesmas. Ser capaz de perdoar a si mesmo para poder seguir em frente e se colocar a serviço do bem dos outros é um traço de um verdadeiro líder (Capítulo 4).

- Usar sua inteligência emocional para reagir a situações desafiadoras com razão, e não com emoção, mostra aos seus seguidores que você os respeita e se preocupa com eles (Capítulo 3). As pessoas seguem líderes nos quais confiam e a quem respeitam, porque os sentimentos são mútuos. Ser confiável é o fruto de ser consistente e atencioso, e não descontrolado e imprevisível (Capítulo 3).

Desafio 2: Estilos Ultrapassados de Liderança e Gestão

Os estilos de liderança de comando e controle e as estratégias de gestão de força de trabalho ultrapassadas pouco fazem para desenvolver e apoiar o crescimento e o desenvolvimento de futuros líderes. Os estilos de liderança de comando e controle usados há décadas nas empresas do século XX não funcionam para uma força de trabalho do século XXI engajada com a economia global. Os estilos modernos de liderança devem se voltar para liderar uma força de trabalho engajada e conectada; você deve reconhecer que o mundo está mudando, e que seu estilo também deve se desenvolver e evoluir. Todas as pessoas da organização devem se comprometer com sua melhoria contínua, desenvolvendo a capacidade de servir ao bem maior, em benefício de sua força de trabalho, clientes e stakeholders.

Como líder, você deve reconhecer, admitir e acessar a capacidade humana de contribuir, pensar, aprender e crescer — antes de começar a perder os maiores talentos de sua força de trabalho. Eles VÃO lhe deixar aos montes à procura de uma empresa que ofereça uma conexão com um propósito maior do que eles próprios. Ou pior, diminuir a equipe quando os lucros despencam não é uma estratégia sustentável. Toda empresa precisa de uma força de trabalho qualificada, instruída e treinada, independentemente do seu produto/serviço. Foi-se o tempo em que as pessoas podiam ser facilmente desligadas e depois substituídas quando os lucros voltavam a subir. As pessoas buscam estabilidade e um senso de comunidade que alimenta a alma humana.

Ter uma porta giratória na entrada da empresa é a maneira mais rápida de chegar ao fracasso, já que por ela passarão os valiosos talentos e conhecimentos o tempo todo. As taxas de desligamento e retenção são importantes, e ter uma reputação de instabilidade e um estilo inconstante de gestão é o jeito mais fácil de afastar as pessoas mais talentosas. Afinal, quem quer ser contratado para ser demitido em apenas seis meses ou um ano e ter que começar a procurar emprego novamente? É uma experiência emocional e intelectualmente desgastante, sem mencionar o dano irreparável que pode ter na carreira de um profissional.

Como enfrentar esse desafio:

- Procure entender o que significa liderar de uma posição de serviço. Em outras palavras, torne-se um líder servidor que trabalha para contribuir para o sucesso geral da organização, servindo-a e àqueles que seguem você em primeiro lugar (Capítulo 4).
- Reconheça que a composição da força de trabalho está mudando. Segundo Daniel Pink em seu livro *Motivação 3.0* (Alta Books, 2010), essa nova força de trabalho valoriza a autonomia, a maestria e o propósito acima de tudo (Capítulo 4). Eles procuram empresas cujos valores e princípios correspondem à confiança, transparência, ser valorizado e respeitado, ter voz e fazer a diferença, todos esses motivadores na escolha da empresa certa para se trabalhar.
- Desenvolver uma mente de melhoria contínua ou Conceito de Kaizen é essencial se deseja inspirar e transformar quem segue você (Capítulo 4).
- Promova e demonstre tolerância às falhas à medida que sua equipe aprende por tentativa e erro (Capítulo 4). Cometer erros faz parte do processo de aprendizagem. Se alguém não estiver cometendo nenhum erro, estará na defensiva. Quando os funcionários tentam algo novo e não dá certo, a experiência deve ser vista apenas como mais uma maneira de saber que não funciona.

Desafio 3: Foco no Cliente e Valor Agregado

Os líderes devem reconhecer que o foco no cliente e o valor agregado são a nova força motriz das empresas do século XXI. Levar meses ou anos para criar um produto/serviço que funcione é coisa do passado. As organizações têm apenas dias, semanas ou até meses para criar algo tangível que resulte em uma geração de valor suficiente para mantê-las relevantes e competitivas em nosso cenário de negócios em rápida mudança. Quem não o fizer, logo enfrentará a disrupção exercida por concorrentes mais ágeis (que possivelmente poderia ser você), a obsolescência e até a própria extinção no mercado em que atua. Cabe a você, como líder, aprender a explorar esse ciclo para impulsionar a capacidade de criar rapidamente e trazer ao mercado produtos/serviços focados no cliente e que trazem valor agregado de forma contínua.

Como enfrentar esse desafio:

- Primeiro, concentre-se em identificar e, em seguida, atender às vontades, necessidades e/ou desejos não correspondidos de sua base de clientes. Isso significa que você deve identificar quem é seu cliente e o que ele considera valioso. Em seguida, crie uma estratégia de experiência do cliente (CXS) (Capítulo 5) diligente para garantir que você entenda a melhor forma de atender a essas vontades, necessidades e/ou desejos não correspondidos.

- Entenda que o valor é interpretado de forma diferente da perspectiva do cliente e da empresa (Capítulo 5).
- Crie, aos poucos, produtos/serviços usando métodos iterativos de desenvolvimento de produtos/serviços (Capítulo 7), para que você possa aproveitar a capacidade de lançá-los no mercado com o mínimo de investimento possível para medir a reação e a aceitação por parte dos clientes mais cedo do que tarde demais.

Desafio 4: Lucro como Prioridade Acima de Tudo

Algumas empresas estão no mercado apenas para lucrar, colocando essa meta acima de tudo. Os líderes com foco interno no que a empresa deseja em comparação com o que os clientes dessa empresa desejam devem reconhecer que essa estratégia é insustentável — especialmente quando a falta de atitude nessa busca significa explorar o meio ambiente e destruir o planeta para obter lucro. Esse tipo de comportamento pode ter grandes repercussões se suas ações forem descobertas gerando uma reação negativa, especialmente se for provado que o desastre poderia ter sido evitado. Vamos usar como exemplo os efeitos ambientais no Golfo do México causados pela British Petroleum (BP) em 2010[4] quando um de seus poços de petróleo em águas profundas explodiu. Mesmo passados cinco anos, a área em torno do vazamento ainda não alcançou sua recuperação ambiental, social e econômica. Esse ocorrido afetou drasticamente a vida selvagem da região, com o aparecimento de golfinhos mortos devido ao envenenamento por óleo e bolas de piche nas praias locais. Quem sofreu também foi a economia: os setores de pesca e turismo foram atingidos por grandes prejuízos. A pesca de camarões na baía e o uso recreativo das águas despencaram. Vi em primeira mão os efeitos desse derramamento quando estava na área de Tampa em 2010. O cheiro de petróleo no ar era marcante e, quanto mais perto chegava da água, mais forte era o cheiro e mais enjoada eu ficava. Para a BP, tudo isso se traduziu em enormes lucros derramados, perda de vidas (humanos e animais selvagens) e uma reputação prejudicada, enquanto a empresa lutava para impedir que os quase três milhões de barris de petróleo da Louisiana fluíssem em direção ao golfo. Era a principal notícia do dia por quase três meses, e o que todos se perguntavam era: "A BP conseguirá segurar o vazamento hoje?" Um juiz federal da Louisiana decretou que a negligência grave e a conduta dolosa por parte da BP causaram o derramamento[5]. Imagine sua empresa sendo vista tão negativamente aos olhos do público por tanto tempo e ainda ser responsável pela limpeza do derramamento no valor estimado de mais de US$28 bilhões que continuavam a somar. Os líderes têm uma responsabilidade não apenas

---

4 Debbie Elliott, "5 Years after BP Oil Spill, Effects Linger and Recovery Is Slow", NPR, 20 de abril, 2015.

5 Ibidem

com suas empresas, mas também com a sociedade e o meio ambiente, bem como com as pessoas afetadas por suas ações ou pela ausência delas.

Como enfrentar esse desafio:

- Crie uma conscientização sobre suas crenças, perspectivas e ações sociais, culturais e ambientais (Capítulo 8).
- Compreenda as implicações da criação e do desenvolvimento de seus produtos/serviços e o impacto no meio ambiente.

Desafio 5: Estratégias de Sobrevivência para Redução de Custos

As formas ultrapassadas de operar continuam a enfatizar a redução de custos como uma estratégia de sobrevivência. Os líderes devem reconhecer que mudar o foco para a criação de produtos/serviços centrados no cliente que agregam valor à empresa e ao cliente é uma estratégia que prioriza a geração de receita produzida com a geração de valor e não com o corte nos custos. Hoje, muitas organizações se mantêm usando medidas de corte de custos, como corte no número de funcionários, nos gastos e controle rigoroso de P&D (Pesquisa e Desenvolvimento). Entretanto, essas estratégias não podem continuar indefinidamente, porque chega um momento em que não há mais "coisas" a se cortar e nada mais pode ser adiado ou alterado. O resultado é a asfixia da inovação e do desenvolvimento de novos produtos/serviços, ou seja, uma maneira certeira de acelerar a extinção corporativa.

Como enfrentar esse desafio:

- Entenda que você deve empregar um modelo operacional que nivele suas linhas de produtos/serviços a um foco acentuado na geração de receita por meio da geração e agregação de valor. Nesse tipo de modelo, os custos são fixados ao manter equipes de produção/desenvolvimento estáveis, enquanto o escopo flutua com base no valor do negócio gerado por seus produtos/serviços. Lembre-se: a variabilidade deve ser considerada, e não ignorada. Você deve desenvolver a capacidade de responder à mudança no sistema, entendendo a importância de dividir o processo de produção/desenvolvimento em pequenos grupos gerenciáveis (Capítulo 7), permitindo que você mude de ideia e direção dentro de uma hora, dia, semana ou mês. Trabalhando dessa maneira, você poderá restringir o seu foco aos recursos/serviços mais valiosos que podem ser rapidamente desenvolvidos e lançados no mercado, deixando os recursos/serviços de menor valor e prioridade para serem desenvolvidos posteriormente ou mesmo não serem desenvolvidos. Afinal, de que adianta ser altamente produtivo na criação de seus produtos/serviços se pode acabar descobrindo que não há mercado para eles?

- Você deve monitorar de perto a receita gerada por seu produto/serviço, para poder entender quanto pode gastar em mais esforços de produção/desenvolvimento. Isso muda o foco da redução de custos para a geração de receita, permitindo que você tome decisões embasadas sobre como continuar investindo, crescendo e apoiando um produto/serviço lucrativo em vez de interromper ou acabar com os produtos/serviços de baixo desempenho ou obsoletos (Capítulo 6).

Desafio 6: Desalinhamento Estratégico

O desalinhamento estratégico ocorre devido à falta de detalhes e transparência em torno da visão, missão e proposta de valor da empresa. Os líderes são responsáveis pela construção da estrutura estratégica da empresa, o que deve promover o alinhamento holístico em toda a empresa, das perspectivas comercial, financeira, técnica e operacional. Os líderes que não dedicam tempo ao planejamento estratégico prestam um desserviço às organizações. Como consultora de gestão, são incontáveis as vezes que pedi aos líderes seniores das organizações com as quais trabalho que me mostrassem seu plano estratégico e, em troca, recebi apenas caras de paisagem ou desculpas dizendo que enviariam no dia seguinte, e esse dia seguinte não chega. Ou, ainda pior, as organizações que adotam a metodologia Agile de gestão de produtos respondem com uma frase de efeito: "Somos Agile, o que significa que não precisamos de um plano definido, porque temos *Agilidade*!". Essa é uma desculpa e uma distorção total do manifesto Agile[6], que é uma mentalidade e, dentro de uma verdadeira organização Agile que entende e adota a agilidade, o planejamento se torna uma grande parte de um ciclo trimestral que se repete indefinidamente ao longo do tempo. São feitos *mais* planejamentos usando essa metodologia, a diferença é que são feitos pouco a pouco.

Quando uma empresa tem uma equipe de liderança sênior paralisada pela indecisão ou pelo medo de cometer um erro, não significa que as decisões não estão sendo tomadas. Significa apenas que outra pessoa deve ser destemida e corajosa o suficiente para fazê-lo. Nesses casos, a responsabilidade geralmente recai sobre os gerentes táticos ou operacionais que possuem muito menos informações do que a liderança sênior. Afinal, o trabalho deve continuar fluindo sem impedimentos, e as pessoas precisam de algum tipo de orientação para realizar seu trabalho.

Como enfrentar esse desafio:

- Desenvolva uma estrutura estratégica centralizada (Capítulo 6) para manter sua força de trabalho envolvida e oferecer a ela a capacidade de reagir rapidamente a condições em constante mudança e ainda ser capaz de tomar decisões

---

6 Para mais informações, vide *www.AgileManifesto.org*.

sensatas que contribuem para a visão, missão e proposta de valor da organização.

- Validar a estrutura com as camadas táticas e operacionais da organização (Capítulo 6) também é fundamental, pois os decretos "vindos lá de cima" não são sinônimo de aceitação nem estímulo de comprometimento e apoio, e podem ainda representar estratégias que estão incompletas. Os líderes devem garantir o desenvolvimento de estratégias que possam realmente ser implementadas e mantidas pela organização.

Desafio 7: Hierarquias e Silos

As estruturas hierárquicas criam silos e promovem uma organização desconectada. Os líderes devem reconhecer a urgência de acabar com os silos em suas organizações. Eles promovem padrões Lean destrutivos de disputas interna e mantêm feudos que se acumulam ao longo do tempo, beneficiando apenas aqueles que estão no topo. Ter foco no cliente e trazer valor agregado significa que seu modelo operacional deve estar concentrado no fluxo de valor da sua empresa para maximizar o engajamento do cliente e a geração de valor.

Como enfrentar esse desafio:

- Redefina e substitua estruturas hierárquicas antigas por novos modelos operacionais que acabam com os silos funcionais e realinham a força de trabalho da empresa em torno de suas linhas de produtos/serviços. Isso muda o foco para o que você está criando para seus clientes e para todas as atividades que envolvem a identificação, o desenvolvimento e o lançamento de seus produtos para o mercado, o que resulta em equipes com foco no cliente organizadas e alinhadas à visão, missão e proposta de valor de um produto ou serviço (Capítulo 7).

- Alinhe seu foco como líder na gestão de suas linhas de produtos/serviços como uma unidade de negócios, em vez de gerir departamentos funcionais verticais, como Pesquisa e Desenvolvimento, Produção, Desenvolvimento de Produtos, Marketing, Finanças etc. Considere tudo, desde a concepção ao desenvolvimento e até o lançamento e suporte de uma perspectiva horizontal, em todas as atividades geradoras de valor necessárias para projetar, desenvolver, lançar e dar suporte à sua oferta ao mercado, conhecida como *fluxo de valor*. Ao empregar esse tipo de modelo operacional, as pessoas mais próximas ao trabalho (assim como seus clientes) são as que tomam as principais decisões, usando a estrutura de tomada de decisão estratégica centralizada (CSDM) da organização (Capítulo 6) para garantir que estejam tomando as melhores decisões possíveis ao longo do processo.

Desafio 8: Práticas Tradicionais de Desenvolvimento

As práticas de desenvolvimento de produtos/serviços devem se afastar dos métodos lentos e tradicionais do passado para se tornarem disruptoras através da inovação. Os líderes não têm mais meses ou anos para desenvolver e trazer produtos/serviços ao mercado. Os clientes esperam que eles evoluam e que as empresas sejam capazes de permanecer no auge da inovação para reagir à disrupção de maneira eficaz, oferecendo continuamente produtos/serviços novos, inovadores e emocionantes com regularidade.

Para poder atender a essas expectativas, o *tempo de ciclo* — o tempo que uma empresa leva para identificar, desenvolver e entregar um novo produto/serviço ao mercado — deve diminuir drasticamente. As empresas que passam meses ou até anos desenvolvendo seus produtos/serviços correm o risco de lançá-los tarde demais e de sentir a decepção de sua base de clientes, sem absolutamente nenhum interesse por eles. A janela da oportunidade foi fechada por um concorrente que se mexeu rapidamente para fechar a lacuna e atender a essa vontade, necessidade e/ou desejo não correspondido do cliente de maneira mais oportuna, capturando a maior fatia do mercado. Então, você fica coçando a cabeça e pensando: "Como eles fizeram isso e passaram na minha frente?"

As empresas não podem mais se dar ao luxo de cometer esse tipo de erro muitas vezes, porque nossa economia global oferece inúmeras alternativas para os clientes que se tornaram muito insatisfeitos com tudo. Eles podem deixar você facilmente e levando com eles o dinheiro que seria seu. Lembre-se, se não estiver inovando, não estará evoluindo e o resultado final não será nada bom.

Como enfrentar esse desafio:

- Ver os problemas como desafios a serem superados faz parte do processo pelo qual grandes empresas buscam e alcançam a inovação. A inovação vem da iteração, ou seja, é através dos pequenos passos que se soluciona um problema maior. A inovação vem do trabalho iterativo para resolver esses problemas em um ambiente de equipe. Sua força de trabalho é seu maior patrimônio no caminho para a inovação. É essencial compreender o ciclo construir/medir/aprender e o papel dele nas atividades de resolução de problemas (Capítulo 7).

- Incentive a agilidade, aumente a velocidade para o mercado e ajude a sua organização a desenvolver a capacidade de responder rapidamente às inconstantes condições do mercado no atual e competitivo mercado global (Capítulos 5 e 6). Fazer essa transição para métodos de desenvolvimento iterativo e incremental rápido não é mais apenas uma opção; é uma obrigação, e os líderes mais experientes entendem que esses métodos são uma necessidade (Capítulo 7). Eles reduzem drasticamente os tempos de ciclo e criam produtos/serviços em tempo hábil, o que é valorizado pelos clientes, porque foram projetados e desenvolvidos especificamente com os clientes em mente (Capítulo 5). *Isso* sim é uma vantagem competitiva de verdade e de qualidade!

Desafio 9: Avanços Tecnológicos e Competição Global

Os avanços tecnológicos estão causando uma disrupção gigantesca à medida que nosso mundo continua a convergir, criando cada vez mais competição global e acelerando as mudanças no mundo todo. Inteligência artificial (IA), realidade virtual (RV), robótica, dispositivos inteligentes, blockchain e nuvem são apenas algumas das tendências tecnológicas disruptivas no futuro próximo. Nosso mundo está convergindo à medida que a Internet das Coisas (IoT) continua a unir todas elas. As empresas não podem mais se dar ao luxo de se preocupar apenas com a produção e entrega de produtos para os mercados locais. Os líderes devem observar como e em que direção o mundo está mudando e devem acompanhar de perto as mudanças tecnológicas. Você deve estar ciente do que está acontecendo em seus próprios departamentos de P&D, bem como nos de seus concorrentes. Abraçar a disrupção ou ser levado por ela: essa escolha é sua. Cabe a você ter essa visão de futuro suficiente para entender como aproveitar as suas opções, garantindo que você se mantenha relevante e competitivo.

Como enfrentar esse desafio:

- Compreenda e construa sistemas e processos que exploram e respondem rapidamente aos novos avanços tecnológicos que aparecem no mercado; fique na frente e reaja aos crescentes níveis de complexidade em nossa economia global (Capítulo 6).

- Reconheça que os dias em que você podia confiar na fidelidade à marca acabaram (Capítulo 5); os clientes podem abandonar o barco pela próxima novidade de "TI" ou pelo novo gadget da moda que um concorrente do outro lado do mundo pode introduzir facilmente, causando uma disrupção total no seu mercado.

- Reconheça que a tecnologia também está mudando a composição da nossa força de trabalho, à medida que as empresas trabalham para descobrir como integrar mão de obra virtual (IA) e robótica à força de trabalho (Capítulo 4). Essa tendência vem acontecendo há anos; no entanto, os robôs estavam confinados ao chão de fábrica anteriormente. Com o amadurecimento da Inteligência Artificial, os profissionais do conhecimento também sofrerão mudanças à medida que a tecnologia se torna cada vez mais integrada aos trabalhos administrativos. A era da mão de obra "automática" logo será uma realidade que os líderes do século XXI terão de enfrentar.

Desafio 10: Práticas Ultrapassadas de Desenvolvimento da Força de Trabalho

As estratégias ultrapassadas de investimento e desenvolvimento da força de trabalho não adotam a diversidade, não promovem o avanço, nem desenvolvem as pessoas para atingirem seu potencial máximo, ou, pior ainda, elas nem existem. O aprendizado e o desenvolvimento são um processo duplo. Primeiro, todos nós devemos assumir a responsabilidade de desenvolver continuamente nossas habilidades e capacidades para nos mantermos relevantes em nosso mundo em rápida mudança. Segundo, o desenvolvimento para atingir nosso potencial máximo como líderes é algo que não podemos fazer sozinhos. Temos que contar com outras pessoas para nos ajudar nessa jornada. E, como líderes Lean de hoje, se o que realmente buscamos é desenvolver a próxima geração de líderes, devemos investir o nosso tempo e nos comprometer a ensinar, treinar e orientar essa nova geração da melhor maneira possível.

Como enfrentar esse desafio:

- Ajuste suas atitudes em relação ao investimento em sua equipe, oferecendo oportunidades de aprendizado e reciclagem, à medida que a tecnologia traz ondas de mudança. Os profissionais irão atrás e serão atraídos por empresas que oferecem oportunidades de educação continuada, treinamento e reciclagem ao longo da carreira. Para se manterem relevantes e empregáveis, as pessoas entendem que devem continuar sua jornada de aprendizagem e, periodicamente, ao longo da carreira, precisarão de novos treinamentos e reciclagens e aprimoramentos, o que significa se reeducar e treinar várias vezes ao longo da carreira (Capítulo 4). Os líderes devem desenvolver proativamente estratégias de investimento voltadas para manter sua força de trabalho atualizada e bem qualificada para lidar com a disrupção, promover a inovação e permanecer competitiva (Capítulo 5).

- Entenda que desenvolver líderes Lean não deve ser deixado ao acaso. Você deve reconhecer que o que é necessário é um esforço conjunto para identificar, ensinar, treinar e orientar quem demonstra potencial para se tornar um líder Lean (Capítulos 4 e 8). Isso significa instituir um programa de desenvolvimento de líderes Lean, projetado para criar a próxima geração de líderes de sua empresa por meio de uma combinação de programas de autodesenvolvimento, treinamento e desenvolvimento no local de trabalho (OJD) (Capítulos 8 e 9).

- Construa uma cultura Lean (Capítulo 8) que incentive e promova a melhoria e a agilidade contínuas para poder responder efetivamente ao nosso mundo em constante mudança e às muitas ameaças competitivas que podem acabar destruindo a sua organização. A cultura vem de cima e se espalha para baixo. Se você deseja desenvolver uma cultura que traz o melhor das pessoas, é necessário oferecer oportunidades para que elas aprendam e cresçam, além de ser um modelo para que elas possam se espelhar e moldar seus próprios comportamentos e estilos de liderança. A cultura é algo que todo mundo constrói, e é preciso uma vila para que dê certo.

Hoje, essa crise na indústria é real; se não for resolvida, veremos o desaparecimento de muitas empresas que se recusam a enfrentar os fatos, e elas serão substituídas por uma concorrência mais ágil e mais responsiva à mudança. Nada é constante, exceto a própria mudança, e o mundo sempre favoreceu a sobrevivência dos mais aptos. Portanto, como líder Lean, a pergunta que faço é a seguinte: "Você vai sobreviver e prosperar?" É claro que a reação instintiva é dizer: "É claro que sim! Está tudo sob controle!" E minha próxima pergunta seria: "Você tem certeza absoluta?"

E acredite, não é que eu não confie em você. Tenho trabalhado com líderes há muitos anos e sei que encarar a realidade pode ser muito difícil às vezes. Geralmente, é necessário que alguém de fora acorde os líderes de uma organização e os force a enfrentar esses desafios de cabeça erguida. Isso pode ser comprovado pelos diversos líderes progressistas e inovadores que, embora altamente recrutados, deixam a organização logo após um curto período de tempo, geralmente menos de um ano. Os agentes de mudança que desejam que a organização enfrente esses desafios e afetem as mudanças reais cairão muitas vezes antes de desistirem e partirem em busca de empresas mais progressistas e inovadoras, prontas e dispostas a começar o trabalho árduo de enfrentar a curva da mudança. Como líder, você deve garantir que sua empresa não fracasse nem desapareça do cenário econômico global.

Blockbuster

A Blockbuster, criada em 1985[7] e sediada em Dallas, Texas, era uma fornecedora de locação de filmes e videogames que eram entregues em suas lojas de varejo, posteriormente por correspondência e (no final de sua existência) serviços baseados em assinatura. Ao longo dos anos 1990, a Blockbuster floresceu, abrindo mais de 9 mil lojas somente nos EUA[8]. No ano 2000, teve a oportunidade de comprar uma concorrente em ascensão, a Netflix, por US$50 milhões[9]. Os líderes da Blockbuster tomaram uma das piores decisões do mundo dos negócios até o momento dizendo: "Não, obrigado!"

Em 2010, a Netflix havia conquistado o mercado e a Blockbuster declarou falência. Um artigo de 2013 na CNN.com afirma: "Se ao menos a Blockbuster pudesse voltar aos anos 1990"[10]. Em seus esforços para resistir à mudança, os líderes da Blockbuster não enxergaram a oportunidade que havia caído no colo deles de comprar sua concorrente disruptiva, e em vez de se tornarem concorrentes, deixaram ser ultrapassados por ela.

---

7 Wikipédia, s.v. Blockbuster LLC, última modificação em 11 de novembro, 2019, 00h54.
8 Brian Stelter, "Internet Kills the Video Store", *New York Times*, 3 de novembro, 2013.
9 Todd Leopold, "Your Late Fees Are Waived: Blockbuster Closes", CNN.com, 6 de novembro, 2013.
10 Ibidem

> Moral da história: a resistência à mudança é uma falha potencialmente fatal que é uma perda de tempo e também pode levar ao fim da empresa. Os líderes devem enfrentar esses desafios para garantir que suas organizações continuem sobrevivendo e prosperando no século XXI.

Por que a Agilidade Não é Fácil para os Líderes

Para garantir que os líderes não atrapalhem seu próprio crescimento ou o crescimento de suas organizações, ambos devem continuar evoluindo e mudando com o tempo. Como líder, você deve adotar, construir e se dedicar continuamente para alcançar a agilidade. Ela é definida como a capacidade de responder rapidamente às condições inconstantes, interna e externamente, para aproveitar e/ou manter a vantagem competitiva que gera e agrega valor da perspectiva do cliente, dos stakeholders ou da empresa. É o facilitador por trás de qualquer objetivo ou esforço para mudar e evoluir, terminando na capacidade de uma organização de adotar a melhoria contínua e a evolução para continuar a existir. Portanto, você deve trabalhar no desenvolvimento dos "músculos" organizacionais em torno da capacidade de identificar, ajustar e responder constantemente às mudanças internas e externas, em nível local a global.

A agilidade trata da criação de uma mentalidade em toda a organização de que a mudança é boa e traz oportunidades que talvez não existiriam antes. Se a empresa reconhece e responde corretamente a essas oportunidades, significa obter alguns benefícios na forma de aumento de receita, maiores margens de lucro e participação de mercado, ou a revelação de um mercado totalmente novo. A mentalidade deve prosperar dentro da empresa nas camadas de equipe, produto e portfólio e deve ser defendida por líderes fortes que apoiam e promovem uma tolerância a falhas à medida que a organização experimenta a agilidade e desenvolve os recursos necessários para responder efetivamente à mudança.

Mas a agilidade contraria as técnicas ensinadas na administração científica ou Taylorismo, como são chamados às vezes, em homenagem ao seu criador, Frederick Taylor. Seus pensamentos, artigos e práticas influenciaram fortemente grande parte dos pensamentos e das práticas do curso de gestão e liderança ao longo do século XX, começando com o início da Revolução Industrial. No início de 1900, a administração científica era ensinada como a teoria de administração predominante nas faculdades de administração do mundo todo. Taylor, reconhecido como o primeiro verdadeiro consultor de administração, documentou as descobertas de suas pesquisas em um livro publicado em 1911 e intitulado *Princípios de Administração Científica*. Nele, o autor expôs suas ideias bastante precisas sobre como introduzir seu sistema e o papel da administração em comparação com trabalhadores nas empresas:

> Tal aceleração do trabalho só poderá ser obtida por meio da padronização *obrigatória* dos métodos, adoção *obrigatória* dos melhores instrumentos e condições de

trabalho e cooperação *obrigatórias*. Essa atribuição de impor padrões e forçar a cooperação compete exclusivamente à gerência.[11]

Ele acreditava que o controle, ou a "imposição", como chamava, deveria pertencer à administração e não aos trabalhadores que executam o trabalho. Suas teorias enfatizavam que os trabalhadores devem ser ensinados a seguir as regras e obedecer à autoridade. Fugir ao convencional não era uma opção e era extremamente desencorajado. O individualismo e a criatividade eram desaprovados nas linhas de produção. As práticas de Taylor resultaram em estruturas hierárquicas organizacionais e administrativas de comando e controle e sistemas de recompensa que focavam em como os gerentes controlavam todo o processo, bem como a força de trabalho, sem sofrer desperdício ou acumular tempo de inatividade. Tudo era padronizado, cronometrado e preciso, o que funcionava bem nas fábricas da época, onde o trabalho era repetitivo e rotineiro. Essa forma de trabalho até mesmo fez com que os Estados Unidos se tornassem líderes mundiais em fabricação durante o século XX.

As práticas de liderança de comando e controle e as estruturas organizacionais hierárquicas chegaram ao seu auge no início da década de 1980, quando surgiu a Geração X (definida como a geração nascida entre 1961 e 1981). Eles estavam repletos de espírito empreendedor, individualismo e tomada de riscos e buscavam mais equilíbrio entre a vida profissional e pessoal do que as gerações anteriores. Os líderes de pensamento da administração, como Tom Peters, Warren Bennis e Stephen Covey, escreveram sobre *liderança* em vez de administração, enfatizando o trabalho em equipe, a colaboração e um estilo de liderança praticamente esquecido, conhecido como *liderança servidora*.

Mas o pensamento de liderança não era a única coisa que estava mudando. No início e em meados da década de 1980, a Microsoft e a Apple lançaram computadores pessoais produzidos em massa para o público geral, mudando a reputação da força de trabalho para sempre visto que a demanda por trabalhadores de "colarinho branco" crescia. A demanda por pessoas que soubessem programar e operar esses novos computadores disparou. Com a chegada da Geração X e a atração a esses novos líderes de pensamento e máquinas, uma tempestade perfeita foi lançada, inundando o mundo com a primeira onda de disrupção inovadora. Também veio a era das empresas pontocom, iniciada pela fundação da Amazon em 1994 e terminando em 2003, quando a Time Warner retirou "AOL" de seu título, apesar de ter sido a AOL que adquiriu a Time Warner[12].

Agora que estamos enfrentando a segunda onda do boom das empresas pontocom, começando com a fundação do Facebook em 2004, um estudo de 2015 do Sage Group relatou que a Geração X "domina o campo de jogo" com relação a fundar startups

---

11 Frederick W. Taylor, *Princípios de Administração Científica*. (São Paulo: Editora Atlas S.A., 1995), 66.
12 World History Project, "Dot-Com Bubble timeline", acessado em 5 de novembro, 2017

nos Estados Unidos e no Canadá, lançando a maioria (55%) de todos os novos negócios em 2015[13]:

> As pequenas empresas e o espírito empreendedor que a Geração X incorpora se tornaram uma das instituições mais conhecidas da América do Norte. Houve uma mudança recente no comportamento do cliente e a Geração X se juntará à "geração idealista" para incentivar a celebração do esforço individual e da tomada de riscos nos negócios. Como resultado, a Geração X desencadeará um renascimento do empreendedorismo na vida econômica, mesmo a confiança geral nas instituições econômicas diminuindo. Os clientes e suas necessidades e desejos (incluindo Millennials, nascidos entre 1982 e 2004)[14] se tornarão a Estrela do Norte para uma geração totalmente nova de empreendedores.[15]

A agilidade é "natural" para muitos da Geração X e Millennials, porque enfatiza os valores e princípios em que eles acreditam, como tomada de riscos, criatividade, autonomia, colaboração, empreendedorismo e um foco inabalável no cliente. Atualmente, no entanto, existe uma incompatibilidade em muitas empresas, pois as antigas estruturas de comando e controle não são ágeis o suficiente para permitir que respondam rapidamente ao nosso mundo em constante mudança. Eles lutam para se ajustar e mudar, com o tempo, a essas novas formas de trabalho que exigem a capacidade de responder rapidamente a mudanças, ameaças e oportunidades internas e externas. No clima empresarial atual, esperar dias e semanas para levar uma tomada de decisão para a alta gerência seguindo a hierarquia é coisa do passado. No tempo que um gerente leva para analisar e entender o problema, desenvolver uma solução e retransmiti-lo de volta à cadeia de comando, a vantagem competitiva pode muito bem ser perdida. Hoje em dia, as decisões precisam ser tomadas em minutos e horas, e não em dias e semanas.

Voltando ao exemplo da Blockbuster, tive uma exposição pessoal aos processos de tomada de decisão dessa empresa. Em meados dos anos 1990, eu trabalhava para uma pequena empresa de consultoria em Dallas, Texas, onde a Blockbuster estava sediada. Fiz uma ligação de vendas com o sócio sênior para discutir a possibilidade de criar um sistema de armazenamento de dados e elaboração de relatórios que permitiria recursos de tomada de decisão mais rápidos em toda a organização. Posso me lembrar claramente de estar sentada na sala do CEO como se fosse ontem, quando ele tirou um fichário branco enorme de uns quinze centímetros de espessura de sua

---

13 Sage, *2015 State of the Startup*, 2015.
14 Wikipédia, s.v. "Strauss–Howe Generational Theory", última modificação em 8 de novembro, 2019, 21h15
15 Morley Winograd e Michael Hais, "Why Generation X Is Sparking a Renaissance in Entrepreneurship", *Be Inkandescent*, acessado em 22 de abril, 2013.

mesa (um de dez, na verdade), jogou-o na mesa fazendo um barulho alto e disse (vou parafraseá-lo):

> É assim que tomo decisões sobre o estado dos meus negócios. Recebo esses fichários todos os meses após a execução das finanças, quinze dias após o fechamento. Então, tenho que dar uma olhada e tentar determinar o que é e o que não é importante. Essa papelada é inútil para mim (enquanto ele fechava o fichário) porque, quando chega a mim, todas as notícias são antigas e ultrapassadas. Preciso de uma ferramenta de análise de dados em tempo real para me ajudar a administrar meus negócios. Vocês podem arrumar isso para mim?

Nunca me esquecerei dessa conversa, porque, pelo que sei, eles optaram por não construir aquele sistema, ou talvez não vencemos o negócio. No entanto, de qualquer forma, foi o mesmo resultado, porque não comprar a Netflix não foi a única decisão ruim que a equipe de administração tomou. A Blockbuster, assim como muitas outras empresas, estava lutando para deixar esses velhos hábitos de lado, à medida que o mundo estava se transformando e mudando debaixo de seu próprio nariz no início do século XXI. Seus líderes sabiam que precisavam mudar, mas a ideia de como conseguir isso sem revolucionar totalmente seus negócios era pesada demais, e essas novas maneiras de pensar e se comportar causavam desconforto demais.

Liderança Lean Significa Adotar a Agilidade

Como os líderes desenvolvem uma mentalidade digital com foco no cliente, envolvem essa nova força de trabalho, transformam-se com sucesso a essas novas formas de trabalho e lidam com a crise na liderança? A resposta é: adotando a agilidade. A agilidade é alcançada adotando valores, princípios e métodos Lean que oferecem aos líderes uma maneira de responder rapidamente às condições inconstantes internas e externas, a fim de obter ou manter uma vantagem competitiva e agregar valor a seus clientes e stakeholders. Em um mundo de demandas que mudam rapidamente, as empresas ágeis e enxutas podem reagir rapidamente a ameaças e oportunidades.

Nesta segunda onda de disrupção, os métodos Lean oferecem uma maneira melhor de trabalhar, porque criam líderes que são ágeis e responsivos e que administram suas empresas da mesma maneira. Ser pioneiro de mercado ainda reina, e a participação de mercado é tudo. Isso não mudou! No entanto, este livro apresentará uma maneira completamente nova de liderar a si mesmo, aos outros, aos seus clientes, à empresa, à inovação e à cultura, que, se seguida, terá o poder de transformar completamente você, os que estão à sua volta, a sua organização e potencialmente até o mundo. O livro se concentra na formação de líderes do século XXI que possam identificar rapidamente as oportunidades trazidas pela mudança e, em seguida, reagir criando e entregando produtos/serviços focados no cliente que geram valor e aproveitam a vantagem competitiva.

Conclusão

A liderança se resume à capacidade de reunir pessoas para resolver os problemas mais urgentes em questão, obter um lucro justo e trabalhar para tornar nosso mundo um lugar melhor, quer isso signifique "melhor" na criação de um produto/serviço socialmente responsável ou para lidar com mudanças climáticas, poluição, bem-estar econômico, direitos humanos, condições de vida ou mesmo com a paz mundial. Perdemos de vista o fato de que o papel de um líder não é servir a si próprio, e sim servir as outras pessoas. É hora de recuperar o foco, adotando formas de trabalho e liderança Lean, para tornar o mundo um lugar melhor para todos nós. Ao continuar a leitura deste livro, espero que entenda a importância de ser "inteiro" se realmente deseja se tornar um líder Lean. Se você não estiver totalmente comprometido, as pessoas que o seguem poderão sentir e acabar não se comprometendo com a mudança necessária. Adotar a agilidade e alcançar a evolução contínua requer uma vila, e não é algo que os líderes possam fazer por conta própria. No verdadeiro estilo Lean: experimente, aprenda, ajuste, repita! Tudo isso será necessário e haverá tantos fracassos quanto sucessos. Reconheça e veja o fracasso apenas como mais uma maneira de saber que não funcionará. Ajuste e siga em frente e tente novamente e, acima de tudo, comemore cada sucesso. Reserve um momento para refletir e entender como você o alcançou antes de prosseguir.

Agora que você entende os desafios e sucessos que pode enfrentar como líder Lean, vamos passar para uma discussão mais aprofundada de como pode enfrentar esses desafios.

CAPÍTULO 2

O Conceito Modern Lean Framework™

A agilidade — capacidade de responder a condições inconstantes — é uma habilidade que você deve desenvolver para poder liderar a partir de uma perspectiva holística. Hoje em dia, os níveis de volatilidade, incerteza, complexidade e ambiguidade (VUCA) são altos demais para liderar de outra forma, seja ela qual for.

O método Lean adota e promove a agilidade, instilando um espírito de desafio e a confiança para buscar a perfeição, mesmo que ilusória, de cabeça erguida. Ele nos traz de volta à realidade lembrando que a perfeição é inatingível, mas também nos leva adiante no caminho da melhoria contínua. Neste capítulo, veremos as origens do método Lean (conforme definido e desenvolvido pela Toyota Motor Corporation) e o conceito Modern Lean Framework™, fornecendo um roadmap a ser seguido ao desenvolver e aperfeiçoar essas habilidades e capacidades Lean. Essa estrutura mostrará como evitar a extinção através da evolução contínua e desenvolver a mentalidade necessária para adotar a agilidade e fazer bom uso dela.

Evite a Extinção com a Evolução Contínua

Hoje, os líderes gastam milhões de dólares tentando descobrir o "ingrediente secreto" que fez parecer ser tão fácil o sucesso de startups como a Amazon e o Google. No entanto, eu aposto que, se você perguntasse a Jeff Bezos, CEO da Amazon, se é fácil alcançar o sucesso, provavelmente ele riria. A Amazon foi fundada em 1994 na garagem de sua casa[1] e levou quase dez anos para obter lucro[2]. Não existem soluções

---

1 Avery Hartmans, "15 Fascinating Facts You Probably Didn't Know about Amazon", Business Insider, 17 de junho, 2019.
2 Nick Wingfield, "Amazon Reports Annual Net Profit for the First Time", Wall Street Journal, 28 de janeiro, 2004.

instantâneas ou milagrosas, e copiar outras empresas não dá certo. *As empresas são tão únicas quanto as pessoas. Tentar copiar ou duplicar o sucesso de outra pessoa sem realmente entender como ele aconteceu está fadado ao fracasso.*

Quando o fracasso se torna evidente, um começa a jogar a culpa no outro. A alta gerência culpa os funcionários, os funcionários culpam a alta gerência pela falta de liderança e os gurus da administração e da tecnologia culpam a cultura da empresa. Infelizmente, é um círculo vicioso que se repete o tempo todo, porque nada muda na essência da empresa. A liderança e a força de trabalho, consciente ou inconscientemente (o que mais ocorre), sabotarão o esforço de mudança. O resultado disso é que todos saem perdendo, podendo levar à extinção corporativa.

Todas essas considerações têm uma coisa em comum: pessoas! A mudança deve ser moldada de cima, porque é de lá que a cultura começa. Uma cultura de assertividade ou aversão à mudança começa com seus líderes. Os líderes que reprimem e adotam uma atitude de "esperar para ver" inspiram o mesmo em seus seguidores, especialmente se houver uma porta giratória na diretoria e vários esforços de mudança desabarem antes mesmo de terem a chance de se erguer.

No entanto, quanto mais antiga e mais estabelecida uma organização se torna, mais difícil é garantir que ela continue a mudar e evoluir. É nesse ponto que os líderes Lean devem intervir e garantir que o espírito da evolução continue a levar a empresa adiante. Você deve começar enfrentando os desafios da liderança e reconhecendo o senso de urgência existente para garantir que sua empresa continue a evoluir e crescer. O seu mantra deve ser "inovar, inovar, inovar para causar disrupção, disrupção, disrupção!", porque a inovação alimenta a evolução contínua.

3M: Sucesso Através da Evolução Contínua

A 3M é uma empresa que tem evoluído continuamente durante quase 90 anos. O foco na inovação não é novidade para essa gigante da indústria. A importância de evoluir através da inovação e promovê-la na empresa pode ser atribuída, nos anos 1930, a um homem chamado Richard Drew.[3] Ele tinha 22 anos com pouca formação, mas possuía muita vontade de aprender e uma curiosidade insaciável. A 3M o contratou para vender lixas para proprietários de oficinas automotivas. Um dia, enquanto ele estava fora atendendo chamadas de vendas, encontrou o proprietário de uma loja bastante agitado que estava chateado com a fita da 3M que eles estavam usando porque ela arrancava a tinta dos trabalhos de pintura de dois tons que estavam fazendo, o que gerava muito retrabalho. Esses trabalhos de pintura eram muito comuns na época, mas eram também muito trabalhosos e dispendiosos, porque a fita era muito forte e arrancava a tinta do metal quando removida, levando à necessidade de usar uma lixa para corrigir a situação e retocar o local em que a pintura havia sido danificada. No geral, os proprietários de oficinas automotivas estavam ansiosos para atender à demanda, mas era difícil obter o produto final sem muito retrabalho custoso, o que reduzia seus lucros.

---

3   Zachery Crocket, "The Man Who Invented Scotch Tape", Priceonomics, 30 de dezembro, 2014.

Naquele dia, Richard Drew prometeu encontrar uma solução para o proprietário da oficina. Por mais de dois anos, ele trabalhou com afinco em seu tempo livre para criar uma fita que resolvesse o problema. Seu supervisor direto o desencorajava constantemente, por não acreditar que ele devesse gastar o seu tempo com isso. Quando ele finalmente obteve um grande avanço e inventou uma fita que não era tão forte, mas ainda atendia os resultados desejados, seu supervisor não aceitou pagar pela máquina para produzir a fita em massa porque ainda achava que era uma perda de tempo. Em vez disso, Richard Drew foi comprando as peças aos poucos, no seu limite de gastos, e conseguiu montar a máquina. O resultado foi a invenção da fita adesiva da marca Scotch, que virou um sucesso da noite para o dia. Quantos de nós já utilizaram esse produto? O produto que quase não existiu!

Quando seu chefe descobriu mais tarde o que ele estava tramando, ele o recompensou dando a seguinte ordem na 3M: "Se você tiver a pessoa certa no projeto certo e essa pessoa for extremamente dedicada a encontrar uma solução, deixe-a em paz. Tolere sua iniciativa e confie nela."[4]

Como resultado da tenacidade e ética de trabalho de Richard Drew, a 3M oferece aos funcionários tempo (15% de sua jornada de trabalho) para explorar ideias fora de suas tarefas regulares de trabalho. O mais surpreendente é que essa história aconteceu entre 1931 e 1933 e, ainda hoje, a 3M proporciona aos funcionários tempo para inovar diariamente — tudo por causa de um homem que foi ousado o suficiente para ir contra as regras.

Você possui uma ideia que não sai da sua cabeça? Como pode torná-la realidade? Quem você precisa convencer de que se trata de uma ótima ideia? O que você está esperando?

Liderança em Nosso Mundo Conectado do Século XXI

A Internet das Coisas (IoT) encolheu o mundo, e a distância entre duas pessoas, empresas, estados ou países também diminuiu drasticamente. Você não está mais competindo com a loja ao lado. Seu maior concorrente pode estar do outro lado do mundo — e é por isso que os líderes Lean devem liderar a partir de uma posição de conectividade. Você deve estar conectado a si mesmo, às pessoas da sua empresa, aos seus clientes e ao mundo como um todo.

Em um mundo altamente conectado, é imperativo adotar a agilidade. Para ser capaz de responder holisticamente aos desafios à sua volta, agora mais do que nunca os líderes devem se tornar situacionais e adaptáveis. Eles devem ser capazes de integrar as informações e perspectivas de muitas fontes díspares. Os líderes experientes entendem que devem trabalhar tanto vertical quanto horizontalmente em suas organizações, o que exige a adoção de uma nova mentalidade. Uma mentalidade é o sistema de crenças formado por hábitos e experiências passadas que se acumularam ao longo do tempo.

---

4 Ibidem

Ao examinar sua mentalidade, faça as seguintes perguntas a si mesmo:

- Esse é o caminho certo ou a melhor decisão possível que posso tomar nessa situação?
- Estou agindo de acordo com crenças anteriores para lidar com essa nova realidade ou situação?
- Estou vendo os padrões como eles existem ou estou contando com respostas habituais antigas?
- Preciso ajustar alguma coisa para ser mais eficaz e responsivo?

Entenda a Jornada à sua Frente

A jornada na qual você está prestes a embarcar não pode ser concluída da noite para o dia. À medida que você progride, você passará pelos quatro estágios da competência, um modelo de aprendizagem e competência de dois fatores desenvolvido na década de 1970 por Noel Burch.[5] Esses fatores estão conscientes ou atentos (1) ao que você faz ou não conhece e (2) ao nível de habilidade ou competência que você possui para enfrentar a situação ou o problema em questão.

Fase I: Incompetência Inconsciente

Nesse estágio, a ignorância é uma benção — você não sabe o que não sabe e não deseja mudar isso. Entretanto, assim que você assumiu a tarefa de se tornar um líder Lean, já passou deste estágio! Você está passando para a próxima fase de perceber que algo está faltando.

Fase II: Incompetência Consciente

De alguma forma, possivelmente através de mudanças em si mesmo, em seu ambiente, em sua carreira etc., sua realidade mudou e sua consciência de que algo está faltando foi despertada. Estar consciente de sua incompetência coloca em foco sua incapacidade de reagir às mudanças, ou talvez você não esteja obtendo os resultados que deseja alcançar. A busca para determinar e preencher as lacunas começou. Afinal, você está lendo este livro — alguma coisa o fez pegá-lo, e você está prestes a embarcar em uma jornada para fazer as mudanças necessárias para liderar a partir de uma perspectiva multidimensional.

Fase III: Competência Consciente

Ao examinar seu estilo de liderança e começar a fazer ajustes, você acaba se tornando cada vez mais consciente sobre como os outros respondem a você e sobre sua eficácia em liderá-los. Você usa a introspecção e a autocorreção ao perceber o contexto em que atua. Você começa a desenvolver a consciência de que todos os

---

5 "The Conscious Competence Ladder", MindTools.com, acessado em 30 de setembro, 2018

acontecimentos devem ter contexto. Para racionalizar e responder a seus clientes com uma mente lógica, você deve ser capaz de se identificar com eles e entender o que consideram valioso. Afinal, o objetivo final é criar produtos/serviços nos quais eles se interessem, atendendo suas vontades, necessidades e/ou desejos não correspondidos. Por fim, à medida que você vai além do que sabe agora e incentiva a si mesmo e aos outros para alcançar a perfeição desafiando o *status quo* com uma mente curiosa e criativa, você instiga a inovação.

Fase IV: Competência Inconsciente

Em algum momento da sua curva de aprendizagem, você não pensa mais conscientemente sobre como vai reagir à mudança. Esse fato se torna inerente e enraizado em você. Seus mecanismos de resposta agora vivem em sua mente inconsciente. Você mudou seu modo de ser e agora ele se tornou parte de seus mecanismos naturais de resposta. Esse é o estágio final da competência.

Percorrer esses quatro níveis de aprendizagem permite a você que domine habilidades importantes que podem ser exploradas e utilizadas como base para dar continuidade ao seu desenvolvimento. No entanto, nem tudo pode ser feito somente com o pensamento original. A repetição e a memorização são ferramentas para aperfeiçoar suas habilidades e capacidades de liderança também, porque você pode usar esses padrões como ponto de partida. Em seguida, com base na situação, você pode modificá-las e personalizá-las para aprimorar sua aprendizagem e maestria, permitindo que ajuste a sua capacidade de observar, analisar e reagir enquanto ensina outras pessoas ao longo do caminho. Além disso, à medida que você aprende e desenvolve a maestria, provavelmente descobrirá novas dimensões da competência que está desenvolvendo, fazendo com que volte aos estados inferiores anteriores. Conforme você divide o processo ou a situação em partes cada vez menores, constrói maior conhecimento e competência e retorna às etapas. Esse é um processo contínuo de desenvolvimento de suas habilidades e capacidades que ocorre naturalmente com o passar do tempo.

Lembre-se de que para passar da competência consciente para a inconsciente, seja qual for a habilidade, será necessário paciência, perseverança e resiliência. É provável que os desafios enfrentados ao se dedicar para se tornar um líder Lean aumentem constantemente à medida que você aprende a lidar com situações mais difíceis e complexas. O verdadeiro crescimento da liderança somente acontece quando somos desafiados. Superar esses desafios é o que nos leva a crescer como líderes. Ao aceitar a importância de se tornar um líder Lean, você estará se comprometendo com uma jornada de aprendizagem por toda a vida, o que desencadeia uma evolução contínua. Assim que começar, não tem como voltar atrás, e o *status quo* se torna a própria mudança.

Vamos começar sua jornada de se tornar um líder Lean.

A Toyota e a Mentalidade Lean

A mentalidade Lean evoluiu com base nas armadilhas e processos ineficazes em prática no início do século XX nas fábricas norte-americanas. O sonho de Henry Ford de tornar seus automóveis tão acessíveis a ponto de todos os norte-americanos poderem ter um o colocou em uma missão para descobrir como padronizar e produzir os automóveis em massa a fim de reduzir os custos. Até aquele momento, os automóveis eram fabricados por especialistas que faziam a montagem inteiramente manual, o que era muito caro. Os automóveis eram itens de luxo com que somente os ricos podiam arcar. Para torná-los acessíveis a todos, Henry Ford inventou o Sistema de Produção Ford, que foi implementado pela primeira vez em sua linha de montagem de produção em massa do Modelo T em 1914. A premissa era dividir o processo de fabricação de automóveis em etapas distintas que poderiam ser padronizadas e otimizadas separadamente. Em comparação com uma pessoa fazendo tudo sozinha, essa inovação diminuiu drasticamente os tempos de ciclo (o tempo que leva do início ao fim para a fabricação de um automóvel) e, por sua vez, diminuiu os custos de produção.

No sistema Ford, os trabalhadores aprendiam bem apenas uma parte do processo, a ponto de se tornarem especialistas dessa única etapa. Como resultado, o preço dos automóveis despencou e o sonho de Henry Ford de torná-los acessíveis a todos se tornou realidade. Infelizmente, a qualidade era baixa e eles quebravam com frequência.

Após o fim da Segunda Guerra Mundial, Kiichiro Toyoda, um empresário japonês bem-sucedido, e seu engenheiro chefe, Taiichi Ohno, trouxeram uma delegação japonesa de engenheiros aos Estados Unidos para estudar a então famosa maravilha da manufatura que Henry Ford havia criado em Detroit, Michigan. Porém, o que encontraram foi um sistema caracterizado por grandes quantidades de estoque sendo mantidas no local, padrões de trabalho desiguais que causavam grandes atrasos e muito tempo de espera entre as etapas da linha, o que resultava em muito retrabalho e má qualidade, sem falar da insatisfação dos funcionários que executavam tarefas entediantes repetidamente como resultado dos processos padronizados. Os carros Ford eram conhecidos por sua má qualidade nos anos 1970; muitas pessoas zombavam dizendo que "Ford" significava "Fábrica de Ordem de Reparo Diário" (meu primeiro carro no final dos anos 1970 foi um Ford Maverick, portanto, conheço bem a qualidade dos carros Ford).

Sem se deixar impressionar com o que estava acontecendo com a Ford, a delegação Toyoda se formou em um supermercado Piggly Wiggly. Lá eles observaram o que viria a ser conhecido como sistema de estoque Just-In-Time (JIT), no qual apenas uma pequena quantidade de estoque (o que couber nas prateleiras) era mantida dentro da loja. Não havia grandes pilhas de estoque espalhadas como haviam observado na Ford, porque o supermercado havia estabelecido um sistema de pull baseado na demanda dos clientes. Novos pedidos e reabastecimento do mesmo produto acontecia apenas quando os níveis atuais de estoque ficavam baixos. Dessa forma, a loja reduzia seus custos de armazenamento e estocava apenas a nível de demanda. O resultado:

produtos frescos que geravam altos níveis de satisfação por parte do cliente. Todo o sistema era baseado em pull, ou compra, de seus clientes, e não em algum tipo de restrição arbitrária de manter a linha de produção em andamento e os trabalhadores ocupados o tempo todo, como no caso das fábricas da Ford. As mãos ociosas eram vistas como desperdício e as linhas de produção funcionavam o tempo todo, mesmo quando a demanda era baixa para o produto acabado, o que resultava em grandes estoques mantidos nas fábricas e nas dependências dos revendedores.

A delegação Toyoda levou esse conhecimento de volta ao Japão e apresentou uma versão modificada do sistema Ford, que ficou conhecido como o Sistema de Produção Toyota (TPS). Entretanto, o termo "Lean" não chegou a existir até o final dos anos 1980, quando uma equipe de pesquisa chefiada por James Womack, PhD do Programa Internacional de Veículos Motorizados do MIT, documentou os métodos de "produção Lean" (manufatura enxuta) em uso na Toyota em seu inovador livro de 1990, escrito também por Dan Jones e Dan Roos, *A Máquina que Mudou o Mundo*.[6] Eles usaram o termo "lean" para diferenciar a Toyota de outras formas de sistemas de produção, como sistema de massa (no caso da Ford) ou sistema manual (em uso na BMW). Atualmente, os carros da Toyota são conhecidos por seu recorde de qualidade e confiabilidade, ocupando o terceiro lugar geral (atrás da Lexus, que também faz parte da Toyota e da Porsche) nos rankings da Pesquisa de Confiabilidade de 2017 da J.D. Power[7], o que não é algo que acontece apenas por acaso.

Vamos dar uma olhada no TPS e seus pilares e como a mentalidade e o pensamento Lean oferecem suporte a essa abordagem de negócios.

O Sistema de Produção Toyota

O TPS é um processo holístico que envolve cinco etapas a começar pelo cliente:

1. Ouça o cliente.
2. Crie o produto.
3. Coordene a cadeia de suprimentos.
4. Desenvolva o produto desde o pedido até a entrega.
5. Gerencie a empresa combinada.[8]

---

6 Daniel T. Jones, Daniel Roos e James P. Womack, *A Máquina que Mudou o Mundo: A arma secreta do Japão, da produção em massa para a produção enxuta: a segunda revolução automobilística* (Rio de Janeiro: Campus, 1992).

7 "While Lexus and Porsche Rank Highest in Vehicle Dependability, Excellent Long-Term Quality Isn't Exclusive to Luxury Brands, J.D. Power Finds", J.D. Power (Free Press), 22 de fevereiro, 2017.

8 Ibidem

Essas cinco etapas bastante simples compõem o jeito "Lean" de manufatura. Para que ele funcione, a empresa precisa adotar os princípios gerais da mentalidade Lean, o que implica mudar de verdade a maneira como você pensa sobre seus produtos/serviços.

A Mentalidade Lean

A mentalidade Lean enfatiza quatro princípios importantes:

- Ouvir os clientes e respeitar os outros.
- Remover gargalos e desperdícios no sistema.
- Comprometer-se com a melhoria contínua resoluta.
- Gerar valor para o cliente e para a empresa.[9]

Com uma mentalidade Lean, os líderes Lean são levados a criar produtos/serviços inovadores que geram valor com foco no cliente, introduzindo a disrupção e impulsionando outras pessoas a também melhorarem continuamente e evoluírem para se manterem relevantes. A mentalidade Lean é resultado da prática de uma estratégia mais específica, conhecida como pensamento Lean.

O Pensamento Lean

Em seu livro revolucionário, *A Mentalidade Enxuta nas Empresas: Elimine o desperdício e crie riqueza* (Campus), Jim Womack e Dan T. Jones definiram o pensamento Lean como:

- Exploração da geração iterativa e incremental de valor.
- Aprendizagem através de breves ciclos de feedback que incentivam a engenhosidade e a paixão.
- Criação de fluxo ininterrupto através da eliminação de desperdícios.
- Alcance da qualidade rigorosa.
- Ênfase no uso de medidas e métodos empíricos e científicos para avaliar o progresso.

O sucesso é medido pelo lançamento de um produto/serviço em funcionamento para os clientes no final de um ciclo de desenvolvimento. Significa capacitar as pessoas para terem a melhoria contínua do sistema, a fim de criar produtos/serviços inovadores que satisfaçam algumas vontades, necessidades e/ou desejos não correspondidos

---

9   Patrick Van den Bossche, Joe Reifel, Rajiv Shah, Adheer Bahulkar, e Alyssa Pei, *Adopting a Lean Mindset: How Service Industries Are Increasing Profitability* (Chicago: A.T. Kearney, 2008), 2.

do cliente. Significa também se comprometer para se envolver diretamente com os mais próximos do trabalho para identificar e resolver problemas à medida que eles ocorrem.

O pensamento Lean é o pensamento científico, o que significa usar métodos científicos baseados em fatos empíricos e processos com base em evidências para:

1. Observar um problema;
2. Formular uma pergunta em torno do problema;
3. Desenvolver a hipótese;
4. Realizar um experimento;
5. Analisar os dados para tirar conclusões;
6. Documentar os métodos e as descobertas e... repetir.

É um processo que desafia sistematicamente tudo de maneira contínua, e ele deve ser realizado em toda a empresa Lean.

Os Pilares do Modelo Toyota

Muitas dessas estratégias e abordagens Lean podem ter sua origem na evolução da Toyota. À medida que Akio Toyoda evoluiu como líder, evoluíram também as filosofias e práticas de liderança de sua empresa. No início dos anos 2000, Jeffrey Liker estudou a filosofia e os princípios ocultos do estilo de liderança da Toyota. Ele identificou cinco valores construídos em dois pilares, conhecidos como O Modelo Toyota (*The Toyota Way*),[10] que contribuem intensamente para o sucesso da gigante automotiva.

O Pilar da Melhoria Contínua

A Melhoria Contínua nada mais é do que enfrentar desafios com coragem e criatividade. Significa ser corajoso o suficiente para ir além dos limites, desenvolvendo pessoas e uma cultura que ofereça apoio e incentivo à criatividade e uma mente inquisitiva: as equipes devem sempre perguntar "por que" as coisas são do jeito que são e "como" podem ser melhoradas.

Existem três princípios fundamentais associados a esse pilar: espírito de desafio, *kaizen* e *genchi genbutsu*.

---

10 Jeffrey K. Liker e Gary L. Convis, *The Toyota Way to Lean Leadership: Achieving and Sustaining Excellence through Leadership Development* (Nova York: McGraw-Hill, 2011), 35.

O Espírito de Desafio

Akio Toyoda acreditava que, independentemente do cargo na empresa,[11] era responsabilidade de todos enfrentar desafios e problemas e fazer tudo que estivesse ao alcance para encontrar a causa raiz e corrigi-la. Assumir sua própria responsabilidade está profundamente enraizado no Modelo Toyota, não importa a origem do problema. Não existe essa história de largar nas mãos dos outros ou passar para os superiores dentro da cultura da Toyota. Todos são responsáveis por superar os desafios que surgem.

Este pilar também diz respeito à forma como a Toyota enfrenta as mudanças. A mudança representa desafios constantes que os líderes devem enfrentar e, como resultado, oferece oportunidades de aprendizagem. Os líderes devem reservar um tempo para fazer uma pausa e refletir sobre como lidaram com o desafio em questão. Acumulando esses aprendizados às suas habilidades de resolução de problemas, eles ganham a coragem e a confiança para enfrentar problemas ainda maiores e mais desafiadores.

A concorrência também é vista como uma coisa boa, porque cria uma oportunidade de aprendizagem. A superação de desafios torna os líderes Lean mais fortes e mais adequados para resolver problemas à medida que forem surgindo no futuro. Como a Toyota afirmou no "O Modelo Toyota 2001", "Aceitamos os desafios com espírito criativo e coragem para realizar nossos próprios sonhos sem perder força ou energia."[12] A liderança deve ser desenvolvida e aperfeiçoada através da experiência e enfrentando e superando desafios com a ajuda do seu sensei ou coach. É um ciclo contínuo que nos tira da ignorância rumo a níveis cada vez maiores de competência, enquanto praticamos a evolução contínua de nós mesmos e de nossas habilidades de liderança.

Kaizen

Kaizen em japonês significa "melhoria". Assim, uma mente kaizen é o veículo que conduz a busca pela perfeição, na forma de melhorias iterativas e incrementais, que, com o passar do tempo, capacitam e encorajam todos para identificarem melhorias, mesmo que pequenas; melhorias que possam beneficiar a empresa, as equipes ou o desempenho individual de cada um. É essa busca incansável pela perfeição que impulsiona a empresa e é responsabilidade de todos na organização buscar melhores maneiras de trabalhar. O desperdício está em toda parte, não importa quantas vezes o processo tenha sido melhorado.

---

11 Ibidem, 36.
12 Toyota Motor Corporation, "The Toyota Way 2001", Toyota Motor Corporation Official Global Website, acessado em 15 de setembro, 2018.

Genchi genbutsu

Genchi genbutsu significa "ir à fonte", ou a fonte da verdade, conhecida como *gemba*. Os problemas não podem ser resolvidos com você sentado no seu escritório. Para desenvolver uma mente *kaizen*, você deve ir à fonte de um problema e ver por si só o que está acontecendo. Somente na fonte você será capaz de obter os fatos, gerar consenso e tomar decisões corretas em tempo hábil.

Todos na sua empresa devem praticar *genchi genbutsu*. Todos na empresa Lean, independentemente do título ou do cargo, devem ir à fonte e enfrentar os desafios para melhorar o trabalho e buscar a perfeição em tudo o que a organização faz de modo contínuo. Ir à fonte também ajuda a acabar com longas discussões sobre as suposições do que seria o problema, porque a fonte é conhecida e compreendida, com base nas informações em primeira mão. Isso reduz o tempo necessário para resolver o problema da maneira certa logo na primeira vez.

Esses princípios são ferramentas poderosas que podem unir as equipes enquanto trabalham para resolver problemas difíceis. Trabalhar lado a lado com as pessoas é a melhor maneira de conhecê-las e desenvolver um senso de trabalho em equipe. As pessoas acabam se conhecendo melhor e começam a se preocupar não apenas com a empresa, mas também umas com as outras.

O Pilar do "Respeito pelas pessoas"

O respeito pelas pessoas é o segundo pilar do Modelo Toyota e significa que, independentemente de quem é ou de qual cargo ocupa em uma organização, a voz de cada um é importante e deve ser ouvida. A diversidade é valorizada e procurada — não apenas a diversidade de etnia, gênero, religião, orientação sexual etc., mas também a diversidade de ideias, pensamentos e maneiras de ver o mundo. A missão da Toyota é formar uma força de trabalho diversificada e sustentável que reflita a sociedade em geral, bem como a base de clientes em constante mudança da Toyota.[13] Os dois princípios desse pilar são trabalho em equipe e respeito.

Trabalho em equipe

A equipe é tudo para a empresa Lean: os indivíduos podem obter sucesso apenas dentro da equipe, não fora dela. A equipe se beneficia do crescimento pessoal de seus integrantes, o que é incorporado ao programa de incentivos e recompensas de desempenho da Toyota. As contribuições para a equipe são recompensadas e incentivadas, em comparação com as do indivíduo, que representam um componente muito menor. Todos os líderes devem se ver como membros da equipe. Assim, todos são responsáveis pelo crescimento pessoal e pelo sucesso uns dos outros. O trabalho em equipe é

---

13 Ibidem, 3.

baseado em uma visão e missão compartilhadas, e todos devem entender e trabalhar juntos para alcançá-las, além de poder contribuir para o seu sucesso.

Respeito

O respeito começa com um desejo sincero de contribuir, a partir da perspectiva de um funcionário, empresa e parceiro de negócios. Todos são respeitados, não importa quem sejam, o que façam, quanto ganhem ou o título que possuam. Todos são iguais em sua capacidade de contribuir para a busca da equipe pela perfeição e de se responsabilizar por suas ações, além de gerar confiança e entendimento mútuos com as pessoas à sua volta.

Todos também são respeitados quando o assunto é a opinião, a percepção, o modo de pensar e as ideias de cada um. Nenhuma ideia é tão "simples" a ponto de não ser levada em consideração. Há um incentivo para sempre buscar questionar o "porquê", de qualquer forma ou formato que seja, assim como a resolução criativa de problemas.

Como podemos ver, uma mentalidade Lean pode ser desenvolvida aprendendo e aplicando esses princípios e valores, além de desenvolvendo e praticando os dois pilares do Modelo Toyota. Ela é o canal para ajudá-lo a enfrentar de cabeça erguida os desafios da liderança do século XXI, porque ela nos incentiva a olhar para as coisas de uma maneira diferente. Ela oferece espaço para sermos criativos e para fugirmos do convencional. Ela nos ajuda a desenvolver a coragem de desafiar a nós mesmos e aos outros, de inovar e evoluir continuamente na busca pela perfeição ilusória. A base da liderança Lean é representada nos valores essenciais e princípios do Modelo Toyota. Adotar o pensamento Lean e desenvolver uma mente *kaizen* resulta no desenvolvimento da mentalidade de um líder Lean, aquele que lida com os desafios de liderar a si próprio, aos outros e a seus clientes, dentro da empresa Lean e no mundo em que vivemos, além de nos munir para enfrentarmos e resolvermos a disrupção que está à nossa volta no atual cenário global de negócios.

Liderança na Era do Lean Moderno

Nem mesmo o método Lean permaneceu estagnado ao longo dos anos, passando, sim, por seus próprios esforços de melhoria contínua desde o seu início. Evoluindo de seu humilde começo na década de 1950 naquele supermercado Piggly Wiggly em Dearborn, Michigan, quando a delegação da Toyota veio aos Estados Unidos para estudar os sistemas de manufatura de ponta da América do Norte.[14] Entretanto, eles não encontraram o que procuravam na Ford ou na General Motors, porque acreditavam que os métodos de produção envolviam muito mais do que os processos mecânicos de padronização de trabalho — esses métodos aprimoram o poder das pessoas,

---

14 Leonardo Group Americas, "How Piggly Wiggly Revolutionized Manufacturing", Medium. 4 de fevereiro, 2015.

bem como o processo e a tecnologia. Esse sistema de crenças foi instilado desde o início por Sakichi Toyoda e fundamentado em seus humildes valores essenciais, que foram depois estudados minuciosamente e introduzidos no mundo ocidental nos anos 1990 por Dan T. Jones, Dan Roos e James Womack, e também por Jeffrey Liker.

Em 2001, os líderes da Toyota, determinados a expandir globalmente, redigiram "O Modelo Toyota", um documento que capturava e codificava explicitamente o conhecimento implícito que representa crenças, valores, comportamentos e métodos de negócios da empresa, para que a Toyota pudesse expandir globalmente suas capacidades de produção Lean.[15] Esse esforço foi recompensado em 2007, quando a Toyota Motor Corporation se tornou a maior fabricante de automóveis do mundo,[16] inaugurando o que chamo de a "Era do Lean Moderno".

Já foram escritos muitos livros e artigos sobre como "copiar" o Sistema de Produção Toyota (TPS), e muitas empresas tentaram também emular seu sucesso, com muito pouco a mostrar por seus esforços. Na minha opinião, o que eles não conseguiram foi entender essa conexão entre pessoas, processos e tecnologia. O método Lean nunca teve como objetivo ser estritamente mecânico, concentrando-se apenas no trabalho padronizado como forma de aumentar a produtividade e a qualidade. Mesmo assim, ele tem sido interpretado dessa forma em muitas partes do mundo ocidental e transformado em uma iniciativa orientada ao processo que não conquista o coração e a mente das pessoas que precisam executar, manter e melhorar continuamente esse sistema.

O Lean Moderno é a base para a empresa Lean do século XXI, onde todas as peças funcionam bem separadamente e em conjunto para formar um sistema otimizado e integrado que gera e agrega valor ao cliente, aos stakeholders e à empresa. Essa abordagem holística abrange a capacidade de responder com eficácia às mudanças disruptivas em todos os níveis (estratégico, tático e operacional). Para ter sucesso de verdade ao adotar o Lean Moderno, você deve entender essa conexão e procurar sintetizar os três, para alcançar e sustentar a vantagem competitiva. Se não houver foco em todos esses aspectos, você não estará a todo vapor, nem conduzindo o verdadeiro espírito do método Lean.

O ingrediente que falta na discussão, no entanto, é a Liderança! Agora, mais do que nunca, o mundo precisa desesperadamente de líderes Lean que possam atuar dentro e entre as seis dimensões de igual importância do conceito Modern Lean Framework™ (Figura 2-1), para enfrentar e vencer os desafios trazidos pela economia global do século XXI em constante mudança. Para se tornar um líder Lean, primeiro você deve se concentrar no desenvolvimento de sua própria capacidade de liderar, para que as pessoas o sigam. Depois, você deve ser capaz de colocar os princípios Lean em

---

15 Toyota Motor Corporation, "The Toyota Way 2001", Site Oficial da Toyota Motor Corporation, acessado em 14 de julho, 2019.
16 Ibidem, Leonardo Group Americas, "Piggly Wiggly".

contexto para liderar as pessoas na empresa Lean, ajudando-as a se tornarem líderes também. A busca pela perfeição ilusória impulsiona os líderes Lean à medida que criam produtos/serviços que agregam valor e respondem com eficácia à disrupção por meio da inovação constante e calculada. E, por fim, a cultura desempenha um papel importante para garantir que todas as dimensões sejam suportadas à medida que a empresa Lean evolui e se esforça para aprender e melhorar continuamente. Ela reconhece a importância das partes e do todo e reconhece que o cliente está no centro da empresa Lean.

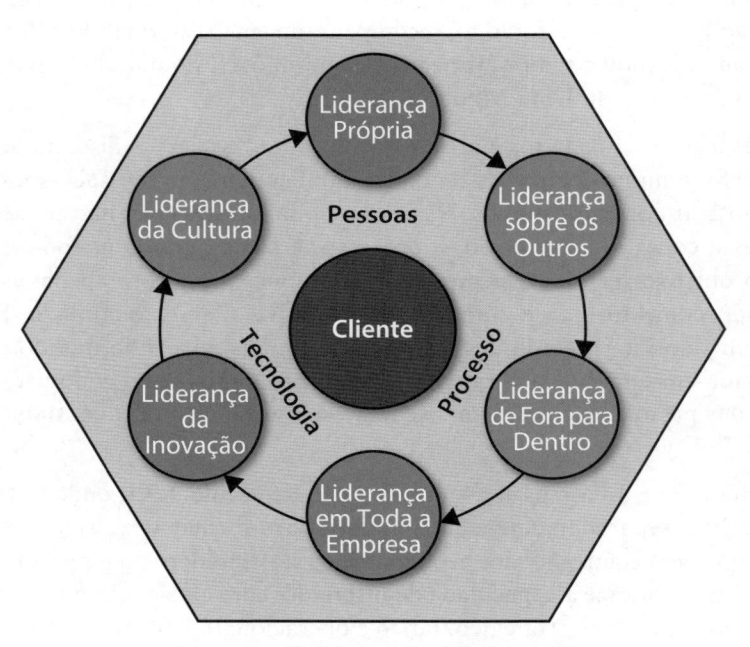

Figura 2-1. *The Modern Lean Framework*™

Para se tornar um verdadeiro líder Lean, você deve desenvolver a competência continuamente, tanto dentro quanto entre cada uma dessas dimensões, mantendo-se profundamente focado no seu cliente. Essa estrutura permite que você desenvolva a sua capacidade de liderar a si mesmo, os outros, os clientes, a empresa e a inovação, a partir de uma perspectiva de pessoas, processos e tecnologia, dentro de uma cultura que oferece incentivo e apoio aos líderes Lean para se expandirem e crescerem juntos, como uma unidade holística. Vamos dar uma breve olhada em cada uma dessas seis dimensões e como o restante dos capítulos deste livro será dedicado a abordar com mais detalhes essa estrutura.

Liderança Própria

A escolha consciente de se tornar ou ser um líder não é fácil e deve ser levada a sério. Você deve se comprometer com uma vida de desenvolvimento, aprendizagem e aprimoramento contínuos. O Capítulo 3 ensinará como desenvolver um senso de inteligência emocional, como praticar a atenção plena através da reflexão e da introspecção e como proteger seu próprio tempo para que você seja um verdadeiro líder.

Liderança sobre os Outros

Antes de mais nada, a liderança é o ato de prestar serviço aos outros. No Capítulo 4, você aprenderá como desenvolver um "coração servidor", ou seja, a capacidade de servir em primeiro lugar, aprendendo a valorizar a diversidade das pessoas que lidera e a respeitar as experiências e os pontos de vista individuais de cada um em sua equipe, e aprenderá como se tornar um bom solucionador de problemas, além de mentor e coach. Esse último princípio é sem dúvida o aspecto mais importante ao liderar as pessoas. Como afirma Akio Toyoda, atual presidente da Toyota Motor Corporation: "Todos nós precisamos de um *sensei* que nos guie para o próximo nível de conquista. Pessoalmente, ainda tenho muitos *senseis* me ensinando."[17]

Liderança de Fora para Dentro

Como líder Lean, não se trata do que você deseja, mas sim do que atende e excede as vontades, necessidades e/ou desejos não correspondidos de seu cliente. O Capítulo 5 ensinará a adotar o método Lean e os sistemas pensando em definir o valor da perspectiva do cliente, para entender como identificar e criar relevantes experiências do cliente, identificando quem são seus clientes e os caminhos que eles seguem para interagir com você, e assim criar uma experiência omnichannel significativa do cliente para alcançá-lo com eficácia em todos os seus canais.

Liderança em Toda a Empresa

As empresas Lean são focadas em propósito e resultado, alcançados através da garantia de ter uma visão, missão e proposta de valor gerais. Como aprenderá no Capítulo 6, a construção proativa da estrutura de tomada de decisão estratégica centralizada (CSDM) e o uso do pensamento da empresa Lean garantem que você siga o caminho certo necessário para criar os produtos/serviços certos, no momento certo e pelos motivos certos para satisfazer "verdadeiras" vontades, necessidades e/ou desejos não correspondidos da sua base de clientes.

---

17 Liker e Convis, *The Toyota Way to Lean Leadership*, loc. 105, Kindle.

Liderança da Inovação

Como muitos treinadores de futebol ou militares dizem: "A melhor defesa é um bom ataque". Sendo assim, pensar com uma mente inovadora e partir para o ataque sendo quem instiga a mudança (conhecida também como disrupção) oferece a vantagem de assistir a sua concorrência reagir a você. O Capítulo 7 fornece estratégias sobre como adotar uma mente disruptiva, como, por exemplo, projetar e criar produtos/serviços inovadores e disruptivos de maneira iterativa e incremental e promover a inovação por meio do aprendizado contínuo.

Liderança da Cultura

É provável que a cultura seja a dimensão mais incompreendida dentro da estrutura. Ao contrário da crença popular, a cultura é uma coisa muito visível e maleável dentro da empresa Lean. O Capítulo 8 aborda como identificar e resolver problemas que afetam a criação de uma empresa Lean sólida e como vincular metas organizacionais e individuais para alcançar um ritmo de trabalho sustentável e consistente que resulte em um progresso futuro tangível e rastreável.

Conclusão

Adotar uma mentalidade Lean e liderar a partir de uma perspectiva holística, representada no Modern Lean Framework™, é como você vai se preparar para ser um líder no mundo da empresa Lean do século XXI. Será uma jornada e, assim que nela embarcar, perceberá que não tem fim, porque o método Lean é uma mentalidade e um conjunto de princípios que compõem um modo de vida. Portanto, ele tem o poder de mudar sua vida pessoal e profissional para melhor, além de mudar as pessoas ao seu redor, a sua organização e até o mundo, à medida que cada vez mais pessoas respondem ao chamado.

Mas não devemos nos antecipar. O primeiro passo para se tornar um líder Lean é entender perfeitamente o que significa liderar a si próprio. Então, vamos começar por aí no próximo capítulo.

CAPÍTULO 3

Liderança Própria

Você deve ser capaz de liderar a si mesmo antes de pensar em liderar os outros. As habilidades, capacidades e competências discutidas neste capítulo — autodesenvolvimento, ter tendência a agir, encarar desafios, usar o bom senso para informar a tomada de decisão e ser persistente e tenaz, entre outras — fornecerão as estratégias e o entendimento para alcançar tudo isso. À medida que as discutimos, você verá que muitas dessas habilidades, capacidades e competências são bastante inter-relacionadas e difíceis de separar uma da outra ou serem tratadas de maneira isolada. Ser um líder autônomo significa ser uma pessoa completa, ou seja, uma pessoa equilibrada no âmbito emocional, físico, intelectual, espiritual e social tanto na dimensão pessoal quanto profissional. Vamos dar uma olhada em como desenvolver a especialidade de se tornar o líder que as pessoas querem seguir.

Não se esqueça: as mudanças não acontecem da noite para o dia. Essa jornada durará a vida inteira. E não fique se cobrando nem desista quando acabar se desviando do caminho. A qualquer momento, acabará encontrando o caminho de volta e continuando a sua jornada.

Acreditar e Confiar em Si Mesmo com o Autodesenvolvimento

Para ser o líder que as pessoas querem seguir, você deve oferecer a elas a estabilidade e a segurança que nascem acreditando e confiando em si mesmo. E, sim, as pessoas estão buscando verdadeiros líderes para neles acreditar e seguir, agora mais do que nunca.

No entanto, um líder não pode ensinar o que não sabe fazer. Aquela história de "faça o que eu digo, mas não faça o que eu faço" não se aplica aqui. Você deve desenvolver suas habilidades e capacidades antes de poder ensinar, desenvolver, orientar, treinar e liderar os outros, o que significa que você deve primeiro confiar e acreditar em si mesmo. Para isso, você deve dedicar uma vida em busca do aperfeiçoamento de seu ofício como líder. A liderança é uma arte situacional e adaptativa que requer criatividade.

A busca da perfeição é uma meta ilusória e, em última análise, inatingível. No entanto, é o mecanismo que nos impulsiona a continuar desafiando o *status quo*. Essa busca deve se tornar o fator motivador e o ponto em comum ao longo de sua vida e jornada de liderança.

Os líderes costumam passar por um momento "bom a ótimo", quando estão bem preparados e no lugar certo, na hora certa. Nesse momento, eles se encontram na situação em que a preparação se depara com a oportunidade. Alguns chamam isso de "sorte", mas a sorte tem muito pouco a ver com isso. A prática e o aperfeiçoamento contínuo de sua arte através da busca da perfeição significam que, quando surge uma oportunidade, você está pronto para encarar o desafio. Para quem está de fora, um grande líder faz com que liderar pareça bem fácil. No entanto, essa afirmação não poderia estar mais longe da verdade, pois ela passa a impressão errada de como é realmente difícil se tornar um bom líder.

Praticar o ofício da liderança é difícil porque não há respostas prontas; a liderança é situacional. O que deu certo em uma situação desafiadora pode não funcionar na próxima com a qual se deparar. Você deve dar esse salto de fé e desenvolver as habilidades e capacidades para responder e enfrentar cada desafio enquanto desenvolve, aprimora e evolui continuamente a sua capacidade de reagir a outras pessoas no mundo ao seu redor. Portanto, é crucial que você acredite em si mesmo e em sua capacidade de enfrentar as forças disruptivas que o cercam, dedicando-se a estar sempre aprendendo e crescendo como líder. "A prática leva à perfeição!"

E não há ninguém que possa fazer isso por você. O autodesenvolvimento e a aprendizagem contínua devem fazer parte de sua rotina diária. A reflexão e a introspecção são duas ferramentas importantes para aprender a acreditar e confiar em si mesmo. É essencial que você se conheça bem e faça um "controle interno" diário para entender como está se sentindo, o que está pensando e o que passa por sua cabeça. Desenvolvi o hábito de acordar cedo para aproveitar a tranquilidade que a manhã tem para oferecer. Antes de começar a correria do dia, sento-me em silêncio e medito por, pelo menos, quinze minutos. Limpo minha mente e apenas respiro, respirando fundo e profundamente pelo meu diafragma. Coloco tudo para fora, exceto eu mesma, para poder me concentrar no meu corpo e na minha mente para entender o que está acontecendo dentro de mim. Enquanto permaneço em silêncio, passo pela seguinte lista:

- Como estou me sentindo em meu corpo hoje? Posso sentir todas as partes do meu corpo? Tem alguma coisa me machucando (mental ou fisicamente)? Estou sentindo alguma dor em algum lugar? Pode parecer um questionamento estranho ficar se perguntando se você consegue sentir todas as partes do seu corpo. Porém, tenha em mente que nossas emoções, dores, estresses, condições mentais etc. ficam armazenadas nas células e nos tecidos que compõem o nosso corpo. A única maneira de superar e se livrar da dor é a reconhecendo e lidando com ela.

- Como está a minha respiração? Tranquila? Curta? Ofegante?
- Qual é o meu estado emocional? Feliz? Triste? Indiferente?
- Tem alguma coisa me incomodando particularmente? Estou encontrando alegria e felicidade no meu caminho atual?

Descobri que a prática diária da meditação ajuda a garantir que a respiração encha meu corpo com oxigênio, o que me ajuda a pensar e agir com mais eficiência. Quer você perceba ou não, sua mente, seu corpo e sua alma estão todos conectados e precisam estar alinhados. Estar "em contato" consigo mesmo é muito importante, pois isso afeta o modo como você funciona ao longo do dia. Emoções, humor, temperamento: tudo vem diretamente com base no que está acontecendo em seu corpo. E não se engane: se você estiver com dor ou muito estressado, será visível do lado de fora.

Levei um tempo para desenvolver essas perguntas e sugiro que as experimente para ver como elas funcionam para você. Reserve um tempo para refletir e faça outras perguntas também que o ajudem a entender quem você é e como se relaciona consigo mesmo. Além disso, não se esqueça de pensar nas coisas que aprendeu e qualquer ideia que possa ter tido. Sugiro o uso de um diário para registrar suas descobertas, para poder consultá-las mais para frente — isso ajuda na conscientização de como você reage, mental e fisicamente, a diferentes situações e permite que essas ideias sejam usadas na busca de aprendizagem e melhoria contínua. Portanto, use os quinze minutos pós-meditação para responder e registrar suas respostas e reflita periodicamente sobre elas para garantir que você esteja aprendendo e crescendo.

Com o tempo, desenvolvi também uma consciência de como meu corpo responde naturalmente a seus diferentes estados, desenvolvendo aos poucos a competência inconsciente de enfrentar e tomar efetivamente todas as medidas necessárias para corrigir as coisas que não estavam exatamente corretas dentro de mim, para que, assim, eu pudesse encarar o que a vida pode trazer de maneira mais eficaz. Lembre-se de que esse é um processo que pode demorar um pouco. Portanto, não desista de si mesmo. Você merece esses trinta minutos do seu dia para fazer esse tipo de controle interno. Devo admitir que passo por fases em que cuido muito bem de mim e por outras que não sou tão conscienciosa. Faça uma afirmação de que você fará melhor amanhã e, em seguida, encontre o tempo para "si mesmo". O tempo e o esforço de se comprometer com uma vida de aprendizagem, melhoria e evolução contínua valem muito a pena. Como Ray Kroc (fundador e antigo CEO do McDonald's) disse uma vez: "Esteja sempre verde e em crescimento, e nunca maduro e apodrecendo".

Como Desenvolver Mente Sã e Corpo São

Esteja você ciente ou não disso, seus seguidores estão de olho em você. Por isso, se a sua própria vida é uma bagunça (pessoal ou profissional, ou até mesmo as duas), por que as pessoas o seguiriam como líder? Levar uma vida repleta de caos não inspira confiança em seus seguidores.

Elimine o Caos

A Figura 3-1 é uma ilustração do triângulo do drama da comunicação, desenvolvido por Stephen Karpman, MD,[1] que é um modelo para explicar as interações sociais e como lidamos com os conflitos. Existem três papéis quando lidamos com situações providas de emoção: a vítima, o socorrista e o perseguidor. A premissa básica desse modelo é que, se você entrar no triângulo como socorrista (que também é indicativo de um complexo de "herói" ou "salvador"), acabará se tornando o perseguidor e, no final, a vítima, quando a pessoa que você tentou salvar se transforma em você enquanto essa situação cheia de drama se desenrola.

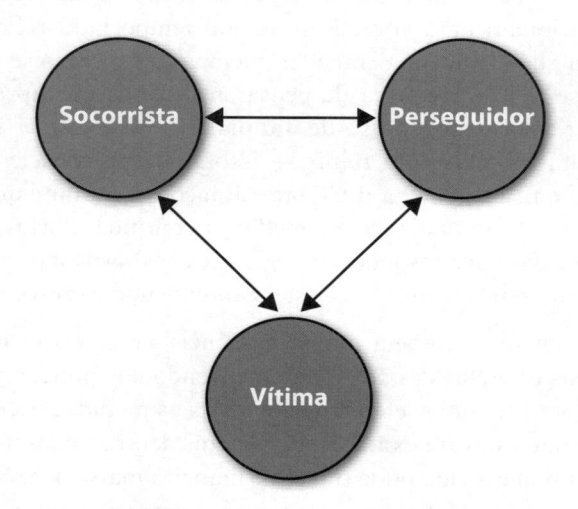

Figura 3-1. *O triângulo do drama da comunicação*

Ficou familiarizado com esse modelo? Eu fiquei. Quando me deparei com o trabalho do Dr. Karpman durante meus estudos de pós-graduação, tive um momento decisivo na minha vida, porque percebi que eu era viciada em adrenalina e me alimentava de drama e caos. Isso me fazia viver no limite o tempo todo. Depois desse momento "eureca", passei muito tempo tentando descobrir por que eu tinha essa necessidade enorme de entrar em cena com tudo e bancar a socorrista ou ser a "heroína". Não estava

---

1 Stephen B. Karpman, *A Game Free Life* (São Francisco: Drama Triangle Publications, 2014).

apenas fazendo um desserviço a mim mesma, prosperando sempre que estivesse no limite de uma reação estilo "bater ou correr", alimentando assim a minha necessidade de sentir a adrenalina que essas situações geravam, mas eu também estava permitindo que as pessoas ao meu redor se comportassem mal. No final das contas, meus relacionamentos e minha carreira foram afetados, e era hora de assumir a responsabilidade e colocar os pingos nos "is".

Se você se encontrar em uma situação semelhante, pergunte-se:

- Por que estou reagindo dessa maneira?
- O que há nessa situação ou pessoa que me faz querer salvá-la?
- O que está me motivando a entrar nesse triângulo?
- Como posso quebrar esse ciclo?

As respostas a essas perguntas mudaram a minha vida e me ajudaram a fazer a adrenalina passar. Percebi que não acreditava nem confiava em mim mesma o suficiente para criar coragem de encarar a realidade. Eu não conseguia abrir mão de todos os jogos com os quais me envolvia e envolvia os outros. Foi uma grande revelação, e percebi que estava passando da fase em que a "ignorância é uma benção" (incompetência inconsciente) para a fase "cara, esse comportamento é muito autodestrutivo" (incompetência consciente). Quando seguimos essas etapas para desenvolver a competência para quebrar padrões reacionários, conseguimos lidar com esses tipos de situações de maneira muito mais saudável.

Deixe-me perguntar uma coisa: você já conheceu alguém que o deixa se sentindo esgotado ou exausto a nível físico, emocional ou intelectual, a ponto de tudo o que você quer fazer é tirar uma soneca depois de passar um tempo com essa pessoa? Esse é um sinal claro de uma pessoa tóxica ou de um relacionamento unilateral. Por outro lado, você já passou um tempo com alguém e descobriu que, após a interação, vocês dois se sentiram mutuamente energizados, animados e apoiados? Para identificar uma pessoa tóxica, basta se perguntar:

- Tenho pavor de ver, estar por perto ou interagir com essa pessoa?
- Essa pessoa me anima em um instante e depois me coloca para baixo no outro?
- Estou negligenciando ou aceitando comportamentos que normalmente não aceitaria em outras situações?
- Por que busco a aceitação dessa pessoa quando, lá no fundo, sei que isso nunca acontecerá?

Agora que essas perguntas estão frescas na cabeça, você está visualizando seus contatos mentalmente?

Todos nós temos relacionamentos em que a energia sobe e desce. Às vezes recebemos mais do que doamos e vice-versa. Porém, quando você acaba sempre levando a pior em suas interações com uma pessoa em particular, é hora de analisar se esse relacionamento é saudável para ambas as partes.

Como líder Lean, você será constantemente desafiado por aqueles à sua volta para resolver os problemas deles no lugar deles. Falei com uma pessoa esses dias que queria que eu a "poupasse", chegando à resposta para uma situação complicada que ela estava passando. Quando tentei mudar a dinâmica da conversa para que ela assumisse a responsabilidade de descobrir a solução, ela ficou brava comigo e foi embora. Essa prerrogativa realmente era dela, e eu respeitei a decisão que ela tomou de se retirar. No entanto, não mudou o fato de que a situação precisava ser tratada e resolvida, que ainda era responsabilidade dela. Só não seria eu quem chegaria montada em um cavalo branco para salvá-la. Esses dias já estão no passado para mim.

O programa de desenvolvimento de liderança da Toyota coloca intencionalmente os líderes em potencial da empresa nesse mesmo tipo de situação. Cabe a eles encarar o desafio e encontrar o X da questão. O *sensei* ou professor deles não dará a resposta de bandeja. Cada aluno deve assumir a responsabilidade de chegar a uma solução e depois apresentá-la ao professor, para que, juntos, possam avaliar seu potencial de resolver um problema. Essa é a responsabilidade que a liderança traz consigo. Você é inerentemente um solucionador de problemas, porque muito do que a liderança é se resume à eficácia com que você enfrenta e resolve os desafios que surgem no seu caminho.

Como Manter um Corpo Saudável

Ao trabalhar para se desenvolver e criar uma mente saudável, também é importante avaliar a saúde do seu corpo. Muitos grandes empreendedores são vítimas de hábitos que geram uma sensação autoinduzida causada pelas endorfinas que são naturalmente liberadas em resposta a situações ameaçadoras. Seguem algumas perguntas a se fazer:

- O pensamento de ficar parado (ou seja, não fazer absolutamente nada) me assusta absurdamente ou cria um nível de ansiedade insuportável?

- Eu procuro oportunidades para "agitar as coisas", de uma maneira não muito positiva, quando as coisas parecem estar indo bem na minha vida?

- Eu me torno excessivamente assertivo ou até agressivo em situações em que esse tipo de comportamento não é garantido, necessário ou apropriado? Sou genioso, tenho pavio curto ou "perco a cabeça" facilmente?

- Eu recorro a drogas, sexo, álcool, cafeína, nicotina etc. para manter meu nível de energia alto, manter minha "adrenalina" ou para me ajudar a dormir à noite? O pensamento de perceber que tenho um vício é aterrorizante?

Posso admitir abertamente que, no passado, quando era honesta comigo mesma, teria respondido "sim" a todas essas perguntas. Mais uma vez, muitos grandes empreendedores são pegos nesse ciclo; quanto mais bem-sucedido você se torna, mais pressão autoinduzida você exerce para manter esse sucesso. Fica cada vez mais difícil sair desse ciclo destrutivo.

É aí que o bom e velho exercício físico entra em cena para ajudar. Pode ser que você já tenha uma rotina de exercícios físicos que o ajuda a se manter centrado, mas, se não tiver, sugiro que explore as válvulas de escape físicas, como correr, dançar, nadar, fazer ioga — o que mais gostar e, principalmente, o que puder integrar em sua vida diária como um hábito. Os benefícios do exercício para o bem-estar mental estão bem documentados, e tornar o exercício parte de sua vida cotidiana pode ajudá-lo a superar alguns dos hábitos mentais menos desejáveis que muitas vezes acabamos adquirindo e que podem atrapalhar seu crescimento como um bom líder Lean.

Arranje Tempo para si Mesmo

Você DEVE arranjar tempo para si mesmo! Um "tempo para mim" recicla sua mente e corpo. Analise sua agenda e veja quando pode ter um tempo consistente para você. Acabei descobrindo que de manhã tenho mais chances de conseguir ter um tempo para mim, embora isso signifique fazer algumas concessões (como não ficar fora até muito tarde com minhas equipes ou clientes ou fazer meu trabalho durante o dia, para não ficar trabalhando o tempo todo). Para encontrar esse tempo, faça as seguintes perguntas:

- Qual comportamento precisarei encerrar ou iniciar para encontrar um tempo para mim?
- Estou usando o tempo que tenho durante o dia da maneira mais produtiva?
- Há momentos tranquilos naturalmente na minha agenda para que eu possa encontrar tempo para mim?
- Posso conversar com meu cônjuge/parceiro para garantir que ambos tenhamos regularmente um tempo para cada um? Afinal, os relacionamentos são duas pessoas trabalhando a 100%, porque 50/50 significa que você está dando apenas metade de si para que dê certo.

Proteja o "seu tempo" com muito carinho. Isso fará de você um líder Lean muito mais calmo e completo, mesmo sendo apenas algumas horas por semana. Aceite e NÃO se sinta culpado por isso. Lembre-se: você merece!

Entenda sua Própria Realidade

Por fim, você deve cultivar uma consciência de sua realidade. Para mim, isso significava buscar esclarecimentos aprendendo e praticando o budismo. O budismo ajuda a promover um estado de consciência que desenvolve uma conexão entre mente, corpo e alma e foi fundado há mais de dois milênios atrás por Buddha Shakyamuni. Ele acreditava que todo sofrimento humano era autoimposto e que toda dor na vida era autoinfligida através de estados mentais e estados de ser negativos, como a raiva, o ciúme e a ignorância. Entretanto, ele também acreditava que esses estados poderiam ser superados através do uso do amor, da compaixão e da sabedoria para criar uma mente positiva[2] com a atenção plena e a ciência de quem você é e do seu propósito no mundo.

Percebi que podem ser feitos fortes corolários entre o budismo e o Modelo Toyota:

- Ambos têm relação com a busca de uma vida toda por autodesenvolvimento e o comprometimento com o aprendizado contínuo, na tentativa de buscar a perfeição — a qual é inalcançável porque os seres humanos nunca são perfeitos.

- Ambos incentivam a busca de uma vida toda que o leva a se tornar a melhor pessoa possível, concentrando-se em sua realidade através da construção de um entendimento de quem você é e qual a melhor forma de servir a si mesmo, aos outros e ao bem maior. Ambos usam técnicas que esclarecem a confusão e provocam uma quietude interna, enquanto você limpa as nuvens em sua mente e as que envolvem a sua alma.

- Ambos enfatizam a responsabilização pessoal por si mesmo e pelos resultados, ou a ausência deles, que você alcança na vida. Depende só de você e de mais ninguém. Afinal, é a sua vida e a sua busca pela felicidade, e ninguém pode alcançar a iluminação por você.

No budismo, a iluminação é alcançada abandonando o que não se pode mudar. Assim que perceber que se preocupar com as coisas que você não pode controlar gera muito desperdício de tempo e energia nunca possíveis de serem recuperados, você começará a se concentrar no que é importante de verdade, ou seja, nas coisas que estão bem à sua frente, aqui e agora. Estar presente é maravilhoso, porque permite a você que experimente tudo o que a vida tem para oferecer em tempo real. Buda ensinou que a iluminação é alcançada através do desenvolvimento de uma quietude da mente que nos permite viver tranquilamente no presente, sem todo o ruído e drama autoinfligidos que criamos para nós mesmos.

---

2   Bhante Henepola Gunaratana, *Eight Mindful Steps to Happiness: Walking the Buddha's Path* (Somerville, MA: Wisdom Publications, 2001).

A quietude é alcançada através da meditação, que, por eu ser superempreendedora, achei que seria moleza. Porém, logo aprendi que ficar parada durante cinco minutos era difícil para mim. Por mais que eu tentasse me concentrar no meu corpo através da respiração profunda, a minha mente se contaminava rapidamente com ideias, coisas que eu precisava fazer, planos do dia, e por aí vai — lá estavam aquelas coisas na minha cabeça enquanto eu lutava para trazer minha mente de volta ao foco da respiração. Com o passar do tempo, porém, percebi que ficou cada vez mais fácil ficar sentada em silêncio. Primeiro cinco minutos, depois dez, depois meia hora e, por fim, conseguia ficar sentada o tempo que quisesse. Acabei entendendo que cerca de quinze minutos por dia funcionam bem para mim; quando estou mais nervosa ou ansiosa com uma situação da vida, prolongo para cerca de trinta minutos.

Sei que pode parecer estranho, mas o que descobri era que eu realmente precisava desacelerar para seguir em frente. A minha concentração e o meu bem-estar geral melhoraram e, quando eu saía para correr, não ficava retomando tudo o que havia acontecido naquele dia nem me cobrando pelas coisas com que achava que não havia lidado bem. Parei de me preocupar com coisas que não podia controlar, a qualidade dos meus relacionamentos melhorou e percebi que estava atraindo pessoas mais positivas para a minha vida.

Uma das lições mais valiosas que aprendi com tudo isso foi que há uma maneira certa e uma maneira errada de refletir sobre o passado, e o objetivo é "aprender seguindo em frente", ou seja, de olho no meu futuro, sem ficar remoendo nem repetindo o passado. A palavra japonesa *hansei* significa "reflexão". É o processo consciente de olhar para trás e refletir criticamente sobre:

- O que deu certo?
- O que não deu certo?
- O que posso fazer melhor ou melhorar da próxima vez?

Ter um diário para escrever suas respostas a essas perguntas é uma ótima maneira de aprender seguindo em frente. A escrita transfere as suas reflexões da sua mente consciente para a inconsciente. Esses pensamentos são armazenados e mantidos por lá até você se deparar com um problema ou uma situação parecida e, percebendo ou não, sua mente acessa essas informações e as aplica na próxima vez. Você também pode categorizar suas anotações no diário com base no tipo de dimensão, estado consciente e resultado geral, para poder olhar rapidamente para trás e trazer esses aprendizados para as suas circunstâncias atuais. Acho útil também adicionar algumas palavras-chave para ajudar a lembrar rapidamente da essência da situação, para poder identificá-la com o problema, questão ou situação em jogo. Por exemplo, eu mesma uso as seguintes categorias e as escrevo no canto superior direito da página para facilitar a referência:

- Dimensão: Pessoal ou Profissional
- Estado: Emocional, Intelectual, Físico e/ou Espiritual
- Resultado: Sucesso ou Fracasso
- Palavras-chave (como liderança, comunicação, colaboração, estratégia, planejamento, relacionamentos, família etc.)

A vida é uma série de padrões que se desenrolam repetidamente. Se for mudar suas respostas a esses padrões e aprender seguindo adiante, você deve ser capaz de analisar o passado e fazer alterações para causar um impacto no resultado da próxima vez. A reflexão e a introspecção proporcionam as ferramentas necessárias para fazer exatamente isso.

Como Desenvolver uma Tendência a Agir

Um dos traços mais comuns que observei em líderes de sucesso é a tendência que eles têm a agir. Eles não ficam esperando que alguém resolva seus problemas. Eles assumem a responsabilidade pelos resultados que alcançam na vida, tanto profissional quanto pessoal, complementados por uma ética de trabalho sólida e uma noção de finalização. Mas agir não significa necessariamente correr para tomar uma decisão ou tentar lidar rapidamente com os problemas, porque, sem entender as consequências ou refletir sobre as ramificações de suas ações e/ou decisões, você pode acabar entrando em uma situação desastrosa e, no final das contas, fracassar. Significa dar o pontapé inicial quando se deparar com essas situações ou problemas e transformar suas ideias em resultados tangíveis que fazem você e as pessoas ao seu redor se mexerem. Desenvolver uma tendência a agir significa que você está assumindo o desafio de desenvolver um novo hábito, bem como os comportamentos habituais para resolver efetivamente as questões, situações e problemas que enfrenta na vida.

Significa eliminar a procrastinação de sua vida. Sei em primeira mão como isso é difícil: eu costumava entrar em um jogo autodestrutivo de procrastinar sobre as coisas que eram importantes para mim, tanto no lado pessoal quanto profissional, para que eu pudesse entrar em cena com tudo e, mais uma vez, salvar o dia ou a mim mesma de qualquer perigo que passava pelo meu caminho (lembra do complexo do "salvador"?). Mas você não deveria adiar as coisas importantes. Esperar até o último minuto pode muito bem dar errado, gerando um trabalho ruim ou más decisões tomadas na pressa.

Aqui estão alguns hábitos saudáveis que você pode adotar para evitar cair nessa armadilha autodestrutiva:

1. Primeiro, entenda que você deve planejar seu trabalho e trabalhar no seu plano.
    a. Anote as coisas que importam para você e que o farão seguir em frente.

b. Identifique as decisões que precisam ser tomadas, os possíveis resultados esperados e os obstáculos que pode encontrar.

   c. Em seguida, desenvolva uma lista dos próximos passos relevantes para o resultado, anotando-os e marcando-os assim que concluir cada um.

   d. Por fim, desenvolva um cronograma ou plano de ação para atingir sua meta.

2. Esteja por dentro de sua própria realidade.

   a. Entenda desde o início que ideia é válida ou não, analise e aprove minuciosamente cada uma para garantir que mereçam seu tempo e energia. Ter síndrome de Poliana[3] ou ser excessivamente otimista sobre a probabilidade de sucesso ou, por outro lado, ser excessivamente pessimista sobre o fracasso pode fazer com que você não enxergue as realidades relacionadas com o que realmente está tentando alcançar. Seja objetivo e não "fique apaixonado" por sua genialidade. Isso é a própria toca do coelho em *Alice no País das Maravilhas* e, afinal, tratava-se apenas de um conto de fadas.

   b. Mantenha o foco no aqui e agora e no que você realmente pode e não pode alcançar. Possuir esse tipo de perspectiva o manterá com os pés no chão.

3. E, por fim, limite seu trabalho em andamento (WIP) e sempre finalize, sempre mesmo!

   a. Entenda quanto tempo você pode dedicar para dar vida a suas ideias, o que o ajudará a priorizar as mais importantes, sem perder tempo com coisas de pouco ou nenhum valor quando o assunto é o que você está tentando realizar.

   b. Assim que fizer alguma coisa ganhar vida, você deve ser capaz de ir até o fim. Começar e não terminar não é um padrão praticado pelos aspirantes a líderes Lean.

   c. Se estiver a ponto de ficar sobrecarregado, priorize suas atividades internas e concentre-se em terminar as de alta prioridade primeiro. Ou seja, pare de começar e comece a finalizar as coisas para concluí-las e tirá-las do seu caminho.

Para ser um bom líder autônomo, em primeiro lugar você deve ser capaz de agir por conta própria para obter os resultados. Você deve liderar pelo exemplo e mostrar aos outros que, independentemente de seu título ou função dentro da organização, não há nenhuma tarefa que seja tão pequena a ponto de você não poder executá-la para

---

3 Nota de tradução: A Síndrome de Poliana (também chamado de Polianismo ou viés de positividade) é a tendência que as pessoas têm de se lembrarem mais facilmente de coisas agradáveis do que de coisas desagradáveis. (Wiki)

garantir os resultados que levam ao avanço. Ter uma tendência a agir fará de você um líder que naturalmente as pessoas querem seguir.

Como Encarar Situações Desafiadoras

A vida é cheia de adversidades, e passar por ela achando que nunca encontrará obstáculos é uma perspectiva irrealista. Muitos grandes líderes nasceram da adversidade, porque é diante de situações desafiadoras que alcançamos o sucesso ou o fracasso. É claro que todo mundo gostaria de passar pela vida sem enfrentar nenhum desafio. Mas essa expectativa não é realista. A diferença entre quem chega ao sucesso e quem chega ao fracasso é a atitude tomada em relação ao próprio fracasso. A prática das técnicas mencionadas na seção anterior permite analisar e aprender com o fracasso e aumenta a probabilidade de sucesso em sua próxima tentativa, já que você usa o que aprendeu e limita as possibilidades de como proceder.

Aqui estão seis dicas para ajudá-lo a enfrentar e lidar bem com os desafios que surgirem em sua vida:

1. Seja objetivo ao definir o desafio que deve ser enfrentado e faça tudo o que tiver de fazer dentro de sua função. Dar uma de "vítima" para tentar se justificar é garantia de perda de credibilidade com as pessoas envolvidas na situação. Você deve avaliar a situação de forma honesta e aberta para ter certeza de que ela seja digna de seu tempo e energia. Não deixe a mesquinhez ou vaidade obstruir a sua visão de enxergar a situação como ela realmente é ou levá-lo a fazer tempestade em copo d'água.

2. Não permita que suas emoções tirem o melhor de você. É possível que muitos desafios despertem emoções fortes que podem simplesmente dominar você e piorar as coisas. Então, encontre um mentor, uma pessoa que você respeita e admira, e revejam a situação juntos. Peça ao seu mentor uma opinião objetiva e de quem está de fora da situação. Além disso, ser excessivamente otimista ou pessimista estragará o modo como você lida com o desafio. Portanto, valide sua percepção da realidade da situação antes de agir.

3. Não procrastine. O tempo não melhora as coisas. Apenas coloca a situação cada vez mais longe do alcance do seu campo de visão e, com o passar do tempo, você acaba se tornando cada vez menos propenso a resolvê-la. O problema de procrastinar é que a situação, provavelmente, vai se manifestar de uma forma diferente várias vezes na sua vida, até que você a encare. Por outro lado, não se apresse antecipadamente tentando enfrentá-la sem fazer uma avaliação cuidadosa. Às vezes, é preciso ficar mais tranquilo, porque o que você busca é uma situação em que todos saiam ganhando. Queimar o filme ou fazer inimigos significa que, em algum momento, essas ações voltarão a assombrá-lo ou serão usadas contra você. Como acreditava Stephen Covey, autor de *Os 7*

hábitos das Pessoas Altamente Eficazes (Best Seller), ser líder se resume a fazer as coisas certas. Portanto, descubra quais são essas coisas e, em seguida, entre em ação ou faça da forma certa, porque é a maneira que você executa com a finalidade de obter os resultados que beneficia todos os envolvidos.

4. Acredite em si mesmo e tenha a confiança de que você vai superar esse desafio. Afinal, somos todos humanos e ninguém tem superpoderes melhores que os seus. Empodere-se usando as qualidades da integridade, honestidade, confiança, respeito e fé em si mesmo para criar uma atitude de autocapacitação e determinação.

5. Quando você agir de verdade, comemore o fato de ter tentado encarar o desafio, independentemente do resultado. Nem sempre conseguimos o que queremos e as coisas nem sempre saem conforme o planejado. Portanto, independentemente do resultado, fique contente por ter coragem de tentar: isso diz muito sobre quem você está se tornando.

6. E finalmente: abrace a adversidade, porque ela constrói o caráter e fortalece a sua determinação. Trabalhar com as adversidades o prepara para enfrentar desafios cada vez maiores à medida que avança na vida. Lembre-se de que a prática leva à perfeição e, quando se deparar com o maior desafio da sua vida, você será capaz de ter uma melhor reação, resolução e finalização a ele.

Como Beneficiar-se do Bom Senso na Resolução de Problemas e Tomada de Decisão

Na minha opinião, o bom senso, definido como "opinião sensata derivada da experiência, e não do estudo",[4] é a habilidade mais importante que você pode aprender como líder, porque as pessoas que a possuem são consideradas sensatas, acessíveis, confiáveis e práticas. Desenvolver essas qualidades em si próprio requer prática e leva tempo. Ter bom senso significa entender o que é bom para você e o que não é. Significa entender claramente a relação entre causa e efeito ("Se eu fizer X, resultará em Y.") com base em fatos e não na emoção.

Pergunte a si mesmo: "Quais são as ramificações e implicações deste curso de ação ou decisão para mim, meu cônjuge/parceiro, meus colegas, minha comunidade, a sociedade ou o planeta? Quem ou o que será afetado positiva ou negativamente por minhas ações ou decisões?" Magoar outras pessoas intencionalmente para seu próprio benefício é errado moral e eticamente, e não faz parte do caminho de ser um líder Lean autônomo. Servir aos outros e contribuir para o bem maior *faz* parte de ser um líder. Não parar para aplicar o bom senso em suas decisões pode ter consequências afetando gravemente você e as pessoas ao seu redor.

---

4 Jim Taylor, "Common Sense Is Neither Common nor Sense", *Psychology Today*, 12 de julho, 2011.

Apenas Fatos

Tomar uma decisão através do uso do bom senso significa tomar uma decisão baseada em fatos ou chegar a uma conclusão que pode ser facilmente justificada usando fatos. Digamos que você esteja tentando determinar se deve ou não trazer um novo produto ao mercado. Você vem trabalhando nesse produto há meses e investindo pessoalmente para garantir o sucesso dele. No entanto, ao conduzir discussões em grupo com possíveis clientes, você descobre que o produto desperta o interesse de apenas dois em cada dez clientes. Tanto do lado pessoal quando profissional, isso é um baque, porque esse produto poderia dar a você uma carreira, caso fosse bem-sucedido. Porém, os fatos mostram claramente que, do jeito que as coisas estão agora, se você seguir adiante, o produto terá apenas um sucesso marginal, o que poderia ter efeitos adversos grandiosos em sua carreira. Então o que fazer? Deveria você ignorar os resultados e continuar de qualquer forma, mesmo que os fatos apontem para o produto como um grande fracasso se for lançado sem grandes melhorias ou alterações?

O bom senso diz que você precisa voltar para a etapa inicial e corrigir o que não é interessante para seus possíveis clientes. Você deve eliminar suas emoções do processo de tomada de decisão e se concentrar nos fatos. Se você deixar a razão de lado, estará vulnerável a tomar decisões ruins ou fracas que não podem ser defendidas quando examinadas, por não terem sido tomadas com base na razão ou na lógica. "Sabe o que é" não vai funcionar mesmo quando seu chefe o chamar para ir até a sala dele e perguntar por que você jogou milhões de dólares no lixo por um produto que despertava o interesse de apenas duas em cada dez pessoas!

Uma ótima técnica que encontrei para ajudar na tomada de decisão e resolução de problemas de maneira proativa é a técnica Lean dos 5 Porquês. Pergunte a si mesmo "por que" cinco vezes e não aceite sua primeira resposta, porque em geral ela é a superficial e mais óbvia. O X da questão ou ponto central do problema será revelado lá pela quarta ou quinta vez em que você se pergunta "por que" — por exemplo, "por que eu queria tanto lançar este produto?" ou "por que estou ignorando os resultados dos estudos de discussão em grupo sobre este produto?" Qualquer uma das perguntas teria funcionado nessa situação e chegado ao ponto central do seu raciocínio. E se você levasse em conta os 5 Porquês e o feedback dos clientes e depois inserisse esses aprendizados de volta ao processo de desenvolvimento do produto, poderia ter um produto imbatível. Quando você chegar ao quarto ou quinto "por quê", terá eliminado toda a emoção da situação e estará trabalhando apenas em cima de fatos. É aí que o bom senso aparece e a razão prevalece.

Um Pouco de Bom Senso

É relativamente fácil avaliar o grau de bom senso das pessoas observando seus padrões de comportamento e fala. Se não conseguirem dar uma resposta baseada em fatos ou ficarem na defensiva quando pedir explicação sobre como chegaram a uma decisão ou conclusão, provavelmente não estarão empregando o bom senso ou a razão nessa situação. Como Frank Lloyd Wright, renomado arquiteto norte-americano, disse uma vez: "Não há nada mais raro que o bom senso."[5] Usar um pouco de bom senso significa estar disposto a:

1. *Desacelerar.* Muitas decisões ruins são tomadas porque achamos que precisamos chegar logo a uma decisão. Meu conselho: desacelere, respire, fique quieto e reflita sobre a situação em questão. Determine qual é exatamente o seu objetivo ao resolver esse problema ou chegar a uma conclusão. A falta de bom senso pode se originar por não entendermos exatamente nossos próprios objetivos e por termos uma percepção irreal da realidade. De que forma a conclusão que busca o aproxima desse objetivo?

2. *Manter suas emoções sob controle para coletar todos os dados.* É muito mais fácil obter uma resposta emocional do que dar um passo para trás e aplicar à situação em questão o conhecimento e a sabedoria adquiridos com a experiência. Você deve sempre tentar se posicionar com razão e lógica e se comprometer a modificar todas as alternativas que estão em sua cabeça. Pergunte a si mesmo: "Esse é o melhor curso de ação para todos os envolvidos? É assim que gostaria de ser tratado se o jogo virasse? Existem várias soluções que precisam ser analisadas melhor? Esse problema tem um padrão para eu reconhecer e aplicar conhecimentos e experiências do passado a fim de melhorar minhas opções?" E não se esqueça daquela voz baixinha lá no fundo da sua mente. O que ela está dizendo a você sobre a escolha que está prestes a fazer? Ela está torcendo por você ou gritando com você, mandando não abrir a boca? Muitas vezes, sabemos que uma escolha ou decisão é ruim antes mesmo de colocá-la em prática. Acalme suas emoções, seja paciente e deixe essa voz falar com você antes de abrir a boca. O que você está buscando é passar pérolas de sabedoria, e não ser humilhado.

3. *Obter uma segunda opinião.* Às vezes, conversar com alguém que você respeita e em quem confia pode ser inestimável para chegar à decisão ou conclusão correta sobre uma situação. Como eu disse antes, é importante encontrar um mentor ou coach para trabalhar junto a você em sua jornada de autodesenvolvimento. Conseguir um o quanto antes melhora suas chances de mudar seu comportamento, ouvindo como alguém lidaria com a mesma situação, o que pode ajudar a descobrir se você está muito distante da escolha do bom senso.

4. *Refletir sobre sua decisão e sobre o resultado.* Se você não parar para refletir sobre a experiência, não terá aprendido nada no processo e estará propenso a cometer os mesmos erros bobos mais vezes. Portanto, lembre-se de que o bom

---

5 "Quote by Frank Lloyd Wright", Goodreads, acessado em 16 de fevereiro, 2019.

senso é fortalecido refletindo sobre sua experiência e depois tendo a autodisciplina de aprender e se ajustar.

Tenha Acesso à sua Inteligência Emocional

O Quociente Emocional (QE) é um conceito que foi introduzido em 1996 pelo psicólogo e jornalista de ciência Daniel Goleman em seu livro *Inteligência Emocional*.[6] Ele definiu o QE como a capacidade de identificar e gerenciar com sucesso as próprias emoções, bem como as emoções dos outros[7] nas interações humanas cotidianas. As pessoas com QE alto são capazes de animar os outros ou acalmá-los em situações com uma carga emocional muito alta, concentrando-se no fato de que todas as pessoas são inerentemente boas, e não nos aspectos negativos da natureza humana. Elas se concentram em encontrar um terreno emocional comum para usar como base e formar conexões emocionalmente maduras com os outros.

Os líderes com os QEs mais altos são mais compreensivos e vistos como mais autênticos. Eles possuem maiores níveis de simpatia e empatia. Eles tentam, de verdade, ver uma situação através dos olhos da outra pessoa, compartilhando genuinamente o que estão pensando e sentindo de uma maneira positiva e não ameaçadora para trabalhar em cima das emoções e produzir resultados positivos para todos os envolvidos, porque estarão sintonizados nos estados emocionais dos outros. Exibem também estados de compaixão mais marcados, o que os torna muito mais relacionáveis com os outros. Em outras palavras, eles são socialmente conscientes e compreendem como suas emoções e seu bem-estar emocional podem ter um impacto nas pessoas, refletindo sobre essas interações.

Eles entendem, também, que as emoções vêm em versões de curto e longo prazo. A versão de curto prazo é a resposta imediata que se sente no início de um acontecimento com uma carga emocional muito alta. É a sua reação "instintiva". As reações emocionalmente imaturas acontecem com todos nós, não importa a idade. Sua reação de longo prazo, após a introspecção e a contemplação, e, é claro, após ter de lidar com as consequências da sua reação inicial, juntam-se para ter um efeito sóbrio quando você se acalmar e refletir sobre a situação. Dar-se um tempo para se tranquilizar evita o dano que você poderia ter causado ao relacionamento reagindo com uma carga emocional muito alta. Os líderes com QE alto entendem que seus sentimentos mudam com o passar do tempo, e um sinal claro de inteligência emocional é ser maduro o suficiente para admitir quando esteve errado ou exagerou. "Desculpa" ou "sinto muito" são as palavras mais difíceis de dizer em qualquer idioma. Porém, elas percorrem um

---

6   Daniel Goleman, *Inteligência Emocional: A Teoria Revolucionária que Redefine o que é Ser Inteligente* (São Paulo: Objetiva, 1996).
7   "What Is Emotional Intelligence?", *Psychology Today*, acessado em 2 de novembro, 2018.

longo caminho corrigindo as consequências emocionais que uma situação com uma carga emocional muito alta traz.

Para ajudá-lo a lidar com esses tipos de situações e aumentar suas chances de ter uma conversa racional com os envolvidos, além de aumentar seu QE, pergunte-se o seguinte:

- O que deu certo nessa situação?
- O que não deu muito certo?
- Como posso melhorar minhas reações da próxima vez?

É verdade, essas perguntas são relevantes em muitas situações nas quais tentamos aprender com o que acabamos de vivenciar. É necessário considerar também o outro lado da história, no qual você se esforça para dar feedback construtivo a outras pessoas sobre o QE e o comportamento delas. Esse feedback deve ser dado de maneira genuína e não ameaçadora, que não seja ruim, cheia de culpa ou carregada de sarcasmo. Lembre-se de que somos todos humanos e buscamos a perfeição (inatingível). Portanto, o propósito do QE é demonstrar paciência e capacidade de não julgar. Oferecer um apoio positivo e moldar o comportamento que busca dos outros em si mesmo é a maneira mais rápida de conquistar seguidores que o vejam como um líder Lean autêntico, genuíno e inspirador.

Mostre Persistência e Tenacidade

Os líderes Lean que são tenazes e persistentes o suficiente para perseguir o que desejam com um zelo implacável exibem autodisciplina e autoconsciência, além de serem intrinsecamente motivados. Isso significa que, se você tentar alguma coisa e não der certo, terá vontade e força para tentar novamente, porque acredita que isso pode ser alcançado e que você descobrirá como dar certo e alcançar o sucesso.

Essas duas características de um líder Lean autônomo são cruciais para o desenvolvimento de uma atitude de "conseguir fazer", que permite que você encare as adversidades e os desafios da vida. Essas qualidades são complementares: você pode ser muito tenaz, mas, sem persistência e vontade de superar a questão ou o problema, todos os seus esforços podem resultar em resultados bem pouco tangíveis. Para aprimorar suas capacidades, habilidades e competências e se destacar como líder Lean, você deve possuir a persistência de aguentar firme e a tenacidade de não aceitar nada menos do que tudo em que você acredita.

Permita-se Ser Aluno Sempre que Puder

Por fim, e possivelmente o fato mais importante, os líderes Lean devem desenvolver a capacidade de serem alunos. Voltando aos processos da Toyota, todos os que aspiram a papéis de liderança recebem a mesma oportunidade de tomar a iniciativa e estudar sob a tutela de um *sensei*. A responsabilidade do *sensei* é proporcionar desafios, oportunidades estruturadas e treinamento para que o aluno tenha a oportunidade de aprender na prática. No entanto, cabe ao aluno superar esses desafios. O *sensei* não dará a resposta e talvez nem tenha conhecimento dela, porque sempre há mais de uma maneira de resolver um problema. A questão aqui é que você deve aperfeiçoar suas habilidades de liderança por meio da aprendizagem constante e contínua ao longo da vida.

Como líder Lean autônomo, você deve se tornar aluno da natureza humana e trabalhar para desenvolver muitas das habilidades e capacidades que discutimos neste capítulo. As habilidades tais como encarar desafios, desenvolver o bom senso e aprender a ter acesso ao seu QE não são coisas que você aprenderá com treinamento ou educação formal. Elas devem ser desenvolvidas e aperfeiçoadas com o tempo, sob a orientação e o olhar atento de um mentor, coach ou *sensei*. Não importa o tamanho da sua inteligência ou o quanto você acha que "sabe das coisas" — encontrar uma pessoa para ser seu consultor de confiança é crucial para o seu desenvolvimento como líder.

Quando estiver buscando o mentor ou coach certo, pergunte a si mesmo se existe alguém que você admira ou respeita no seu círculo profissional, social, religioso ou em alguma outra esfera da sua vida. Ele exibe as qualidades que discutimos ao longo deste capítulo? Se a resposta for sim, então essa pessoa provavelmente será um ótimo mentor. Não tenha medo de perguntar se ele passaria algumas horas por mês orientando você. Todos nós já estivemos na posição de procurar um mentor em um momento ou outro da carreira, e aprendi que a maioria das pessoas fica mais que feliz em ajudar quando solicitado.

Se você não conseguir identificar ninguém que possa desempenhar esse papel, procure um coach de liderança profissional que possa ajudar. Identifique algumas possibilidades e peça referências. Converse com as pessoas com quem já trabalharam no passado e faça perguntas específicas sobre o que você busca em um coach. Avalie cuidadosamente para ter certeza de que estará com o *sensei* certo que o ajudará a seguir em frente. Mas lembre-se de que cabe essencialmente a *você* obter os resultados de um relacionamento mentor/mentorado.

É importante, de ambos os lados, entender a importância do relacionamento aluno/professor quando se trata de confiança e respeito. Como aluno, você deve ser responsável pelo esforço dedicado ao seu desenvolvimento e pelos resultados que produz; seja o resultado um sucesso ou um fracasso, você é responsável por ele. Isso inclui refletir sobre seu desempenho, entender o feedback do seu professor e incorporar esses aprendizados de volta ao processo. Por sua vez, quando você atuar como professor, você será responsável pelo desenvolvimento do aluno, porque, se ele fracassar, você fracassará também. O professor também deve refletir sobre as causas do sucesso e do fracasso. Levo muito a sério ser professor e mentor, e limito o número desse tipo de relacionamento na minha vida para garantir que eu tenha tempo para me dedicar a cada um. Trata-se de uma experiência de aprendizagem colaborativa real entre professor e aluno. Portanto, é essencial compreender a responsabilidade de ser professor e aluno para o sucesso do relacionamento, bem como para a sua jornada contínua de aprendizagem e desenvolvimento.

Quando procurar um mentor, pergunte se ele pode dedicar um tempo para trabalhar com você. Tenha uma conversa franca sobre as regras do engajamento e defina as expectativas antecipadamente. Com isso, você cria uma situação em que ambas as partes saem ganhando. Também não tem problema se você descobrir que superou seu mentor e precisa seguir em frente. Mas não saia da vida dele do nada. Agende uma chamada ou reunião de encerramento e agradeça pelo tempo e energia que ele investiu em trabalhar com você, e tenha ele em mente para quando encontrar alguém que também esteja procurando por um mentor. Ao longo de sua vida, você desempenhará ambos os papéis — mentor e aluno — e, dentro dos relacionamentos que desenvolve, você nunca será jovem ou velho demais para ensinar aos outros e propriamente aprender.

Conclusão

A ordem dos tópicos que abordamos aqui é muito importante. Eles aparecem na ordem em que você precisa trabalhá-los e desenvolver as habilidades e capacidades discutidas. Será preciso fazer algumas escolhas difíceis, mas lembre-se de que, buscando desenvolver seu bom senso e aprimorar suas capacidades de resolução de problemas e tomada de decisão, estará fazendo escolhas bem pensadas. Ao ter acesso ao seu QE, poderá fazer escolhas lógicas e racionais, em vez de tomar decisões carregadas de emoção que não são para o seu bem. A tenacidade e a persistência desempenham um papel muito importante no seu sucesso, pois você terá desenvolvido a coragem para se ater a ele e se tornar aluno e professor, aprendendo com seus sucessos e com seus fracassos mais cedo ou mais tarde.

Agora que você tem as ferramentas e estratégias em mãos para liderar a si próprio, é hora de avançar para a próxima dimensão do Lean Moderno: a liderança sobre os outros.

CAPÍTULO 4

Liderança sobre os Outros

Liderar através do serviço a outras pessoas é um grande princípio da liderança Lean. Neste capítulo, exploraremos o relacionamento complementar entre liderança servidora e liderança Lean, o que significa se entregar a serviço dos outros. Um líder servidor reconhece e aceita plenamente a responsabilidade de desenvolver, apoiar, capacitar e incentivar outras pessoas em seu caminho para servir e liderar. Este é um grande princípio da filosofia de liderança Lean. Analisaremos também os dois pilares do Modelo Toyota — respeito pelos outros e melhoria contínua — e como usar a técnica de resolução de problemas das Práticas de Negócios Toyota (TBP) juntamente com o Desenvolvimento no Local de Trabalho (OJD) para desenvolver líderes aspirantes.

Definição de Liderança Servidora no Século XXI

A liderança servidora tem o objetivo de capacitar e ajudar as pessoas a se tornarem a sua melhor versão possível em todos os aspectos da vida, de uma perspectiva profissional, social, física, mental, intelectual e espiritual. Todos os valores do Modelo Toyota ganham vida e são sustentados pela prática da liderança servidora:

- Melhoria contínua através do espírito de desafio e uma tendência a agir, indo para o local onde o trabalho é realizado (o *gemba*) e respeitando as pessoas sendo inclusivo;
- Assumindo a responsabilidade;
- Agindo com humildade, dignidade, honra e integridade.

O Modelo Toyota e a liderança servidora são filosofias de liderança complementares: antes de mais nada, os líderes Lean são inerentemente líderes servidores.

Os líderes servidores Lean possuem um foco acentuado em servir a quem lideram, bem como à empresa Lean, em vez de adquirir poder ou assumir o controle. Eles procuram melhorar continuamente as pessoas, os processos e as tecnologias ao seu redor. Isso significa colocar as necessidades dos outros antes mesmo das suas, capacitando-os e ajudando-os a desenvolver e desempenhar níveis cada vez maiores de competência e produtividade, além de melhorar a qualidade de vida geral de cada um.

Entretanto, ser um líder servidor Lean não significa se tornar um servidor contratado para servir. Muito pelo contrário, significa que seu foco estará em aprender a se desenvolver e também em capacitar quem está ao seu redor, por meio de orientação, treinamento, apoio e capacitação. Por fim, você deve tentar criar e promover um relacionamento colaborativo, solidário, empático, envolvente e crescente com quem lidera — sem sugerir que você é subserviente a eles. Afinal, seus seguidores também devem assumir a responsabilidade por seus processos de desenvolvimento e aprendizagem, o que os coloca no caminho de se tornarem um líder servidor Lean.

Origens da Liderança Servidora

A liderança servidora não é nenhuma novidade. O termo foi cunhado por Robert K. Greenleaf (um conhecido consultor de liderança e gestão na ativa da década de 1950 a de 1990) e publicado pela primeira vez em um ensaio em 1970.[1] Greenleaf foi inspirado ao ler *The Journey to the East* [*A Jornada para o Leste*, em tradução livre], de Hermann Hesse.[2] Nessa história, um bando de homens em uma jornada mítica é acompanhado por um servo chamado Leo. Através de sua presença incrível, Leo se torna a força vital do grupo. Ele cuida dos homens, diverte-os e os sustenta. Um dia, no entanto, Leo desaparece e os homens abandonam sua jornada, porque ele era uma parte vital dela. Eles não acreditam mais que podem continuar por conta própria. Alguns anos depois, o narrador se perde. Enquanto vagueia sem propósito pelo deserto, ele tem a sorte de ser levado por uma Ordem, o que o levou a descobrir que Leo, que ele conhecera primeiramente como servo, é o líder deles. Ele é o espírito que os guia, um grande e nobre líder.

Para Greenleaf, essa história exemplifica que "o grande líder é visto primeiro como um servo, e esse simples fato é a chave para a sua grandeza".[3] O desejo inerente e a capacidade de servir de Leo é o que o tornou um grande líder. Leo realmente gostava de ajudar os outros a crescer e prosperar, tanto individual quanto coletivamente. E

---

1 Robert K. Greenleaf, "The Servant as Leader", Greenleaf Center for Servant Leadership, acessado em 8 de outubro, 2017.
2 Hermann Hesse, *The Journey to the East* (Important Books, 2013).
3 Greenleaf, "Servant," 2.

em sua alegria de servir, suas habilidades de liderança se destacaram. Em resposta à evidente estatura de servidor que os líderes devem possuir, Greenleaf disse posteriormente:

> Em vez disso, eles responderão livremente apenas a indivíduos que forem escolhidos como líderes porque são servidores comprovados e confiáveis. Na medida em que esse princípio prevalecer no futuro, as únicas instituições verdadeiramente viáveis serão aquelas predominantemente lideradas por servidores. Tenho consciência do longo caminho a seguir perante essas tendências, que vejo tão claramente, tornando-se uma importante força de formação da sociedade. Ainda não chegamos lá. Mas vejo um movimento encorajador no futuro.[4] [citação em tradução livre]

Características da Liderança Servidora

Ser um líder servidor se define pela maneira como alguém se comporta, pensa, age e sente. Servir aos outros é o que o motiva a agir. É um modo de vida altruísta, com base na construção de uma visão que seus seguidores podem ver e acreditar para cumprir uma missão que serve o bem maior da empresa, da sociedade e até do mundo. A liderança servidora pode ser resumida em três qualidades principais:

Integridade
　Os líderes servidores lideram com integridade, e sua reputação de serem moralmente francos e honestos, além de cumprirem o que prometem, é uma característica extremamente importante e definidora.

Interação contínua
　Os líderes servidores trabalham constantemente com todos à sua volta para promover e incentivar desenvolvimento deles como líderes, pois se preocupam com os outros de verdade. É muito importante construir e manter relacionamentos saudáveis para eles, por possuírem um forte senso de autoconsciência e da direção para a qual desejam seguir sua vida. Através de suas ações e comportamentos, lideram pelo exemplo, moldando comportamentos que buscam em seus seguidores.

Diversidade
　Os líderes servidores apreciam a diversidade que a vida traz e valorizam a capacidade de cada um contribuir. Reconhecem que diferentes bagagens e experiências de vida e de formação educacional proporcionam uma variedade de opiniões e pontos de vista, agregando valor às interações e aos resultados que suas equipes podem alcançar. É bom haver diversidade! Assim, temos soluções mais criativas.

4　Ibidem, 3.

Os líderes servidores enxergam seus objetivos com clareza e conseguem comunicá-los bem aos outros através de suas ações e palavras, inspirando, motivando e levando os outros a agir. O poder de um líder servidor é informal, adquirido ou gerado por influência, inspiração ou experiência em uma área ou campo de conhecimento, e alcançado tendo instintivamente uma tendência a agir quando se trata dessa visão. Como afirmou o famoso general chinês Sun Tzu em seu clássico tratado sobre a guerra, *A Arte da Guerra* (escrito por volta de 500 a.C.): "Um líder lidera pelo exemplo, não pela força."[5] O filósofo Lao-Tzu expressou uma ideia semelhante no Livro do Caminho e da Virtude, ou *Tao Te Ching*, (século IV a.C.): "Um líder é melhor quando as pessoas mal sabem que ele existe; quando seu trabalho for feito, seu objetivo cumprido, elas dirão: fomos nós que fizemos isso." Essa é a marca deixada por um verdadeiro líder servidor.

Por que os Líderes Servidores São Tão Importantes para a Empresa Lean

Os líderes servidores Lean existem em nítido contraste com os gerentes que possuem o poder formal, o que é algo que lhes é concedido por meio de um título formal e/ou cargo dentro de uma organização. Os gerentes têm a responsabilidade de definir metas, comunicar políticas e status, coordenar o trabalho dentro e fora das equipes e fornecer os recursos de que os membros da equipe precisam para realizar o trabalho. Eles são responsáveis por gerenciar o "trabalho com um objetivo ou resultado específico", agindo como o ponto vital que conecta a equipe, a liderança sênior e a organização.

O mundo precisa de líderes servidores e gerentes. No entanto, você pode ser gerente sem ser líder servidor. Por outro lado, os líderes servidores geralmente não possuem nenhum poder formal em sua posição, embora possam ser influentes na organização e fazer grandes contribuições para o sucesso dela. A marca de um líder servidor que evolui de gerente é medida por sua capacidade de desempenhar os dois papéis, permitindo que a organização evolua naturalmente de um sistema autoritário e controlador para um sistema consultivo e orientado a serviços, no qual todos participam e contribuem para alcançar sua missão, visão e proposta de valor. Esse é um ponto de inflexão crucial para a empresa Lean, já que continua mudando e evoluindo sob os olhos atentos de seus líderes servidores Lean.

A liderança servidora Lean é um dos estilos de liderança mais eficazes para as empresas modernas, porque é orientada a resultados e também forma um vínculo significativo de confiança e respeito entre os líderes e suas equipes, à medida que o constante ciclo de desenvolvimento, feedback e aprendizagem se repete. Dispostos a servir, esses líderes naturalmente desempenham o papel de professores, mentores e coaches que criam um espaço seguro no qual a resolução de problemas através da escuta, obser-

---

5 Sun Tzu, *A Arte da Guerra*, trad. Thomas Cleary (Boulder: Primeira Edição. Shambhala Press, 1988).

vação, experimentação e aprendizado com os erros não é somente aceitável, mas sim incentivada. As partes mais altamente qualificadas de nossa força de trabalho do século XXI são favoráveis a esse tipo de estilo de liderança.

Os integrantes dessa força de trabalho valorizam a inclusão, o desafio e o aprendizado acima de tudo. Eles não são motivados pelo salário. Muito pelo contrário, são as coisas intrínsecas que inspiram e promovem a criatividade e a engenhosidade. Eles se recusam a ser microgerenciados por estilos de liderança de comando e controle, buscando autonomia e um propósito para o trabalho de sua vida. E por causa de suas habilidades e capacidades, se não se sentirem apoiados, capacitados e realizados em sua função atual, ao longo de sua carreira, será muito fácil, para eles, mudar de emprego. É imperativo que os líderes do século XXI compreendam essa mudança de paradigma, porque essa parte altamente qualificada de nossa força de trabalho continuará a procurar e querer trabalhar para líderes que possuam habilidades de liderança servidora Lean.

Como resultado, tanto os líderes como os seguidores devem mudar para atender a essa nova dinâmica do local de trabalho do século XXI. Portanto, o foco para você, como líder servidor Lean, deve ser conquistar a lealdade desses trabalhadores altamente qualificados, proporcionando inspiração, apoio e desenvolvimento para muni-los com tudo o que precisam para criar e oferecer produtos/serviços inovadores, além de se sentirem realizados, motivados e valorizados por quem servem. As empresas progressistas entendem essa mudança para apoiar, incentivar e desenvolver líderes servidores Lean.

Como se Tornar um Líder servidor Lean

Algumas pessoas interpretam mal a palavra "servidor" quando a ouvem, pensando que os líderes servidores são molengas. É aí que se enganam, pois, para ser um líder servidor Lean, é preciso fazer perguntas difíceis e desafiar as pessoas ao seu redor a se esforçarem mais para obter sucesso em tudo o que fizerem. Seu papel é ajudar nos momentos bons e ruins, oferecendo toda a assistência e apoio que puder para colocar as coisas no eixo novamente.

Então, como você faz para desenvolver as habilidades de que os líderes servidores precisam? Aqui estão algumas dicas para ajudá-lo a começar.

Desenvolva seu Norte Verdadeiro

Antes de se tornar qualquer tipo de líder, primeiro você deve desenvolver uma consciência do propósito da sua vida e carreira. Ao reservar um tempo para definir e desenvolver suas convicções em torno do que pretende conquistar, construirá o seu caminho a ser seguido. A autorreflexão e a solicitação de feedback de outras pessoas são duas ótimas ferramentas para definir e traçar seu Norte Verdadeiro. Passar um tempo anotando todas as coisas que deseja realizar na vida, ajuda bastante a identificar e definir o seu propósito. Como líder Lean, você deve planejar seu caminho proativamente antes que outra pessoa o faça por você.

John Goddard (explorador, escritor e fundador da Goddard School), aos 16 anos decidiu se sentar e escrever uma lista de tarefas da vida,[6] parecido com o conceito atual da lista do que fazer antes de morrer. Ao longo da vida, ele trabalhou com afinco para realizar as coisas de sua lista, afirmando que isso lhe conferia propósito e direção, agindo como seu Norte Verdadeiro pessoal. Eu também escrevi uma lista dessas com a idade dele e, quando terminei, dobrei e guardei esse papel em um álbum de fotos e lembranças daquele mesmo ano, pensando que seria um bom lugar para mantê-lo seguro.

No ano passado, quando eu estava fazendo as malas para me mudar, a lista caiu de dentro do álbum. Na mesma hora, sabia exatamente do que se tratava e, por um breve segundo, pensei comigo mesma: "Será que quero abrir mesmo essa lista?" Fazia muito, mas muito tempo que eu tinha olhado para a lista pela última vez, mas minha curiosidade venceu. Fiquei surpresa (na verdade, "chocada" seria uma palavra melhor) ao ver que, quando calculei o que havia realizado na vida até aquele momento, o total representava cerca de 75% do que havia anotado muitas décadas atrás. Lembre-se de que os pensamentos são coisas e a escrita concretiza seus pensamentos, transformando-os em ação. Todas aquelas coisas estavam comigo, no fundo da minha mente, à medida que progredi na minha vida. Minha mente subconsciente as havia absorvido e gravado na memória. E, sim, ser autora estava nessa lista.

Portanto, quando for traçar seu Norte Verdadeiro, pergunte-se:

- Você sabe o que deseja realizar?
- Você tem orgulho do que realizou em sua vida até hoje?
- Se alguém lhe pedisse para dizer o propósito ou a proposta de valor da sua vida, o que você diria?

Os líderes servidores Lean ajudam os outros a descobrirem seu Norte Verdadeiro. Peça a quem você orienta como mentor ou coach que dedique um tempo para pensar e fazer uma lista de tarefas da vida. Se já tiver essa lista, pergunte, então, como você pode ajudá-lo a realizar essas coisas. Acho que você ficará surpreso com a motivação e o propósito que essa lista criará para você e seus seguidores. Riscar as coisas da sua lista pode ser muito motivador e pode estimular o seu desejo de alcançar coisas ainda maiores e mais complicadas em sua vida.

---

[6] A lista de Goddard pode ser encontrada em https://www.johngoddard.info/life_list.htm.

Abandone a Cena do "Cavaleiro Solitário"

Como líder servidor Lean, você deve abrir mão da ideia de que é o único que precisa ter todas as respostas ou resolver todos os problemas. Como diz o velho ditado: "Se quer ir rápido, vá sozinho. Se quer ir longe, vá em grupo!" Da próxima vez que se sentir forçado a pular nesse seu cavalo branco, pare e pergunte-se: "A quem devo pedir ajuda com esse problema?" Afinal, até o Cavaleiro Solitário obteve ajuda. Quem são as pessoas que você pode recorrer e que se preocupam em proporcionar apoio e desenvolvimento a você à medida que segue a vida? Descubra quem são e depois as traga para sua vida, desafiando-as a encontrar maneiras novas e mais criativas de resolver os problemas que enfrentam juntos, como uma equipe.

Veja o Potencial em Todas as Pessoas

Os líderes servidores Lean são atenciosos o bastante para tirar um tempo e entender o que motiva as pessoas. Eles não chegam a conclusões precipitadas sem se importar sobre as coisas, como, por exemplo, por que alguém está com baixo desempenho. O mau desempenho pode não ter nada a ver com o trabalho, mas pode, sim, ser causado por algum sofrimento da vida pessoal dessa pessoa. Da próxima vez que se deparar com um problema de desempenho de um funcionário, inicie uma conversa franca sobre o problema em questão. Procure encontrar uma solução que resolva o problema com essa pessoa, para que, mais uma vez, ela possa contribuir como um valorizado membro da equipe. Os líderes servidores Lean não desistem das pessoas, eles veem o potencial que todos temos para alcançar grandes coisas. Ampliam o esforço para nos ajudar a superar os obstáculos em nosso caminho para o sucesso.

Certa vez, conheci uma mulher que era uma profissional espetacular. Porém, com o tempo, ela começou a faltar com muita frequência dizendo estar doente e, quando estava no trabalho, parecia que estava com a cabeça em outro lugar. Ela acabou passando cada vez mais tempo fora do trabalho. Pedi a ela que viesse à minha sala para conversarmos abertamente sobre sua recente tendência de queda no desempenho e, no decorrer da conversa, ela revelou que estava enfrentando alguns problemas pessoais sérios. Eu não esperava que nossa conversa chegasse nesse assunto. Perguntei o que ela pretendia fazer com relação a esses problemas, e ela disse que queria muito resolver os problemas, mas sentia que não tinha uma rede de apoio para se afastar dessa situação disfuncional que estava afetando gravemente sua vida pessoal e profissional. Enquanto passávamos pelos problemas dela, dei a ela o nome e o número de um amigo meu que poderia ajudar, deixando para ela decidir dar o primeiro passo.

Um mês depois, o desempenho dela havia melhorado drasticamente, e ela me contou que havia procurado o recurso que eu havia sugerido e que fez grandes mudanças em sua vida para melhor. Pelo simples fato de ter perguntado a ela o que estava errado e como eu poderia ajudar, ela sentiu que alguém se importava com ela, e isso lhe deu força para fazer as mudanças necessárias em sua vida e permanecer com a decisão de seguir em frente. Nos seis meses seguintes, o desempenho dela continuou crescendo.

Obviamente, nem todo funcionário terá um motivo tão drástico por trás de um problema de desempenho (é o que espero). Mas a lição aqui é que nunca se sabe o que está acontecendo com alguém até perguntar o que está acontecendo.

Busque e ofereça o que for necessário

Descubra do que sua equipe precisa e, em seguida, forneça os recursos certos, sejam eles adicionar conjuntos de habilidades ou mais pessoas, remover obstáculos ou fornecer materiais, ferramentas ou feedback construtivo e realista para garantir que todos se sintam capacitados e possam alcançar o sucesso.

Saia do seu escritório. Os líderes servidores Lean não se escondem de suas pessoas. Eles praticam *genchi genbutsu* — a arte de ir e ver por si mesmo o que está acontecendo no *gemba* (o local onde o trabalho está sendo realizado). Isso não significa convocar uma reunião e trazer todos para uma sala. Significa ir aonde suas pessoas estão e passar um tempo com elas.

Veja os problemas como oportunidades de melhoria

Repita comigo: "É bom ter problemas! É bom ter problemas!" Você deve ver os problemas como oportunidades para praticar a melhoria contínua. Qualquer um que tiver a atitude de que não existem problemas (também conhecidos como desperdício ou *muda* em japonês no método Lean) em sua área de trabalho estará se enganando. Sempre tem espaço para melhorias e para tornar tudo melhor. Pensar que as coisas estão perfeitas gera uma cultura de apatia na qual os problemas são corrompidos, afetando a qualidade do seu trabalho, fazendo com que as pessoas fiquem frustradas com sua própria incapacidade de fazer mudanças positivas de verdade. Ignorar os problemas e, consequentemente, permitir que eles cresçam e se intensifiquem é a maneira mais rápida de perder seus melhores e mais brilhantes funcionários, porque eles sairão em busca de empresas e líderes mais honestos e empáticos que prezam pela criatividade e são apaixonados por melhorias.

Como líder servidor Lean, procurar e resolver problemas com seu pessoal deve ser a atividade à qual você dedica a maior parte de seu tempo e energia. Mais uma vez, pratique *genchi genbutsu* no *gemba*, converse com sua equipe, entenda os problemas que ela está enfrentando e trabalhem juntos para resolvê-los em equipe. Em seguida, procure melhorar as soluções que você implementou continuamente, desafiando a equipe a se concentrar na remoção de *muda* (desperdício) no *gemba*.

Desenvolva uma mente inquisitiva em si mesmo e nos outros

Muitas vezes, chegar à raiz de um problema requer bastante investigação. Aceitar a primeira resposta geralmente coloca o foco em um sintoma e não na causa real. Você deve desafiar a si mesmo e aos outros a ir além dos padrões normais de pensamento, fazendo perguntas investigativas. Desafiar as pessoas e exibir vulnerabilidade no processo de resolução de problemas é a maneira de desenvolver a si e os outros. Tanto o professor quanto o aluno acabam aprendendo alguma coisa durante o processo.

Crie uma Tolerância ao Fracasso

Sua atitude em relação aos erros e como você lida com os fracassos também é um determinante para saber se você é ou não um verdadeiro líder servidor Lean. Os erros devem ser encarados como apenas mais uma maneira de sabermos que algo não funciona. Errar não é o fim do mundo. Os erros e os fracassos oferecem experiências valiosas com as quais podemos aprender e incorporar o aprendizado de volta ao processo. Se você não estiver se arriscando, não estará aprendendo e avançando. Lembre-se de que o objetivo é dividir o problema em pequenas partes gerenciáveis. E se você fracassar em uma tentativa de resolver um problema, não significa que o mundo acabou, significa apenas que você não encontrou a solução para o problema e que deve tentar novamente até encontrar uma solução viável. Por exemplo, você sabia que Thomas Edison teve mil tentativas sem sucesso antes de inventar a lâmpada? Mil tentativas! Fracassar não fazia parte de seus planos, e quando um repórter perguntou "Como você se sentiu fracassando mil vezes?", Edison respondeu: "Não fracassei mil vezes. A lâmpada foi uma invenção com mil etapas."[7]

Incentive o pensamento independente

Identifique a lacuna ou o problema que precisa ser resolvido e assegure-se de que sua equipe tem os recursos para resolvê-lo. Em seguida, afaste-se e permita que ela coloque a mão na massa. Não é só porque as outras pessoas não resolveriam o problema do seu modo que essa solução esteja errada. Se elas ficarem estagnadas, esteja disponível para ajudar. Faça perguntas desafiadoras sobre a direção que tomaram para resolver o problema, mas incentive-as a pensar de forma independente.

Durante a resolução de problemas, incentive a importância de chegar a um consenso para a possível solução entre todos os envolvidos, antes de a solução ser implementada. Chegar a um consenso revela outras ideias que podem oferecer soluções melhores para o problema ou identificar possíveis riscos não considerados. O consenso garante que as pessoas que precisam implementar a solução compreendam minuciosamente os efeitos que ele pode ter no trabalho. Dessa forma, todos sentirão que tiveram a oportunidade de se expressar e resolver quaisquer preocupações que possam ter tido sobre a solução mais viável, validando que essa é a melhor solução naquele momento.

---

[7] A. U. Shastri, resposta a "How many times did Thomas Alva Edison fail exactly?", Quora, 9 de agosto, 2014.

Deixe seu ego e orgulho do lado de fora

Este pode ser o mais difícil de realizar, porque os líderes bem-sucedidos geralmente são cheios de autoconfiança, força de vontade e determinação. Porém, como eu disse antes, ser um líder Lean não se resume a você, e sim a ajudar a quem você serve para desenvolver a autoconfiança, a força de vontade e a determinação *deles* para obter sucesso.

Você deve compartilhar, e não acumular, seu poder de preparar as pessoas para o sucesso. Não é para você, intencionalmente, deixá-los fracassar para poder entrar em cena e salvá-los. Esse tipo de comportamento é repleto de autointeresse e apenas infla o seu próprio ego. Por outro lado, se o que você está tentando construir é um exército de líderes servidores Lean que lideram pelo exemplo, com respeito, integridade, honestidade e dignidade, e que vivem para servir e desenvolver os outros, você deve deixar seu próprio ego e orgulho do lado de fora. Em vez disso, orgulhe-se de desenvolver e apoiar as pessoas, à medida que você e elas evoluem para níveis cada vez mais altos de liderança servidora Lean.

Respeito aos Outros no Caminho da Melhoria Contínua

Para quem deseja exercer a liderança servidora Lean, tudo começa com os dois pilares do Modelo Toyota, que são (1) um profundo respeito pelas pessoas e (2) um compromisso com a melhoria contínua, conhecido como *kaizen*.

Contexto de Respeito aos Outros

A maneira mais fácil de entender por que o respeito é tão importante é pensar em um momento em que você se sentiu desrespeitado. Seja esse momento expresso através das palavras ou do comportamento de uma pessoa, aposto que a mensagem foi passada em alto e bom som. Como isso fez você se sentir? Como você reagiu? Provavelmente com raiva ou descrença por ter sido tratado dessa maneira. Pode ser que você tenha se perguntado: "O que será que eu fiz para essa pessoa para merecer esse tipo de tratamento?"

Na maioria das vezes, a resposta é "Nada!" Quando as pessoas desrespeitam os outros, o motivo subjacente geralmente diz mais sobre quem desrespeitou do que sobre quem foi desrespeitado. O desrespeito geralmente vem de uma mente apática, que geralmente se desenvolve quando as pessoas sentem que ninguém se importa com elas ou as respeita — por isso, elas tratam os outros dessa maneira. Infelizmente, sentir que você foi desrespeitado permite comportamentos desrespeitosos, e você pode, consciente ou inconscientemente, revidar esse desrespeito, o que pode se tornar um círculo vicioso em qualquer relacionamento.

Mas lembre-se do velho ditado: "Você recebe o que dá!" Estar atento e maduro com relação a suas reações e permanecer respeitoso, agindo com honra e humildade, o levará muito mais longe do que ter um ataque e revidar com desrespeito. Quando cruzo com alguém assim, meu primeiro instinto é ser o mais respeitosa possível com essa pessoa, porque como líder Lean devemos moldar o comportamento que buscamos, por mais difícil que seja. Quando tratamos as pessoas como desejamos ser tratados, surge toda uma nova dinâmica em suas interações com elas.

Outra coisa que descobri é que sorrir e ser vulnerável também ajudam. Eu sorrio e introduzo uma fala pedindo a ajuda da pessoa. Isso auxilia bastante a iniciar uma conversa com o pé direito, pois faz com que a outra pessoa pare de pensar em si própria e em sua situação atual e passe a se concentrar em você e na situação em questão. A maioria das pessoas está mais do que disposta a ajudar os outros. Como seres humanos, somos inerentemente conectados dessa maneira. Faz parte de nossa natureza responder à vulnerabilidade de maneira protetora, em vez de erguer barreiras de imediato que geram a falta de comunicação e a desconfiança. Portanto, da próxima vez que você estiver em uma situação como essa, experimente essa técnica. Você pode se surpreender com a reação que receberá.

Como Pensar com uma Mente *Kaizen*

Ao contrário das crenças e práticas ocidentais populares, o *kaizen* não é um evento ou algo que você faz ocasionalmente. É um modo de vida e uma filosofia praticada todos os dias, em todos os níveis, em toda a empresa Lean. Seu objetivo é a otimização e melhoria contínua não apenas das partes (como indivíduos, equipes, processos, serviços e tecnologia), mas de todo o sistema. O seu foco está na eliminação de desperdícios desnecessários (*muda*) através da implementação de pequenas melhorias contínuas, visando aumentar a produtividade, qualidade, segurança e satisfação do cliente e do funcionário, melhorar os prazos de entrega e reduzir os custos.

Desenvolver uma mente *kaizen* significa compreender a importância de eliminar o desperdício, comprometendo-se com a melhoria contínua e de longo prazo na forma de mudança proativa e mensurada. Sim, lá vem aquela palavra mais uma vez: mudança! O *Kaizen* nada mais é do que detectar as mudanças necessárias que precisam ser feitas para manter o seu avanço, o de seus seguidores e o da organização. Lidamos melhor com a mudança quando ela é reconhecida e tratada em etapas pequenas e incrementais, que é a essência do *kaizen*. Infelizmente, a maioria dos esforços de mudança não dá certo devido ao fato de a mudança ser iniciada e implementada como um esforço derradeiro gigantesco para corrigir algo que deveria ter sido tratado aos poucos ao longo do tempo. Se o *Kaizen* estiver sendo implementado, não há necessidade de mudanças disruptivas de grande escala. Os líderes servidores Lean percebem que a mudança é inevitável e não a ignoram cegamente. A necessidade de mudança contínua deve sempre estar na vanguarda da sua mente consciente.

O *kaizen* é motivado pelo respeito às pessoas, tanto da perspectiva de seus clientes quanto dos funcionários, porque se trata de tornar melhor e mais recompensadora a vida das pessoas que compram ou criam seus produtos. Isso significa reduzir o desperdício ao seu redor, de uma perspectiva emocional, mental e física. Quando todos na sua organização estiverem constantemente procurando desperdícios e eliminado-os de maneira sistemática, você terá desenvolvido uma cultura *kaizen* na qual a melhoria contínua é sinônimo de modo de vida.

Como Reconhecer sua Responsabilidade de Desenvolver os Outros

Como líder servidor Lean, você tem dois objetivos principais. Primeiro, você é responsável por desenvolver a si mesmo e a outros possíveis líderes, tanto da perspectiva do desempenho no trabalho quanto do conjunto de habilidades, ajudando-os a aprimorar suas próprias habilidades de liderança. Segundo, você deve, o tempo todo, identificar oportunidades que permitam a você e aos outros se expandir e crescer desafiando o *status quo* e nunca aceitando ou sendo complacentes em sua busca pela perfeição. É tão importante desenvolver verticalmente suas habilidades e capacidades dentro de sua área de especialização quanto desenvolvê-las horizontalmente em toda a organização, esforçando-se para poder realizar melhorias contínuas dentro e fora de sua zona de conforto ou área de especialização. Ao fazer isso, você se coloca em situações que o afastam do papel de especialista, forçando-o a aprender a desenvolver e utilizar suas habilidades de liderança, como motivar as pessoas, inspirar a construção de sua visão, influenciar através do consenso de todos, desenvolvimento de equipes, escuta e treinamento, entre outros. Quando não somos mais o "especialista", não temos escolha a não ser liderar através de nossa inteligência emocional.

Além disso, uma responsabilidade crucial de um líder servidor Lean é garantir que seus "alunos" assumam a responsabilidade por seu próprio autodesenvolvimento. No entanto, como líder, você permanece responsável pelos resultados deles. Sei que isso parece um pouco unilateral, mas, se você deseja liderar os outros, deve assumir total responsabilidade pelo desenvolvimento dessas pessoas à sua volta. Afinal, você provavelmente recebeu assistência em algum momento de sua carreira vinda de alguém que o ajudou a desenvolver suas habilidades de liderança. Mas é irreal pensar que você será capaz de dedicar uma grande parte do seu tempo a todos. Portanto, você deve escolher com sabedoria e dedicar um tempo para identificar e, em seguida, desenvolver aqueles indivíduos que demonstram maior potencial para liderar e trabalhar bem em equipe. Aqui estão algumas dicas sobre como fazer isso:

- Observe atentamente quem o segue, fazendo anotações mentais a respeito de quem mostra o potencial de liderança contra quem não tem nenhuma aspiração ou interesse em liderar (que não tem problema também). No entanto, não cometa o erro de pensar que eles não querem ser desenvolvidos. Pessoas diferentes têm objetivos de carreira diferentes. Alguns podem aspirar a se tornar um especialista em sua área, mostrando absolutamente nenhum interesse em se tornar um líder. Você deve reconhecer que existem muitas maneiras de ajudar alguém a se desenvolver, como compartilhar livremente seus conhecimentos, o que é bom não só para o indivíduo como, também, para a empresa.

- Para seus subordinados diretos, reserve um tempo regular para trabalhar e discutir o desenvolvimento deles. Você precisa garantir que eles estejam no caminho certo e recebendo o que precisam para continuar seu desenvolvimento. Sugiro que você também reserve de quatro a seis horas por mês para orientar e treinar quem você não gerencia ou lidera diretamente. Aloque o tempo por ordem de chegada. Acho que ser mentor e coach de outras pessoas é muito gratificante a nível pessoal, e já tive muitos mentores, coaches e professores ao longo da minha carreira, mesmo que eu não estivesse em uma posição de ajudá-los naquele momento. Acredito firmemente no processo de altruísmo ajudando os outros.

- Defina expectativas claras para quem você liderar, para que você e seus alunos possam medir o progresso e serem responsáveis pelo autodesenvolvimento deles. Uma das coisas que faço é dar aos meus alunos um desafio para concluir antes do nosso próximo encontro formal. Com meus contatos formais, espero que os alunos venham preparados para discutir como tentaram resolver o desafio lançado. Com meus contatos informais, deixo que os alunos agendem o próximo encontro, depois de tentarem resolver o desafio lançado. Dessa maneira, posso determinar com facilidade quem está disposto de verdade a dedicar tempo e esforço ao seu próprio desenvolvimento, para nós dois usarmos nosso tempo da maneira mais sábia possível. Além disso, o uso dessa técnica coloca a responsabilidade do autodesenvolvimento diretamente sobre os ombros dos alunos, que podem assumi-la rápida ou vagarosamente de acordo com sua agenda e limitações de tempo.

- Saiba que você será responsabilizado por seus seguidores. Essa é uma mudança radical da maneira com a qual muitas empresas operam hoje. Por fim, se uma empresa estiver indo mal, quem mais deve ser responsabilizado por esse resultado final que não seja a equipe de liderança? Porém, parece que, cada vez mais, os líderes ocidentais aperfeiçoaram a arte de se tornar "Teflon", ou seja, não ser responsabilizado ou assumir a responsabilidade pela falta de resultados. Tudo passa batido a eles. Os seguidores devem responsabilizar seus líderes, garantindo que os líderes Teflon não sejam aceitos em uma cultura Lean. Os líderes devem compartilhar a responsabilidade e a responsabilização com seus seguidores, e com outros líderes também, para garantir que a empresa continue a crescer e evoluir.

Aprender a Servir Enquanto Fortalece os Outros

Tornar-se um líder Lean significa estar em um ciclo contínuo que o coloca no papel de aluno e professor, repetidamente, ao longo de sua carreira. E ser um líder servidor Lean requer o desenvolvimento de uma mentalidade *kaizen*, para que você possa ajudar os outros no desenvolvimento de cada um. Esse processo de duas etapas pode ser alcançado com a ajuda das seguintes técnicas Lean:

Práticas de Negócios Toyota (TBP)
   A ferramenta mais poderosa para desenvolver uma mente *kaizen* é uma técnica de resolução de problemas conhecida como Prática de Negócios Toyota, ou TBP. Ela se baseia no ciclo PDCA (Planejar/Desenvolver/Conferir/Agir), que evoluiu ao longo dos anos e foi modificado pelos japoneses para fins de produção. Seu foco é ajudar a desenvolver e aprimorar suas capacidades de resolução de problemas por meio de um processo sistemático e repetível de melhoria contínua.

Desenvolvimento no Local de Trabalho (OJD)
   Depois de dominar as Práticas de Negócio Toyota no nível individual e de líder de equipe, você estará pronto para a segunda etapa, que é ajudar os outros no desenvolvimento de suas habilidades de liderança, usando outra técnica Lean conhecida como desenvolvimento no local de trabalho ou OJD. Essa técnica o coloca no papel de *sensei* (coach ou mentor), procurando desenvolver possíveis líderes à medida que avançam em suas experiências das Práticas de Negócio Toyota. Nessa segunda etapa, seu objetivo como *sensei* é ajudar os outros a desenvolver suas capacidades de servir e liderar.

No entanto, antes de passar para o Desenvolvimento no Local de Trabalho, você precisa entender outro princípio subjacente das Práticas de Negócios Toyota, que é o ciclo PDCA.

Kaizen e o Ciclo do PDCA

O ciclo PDCA (mostrado na Figura 4-1) pode ser usado para resolver praticamente qualquer problema ou situação que surgir para um líder, equipe ou empresa. O PDCA segue o método científico[8], que remonta a Galileu e é o processo padronizado que os cientistas usam há séculos para descobrir a melhor solução possível para um problema. O processo em si é bastante simples. Primeiro, você elabora a hipótese, declarando os estados verdadeiro e falso ou "nulo". Em seguida, você identifica todas as conclusões ou resultados possíveis. Depois, realiza experimentos ou estudos para testar a hipótese, observando os resultados ao longo do caminho. Você continua testando repetidas vezes, incorporando seus aprendizados de volta à hipótese até que se prove ser verdadeira ou falsa.

---

8   Ronald D. Moen, "Foundation and History of the PDSA Cycle", W. Edward Deming Institute, acessado em 17 de dezembro, 2018).

O ciclo PDCA é composto por quatro etapas:

- Etapa 1. Planejar: defina um problema e elabore uma hipótese das possíveis causas e soluções.
- Etapa 2. Desenvolver: implemente as soluções.
- Etapa 3. Conferir: avalie os resultados.
- Etapa 4. Agir: retorne à etapa 1 se os resultados forem insatisfatórios ou padronize a solução se os resultados forem satisfatórios.[9]

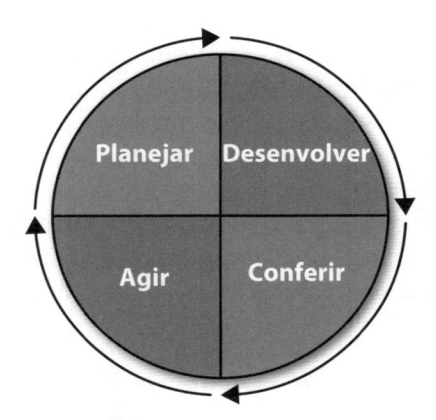

Figura 4-1. *O ciclo PDCA*

A Evolução do PDCA e das Práticas de Negócios Toyota

Em 1985, o Dr. Kaoru Ishikawa, pai do movimento Controle de Qualidade Total (TQC, *Total Quality Control*) e autor do livro *Controle de Qualidade Total — À Maneira Japonesa* (Campus), estendeu o ciclo PDCA japonês para incluir outras etapas de planejamento, adicionando metas e objetivos e desenvolvendo métodos para alcançá-los nas etapas do Plano,[10] para que a organização possa identificar, resolver e padronizar o que foi aprendido. O ciclo PDCA do Dr. Ishikawa é composto por seis etapas:

- Etapa 1. Planejar: determine metas e objetivos.
- Etapa 2. Planejar: determine métodos de atingir as metas.

---

9 Ronald D. Moen e Clifford L. Norman, "Circling Back: Clearing Up Myths About the Deming Cycle and Seeing How It Keeps Evolving", Quality Progress, novembro de 2010, 4.

10 Toyota Institute, *How to Teach the TBP Steps* (Nagoya: Toyota Motor Corporation, 2006), 9.

- Etapa 3. Desenvolver: comprometa-se com formação e treinamento.
- Etapa 4. Desenvolver: implemente o trabalho.
- Etapa 5. Conferir: confira os efeitos da implementação.
- Etapa 6. Agir: tome as medidas apropriadas.

Os líderes da Toyota estenderam o ciclo PDCA de Ishikawa para incluir mais duas etapas: na Etapa 1: Planejar, eles adicionaram "esclareça o problema" e na Etapa 2 eles adicionaram "divida o problema em partes", para mudar a ênfase ao cliente, garantindo que vale a pena trabalhar em cima do problema para chegar a um consenso. Eles também excluíram a etapa 3 e adicionaram a etapa 4: "realize análise da causa raiz", garantindo que a causa raiz do problema que está sendo resolvido seja bem compreendida. Esse ciclo PDCA revisado ficou conhecido como o método de Práticas de Negócios Toyota (TBP) e tem sido implementado em toda a Toyota como seu método geral de resolução de problemas. A Figura 4-2 mostra as oito etapas do ciclo PDCA moderno, conforme implementado na Toyota, bem como os valores correspondentes da Toyota que ganham vida com a implementação das etapas. Para a Toyota, suas Práticas de Negociação não são apenas um método de resolução de problemas, mas uma maneira de dar vida a seus valores, expressos no Modelo Toyota, através de um esforço orquestrado e intencional.

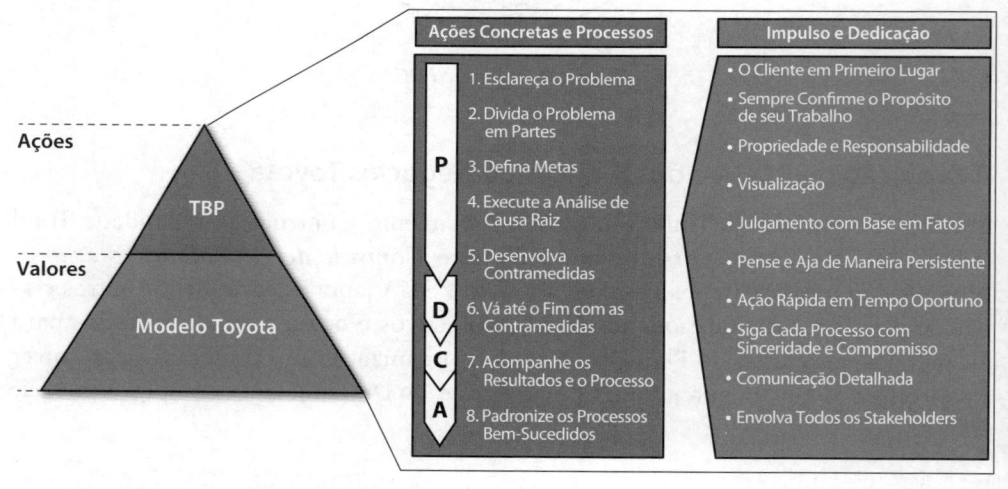

Ações Concretas e Processos	Impulso e Dedicação
P — 1. Esclareça o Problema	• O Cliente em Primeiro Lugar
2. Divida o Problema em Partes	• Sempre Confirme o Propósito de seu Trabalho
3. Defina Metas	• Propriedade e Responsabilidade
4. Execute a Análise de Causa Raiz	• Visualização
5. Desenvolva Contramedidas	• Julgamento com Base em Fatos
D — 6. Vá até o Fim com as Contramedidas	• Pense e Aja de Maneira Persistente
C — 7. Acompanhe os Resultados e o Processo	• Ação Rápida em Tempo Oportuno
A — 8. Padronize os Processos Bem-Sucedidos	• Siga Cada Processo com Sinceridade e Compromisso
	• Comunicação Detalhada
	• Envolva Todos os Stakeholders

Pirâmide: Ações — TBP; Valores — Modelo Toyota.

Figura 4-2. *Práticas de Negócios Toyota (TBP) e valores da Toyota (fonte: Toyota Motor Corporation)*

Aprenda a Servir Através das Práticas de Negócio Toyota

Primeiro, é preciso aprender a servir sua equipe executando projetos *kaizen* transformadores e usando a técnica de resolução de problemas das Práticas de Negócios Toyota. O foco dessas práticas está no desenvolvimento de suas habilidades de liderança e sua mente *kaizen* e recursos do Lean Moderno. As Práticas de Negócios Toyota são um método consistente que pode ser aplicado repetidamente para desenvolver líderes, tanto individualmente (enfrentando um problema por conta própria) quanto em uma equipe (quando você lidera ou segue sob o olhar atento do seu *sensei* ou coach).

Se você é novo nas Práticas de Negócios Toyota e não é possível encontrar um coach em sua organização, os consultores podem atuar como coaches para ensinar as técnicas dessas práticas. No entanto, a longo prazo, você e sua equipe devem possuir as soluções criadas por meio das Práticas de Negócios Toyota. Cabe a você melhorar a solução continuamente, que é como as mudanças reais e duradouras ocorrem e são sustentadas ao longo do tempo.

Lembre-se de que seu *sensei* não serve para dar respostas. Pelo contrário, ele está lá para desafiar e expandir você e/ou a equipe. O *sensei* usa a observação, o questionamento e a investigação para garantir a maestria de cada etapa antes de poder passar para a próxima. As Práticas de Negócios Toyota também são um meio pelo qual os líderes podem se desenvolver verticalmente (dentro de suas áreas de especialização) e horizontalmente (em toda a empresa), porque você não precisa necessariamente ser um especialista para contribuir com o processo de solução de problemas. Por exemplo, se você é especialista na área de recursos humanos, poderá muito bem contribuir para um esforço de resolução de problemas em engenharia com a equipe *kaizen*.

Agora que você entende alguns dos princípios básicos subjacentes à prática de liderar e desenvolver os outros por meio da liderança Lean servidora, vamos dar uma olhada em alguns desses princípios em ação.

Estudo de Caso: As Oito Etapas das Práticas de Negócios Toyota em Ação

A concessionária de carros New Horizons em Portsmouth, Carolina do Norte, estava em apuros. O último relatório de erros no processamento das ordens de serviços do departamento de atendimento ao cliente de seu fabricante automotivo mostrou que a taxa de erros havia atingido uma alta histórica de 75% — 5% mais alta do que no mês anterior — e a pontuação líquida do promotor da empresa havia caído para -20. Para piorar a situação, o proprietário, Jim Collins, havia acabado de receber um e-mail do fabricante informando que, se a New Horizons não controlasse a situação, eles tomariam sérias medidas corretivas.

Jim mostrou o relatório à sua gerente, Jannie. No entanto, ela não era especialista em administrar um departamento de serviços tão grande quanto aquele. Então, Jim decidiu ligar para a colega de longa data de Jannie, Nancy Peterson, a quem Jannie havia, na verdade, recomendado para ajudá-los com os problemas no departamento de serviços.

Ao chegar à concessionária no dia seguinte, Nancy viu de imediato que não havia ninguém na mesa da recepção. Os técnicos e agentes de serviços estavam andando para lá e para cá, ignorando-a — nem uma única pessoa mostrou qualquer indicação de que estava finalizando a conversa para atender quem poderia muito bem ter sido um cliente esperando no andar do departamento de serviços.

Enquanto continuava ali parada, sem nenhum atendimento, como se fosse invisível, olhou através das janelas do balcão de serviços e viu quatro homens ali, parados, em pé. Não havia nenhum carro na entrada, o que lhe pareceu estranho, porque era segunda-feira de manhã, e os departamentos de serviços que ela havia gerenciado no passado geralmente ficavam lotados de clientes deixando seus carros. Era, em geral, um dos dias mais movimentados da semana para um departamento de serviços.

Nancy comentou sobre essas preocupações com Jim e Jannie quando finalmente pôde se sentar para falar com eles. Alguns dias depois, ela passou muito tempo no *gemba* do departamento de serviços. Ela observou os funcionários executando seu trabalho na área dos agentes de serviços, no balcão e na garagem. Ela ouviu a recepcionista atender chamadas de solicitação de serviços e observou as interações dos agentes de serviços com os clientes, assim como entre si enquanto cumpriam suas tarefas diárias. Nancy também lidou com muitos clientes irados, tanto pessoalmente quanto por telefone. A maioria deles estava chateada com itens de serviço não autorizados que apareceram misteriosamente em suas ordens de serviço, enquanto outros estavam chateados com o trabalho solicitado não executado.

Logo ficou claro para Nancy que ela precisava discutir toda a questão das ordens de serviço com Jim. Muitos problemas da New Horizons se originaram pelo modo que os agentes de serviço iniciavam as solicitações de serviço, e Nancy queria saber mais sobre as práticas de negócios da concessionária. Em uma conversa com Jim, ela perguntou se era política da concessionária adicionar itens de reparo e/ou manutenção não autorizados a uma ordem de serviço sem informar o cliente.

Jim ficou horrorizado e disse que era claro que essa não era a política da empresa — ele ficou surpreso quando Nancy o informou de que exatamente aquilo estava acontecendo o tempo todo. Esse tipo de comportamento não só era antiético como, também, ilegal. Naquele momento, Jim e Nancy perceberam que precisavam realizar uma revisão completa do processo de admissão de ordens de serviço. Nancy sugeriu o uso das Práticas de Negócios Toyota para ajudar a colocar o departamento no eixo; ela propôs formar uma pequena equipe *kaizen* para trabalhar com ela na solução desse problema por três a quatro horas por dia nas próximas semanas. Como ela já havia trabalhado com Jannie antes e sabia que ela entendia as práticas, Nancy queria que ela liderasse a equipe.

Jim então confidenciou à Nancy que o fabricante automotivo o havia colocado em provação. Se ele não avançasse o bastante com relação a esse problema nos próximos seis meses, eles revogariam sua licença de concessionária. Nancy sugeriu que ele fizesse parte da equipe. Porém, Jim recusou, admitindo que sabia muito pouco sobre o departamento de serviços. A venda de carros era sua área de especialização e no que ele era muito bom. Ele também queria evitar parecer que a equipe estava em uma caça às bruxas com os funcionários, o que Nancy entendeu e respeitou.

Naquela noite, antes de partir, Nancy enviou um e-mail para Jannie, Rick e Randy pedindo que a encontrassem na sala de descanso no dia seguinte às 8 horas da manhã. Os dois primeiros eram agentes de serviços, enquanto Randy era técnico de serviços. Ela explicou no e-mail que eles dariam início a um exercício de resolução de problemas sobre a taxa de erro das ordens de serviços, para identificar e corrigir quaisquer problemas que descobrissem, e Jannie seria a líder da equipe. Ela também acrescentou que o envolvimento de cada um seria totalmente voluntário e que, se eles escolhessem não participar, não haveria nenhuma repercussão.

Por fim, ela escreveu um e-mail para Jim enviar a todos os funcionários, explicando o motivo de Nancy e sua equipe pedirem ajuda durante as próximas semanas para descobrir a causa raiz e começar a trabalhar para diminuir a taxa de erro. Nancy considerava essa etapa muito importante no processo. A comunicação é essencial para garantir que todos entendam o que está acontecendo e possam ajudar nas atividades de resolução de problemas. Os métodos Lean são baseados na crença de que as pessoas mais próximas ao trabalho são as mais adequadas para resolver os problemas e melhorar o processo. Isso significa que elas devem ser quem identifica e resolve o problema para garantir que as ações tomadas sejam sustentadas e mantidas ao longo do tempo.

Na manhã seguinte, Nancy estava na concessionária bem cedo. Ela estava animada por embarcar nessa jornada e ajudar Jim a resolver esses problemas da concessionária. E, tenha Jim percebido ou não, todos eles estavam prestes a embarcar em uma jornada Lean que colocaria a concessionária em um curso perpétuo de melhoria contínua.

Quando ela chegou na sala de descanso, Rick, Randy e Jannie estavam esperando por ela, e também uma quarta pessoa, Donna, que lidava com o programa de carros emprestados da New Horizons, e quem Jannie achou que seria um ótimo complemento para a equipe. Nancy concordou, e logo todos eles entraram na discussão. Nancy começou fornecendo uma visão geral das oito etapas do método de resolução de problemas das Práticas de Negócios Toyota, representadas na Figura 4-3. Seu plano era usar um método Just-In-Time para dar à equipe um treinamento mais aprofundado à medida que abordavam cada etapa do processo. Naquele momento, uma visão geral era o bastante.

8 ETAPAS	PROCESSOS
Etapa 1. (Planejar) **Esclareça o Problema**	1. Esclareça o "objetivo final" de suas responsabilidades e trabalho 2. Esclareça a "situação ideal" de seu trabalho 3. Esclareça a "situação atual" de seu trabalho 4. Visualize a lacuna entre a "situação atual" e a "situação ideal"
Etapa 2. (Planejar) **Divida o Problema em Partes**	1. Divida o problema em partes 2. Selecione o problema a ser buscado 3. Especifique o ponto de causa verificando o processo pelo *genchi genbutsu*
Etapa 3. (Planejar) **Defina Metas**	1. Assuma o compromisso 2. Defina metas mensuráveis, concretas e desafiadoras
Etapa 4. (Planejar) **Execute a Análise de Causa Raiz**	1. Considere as causas imaginando a situação atual em que o problema ocorre 2. Baseado em fatos reunidos através do *genchi genbutsu*, continue perguntando "Por quê?" 3. Especifique a raiz do problema
Etapa 5. (Planejar) **Desenvolva Contramedidas**	1. Considere o maior número de contramedidas possível 2. Filtre as contramedidas ficando com as mais práticas e eficazes 3. Chegue a um consenso com os outros 4. Crie um plano de ação claro e detalhado
Etapa 6. (Desenvolver) **Vá até o Fim com as Contramedidas**	1. Rapidamente e em equipe, implemente as contramedidas 2. Compartilhe o progresso seguindo os procedimentos corretos de elaboração de relatório, informação e comunicação consultiva 3. Nunca desista, e passe logo para a próxima etapa
Etapa 7. (Conferir) **Acompanhe os Resultados e o Processo**	1. Avalie os resultados gerais e os processos usados, depois compartilhe a avaliação com os envolvidos 2. Faça a avaliação com base em três pontos de vista principais: o do cliente, o da Toyota e o seu 3. Entenda os fatores por trás do sucesso ou do fracasso
Etapa 8. (Agir) **Padronize os Processos Bem-Sucedidos**	1. Padronize os processos bem-sucedidos 2. Compartilhe o novo precedente através do *yokotenkai* 3. Comece a nova rodada de *kaizen*

Figura 4-3. *As oito etapas do método de resolução de problemas das Práticas de Negócios Toyota (fonte: Toyota Motor Corporation)*

Etapa 1: Esclareça o Problema (Planejar)

Nancy explicou que a equipe deveria iniciar esse processo com o estado final em mente, pensando na "arte do possível". Assim que a equipe começou a discutir os problemas, chegou à conclusão de que estavam próximos o suficiente do trabalho que estava sendo realizado para entender que havia um problema com o modo como o departamento lidava com as ordens de serviço. Nancy fez referência à taxa de processamento de erro de 75%, que representava um aumento de 65% no último ano. O fabricante automotivo que fornecia os veículos à concessionária havia estabelecido uma taxa de erro aceitável de 10%, e eles rastrearam essa estatística com o passar do tempo, porque a satisfação do cliente era uma prioridade. Nancy enfatizou que essa taxa de erro precisava se tornar uma métrica a ser rastreada pela concessionária e a receber a devida atenção também, porque era uma medida de como a concessionária agregava valor aos seus clientes. "Não sei se vocês perceberam", disse ela, "mas esta concessionária não está nadando em dinheiro no departamento de serviços."

"Nossa, nós somos péssimos", Randy entrou na conversa. "Que droga!"

"É verdade, e é por isso que Jim trouxe Nancy aqui", acrescentou Jannie. "Ela já lidou com outras concessionárias que tiveram problemas parecidos. Eu sei porque já trabalhei com ela antes e vi esse processo funcionar. Eu apoio esse esforço 120%, porque precisamos melhorar muito para nossos clientes, para a concessionária e, é claro, para nós mesmos também. Essa situação é realmente inaceitável!"

"Obrigada, Jannie, agradeço seu voto de confiança e, é claro, seu apoio", respondeu Nancy com um belo sorriso. "E agora vamos voltar a esclarecer o problema." Nancy manteve a equipe em serviço e voltou a esclarecer o problema. Ela perguntou: "Se vocês pudessem visualizar o futuro, quais seriam as condições ideais?" Ela os lembrou que, começando com o objetivo final e a situação ideal, eles poderiam se afastar do que era familiar e se livrar de noções preconcebidas com relação a como eles pensavam que as coisas deveriam funcionar. Essa é "a arte do possível" — visualizar o processo funcionando em um estado futuro perfeito e livre. A diferença entre esse estado e a realidade atual era no que a equipe precisava trabalhar e resolver.

A equipe passou a próxima hora discutindo o problema, as situações atuais e ideais e o objetivo final, fazendo a identificação deles e um diagrama como na Figura 4-4.

Objetivo Final

Os funcionários prestam serviços de reparo e manutenção de alta qualidade para clientes extremamente satisfeitos

Situação Ideal

Erros de processamento de ordem de serviços deveriam ser menos de 10%

Problema
75% dos veículos trazidos para serviços passam por erros de processamento de ordem de serviço

Situação Atual = Lacuna

Erros de processamento de ordem de serviços aumentaram em 65%

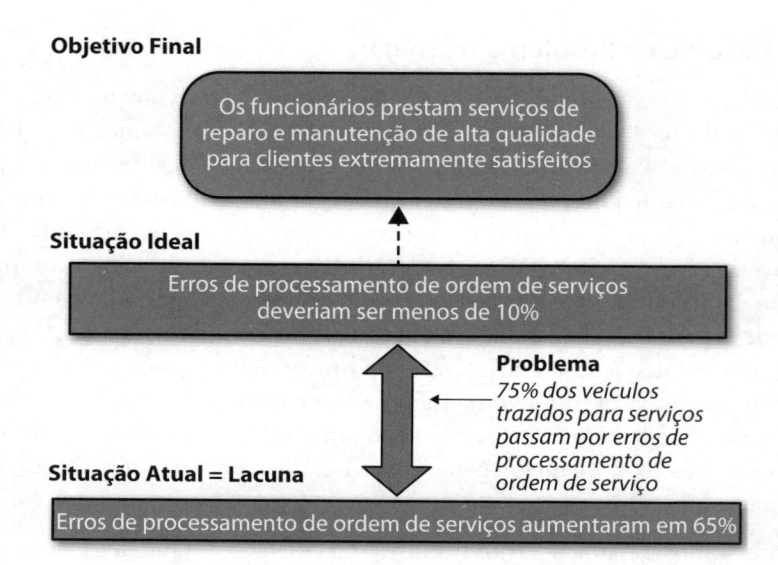

Figura 4-4. *Etapa 1: Esclareça o problema (Planejar)*

Etapa 2: Divida o Problema em Partes (Planejar)

Depois de concluir a etapa 1, Nancy preparou a equipe para a etapa 2, sem dúvida a mais difícil das oito etapas: dividir o problema todo em vários problemas menores e mais específicos, que são mutuamente exclusivos e coletivamente exaustivos para que possam ser enfrentados individualmente em pequenos passos.

Nancy pediu ao grupo para formar duas subequipes para esta etapa: Jannie e Randy em uma e Rick e Donna em outra. Cada subequipe escolheu um agente de serviço para passar o resto da manhã observando como o processo de Admissão de Solicitação de Serviços funcionava. No dia seguinte, discutiriam suas observações.

No dia seguinte, a equipe estava ansiosa para conversar sobre o que haviam aprendido. Na verdade, para surpresa e alegria de Nancy, eles contaram que ficaram trabalhando na noite anterior, depois do expediente, para dividir o problema em partes. Jannie chegou a montar um gráfico (Figura 4-5) em um grande quadro branco na sala de descanso para ilustrar as ideias que tiveram ao passar um tempo no *gemba*.

Jannie informou que a equipe fazia um rodízio entre os agentes a cada hora durante o dia, permitindo que recebessem ideias vindas de todos. Ao dividir o principal problema em partes, a equipe identificou quatro subproblemas. Em seguida, priorizaram os subproblemas, discutindo o nível de urgência, importância e potencial de expansão de cada um, através das seguintes perguntas:

- Precisa ser resolvido agora?
- Quais seriam as consequências de não trabalhar em cima desse problema?
- Qual é a sua contribuição geral para melhorar a situação?
- O que acontecerá se continuarmos a ignorá-lo?

A análise da equipe verificou que o processo de Admissão de Solicitação de Serviços era o maior problema, visto que todos os problemas pareciam se originar de lá e se agravavam dessa área para baixo. Randy observou que achava que o processo do Ponto de Serviço era o segundo maior, porque muitas ordens não eram inseridas no sistema e, na metade do tempo, os funcionários não conseguiam ler a caligrafia do agente de serviço. Trazer os agentes de serviço de volta à garagem para esclarecer uma ordem era extremamente difícil. Donna observou que o departamento de carros emprestados enfrentava problemas semelhantes com a programação. A New Horizons precisava de uma comunicação e coordenação melhor entre as áreas do departamento de serviços para garantir que estivessem trabalhando em equipe.

```
                    ┌─────────────────────────────┐
                    │ 75% dos veículos trazidos para│
                    │ serviços passam por erros de │
                    │ processamento de ordem de serviço│
                    └─────────────────────────────┘
```

Agendamento de empréstimo de carro (3)

- Solicitação de empréstimo de carro não inserida no sistema
- Ausência de *follow-up* com cliente quando o carro não está disponível

Processo de preparação da entrega (4)

- Carros não preparados adequadamente antes da entrega aos clientes

Processo de Admissão de Solicitação de Serviços (1)

- Ordens não inseridas adequadamente no sistema
- Ordens não impressas para análise final do cliente

Processo de Ponto de Serviço (2)

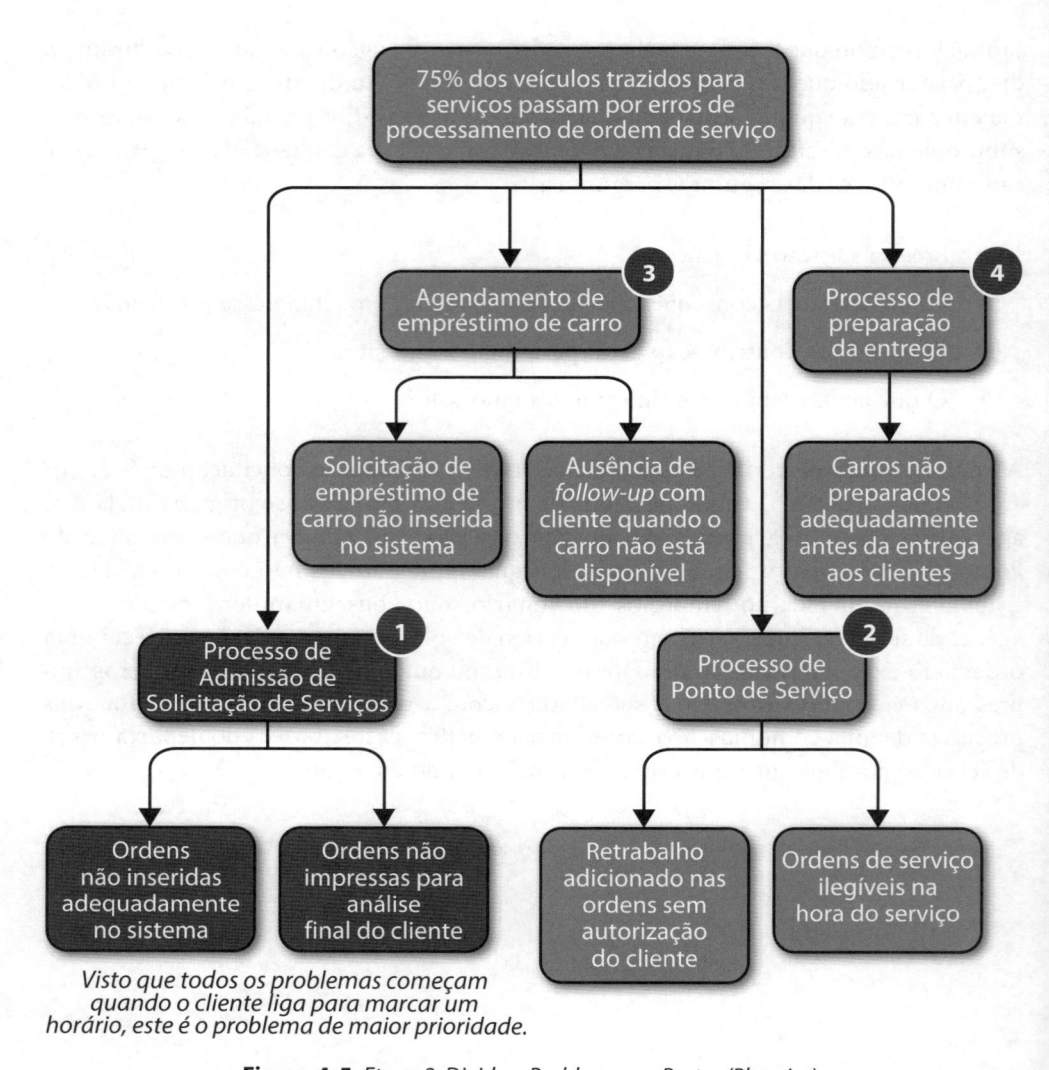

- Retrabalho adicionado nas ordens sem autorização do cliente
- Ordens de serviço ilegíveis na hora do serviço

Visto que todos os problemas começam quando o cliente liga para marcar um horário, este é o problema de maior prioridade.

Figura 4-5. *Etapa 2. Divida o Problema em Partes (Planejar)*

Ao virar o quadro branco para exibir outro diagrama, Jannie revelou que a equipe também havia documentado o processo de Admissão de Solicitação de Serviços (Figura 4-6). O gráfico mostrava uma representação combinada do que todos os agentes de serviço estavam fazendo no momento. A equipe chegou ao consenso de que o ponto de causa era quando a ordem era iniciada, que poderia estar tanto usando o sistema de ordem de serviço como sendo feito manualmente, já que não havia nenhum requisito de padrão estabelecido. Cerca de 75% dos agentes de serviço preferiram pular o uso do sistema, porque escrever as ordens manualmente era mais rápido e fácil. Alguns também disseram que, por serem relativamente novos, eles não haviam recebido nenhum treinamento sobre o sistema e, com as exigências de seu trabalho, era mais fácil fazer manualmente do que inserir no sistema.

A equipe também descobriu que as chamadas dos clientes eram encaminhadas aleatoriamente para o próximo agente de serviço disponível. Se os agentes não estivessem ao telefone, o sistema automatizado tocava no telefone da mesa até alguém atender. Isso pode significar que um cliente poderia ser reencaminhado até sete vezes e, se ninguém atendesse, a ligação era direcionada à recepcionista ou ao caixa. Em outras palavras, a equipe havia encontrado muito espaço para melhorias nesse processo, como mostra a Figura 4-6.

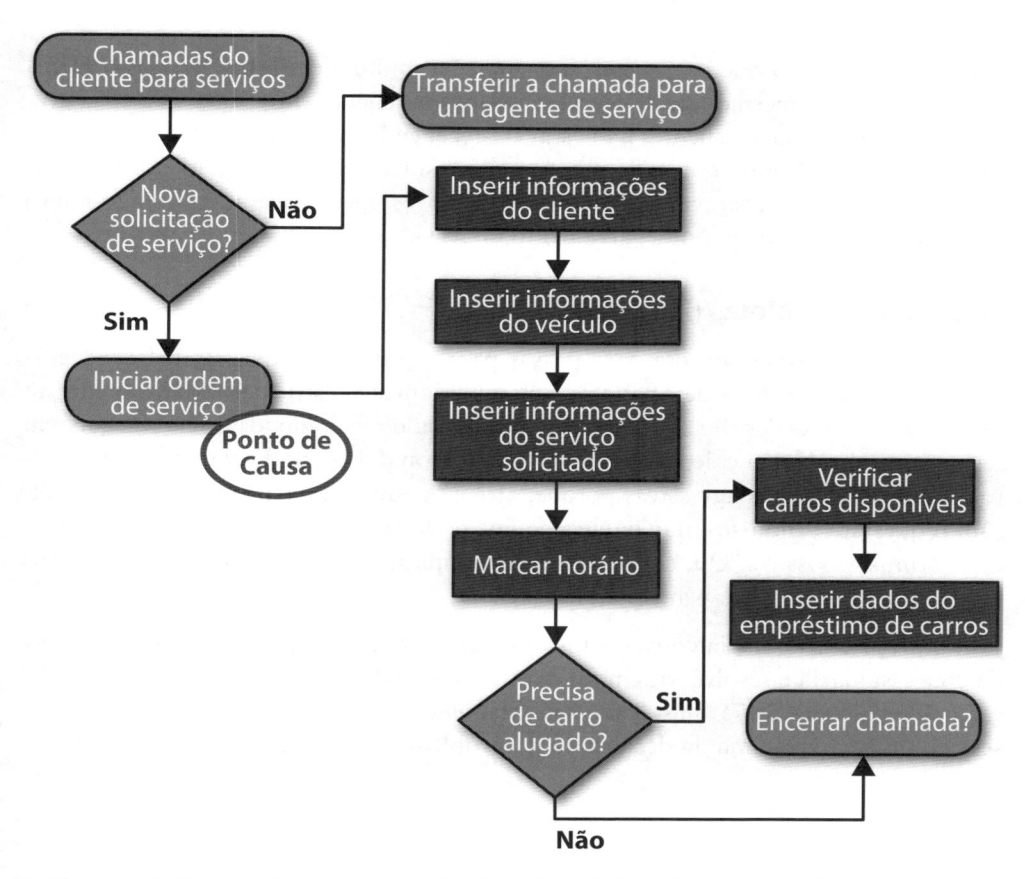

Figura 4-6. *Situação atual do processo de Admissão de Solicitação de Serviços da New Horizons*

Nancy se levantou e foi para o quadro branco. Ela reafirmou o que a equipe havia lhe dito e perguntou: "Então, se ouvi bem, se isolássemos o ponto de causa, ficaria assim, certo?", enquanto escrevia o seguinte:

> As chamadas de solicitação de serviços são encaminhadas aleatoriamente pelo sistema telefônico automatizado para a primeira pessoa disponível no departamento de serviços. Essa pessoa se torna responsável por inserir e concluir a ordem de serviço (no sistema de admissão de solicitação de serviços ou gerando uma ordem escrita à mão), além de imprimi-la para análise e verificação pelo cliente no dia do serviço, antes de qualquer trabalho ser efetuado.

A equipe concordou que o processo todo parecia muito aleatório. Não havia meios de garantir que o mesmo agente atenderia o mesmo cliente entre uma visita e outra, o que significava que os clientes não estavam recebendo um serviço consistente e personalizado. Considerando que a concessionária estava vendendo sofisticadas marcas de luxo, os clientes esperavam serviços espetaculares, mas estavam recebendo muito menos do que esperavam do departamento de serviços.

Etapa 3: Defina Metas (Planejar)

Agora, a equipe estava pronta para passar para a próxima etapa: estabelecer metas concretas, mensuráveis e desafiadoras que poderiam ser rastreadas objetivamente ao longo do tempo. O desafio era pensar em qual seria o resultado ideal se conseguissem resolver esse problema e depois aumentassem um ou dois pontos. Nancy os encorajava a estabelecer metas agressivas porque, afinal, a equipe estava em busca da perfeição. A questão tornou-se então o que a equipe poderia esperar realizar da perspectiva mais otimista possível. Ou, em termos mais simples, que resultado a New Horizons estava tentando alcançar e até quando?

Jim, o proprietário, havia conversado com Nancy sobre chegar à raiz dos problemas da concessionária e resolvê-los em 90 dias. A equipe decidiu se esforçar ainda mais e estabelecer a meta de 75 dias. Todos acordados para ir atrás dessa meta, Jannie desenhou uma caixa acima da declaração do problema e escreveu a meta (Figura 4-7).

Meta

Dentro dos próximos 75 dias, os erros de processamento de ordens de serviço devem ser menos de **10%**.

Problema a Resolver

As chamadas de solicitação de serviço são aleatoriamente encaminhadas pelo sistema telefônico automatizado para a primeira pessoa disponível do departamento de serviços. Essa pessoa se torna então responsável pela inserção e conclusão da ordem de serviço (seja dentro do sistema de admissão de ordens de serviço ou gerando uma ordem por escrito), e pela impressão da ordem para o cliente analisar e conferir no dia do serviço, antes de qualquer trabalho ser executado.

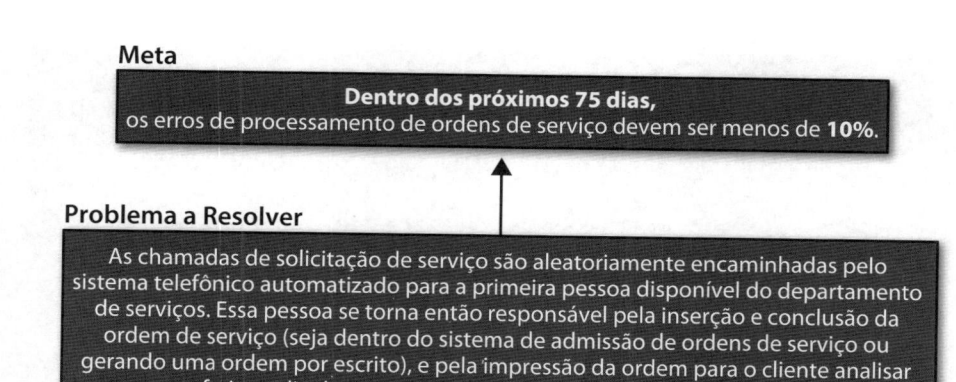

Figura 4-7. *Etapa 3: Defina metas*

Etapa 4: Execute a Análise de Causa Raiz (Planejar)

A próxima etapa era a equipe determinar a causa raiz do problema. Esse passo era crucial porque, se eles acabassem identificando erroneamente a causa raiz, a equipe correria o risco de resolver o problema errado — ou, ainda pior, resolver um sintoma em vez do problema real.

A equipe se reuniu na sala de descanso novamente na manhã seguinte e Nancy perguntou a que conclusões eles haviam chegado sobre as possíveis causas. Rick assumiu a liderança e virou o quadro branco, revelando as avaliações mostradas na Figura 4-8.

```
┌─────────────────────────────────────────────────────────────────────┐
│ As chamadas de solicitação de serviço são aleatoriamente encaminhadas pelo sistema │
│ telefônico automatizado para a primeira pessoa disponível do departamento de serviços. │
│ Essa pessoa se torna, então, responsável pela inserção e conclusão da ordem de serviço │
│ (seja dentro do sistema de admissão de ordens de serviço ou gerando uma ordem por │
│ escrito), e pela impressão da ordem para o cliente analisar e conferir no dia do serviço, │
│ antes de qualquer trabalho ser executado. │
└─────────────────────────────────────────────────────────────────────┘
```

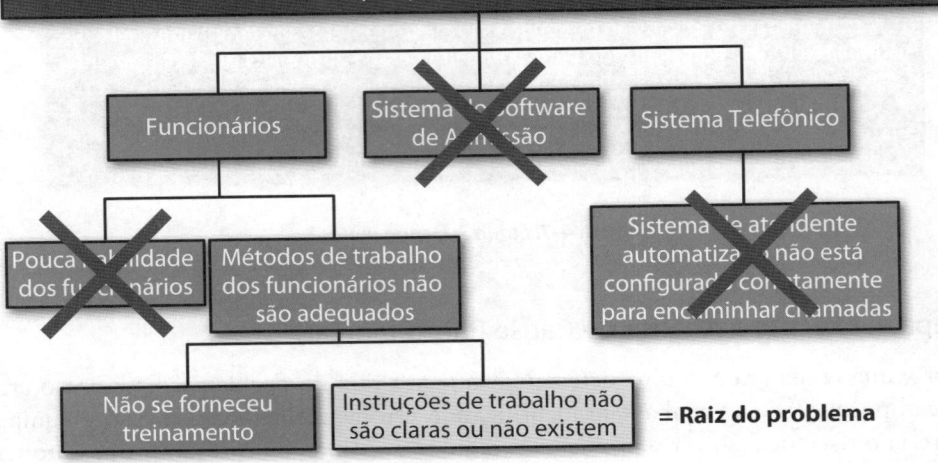

- Funcionários
- ~~Sistema de Software de Admissão~~
- Sistema Telefônico
  - ~~Sistema de atendente automatizado não está configurado corretamente para encaminhar chamadas~~
- ~~Pouca habilidade dos funcionários~~
- Métodos de trabalho dos funcionários não são adequados
  - Não se forneceu treinamento
  - **Instruções de trabalho não são claras ou não existem** = **Raiz do problema**

Figura 4-8. *Etapa 4: Execute a Análise de Causa Raiz (Planejar)*

Donna explicou como Jannie — que, como você sabe, já havia trabalhado com Nancy antes — havia mostrado à equipe como executar a técnica dos 5 Porquês, para que eles pudessem desenvolver um entendimento mais profundo do problema e identificar a causa raiz. Eles passaram por cada uma das causas que identificaram e continuaram a perguntar *por que* até que pudessem declarar com precisão uma causa que fosse estritamente sustentada por fatos. O processo permitiu identificar a relação real de causa e efeito. Os 5 Porquês da causa raiz de "As instruções de trabalho não são claras ou não existem" estão ilustrados na Figura 4-9.

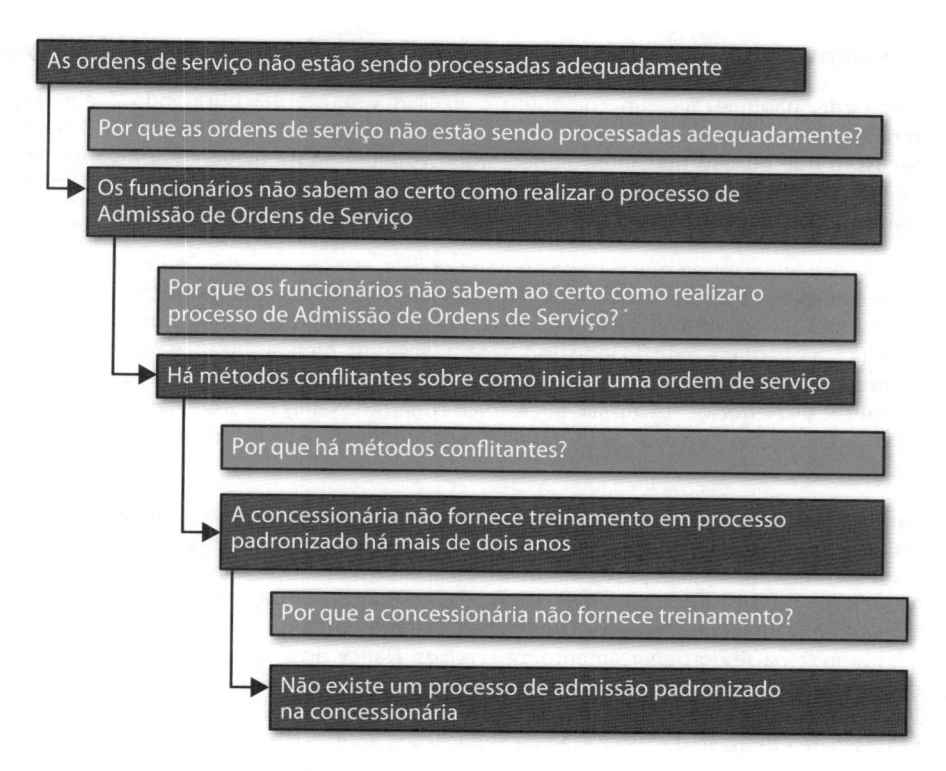

```
As ordens de serviço não estão sendo processadas adequadamente
  └─ Por que as ordens de serviço não estão sendo processadas adequadamente?
     └─ Os funcionários não sabem ao certo como realizar o processo de Admissão de Ordens de Serviço
        └─ Por que os funcionários não sabem ao certo como realizar o processo de Admissão de Ordens de Serviço?
           └─ Há métodos conflitantes sobre como iniciar uma ordem de serviço
              └─ Por que há métodos conflitantes?
                 └─ A concessionária não fornece treinamento em processo padronizado há mais de dois anos
                    └─ Por que a concessionária não fornece treinamento?
                       └─ Não existe um processo de admissão padronizado na concessionária
```

Figura 4-9. *Resultados dos 5 Porquês*

Donna compartilhou que, indo ao *gemba*, eles puderam verificar se realmente existia uma relação direta de causa e efeito, garantindo que eles tivessem a causa raiz correta — ou, pelo menos, a que fosse de maior prioridade. Quando perguntaram aos agentes de serviço se haviam recebido treinamento de um processo padronizado, a maioria afirmou que o treinamento mais recente havia sido realizado há algum tempo pelo gerente de serviço anterior, que não estava mais na empresa. No entanto, esse gerente não os incentivou a usar o sistema de admissão de solicitações de serviços, por isso, a maioria deles parou de usá-lo, porque era lento e complicado ou porque eles não haviam recebido treinamento para início de conversa.

"Tudo bem, então acho que está tudo resolvido por aqui", disse Nancy sorrindo, enquanto começava a se levantar da mesa. A equipe pareceu um pouco assustada, mas depois percebeu que Nancy estava brincando quando disse: "Brincadeiras à parte, esse foi um ótimo trabalho!"

O Desenvolvimento no Local de Trabalho e a Abordagem de Nancy

Mais tarde, naquele dia, Jim comentou com Nancy que tinha observado a equipe trabalhando na sala de descanso mais cedo. "Vocês todos estavam tão envolvidos na discussão que eu não quis interromper, então voltei lá agora e sua equipe cobriu as paredes com vários cartazes. Passei um tempo os observando e devo dizer que estou muito impressionado". Ele parabenizou Nancy por seu excelente trabalho.

Porém, Nancy percebeu que o trabalho não era dela — era da equipe. A ideia foi deles de postar tudo para que Jim pudesse visualizar o progresso que estavam tendo, e eles queriam que todos na concessionária entendessem o que estavam fazendo e que eles estavam, na verdade, convidando todos para dar uma olhada, fazer perguntas e até mesmo contribuir. A gestão visual é essencial quando se trata de métodos Lean, porque as Práticas de Negócios Toyota são um esforço conjunto. Nancy reiterou que Jannie, Rick, Randy e Donna fizeram todo esse trabalho e que grande parte estava sob a direção de Jannie.

Nancy também explicou que estava moldando o desenvolvimento no local de trabalho. Ela disse que, no futuro próximo, Jannie seria capaz de desenvolver as pessoas dessa maneira também, e ela já podia ver que Rick já estava meio caminho andado e Randy não muito atrás. Ela havia escolhido Jannie, Rick e Randy por um motivo, e a equipe foi inteligente o suficiente de trazer Donna, já que o programa de carros emprestados era uma grande parte do departamento de serviços. Nancy disse que, se eles pretendiam tirar a concessionária da provação e evitar a revogação da licença de revendedor de Jim, teriam que resolver os problemas nessas áreas também nos próximos seis meses. O processo de Admissão de Solicitação de Serviços era apenas o começo.

Jim ponderou sobre isso. "Acho que existem algumas palavras de sabedoria nisso tudo para mim também", admitiu ele. "Tenho estado tão ocupado tentando vender e monitorar nossas cotas mensais de vendas que acabei me esquecendo que toda a concessionária também precisa ser cuidada e cultivada." Ele disse que queria que Nancy conduzisse toda a equipe de liderança pelas oito etapas na próxima reunião da equipe. "É hora de todos começarmos a pensar em nossos clientes e em como gerar valor para eles".

Mostro essa troca aqui porque Nancy estava implementando a abordagem de Desenvolvimento no Local de Trabalho desde o início, e ela continuaria implementando durante o restante do processo, mesmo sem a equipe estar explicitamente ciente disso naquele momento.

Etapa 5: Desenvolva Contramedidas (Planejar)

Agora que a equipe havia identificado uma causa raiz, eles tinham que determinar contramedidas eficazes usando a análise baseada em fatos e o bom senso, enquanto consideravam todos os seus clientes, stakeholders e os possíveis riscos envolvidos. Nancy lembrou que, como na etapa 1, a equipe estava limitada apenas por sua criatividade e imaginação nessa etapa, porque a análise da aprovação das contramedidas ocorreria em seguida, na etapa 6. A etapa 5 era apenas a etapa de planejamento.

Nancy convidou Donna para liderar um exercício de brainstorming que geraria contramedidas. Após cerca de quinze minutos, a equipe elaborou a lista representada na Figura 4-10.

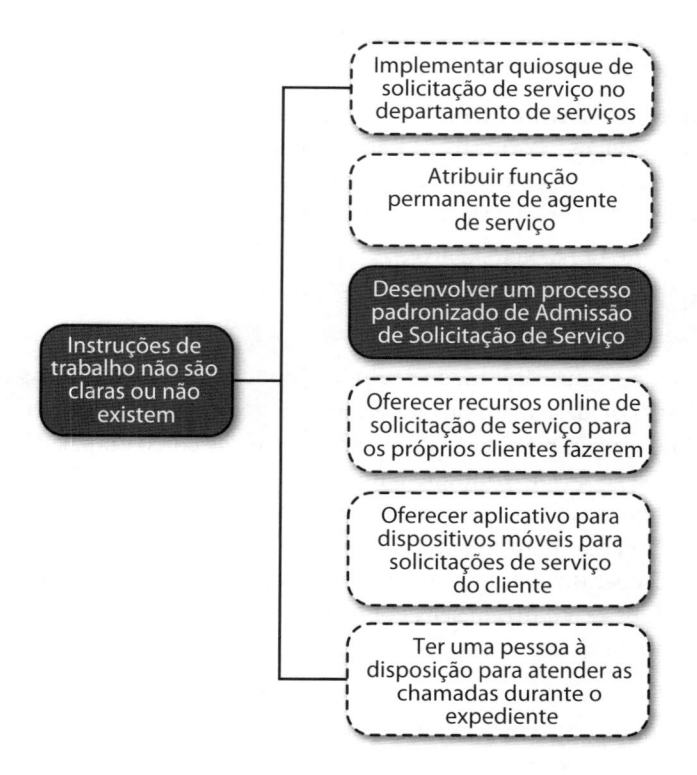

Figura 4-10. *Etapa 5: Desenvolva contramedidas*

Nancy perguntou à equipe qual dessas contramedidas parecia mais viável. Algumas pareciam bastante factíveis, mas qual delas resolveria o problema da causa raiz com mais eficiência? Ela pediu que pegassem um marcador e colocassem uma estrela ao lado da contramedida que cada um achasse mais viável.

A equipe escolheu por unanimidade "Desenvolver um processo padrão de Admissão de Solicitação de Serviços", e Nancy perguntou o motivo.

Randy explicou seu raciocínio: enquanto algumas das outras contramedidas eram factíveis e boas ideias, elas demoravam muito tempo — as opções de aplicativo para dispositivos móveis e formulário do site, por exemplo. A equipe tinha apenas 75 dias — menos do que isso, naquele momento — para causar impacto. Da mesma forma, atribuir um agente de serviço permanente e ter uma pessoa para atender sempre as chamadas dos clientes também eram boas ideias, mas eram apenas *sintomas* da causa raiz. A contramedida com o "maior retorno sobre investimento" — tanto para a concessionária quanto para seus clientes — era desenvolver um processo padronizado.

Como a equipe estava de acordo, o próximo passo era apresentar esse curso de ação aos stakeholders e discutir os riscos e benefícios antes de avançar com a contramedida. Nancy enfatizou que a equipe precisava garantir que chegassem a um consenso sobre o plano de ação, já que a decisão afetaria todos. Ela pediu que identificassem os stakeholders que seriam afetados se a contramedida fosse implementada.

Jannie disse que o desenvolvimento de um processo padronizado afetaria todo o departamento de serviços. Portanto, a equipe precisava se reunir com as equipes de agentes de serviço, carros emprestados e técnicos de serviço para obter sua aprovação. Rick observou que Jim precisaria aprovar também.

"Eis o nosso plano", disse Nancy. "Vou falar com Jim e vocês podem falar com todos os outros. Vamos concluir essas reuniões até amanhã e nos reuniremos na sexta-feira de manhã".

No dia seguinte, a equipe organizou reuniões com cada um dos grupos e pediu a eles que viessem à sala de descanso, que a essa altura a equipe já havia apelidado de "sala de guerra". Começaram a explicar para cada equipe as cinco etapas de planejamento das Práticas de Negócios Toyota que haviam realizado até agora. Todos estavam autorizados a expressar suas preocupações ou hesitações sobre esse curso de ação. Para surpresa da equipe, não houve nem uma única pessoa trazendo uma objeção ou preocupação. Eles receberam ótimos comentários e feedback que poderiam incorporar de volta ao plano. Eles expandiram seus conhecimentos sobre o problema e tiveram uma visão mais profunda de como resolvê-lo.

Ao final do dia, Nancy se atualizou com a equipe na sala de guerra e perguntou se eles poderiam ficar mais um pouco para explicar o plano a Jim. Eles ficaram um pouco surpresos porque o acordo era que ela falaria com Jim antes, mas, naquele ponto, a equipe já conhecia Nancy o suficiente para saber que havia uma razão deliberada que sempre sustentava suas palavras e ações — então, deveria haver uma razão para essa mudança no plano. Ela foi até o escritório de Jim e voltou com ele alguns minutos depois. Os dois se sentaram na ponta da mesa e Nancy pediu à equipe que contasse sobre o trabalho que haviam realizado até o momento.

Jannie deu o pontapé inicial, apresentando o primeiro gráfico na parede para Jim, que mostrava as oito etapas das Práticas de Negócios Toyota. Apontando para a etapa 5, ela mencionou que eles estavam prestes a sair da fase Planejar e passar para a implementação da fase Desenvolver, o que significava chegar a um consenso sobre o plano antes de começar. "Então, nos reunimos com cada uma das equipes do departamento de serviços e explicamos tudo o que você está vendo nessas paredes. Agora, eu gostaria que Donna cobrisse as etapas 1 e 2, Randy, as etapas 3 e 4, e Rick concluísse com a etapa 5".

Um a um, eles se levantaram e falaram sobre os gráficos correspondentes pendurados na parede para cada etapa. Quando Rick terminou a etapa 5, Jim se levantou e começou a bater palmas. "Ótimo trabalho, equipe!", disse ele. "Vocês têm todo o meu apoio para seguir em frente!"

Etapa 6: Vá até o Fim com as Contramedidas (Desenvolver)

Nancy lembrou a equipe de que as cinco primeiras etapas das Práticas de Negócios Toyota eram muito importantes para garantir que estavam agindo certo: "Planeje seu trabalho e, depois, trabalhe no seu plano de sucesso", que se aplica ao usar as Práticas de Negócios Toyota para resolver grandes problemas como o que a equipe estava enfrentando. O próximo passo era testar a contramedida mais viável — também conhecida como hipótese — de forma iterativa e incremental, incorporando o feedback que obtiveram de cada rodada de experimentação e trazendo-o de volta ao processo para aprimorá-lo.

O primeiro passo foi desenvolver o novo fluxo de processo padronizado, que a equipe já havia discutido no dia anterior. Jannie se levantou e passou alguns minutos explicando para Nancy sobre o processo proposto, conforme ilustrado na Figura 4-11. Nancy viu instintivamente alguns pontos em que o processo provavelmente precisaria ser aprimorado, mas as Práticas de Negócios Toyota são tanto um método de aprendizagem e desenvolvimento quanto de resolução de problemas. Então, ela pediu à equipe que implementasse o processo da maneira como estava naquele momento para ver o que aconteceria, reconhecendo que os desafios representam oportunidades de crescimento.

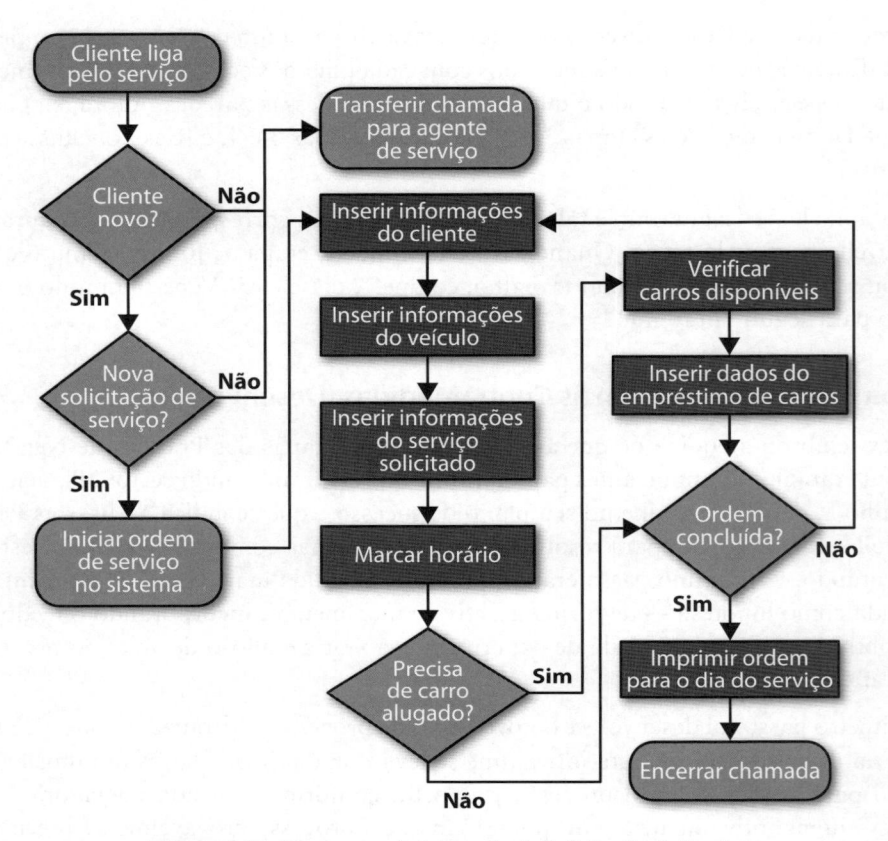

Figura 4-11. *O processo de Admissão de Solicitação de Serviços*

Nancy perguntou quais agentes de serviço seriam as cobaias para experimentar o novo processo. Jannie respondeu que Terry e Andrea aceitaram. Ela e Randy se sentariam com Terry e Donna, e Rick ficaria com Jan. Eles concordaram de se reencontrar às 10h30 da manhã e verificar seu progresso.

A equipe foi para a área dos agentes de serviço e passou cerca de trinta minutos analisando o processo com Terry e Andrea para ajudá-los com o fluxo, até que conseguissem entender como funcionava. Em seguida, lá foram eles testar o processo.

Etapa 7: Acompanhe os Resultados e o Processo (Conferir)

As duas equipes passaram as próximas horas testando sua contramedida. No entanto, rapidamente ficou óbvio que, se era para esse processo dar certo, o processo de encaminhamento de chamadas precisava de algumas alterações. Terry e Andrea foram instruídos a não alterar suas rotinas diárias de jeito nenhum, o que significava que eles estavam longe de suas mesas atendendo clientes ou na garagem recebendo atualizações de status mais do que lá em suas mesas. As três primeiras chamadas foram parar na recepção, porque os agentes de serviço estavam ao telefone ou longe de suas mesas. Quando a recepcionista atendeu uma chamada de admissão de solicitação de serviços, ela também ficou presa na ligação. Frustrada, a equipe decidiu convocar uma reunião de emergência para discutir os resultados observados.

Rick ressaltou que, para fazer essa contramedida dar certo, a equipe precisaria fazer uma mudança imediata no funcionamento do sistema telefônico. As chamadas dos clientes estavam por todos os cantos, e não tinha pé nem cabeça o modo como eles eram atendidos. A equipe identificou isso como uma contramedida, mas a priorizou mais abaixo do que o processo em si, por achar que estariam "colocando a carroça na frente dos bois". Rick acrescentou: "Acredito que, para entender a importância do problema de encaminhamento de chamadas, precisamos ter um processo em mãos para testar. Vejo isso como parte do ciclo de feedback e aprendizagem sobre o qual você comentou conosco, Nancy."

"Ótima atitude a ser tomada", respondeu Nancy, "porque se vocês a considerassem um fracasso ou uma jogada errada, também teriam perdido a parte de feedback e aprendizagem. Que bom para você! E, sim, acho que esse pode ser o caso. Mas, como você disse, quem realmente sabe antes de testar? Então, o que você tem a propor?"

Rick foi até o diagrama do processo e pegou um marcador. Ele inseriu várias novas etapas, ajustando o processo para que a recepcionista atendesse todas as chamadas recebidas. Com essa alteração, a chamada de um cliente seria encaminhada da maneira correta e atribuída ao agente de serviço apropriado. O resultado é mostrado na Figura 4-12.

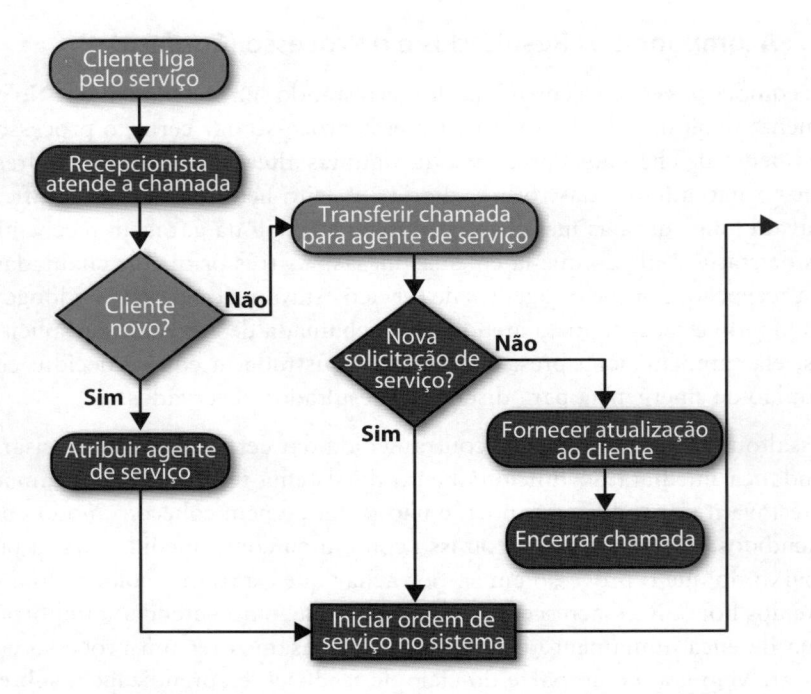

Figura 4-12. *O processo revisado de Admissão de Solicitação de Serviços*

Rick observou que levaria apenas quinze minutos para o suporte técnico desligar o sistema de resposta automática e que também discutiria a mudança no processo com Gail, a recepcionista da concessionária. Ele destacou que eles precisariam removê-la da fila de pessoas que efetuam admissões, já que atender e encaminhar chamadas se tornaria um trabalho de período integral.

Uma hora depois, Rick havia mudado tudo, e Gail começou a atender todas as chamadas recebidas do departamento de serviços. Se a pessoa já era um cliente, a recepcionista perguntava se ela sabia o nome do seu agente de serviço. Surpreendentemente, a maioria sabia ou dava o nome do último agente de serviço com o qual teve contato na concessionária. À medida que as chamadas eram direcionadas, as equipes puderam observar os agentes de serviço usando o novo processo. Já que Gail poderia inserir essas informações no sistema de admissão de serviços, agora Nancy seria capaz de acompanhar as cargas de trabalho, garantindo que os clientes fossem distribuídos igualmente entre os seis agentes de serviço.

O próximo grande obstáculo que a equipe encontrou foi o próprio sistema de admissão de solicitações de serviços. Como agora era obrigatório inserir todas as solicitações de serviços no sistema e gerar uma ordem de serviço, logo ficou claramente óbvio que a maioria dos agentes de serviço não tinha ideia de como usar o sistema. Ao observá-los lutando com o sistema, Gail puxou Jannie de lado e disse: "Acho que eu sou a pessoa que melhor conhece esse sistema, já que acho que sou a única que o utiliza. Eu poderia elaborar um tutorial rápido com Terry e Andrea para agilizar. Se você pudesse atender o telefone, eu teria tempo livre para trabalhar com eles. Basta transferir as chamadas."

Jannie concordou, e Gail passou cerca de trinta minutos ensinando sobre o sistema para Terry e Andrea, com a equipe observando o processo também. "Jannie", disse ela, "por favor, encaminhe a próxima chamada de serviço para Terry".

A próxima chamada chegou e Jannie a encaminhou para Terry. Gail se sentou ao lado dele com o cliente no viva-voz, enquanto Terry preenchia o formulário eletrônico no sistema. Terry ficou um pouco sobrecarregado com toda a novidade do processo e do sistema, mas lidou bem com tudo e conseguiu atender a chamada. A equipe observou Terry, fazendo muitas anotações enquanto ele passava pelo processo.

A próxima chamada era para Andrea. Contando com o benefício do treinamento e da observação de Terry, ela conseguiu acelerar um pouco o ritmo e terminou a chamada alguns minutos antes dele. Enquanto ela desligava, a equipe se cumprimentava por terem concluído bem as duas primeiras chamadas.

Randy cronometrou Terry e Andrea em cada etapa, a fim de que a equipe tivesse uma referência para acompanhar as melhorias. O tempo médio total do início ao fim foi de cerca de 20 minutos para Terry e 19 para Andrea, gerando uma média de 19,5 minutos. A equipe decidiu que seria útil rastrear seus tempos através do processo e ver qual era a média de maneira consistente.

A equipe passou mais uma hora com Terry e Andrea. Então, chegou a hora de se reencontrar com Nancy na sala de guerra. Quando eles chegaram, ela já estava lá com Jim. Sentindo que a equipe estava um pouco surpresa com a presença dele, ela explicou que havia convidado Jim para ouvir o feedback de todos, para que ele pudesse ajudar a tomar as decisões necessárias com relação às próximas etapas.

A equipe passou os quinze minutos seguintes com Nancy e Jim, informando-os sobre os resultados das experiências que realizaram com o processo de Admissão de Solicitação de Serviços. Jannie escreveu suas conclusões no quadro:

1. O sistema de encaminhamento de chamadas é impessoal, e o algoritmo de encaminhamento não se encaixa no resultado do negócio de serviços personalizados de um sofisticado fabricante automotivo de luxo.
2. Os agentes de serviço não possuíam o treinamento necessário para inserir as ordens no sistema de admissão de solicitação de serviços.
3. O sistema era lento, e os agentes passavam muito tempo esperando as telas atualizarem entre uma etapa e outra.
4. O tempo médio do processo foi de 19,5 minutos. Mais da metade desse tempo foi gasto esperando o sistema atualizar as telas.

5. O nível de atendimento ao cliente dos agentes era inconsistente. Para garantir um nível de atendimento consistente, eles podem se beneficiar se receberem um treinamento em atendimento ao cliente.

Jannie lembrou Jim e Nancy que a equipe já havia implementado a contramedida n° 1 e recebeu feedbacks positivos dos clientes que diziam: "Como é bom ligar e falar com um ser humano" e "Graças a Deus que não vou ficar sendo passado de um ramal para outro por aquele sistema automatizado horroroso."

Jim ficou impressionado com o progresso da equipe, então eles decidiram se reencontrar pela manhã e discutir a padronização do processo da etapa 8.

A equipe saiu da sala de guerra, mas Nancy voltou para falar com Jim. Ela confidenciou que não queria colocá-lo na frente da equipe em cima da hora, mas, para obter os resultados que buscava, a equipe precisou enfrentar as contramedidas 2 a 5 antes de padronizar e implementar esse processo. O sistema de admissão era extremamente lento e o cliente médio não gostaria de ficar, pelo menos, vinte minutos no telefone para agendar uma consulta de serviço. Ela achava crucial que eles fizessem as alterações necessárias agora: o hardware estava velho e desatualizado, e os agentes de serviço precisavam de treinamento profissional em atendimento ao cliente. O custo do treinamento e das mudanças seria de US$50.000, e o software e o hardware poderiam ser instalados na próxima semana. Nancy também recomendou uma colega, Lisa, que poderia realizar o treinamento.

Jim achou US$50.000 muito dinheiro, mas também reconheceu que realmente não tinha muita escolha. Ele concordou que era hora de investir no futuro da empresa.

Etapa 8: Padronize os Processos Bem-Sucedidos (Agir)

Na semana seguinte, houve muita atividade no departamento de serviços. O TI trabalhou com o fornecedor do software para atualizar o sistema, e Nancy trabalhou com Jannie para trocar todos os computadores do departamento por modelos mais rápidos que atendessem às especificações do fornecedor. Além disso, todos os agentes de serviço receberam treinamento em atendimento ao cliente da colega de Nancy, Lisa, após o trabalho na tarde de quarta-feira, e treinamento no processo e sistema no final da tarde de quinta-feira, que tradicionalmente era um período lento para eles. O processo final implementado é mostrado na Figura 4-13.

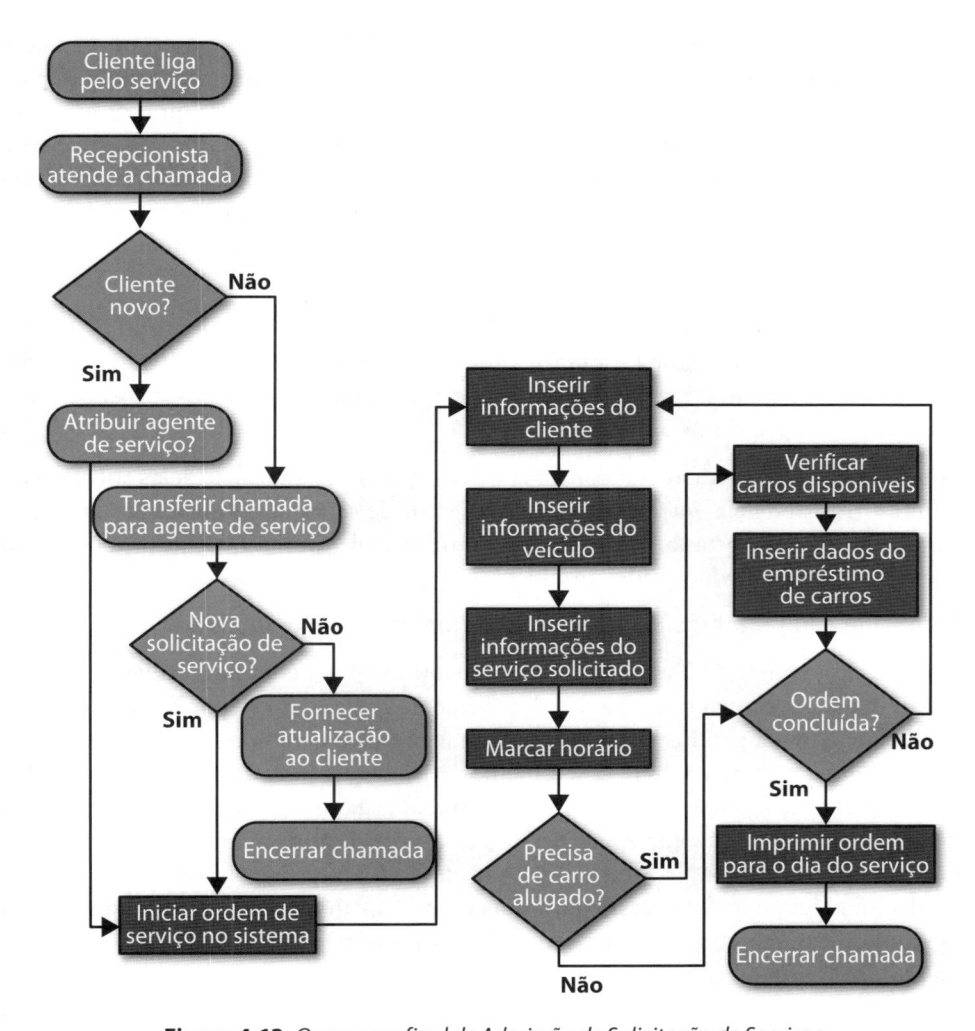

Figura 4-13. *O processo final de Admissão de Solicitação de Serviços*

Na manhã de sexta-feira, quando o departamento de serviços abriu as portas, os agentes de serviço trabalhavam como uma máquina bem lubrificada. As chamadas estavam sendo encaminhadas, as ordens estavam sendo inseridas no sistema e os clientes estavam saindo com um sorriso no rosto. Naquele dia, Nancy não recebeu nem uma única reclamação e as coisas continuaram melhorando nas duas semanas seguintes. A equipe continuou a se reunir todos os dias, monitorando o progresso e determinando quem precisava de mais um pouco de ajuda com o sistema ou processo para garantir que as coisas continuassem funcionando bem.

No dia seguinte, Jim recebeu novos números do fabricante automotivo sobre as taxas de satisfação do cliente e de erros no processamento. Ele ficou em êxtase: no mês passado, a pontuação líquida do promotor da New Horizons subiu 25 pontos e a taxa de erros no processamento caiu 40 pontos. O fabricante disse que foi a maior queda mensal que já viu em qualquer concessionária desde que começou a manter essas estatísticas cinco anos antes. Naquele dia, Nancy postou o relatório na sala de guerra. Ela reuniu a equipe e mostrou os resultados. A equipe comemorou com muitos gritos, cumprimentos e gestos.

"Fizemos um grande progresso, equipe. Todos devem estar muito orgulhosos pelo que realizaram", disse Nancy. "Então, vamos trabalhar para descobrir como podemos reduzir a taxa em 25 pontos adicionais este mês para atingir nossa meta de menos de 10% nos próximos 30 dias."

Naquela hora, Randy entrou na conversa e disse que tinha algumas ideias sobre como facilitar a transferência entre os agentes e técnicos de serviço, o que poderia ajudar a diminuir ainda mais a taxa. Donna acrescentou que eles ainda tinham problemas no programa de carros emprestados também.

"Tudo bem, equipe", disse Jannie, "então, vamos por a mão na massa!"

Por mais que a equipe de Nancy estivesse indo muito bem, nem todos estavam no mesmo barco: ela observava seus agentes de serviço ao longo das oito etapas das Práticas de Negócios Toyota e todos, exceto Angela, haviam participado e ajudado a melhorar o processo, além de tentar dar o seu melhor para se adaptar ao novo sistema. Mas Angela ainda estava escrevendo as ordens à mão, chegando tarde e saindo mais cedo. Estava claro para Nancy que Angela não seria capaz de continuar no jogo. Foi então que Nancy teve que tomar a difícil decisão de deixá-la partir. Novamente, não foi uma decisão fácil, mas foi necessária. Uma empresa Lean precisa que todos entrem no jogo para dar certo e, como líder Lean, cabe a você tomar esse tipo de decisão para o bem maior da organização.

Como Usar o Desenvolvimento no Local de Trabalho para Desenvolver as Pessoas

Felizmente, este estudo de caso mostrou como as etapas das Práticas de Negócios Toyota podem se desenrolar quando implementadas. Também quero salientar que, como Jannie havia passado por várias iniciativas de Práticas de Negócios Toyota e conhecia bem o processo, talvez fosse hora de ela assumir o papel de aluno de Desenvolvimento no Local de Trabalho no final desta primeira iteração das oito etapas do processo de Práticas de Negócios Toyota. É hora de ela aprender a ser coach e mentora de outros líderes em desenvolvimento, como Rick, Randy e Donna. Nancy seria a candidata mais provável a professora de Desenvolvimento no Local de Trabalho de Jannie. E espero que você tenha reconhecido as oportunidades que Nancy ofereceu a ela para desenvolver suas próprias habilidades para liderar a equipe de maneira independente, sempre que possível, à medida que a equipe avançava nas oito etapas das Práticas de Negócios Toyota.

É esperado que um aluno de Desenvolvimento no Local de Trabalho seja coach e mentor de um líder em desenvolvimento que esteja liderando uma equipe de Práticas de Negócios Toyota ou seja um colaborador individual. Através desse processo, o aluno se torna o mestre e o mestre se torna o aluno, pois eles também são orientados e treinados pelo professor.

Dessa forma, o líder em desenvolvimento é comparado a um aprendiz que aprende seu ofício sob a orientação sábia e o olhar atento de um mestre artesão. A aprendizagem é concluída na prática, não apenas sentando-se na sala de aula e recebendo conteúdo. Há um tempo e um espaço para isso, e a educação em sala de aula é importante, mas em algum momento você deve aprender "fazendo" — sendo orientado e treinado por um professor mestre durante seu processo de tentativa e erro, permitindo que você aprenda e cresça ao longo do caminho por meio de feedback, que é a maneira mais direta de dominar seu ofício.

No entanto, lembre-se de que, antes de começar o Desenvolvimento no Local de Trabalho, você deve primeiro dominar as Práticas de Negócios Toyota. Esse é o pré-requisito. Ao praticar e aperfeiçoar suas habilidades de Práticas de Negócios Toyota primeiro, você não apenas aprende sobre essas práticas, como também aprende a liderar equipes *kaizen* ou de melhoria contínua, desenvolvendo a si mesmo e a equipe ao longo do caminho. A tarefa final para os alunos de Desenvolvimento no Local de Trabalho é atuar como professor em seu local de trabalho, ser mentor ou coach de um possível líder, liderando um esforço de melhoria das Práticas de Negócios Toyota. Usando as quatro etapas do Desenvolvimento no Local de Trabalho, agora é sua vez de agir como *sensei*, recebendo e fornecendo feedback e treinamento do seu professor, além de passar ao líder que você estiver desenvolvendo. Vamos analisar mais de perto as quatro etapas envolvidas no Desenvolvimento no Local de Trabalho, que, mais uma vez, seguem o ciclo PDCA.

Etapa 1: Escolha um Problema com sua Equipe (Planejar)

Com base nos objetivos estratégicos da organização, o líder da equipe de Práticas de Negócios Toyota e o aluno de Desenvolvimento no Local de Trabalho (ou coach aspirante) devem escolher um problema que esteja vinculado aos objetivos gerais da empresa e também desafiar e estender as habilidades e capacidades do líder e do coach. De volta ao nosso estudo de caso, Randy mencionou que tinha algumas ideias sobre como facilitar a transferência entre os agentes e técnicos de serviço, o que poderia ajudar a diminuir ainda mais a taxa de erro no processamento. Nessa situação, Nancy atuaria como coach de Desenvolvimento no Local de Trabalho de Jannie, que, por sua vez, seria a aluna de Desenvolvimento no Local de Trabalho, enquanto Randy seria o possível líder em treinamento de Práticas de Negócios Toyota.

Etapa 2: Divida o Trabalho Adequadamente entre a Equipe Responsável, Tornando a Direção Atraente (Planejar)

O líder da equipe de Práticas de Negócios Toyota (Randy) sendo treinado pela aluna (Jannie) de Desenvolvimento no Local de Trabalho deve entender as tarefas e metas cruciais necessárias para realizar o esforço de melhoria. Em seguida, ambos devem passar o propósito de cada objetivo para a equipe, a fim de que ela determine como executar o trabalho de maneira significativa e alcançável, desafiando e ampliando suas habilidades e capacidades. Como professora de Desenvolvimento no Local de Trabalho, Nancy observa Jannie e dá feedback sobre seu desempenho, ajudando-a a crescer e desafiando-a a garantir que a equipe cresça e aprenda também.

Etapa 3: Execute com Limites Gerais, Acompanhe e Treine (Desenvolver e Conferir)

Essa é a fase na qual o líder (Randy) e a equipe executam as etapas das Práticas de Negócios Toyota. O líder deve observar constantemente como cada um da equipe realiza o trabalho, entendendo com quais problemas estão lidando e o que está indo bem ou não da perspectiva de pessoas e processos. Jannie, como aluna de Desenvolvimento no Local de Trabalho, ensina Randy a entender e identificar as etapas corretivas para melhorar o desempenho individual e coletivo e garantir um resultado de sucesso. Nancy, mais uma vez, como professora de Desenvolvimento no Local de Trabalho, observa Jannie e dá feedback sobre seu desempenho enquanto interage com a equipe de Randy.

Etapa 4: Feedback, Reconhecimento e Reflexão (Agir)

Se o líder das Práticas de Negócios Toyota (Randy) ou a equipe se aventurar perto ou logo além das linhas ou limites estabelecidos para o esforço, Jannie, a aluna de Desenvolvimento no Local de Trabalho, tem a oportunidade de colocar uma correção de curso em prática usando um momento de ensino para trazê-los de volta ao caminho certo. Essa prática permite que Jannie observe como um líder ou a equipe enfrenta o fracasso, o digere e entende para seguir em frente o mais rápido possível e continuar a busca pelo que dá certo. Além disso, tanto Randy como líder quanto Jannie como aluna de Desenvolvimento no Local de Trabalho devem garantir que ambos estejam fornecendo feedback adequado ao avaliar o desempenho coletivo e individual, reconhecendo quando o objetivo for alcançado. Ambos devem garantir que estejam tendo diálogos honestos e diretos sobre o desempenho individual.

A avaliação final é de 360 graus, com base no reflexo da aluna de Desenvolvimento no Local de Trabalho (Jannie) sobre seu próprio desempenho e feedback da pessoa (Randy) que foi treinada e orientada e do professor (Nancy) ou *sensei*. É dada apenas uma nota de aprovação ou reprovação. Se você for o aluno de Desenvolvimento no

Local de Trabalho e for aprovado, significa que agora é capaz de liderar equipes de Práticas de Negócios Toyota e atuar como coach de Desenvolvimento no Local de Trabalho. Uma reprovação significa que você precisará voltar e começar tudo de novo com outro possível líder. Em ambos os casos, o feedback recebido é reintroduzido em seu plano de desenvolvimento à medida que você continua trabalhando com seu *sensei* para desenvolver e aperfeiçoar suas habilidades de liderança.

Conclusão

As empresas Lean precisam de líderes servidores Lean que possam ajudar uma organização a evoluir sendo consultiva e orientada a serviços, na qual todos participam e contribuem para alcançar sua missão, visão e proposta de valor. Os líderes servidores Lean desempenham um papel central no desenvolvimento de indivíduos e equipes, respeitando suas equipes e praticando o *kaizen*. Eles desempenham naturalmente — e continuamente — os papéis de professores, mentores e coaches que criam um espaço seguro no qual a resolução de problemas através da escuta, observação, experimentação e aprendizagem com os erros não é apenas aceitável, mas incentivada. Eles pensam com uma mente *kaizen* e entendem que não se chega onde quer com uma única tentativa, porque a melhoria contínua é um modo de vida. A busca pela perfeição através da eliminação de desperdícios é interminável, e sempre há espaço para mais melhorias. Você pode aprimorar suas habilidades de resolução de problemas, dominando o método das Práticas de Negócios Toyota, e, em seguida, migrar para o Desenvolvimento no Local de Trabalho para formar um sistema de desenvolvimento de liderança servidora Lean em duas etapas. Com o Desenvolvimento no Local de Trabalho, os mestres professores (ou *senseis*) de Práticas de Negócios Toyota ensinam e desenvolvem os possíveis líderes no estilo de aprendiz, aprendendo através da aplicação prática e resolvendo problemas do mundo real. A aprendizagem acontece melhor no *gemba* ou onde o trabalho é realizado. A mudança duradoura acontece quando é iniciada e instigada pelas pessoas mais próximas do trabalho. Com o uso desse sistema, os líderes aprendem primeiro a servir e, depois, podem desenvolver os outros para liderar, garantindo um fluxo constante de talentos de liderança dentro da empresa Lean, em um futuro bastante próximo.

Agora que abordamos o seu próprio desenvolvimento e o das outras pessoas, podemos voltar nossa atenção para o desenvolvimento de uma abordagem com foco no cliente para a empresa Lean.

CAPÍTULO 5

Liderança de Fora para Dentro

Você acha que a sua empresa tem como foco o cliente? Você pensa em satisfazer seus clientes regularmente? Você proporciona um atendimento ao cliente de alta qualidade após cada compra para gerar mais negócios, fidelização de clientes e aumento de lucros? Essas são perguntas que devem fazer parte da sua rotina como líder Lean, porque o método Lean se resume a estar acentuadamente focado em gerar clientes fiéis e satisfeitos todos os dias.

No entanto, a determinação do valor verdadeiro não vem de dentro da sua empresa. O valor é determinado por seus clientes. Portanto, é fundamental adotar uma perspectiva de fora para dentro ou com foco no cliente para proporcionar uma excelente experiência do cliente que resulta em altas taxas de retenção de clientes.

Mas o que significa ter um verdadeiro foco no cliente? Significa que você se preocupa com cada interação com seus clientes, desde a consulta inicial até a decisão de compra e a posterior manutenção do produto/serviço. Você deve pensar sempre em como trazer interações de geração de valor que o diferenciam da concorrência. Seu objetivo final é conquistar um cliente para a vida toda, criando intimidade e estimulando a familiaridade. No final, você ganha relacionamentos valiosos e duradouros de ambos os lados, garantindo que seu produto/serviço gere altos níveis de satisfação do cliente de forma repetida e contínua.

Este capítulo explorará as estratégias para colocar seus clientes exatamente no centro de seus negócios, entendendo quem eles são, o que é importante para eles e como você pode colocar as vontades, necessidades e/ou desejos deles acima de tudo através da elaboração de uma experiência do cliente excepcional toda vez que eles interagirem com você.

Como Medir o Sucesso das Empresas com Foco no Cliente

Neste estágio, você pode estar se perguntando: "Mas como faço para descobrir e depois medir se minha empresa tem ou não um verdadeiro foco no cliente?" Há três métricas importantes que você deve acompanhar e monitorar para ajudá-lo a encontrar essas respostas. São elas:

- Taxa de perda de clientes;
- Valor de vida útil do cliente (CLV);
- Pontuação líquida de promotores (NPS).

Taxa de Perda de Clientes

A aquisição de novos clientes custa caro, sem falar no tempo que leva, e está se tornando cada vez mais difícil à medida que a concorrência global se aquece. Muitos líderes estão percebendo que é mais econômico se concentrar para manter sua base de clientes existente, o que é conhecido como *retenção de clientes*, em vez de ficar saindo por aí para encontrar novos clientes, chamado de *aquisição de clientes*. De acordo com a *Harvard Business Review*, atrair novos clientes pode custar de 5 a 25 vezes mais do que manter os existentes, e aumentar as taxas de retenção de clientes em apenas 5% pode aumentar os lucros de 25% a 95%.[1] Um aumento de 2% na retenção de clientes tem o mesmo efeito nos lucros do que cortar custos em 10%, e também de sofrer uma taxa de perda de clientes ou de rotatividade de 10% a cada ano.[2] O resultado final é que as empresas com taxas de retenção mais altas crescem mais rápido porque possuem um foco acentuado em entender por que as pessoas saem e por que ficam.

É muito fácil calcular sua taxa de perda de clientes. É o número de clientes que saíram nos últimos 12 meses dividido pelo número médio de clientes totais (durante o mesmo período). É uma métrica inestimável para ajudá-lo a entender quando deve se preocupar com o comportamento de seus clientes, por que eles estão indo ou vindo, e os motivos subjacentes às duas situações. Isso permite aos líderes mais experientes que façam correções de curso ou continuem fazendo mais do que estão fazendo para reduzir as taxas de perda de clientes, o que sinaliza níveis mais altos de foco no cliente, porque essa métrica mede se você está gerenciando bem ou não seus relacionamentos com os clientes. Uma vez calculada, faça estas perguntas a si mesmo para analisar bem a situação:

---

1 Amy Gallo, "The Value of Keeping the Right Customers", *Harvard Business Review*, 29 de outubro, 2014.
2 Ibidem.

- Você entende sua taxa de perda de clientes?
- A tendência dela é subir ou cair?
- Quais são as etapas necessárias para interromper uma tendência de queda?
- Do que você precisa para continuar aprimorando a fim de manter uma tendência de alta?

O cálculo e a observação dessa métrica frequentemente informam se você está indo na direção certa e se são necessárias correções no percurso.

Valor de Vida Útil do Cliente

O Valor de Vida Útil do Cliente (CLV) representa a quantia total de dinheiro que um cliente deve gastar em seus produtos/serviços ao longo de sua vida útil. É crucial conhecer essa métrica ao tomar decisões sobre quanto dinheiro investir na aquisição de novos clientes e na retenção de clientes existentes. Ela é calculada com base no valor médio de uma compra multiplicado pelo número de vezes que o cliente comprará a cada ano multiplicado pela duração média do relacionamento com o cliente (em anos).[3] Essa métrica fornece uma referência sobre quanto lucro está associado com um relacionamento ou segmento específico do cliente. Ela também ajuda a entender quanto você deve investir para manter esse tipo de relacionamento com o cliente.

Por exemplo, por viajar a negócios, sou cliente fiel de uma conhecida rede de hotéis internacional. Se eu ficar em média 100 noites por ano e o hotel obtiver lucro de US$100 por noite, isso equivale a um lucro total de US$10.000 por ano. Faz 10 anos que sou fiel a essa rede, o que significa que o meu Valor de Vida Útil até o momento é de US$100.000. Quando analisamos nesses termos, a rede de hotéis deve estar trabalhando duro para manter meus negócios em comparação com o viajante de lazer que pode ficar 5 noites por ano durante 10 anos, que é um Valor de Vida Útil de US$5.000. Novamente, quando analisamos nesses termos, é fácil saber em qual cliente a rede deve investir mais. Portanto, se por algum motivo a rede perder 100 viajantes de negócios com Valor de Vida Útil semelhante, isso significa US$10 milhões em lucros perdidos!

O cálculo desse valor para diferentes tipos ou segmentos de clientes ajuda a ter bom senso empresarial para determinar:

- Quanto você deveria gastar para adquirir clientes semelhantes e ainda ter um relacionamento lucrativo;
- Que tipos de produtos/serviços os clientes com Valor de Vida Útil mais alto desejam;

---

3 Customer Lifetime Value (CLV). www.Shopify.com, acessado em 7 de maio, 2019.

- Quais produtos/serviços têm maior lucratividade;
- Quem são seus tipos de clientes mais rentáveis.

Pontuação Líquida de Promotores

A Pontuação Líquida de Promotores (NPS) é um índice que varia de -100 a 100 e que mede a disposição dos clientes em recomendar produtos/serviços de uma empresa para outras pessoas. Ele é usado para entender e avaliar o nível geral de satisfação de um cliente e a fidelidade à marca. O cálculo é feito através de uma pergunta crucial aos clientes: "Em uma escala de 0 a 10, qual a probabilidade de você recomendar o produto/serviço desta empresa a um amigo ou um colega?" Com base nas respostas, os clientes são classificados em uma das três categorias:

1. *Detratores*: pontuação menor ou igual a 6. É provável que essas pessoas não comprem seu produto/serviço novamente por qualquer motivo e é possível que prejudiquem a reputação da sua empresa por meio de comentários negativos boca a boca.
2. *Passivos*: respostas de 7 ou 8. Não são extremamente negativos nem positivos com relação ao seu produto/serviço e podem ser atraídos com facilidade pelo que seus concorrentes têm a oferecer, se houver oportunidade. Eles são menos propensos do que os detratores a espalhar comentários ou sentimentos negativos boca a boca, mas também não estão entusiasmados o suficiente para dizer algo positivo.
3. *Promotores*: respostas de 9 ou 10. Em resumo, eles amam você e seu produto/serviço, fazem compras repetidas com consistência e são só elogios a você quando conversam com quem tem tempo para ouvi-los.

Para calcular essa pontuação, basta subtrair a porcentagem de clientes que são detratores da porcentagem de promotores, o que gera uma pontuação entre -100 e 100. Se todos os seus clientes obtiveram pontuação menor ou igual a 6, isso leva a uma NPS de até -100. Se todos os seus clientes responderem à pergunta dando 9 ou 10, a pontuação total será mais próxima de 100.

Recentemente, a Pontuação Líquida de Promotores foi fortemente criticada porque é uma medida de satisfação do cliente simplista demais. Por si só, ela não diz muito, já que o verdadeiro critério seria comparar a sua métrica com a da concorrência. É mais bem usada durante um período de tempo para avaliar se você está com uma tendência positiva ou negativa. Além disso, a antiga frase "quem não chora, não mama" se aplica aqui. Ou seja, a probabilidade é que os clientes mais insatisfeitos respondam à sua pesquisa. Portanto, lembre-se disso ao calcular e aplicar essa pontuação aos seus níveis de satisfação do cliente. Por fim, uma pontuação baixa pode indicar um problema. Porém, não ajuda a identificar as principais causas. Cabe a você ir a fundo nos problemas e questões, usando outros meios, como as Práticas de Negócios Toyota ou o Mapeamento da Jornada da Experiência do Cliente (CXJM), que discutiremos mais adiante neste capítulo.

Portanto, analisando essas três métricas, fica muito fácil avaliar se sua organização está ou não alcançando o foco no cliente de verdade. Os números não mentem — você só precisa ser corajoso o suficiente para calculá-los e, em seguida, tomar as decisões e ações empresariais adequadas para reverter os efeitos adversos por meio de contramedidas, ou se manter assim no caso de métricas mais positivas. Tudo depende de você liderar esse esforço coletivo rumo ao foco no cliente!

Ajuste o Foco da sua Mira: Experiência do Cliente

A experiência do cliente (CX) é definida como a soma total de *todas* as interações em *todos* os canais que seus clientes têm com sua organização. Ela abrange todos os processos de ponta a ponta, operações, meio de campo e apoio que acabam influenciando as percepções e crenças dos clientes, formando pensamentos e sentimentos positivos, neutros ou negativos com relação ao seu produto/serviço.[4] É essencial ter uma visão de toda a experiência do cliente, não apenas de pontos de interação individuais, desde o contato inicial até a resolução de problemas e assistência após uma compra. Os benefícios de entender o seu cliente e a experiência completa de ponta a ponta incluem maior satisfação do cliente e do funcionário, redução da perda de clientes e mais receita para o resultado final, o que aumenta sua vantagem competitiva geral ao gerar valor ao negócio e ao cliente.

Mas quantas empresas proporcionam uma experiência do cliente a nível de excelência? Infelizmente, não muitas. Essa foi a conclusão alcançada por um estudo realizado pelo Grupo Temkin. Eles descobriram que o número de empresas que obtiveram uma classificação "Boa" ou "Excelente" caiu de 45% em 2017 para apenas 38% em 2018.[5] Após uma investigação mais aprofundada, essa mudança ocorreu porque os clientes esperavam uma ótima experiência das empresas com as quais interagem, não apenas de vez em quando, mas *toda* vez que interagem com elas. Eles estão começando a ter como certo que sua experiência com uma empresa deve ser excelente sempre, e essa tendência deve persistir à medida que o padrão continuar subindo nos próximos anos. Isso significa que amarrar todas essas interações e pontos de contato em uma campanha coesa de marca e mensagens em todo o Ciclo de Vida da Experiência do Cliente (CXLC) é mais importante do que nunca.

---

4   Jim Tincher e Kate Kompelien. "Designing a World-Class CX Approach: Creating Your Customer Experience Approach for Maximum Impact", CXPA, acessado em 7 de maio, 2019.

5   The Temkin Group, *2018 Temkin Experience Ratings*, março de 2018.

Compreenda os Oito Estágios do Ciclo de Vida da Experiência do Cliente

O Ciclo de Vida da Experiência do Cliente (CXLC) inclui todos os estágios pelos quais o cliente passa ao interagir com seu produto/serviço. A Figura 5-1 ilustra os oito estágios de um ciclo típico: Conscientização, Pesquisa, Avaliação, Compra, Integração, Serviço, Defesa e Descarte/Recompra.

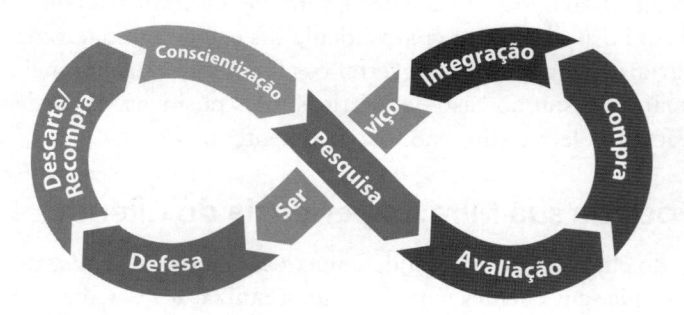

Figura 5-1. *As oito etapas do ciclo de vida da experiência do cliente*

Conscientização

O processo de compra começa quando uma pessoa percebe que existe alguma coisa que ela tem vontade, necessidade ou desejo de ter e que falta na sua vida. Há um vazio ou uma lacuna que precisa ser preenchida, seja solucionando um problema, atendendo a uma necessidade comercial ou pessoal ou procurando facilitar a vida ou torná-la mais agradável. Esse é o gatilho que dá início ao processo de compra.

Pesquisa

Realizar uma busca do produto/serviço para determinar o que está atualmente disponível no mercado e qual pode atender a sua vontade, necessidade e/ou desejo, geralmente por meio de pesquisas online, visitas pessoais aos estabelecimentos fornecedores/comerciais, investigações ou buscas nas redes sociais, conversas com amigos, vizinhos e colegas, e assim por diante.

Avaliação

A avaliação das opções disponíveis, fazendo perguntas e encontrando respostas para garantir que o produto/serviço em potencial que você escolher preencha a necessidade ou lacuna existente. Suas perguntas podem ser:

- Quais são as diferenças entre esses produtos/serviços?
- Um é melhor que o outro para preencher a lacuna?
- O que as outras pessoas pensam de cada produto/serviço?

Você também pode entrar em contato com o estabelecimento comercial ou usar as redes sociais e conversas com amigos e familiares para discutir ou ponderar os prós e os contras da compra, ou pode ir até lá para olhar ou tocar em um produto, ou você pode falar com um representante comercial ou vendedor da empresa de alguma maneira, por telefone ou pessoalmente.

Compra
Decidir fazer uma compra. Este é o ponto de compra, quando você passa a ser o proprietário do produto/serviço.

Integração
Passar a usar o produto/serviço diariamente, fazendo do cliente um consumidor e quem determina se o produto/serviço gera valor ou não.

Serviço
Obter ajuda quando algo dá errado ou o produto/serviço não funciona corretamente e solicitar reparo ou serviço para retornar à sua condição original de funcionamento.

Defesa
Ser um defensor do produto/serviço a ponto de recomendá-lo a outras pessoas ou de fazer compras repetidas, se você encontrou valor nele.

Descarte/Recompra
Descartar ou desconectar-se do produto/serviço ou possivelmente recomprar os mesmos ou diferentes produtos/serviços da empresa, seja em seu "fim de vida", porque cumpriu seu objetivo ou por algum outro motivo, como não estar satisfeito com seu nível de qualidade ou receber um atendimento ruim.

Levar em consideração o tipo de experiência que você deseja proporcionar e manter nesses oito estágios do Ciclo de Vida da Experiência do Cliente permite obter uma imagem completa da experiência do cliente e de como você deseja que ela se desenvolva e se desdobre enquanto você interage com clientes atuais e potenciais, conhecido como estratégia de experiência do cliente (CXS). Também é crucial para estabelecer, manter e reter os clientes e a fidelidade à sua marca, em vez de ter que sair e adquirir novos clientes o tempo todo. Entender a experiência que você proporciona se traduz em benefícios tangíveis. A empresa norte-americana de pesquisa de mercado Forrester descobriu que os líderes que dedicam tempo para entender essas experiências desfrutam, em média, de uma taxa de crescimento de 17% em comparação com uma taxa de crescimento de apenas 3% para quem não o faz.[6] Isso deve ser suficiente para chamar sua atenção e convencê-lo de que a sua estratégia de experiência do cliente é um elemento fundamental para a saúde geral da sua empresa e vale muito o seu tempo e a sua energia.

---

6   Tincher e Kompelien, "Designing."

Como Identificar as Personas dos Clientes

O primeiro passo para desenvolver uma boa estratégia de experiência do cliente é humanizar seus clientes, trazendo-os à vida para que você entenda como criar essa conexão a partir de uma perspectiva comportamental e emocional. Em seu livro *The Inmates are Running the Asylum* [Os Internos Tomaram Conta do Hospício, em tradução livre] (Sams), Alan Cooper descreve como a criação do que ele chama de "arquétipos", também conhecido como segmentos de clientes ou *personas*,[7] são úteis na identificação e descrição de características comuns. Essas características podem incluir comportamentos, tarefas, metas e emoções presentes entre todos os possíveis clientes relevantes para um determinado segmento de mercado enquanto tomam decisões de compra. Em suma, são representações fictícias de pessoas reais e suas características, comportamentos e emoções. Ter uma imagem mental clara da persona real de um cliente, em vez de uma noção vaga de quem pode ser seu cliente, ajuda bastante a tomar decisões de negócios informadas. Ao personificar seus clientes, você dá profundidade a eles e pode levar em consideração as inúmeras dimensões dos seres humanos, de modo a identificar relacionamentos e padrões para entender de verdade o que os atrai e retém. Essa visão do seu cliente se torna um ativo essencial ao envidar esforços para desenvolver e implementar:

- Marcas e mensagens
- Segmentação de mercado do cliente
- Estratégias de seleção omnichannel
- Esforços de marketing e vendas
- Atividades de desenvolvimento de conteúdo omnichannel

Desenvolva Personas Relevantes

As personas são baseadas em estudos e entrevistas com pessoas reais, ao conduzir pesquisas de mercado descritas em uma ou duas páginas que podem incluir padrões de comportamento, metas, habilidades, atitudes, emoções e fatores ambientais, juntamente com alguns detalhes pessoais fictícios para dar vida à persona.[8] A Figura 5-2 mostra um modelo de persona que você pode usar.

---

[7] Alan Cooper, *The Inmates Are Running the Asylum: Why High-Tech Products Drive Us Crazy and How to Restore the Sanity*, 2ª Ed. (Indianápolis: Sams Publishing 2004).

[8] Kim Goodwin, "Perfecting Your Personas", Cooper Journal, 15 de maio, 2008.

Nome, Sobrenome

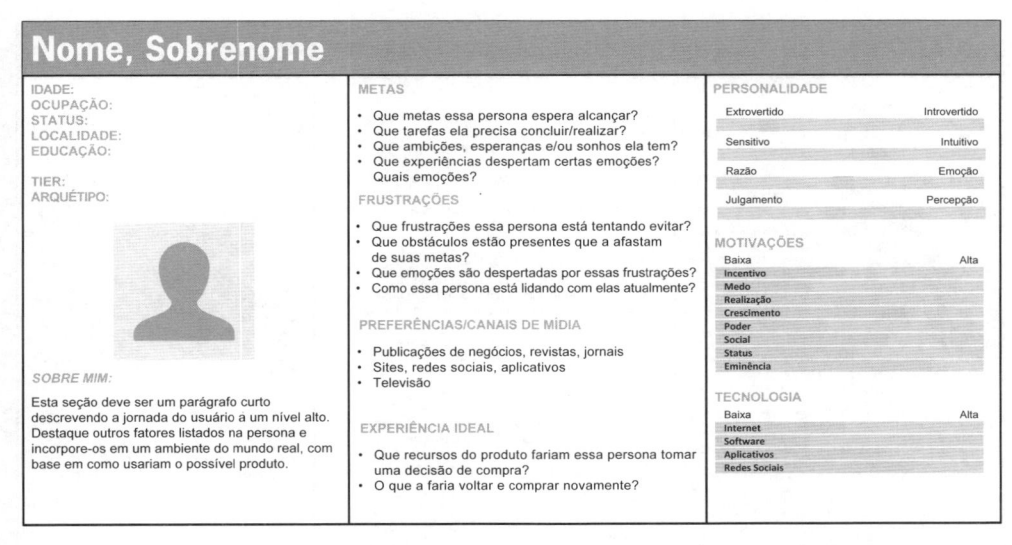

IDADE:
OCUPAÇÃO:
STATUS:
LOCALIDADE:
EDUCAÇÃO:

TIER:
ARQUÉTIPO:

SOBRE MIM:
Esta seção deve ser um parágrafo curto descrevendo a jornada do usuário a um nível alto. Destaque outros fatores listados na persona e incorpore-os em um ambiente do mundo real, com base em como usariam o possível produto.

METAS
- Que metas essa persona espera alcançar?
- Que tarefas ela precisa concluir/realizar?
- Que ambições, esperanças e/ou sonhos ela tem?
- Que experiências despertam certas emoções? Quais emoções?

FRUSTRAÇÕES
- Que frustrações essa persona está tentando evitar?
- Que obstáculos estão presentes que a afastam de suas metas?
- Que emoções são despertadas por essas frustrações?
- Como essa persona está lidando com elas atualmente?

PREFERÊNCIAS/CANAIS DE MÍDIA
- Publicações de negócios, revistas, jornais
- Sites, redes sociais, aplicativos
- Televisão

EXPERIÊNCIA IDEAL
- Que recursos do produto fariam essa persona tomar uma decisão de compra?
- O que a faria voltar e comprar novamente?

PERSONALIDADE
- Extrovertido — Introvertido
- Sensitivo — Intuitivo
- Razão — Emoção
- Julgamento — Percepção

MOTIVAÇÕES
Baixa — Alta
- Incentivo
- Medo
- Realização
- Crescimento
- Poder
- Social
- Status
- Eminência

TECNOLOGIA
Baixa — Alta
- Internet
- Software
- Aplicativos
- Redes Sociais

Figura 5-2. *Modelo de persona de clientes (versão em formato grande)*

Voltando ao estudo de caso da concessionária New Horizons do Capítulo 4, depois de muita discussão e muita pesquisa quantitativa e qualitativa sobre os diferentes tipos de pessoas que compram essa marca específica de veículo, a equipe *kaizen* decidiu se concentrar nos tipos de proprietários, o que parecia fazer mais sentido. Como resultado, identificaram as cinco personas únicas de clientes a seguir:

1. Proprietário de sedã de luxo
2. Proprietário de cupê esportivo
3. Proprietário de SUV
4. Proprietário de camionete
5. Proprietário de van

A equipe decidiu priorizar a lista por valor da vida útil do cliente (CLV), garantindo que as personas de maior valor agregado obtivessem o nível certo de atenção à medida que avançavam. Em seguida, desenvolveram detalhadamente todas as personas de clientes. A persona do proprietário de cupê esportivo é mostrada na Figura 5-3.

Cynthia Reagan

IDADE: 45
OCUPAÇÃO: Advogada
STATUS: Divorciada
LOCALIDADE: Dallas, Texas
EDUCAÇÃO: Pós-graduada, J.D.
TIER: Luxo
ARQUÉTIPO: Proprietária de Cupê Esportivo

SOBRE MIM:

Desde que abri meu próprio escritório de advocacia cinco anos atrás, parece que não tenho tempo livre para mim. Então, sobra muito pouco tempo para lidar com as coisas como fazer compras ou manutenção no meu roadster. Principalmente agora que estou solteira, parece que o dia não tem horas o suficiente. Agora, passou da hora de trocar o óleo do meu carro que atingiu 10 mil km, mas não consigo nem pensar em marcar um horário para fazer esse serviço no horário em que a concessionária fica aberta. Gostaria de ter acesso fora do expediente para fazer uma solicitação de serviço e poder acompanhar o trabalho executado e os custos associados. Da última vez, a concessionária nem ao menos me ligou quando precisava de mais manutenção, o que me deixou chateada. E, quando o carro fica pronto, seria ótimo receber uma mensagem de texto para me notificar que eles terminaram o serviço e assim basta eu passar e pegar o meu carro. Ou, ainda melhor, eles poderiam entregar o carro para mim. Tenho estado tão ocupada esses dias que parece que o dia não tem horas o suficiente.

METAS

- Continuar crescendo na minha área e aumentando minha base de clientes
- Vender minha casa e me mudar para mais perto do escritório
- Procurar cultivar uma vida pessoal para conhecer novas pessoas
- Ir para a Europa de férias: França, Itália e Espanha

FRUSTRAÇÕES

- Meu dia não tem horas o suficiente para fazer tudo o que tenho que fazer na minha vida pessoal
- Agora, não estou conseguindo lidar muito bem com as coisas do dia a dia e sinto que minha vida está uma desordem e um caos
- Queria que fosse mais fácil interagir com a concessionária para simplificar o processo de serviços e reparos

PREFERÊNCIAS/CANAIS DE MÍDIA

- The Wall Street Journal, New York Times, Harvard Business Review, Dallas Morning News
- LinkedIn, Facebook, Twitter, Instagram
- CNN, MSNBC, Bloomberg, Showtime, Netflix, Prime

EXPERIÊNCIA IDEAL

- Conseguir agendar solicitações de serviço a qualquer momento
- Receber atualizações do serviço por mensagem de texto assim que for finalizado
- Oferecer serviços de retirada e entrega de veículo
- Poder pagar online, sem ter que ir até a garagem
- Receber notificações sobre novos produtos e serviços

PERSONALIDADE

Extrovertido — Introvertido
Sensitivo — Intuitivo
Razão — Emoção
Julgamento — Percepção

MOTIVAÇÕES

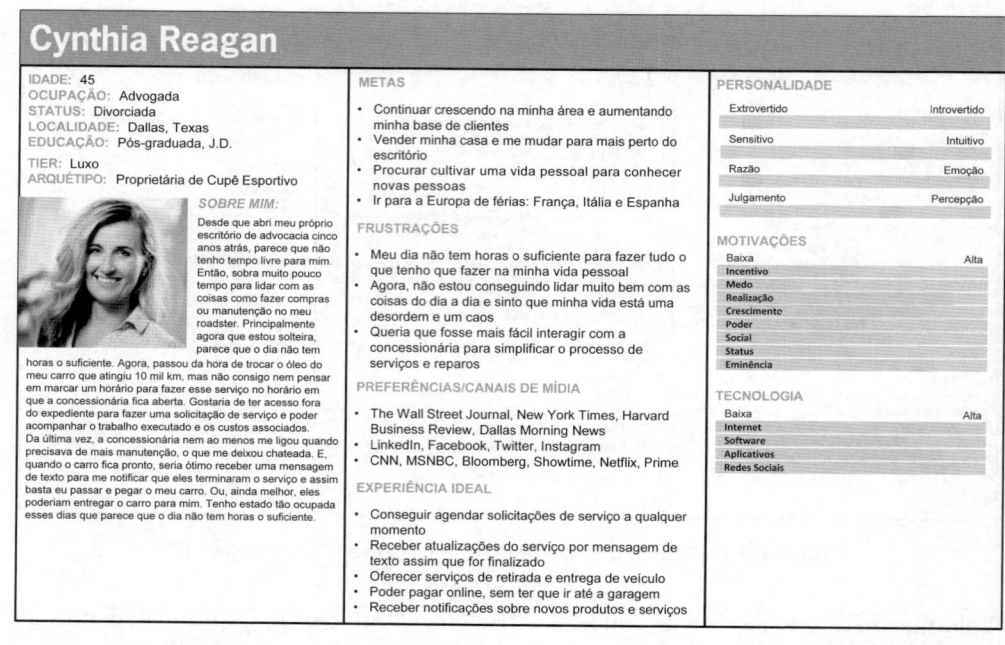

Baixa — Alta
Incentivo
Medo
Realização
Crescimento
Poder
Social
Status
Eminência

TECNOLOGIA

Baixa — Alta
Internet
Software
Aplicativos
Redes Sociais

Figura 5-3. *Persona de proprietário de cupê esportivo (versão em formato grande)*

Na situação da New Horizons, descrever personas como o primeiro passo no processo de experiência do cliente faz muito sentido. A equipe procurava entender o que os proprietários de veículos desejam e como pensam e fazem solicitações de serviço. No caso de Cynthia, ela é uma profissional ocupada, com muito pouco tempo livre. Por ser recém-divorciada, está tentando retomar a vida e não tem tempo para pensar em coisas como consertar o carro, embora entenda que, para manter seu cupê esportivo de alto desempenho funcionando bem, ele precisa de conserto e manutenção, o que afeta as motivações e os comportamentos dela. No entanto, como o carro ainda está na garantia, ela entende que precisa levá-lo de volta à concessionária onde o comprou para fazer manutenção e manter a integridade de seus registros de serviços e reparos. Mas ela está frustrada porque parece que a concessionária simplesmente não entende as necessidades de sua clientela, com um departamento de serviços aberto apenas das 8h30 às 17 horas, de segunda a sexta-feira. Esse horário não é conveniente, pois para ela é difícil sair no meio do expediente durante o dia. O evento desencadeador aqui pode ser abrir seu próprio escritório ou se divorciar. De qualquer forma, significa que ela tem menos tempo para fazer as coisas fora do horário comercial normal. A motivação do comportamento é a facilidade de acesso ao levar o carro para manutenção. A vida não ocorre isoladamente, e comportamentos discretos e independentes são poucos e escassos. Portanto, lembre-se de pensar nos eventos, interações e dependências, bem como nos comportamentos e motivações.

Seja Simples ao Criar Personas

O oposto de não criar nenhuma persona é criar personas demais. A regra de ouro é sete personas, mais ou menos duas, para qualquer produto/serviço. Se você estiver criando mais do que isso, tente combinar ou eliminar algumas para atingir um nível fácil de manter. Lembre-se: seja simples.

Seguindo essa linha, uma vez trabalhei com uma organização que tinha 35 personas — e, sim, apenas para uma linha de produtos! Devo ter feito uma cara de espanto, pois o gerente de produtos com quem eu estava falando até gaguejou: "Bem, estamos tentando reduzir algumas. A equipe de experiência do usuário mantém a lista e está trabalhando nela há algum tempo." No entanto, quando pedi a lista para o diretor de experiência do usuário, ele não fazia ideia do que eu estava falando e, infelizmente, esse não foi um fato isolado. Tive a mesma conversa várias vezes nos últimos dois anos em que trabalhei com líderes sobre suas estratégias de experiência do cliente.

Portanto, lembre-se de que a boa e velha regra de ouro, 7 +/– 2, existe por uma razão. Isso significa que de cinco a nove personas arquetípicas são o total que deve ser desenvolvido por toda uma empresa (ou divisão, dependendo do tamanho). Eu mesma tenho tendência de gravitar rumo aos níveis mais baixos, porque muitas das identificadas podem ser agrupadas em categorias, como "atendente". Existem muitos subtipos ou categorias dentro dessa persona, como secretário judicial, técnico de contas e assistente de RH, mas todos são atendentes que desempenham as mesmas funções gerais, apenas em diferentes disciplinas. O bom senso deve ser aplicado ao desenvolver personas, para não perder o controle. E lembre-se de que, independentemente do número de personas que você desenvolver, *todas* elas devem ser mantidas, o que requer tempo investido com periodicidade para revalidar e verificar cada uma, garantindo assim que seu grupo demográfico de clientes não tenha alterado.

Depois de identificar suas personas, ao desenvolver possíveis ideias de produtos/serviços, requisitos ou outros canais de clientes, você as usará para entender a jornada da experiência do cliente seguida quando interagirem com você em seu Ciclo de Vida da Experiência do Cliente.

Como Elaborar Relevantes Jornadas de Clientes

As jornadas de clientes são interações individuais que um cliente tem com sua organização em um canal, envolvendo os pontos de contato ou "momentos relevantes" que resultam como parte dessa jornada no Ciclo de Vida da Experiência do Cliente. As jornadas bem escritas são uma ferramenta estratégica de planejamento e priorização que você pode usar para captar as percepções, necessidades e expectativas de seus clientes. Elas nos ajudam a enxergar e avaliar as lacunas na experiência de seus clientes entre os pontos de contato e dentro dos canais, para que você tenha uma noção de onde precisa melhorar e aperfeiçoar as experiências deles. Depois, você pode investir bem o seu tempo, energia e dinheiro onde sejam mais relevantes e tenham o maior impacto.

Os benefícios comerciais de se realizar o Mapeamento da Jornada da Experiência do Cliente são incontáveis, conforme comprovado por um estudo recente do Aberdeen Group, que constatou que as empresas com um programa formal realizaram as seguintes estatísticas de crescimento ano após ano:

- Ciclos médios de vendas 18 vezes mais rápidos;
- Receita de cross-sell e up-sell 56% maior;
- Melhoria de 10 vezes nos custos com atendimento ao cliente;
- Receita 5 vezes maior originada de indicações de clientes;
- Retorno sobre investimento em marketing (ROMI)[9] 54% maior.

Estar ciente das experiências que seus clientes têm com você e usá-las da melhor forma em seu Ciclo de Vida da Experiência do Cliente é uma obrigação para os líderes Lean nos dias de hoje. No entanto, o mesmo estudo constatou que apenas 26% das empresas possuem um programa formal de Experiência do Cliente[10], tornando o fato de instituir um programa uma grande oportunidade para gerar vantagem competitiva para sua organização. Um total chocante de 86% dos clientes estão dispostos a gastar mais em produtos/serviços que oferecem uma ótima Experiência do Cliente, de acordo com outro estudo recente conduzido pelo Aberdeen Group.[11] Portanto, garantir que a experiência do seu cliente seja positiva vale muito o seu tempo e esforço.

Porém, lembre-se de que a jornada do cliente não é a mesma coisa que a experiência do cliente. A jornada do cliente é específica para uma fase do Ciclo de Vida da Experiência do Cliente, enquanto a experiência do cliente aborda toda a experiência de ponta a ponta. Por exemplo, voltando à concessionária New Horizons, o aplicativo para dispositivos móveis de admissão de solicitação de serviços que a equipe está pensando em construir aborda as jornadas do cliente na fase de serviços do Ciclo de Vida da Experiência do Cliente da concessionária, como:

- Agendar uma consulta;
- Deixar um carro;
- Pegar um carro emprestado.

---

9   Omer Minkara, "Customer Journey Mapping: Lead the Way to Advocacy", Aberdeen Group, novembro de 2016, 2.
10 Omer Minkara, "Customer Journey Mapping: Lead the Way to Advocacy," 2.
11 Omer Minkara, "The Customer Experience Value Chain: Paving the Way to Advocacy Report", Aberdeen Group, outubro de 2016, 6.

Tudo isso é da perspectiva do cliente, não da concessionária. Lembre-se de que também haverá jornadas dentro de cada fase do ciclo, como "Comprar um veículo".

Pesquisa

- Comparar as ofertas do fabricante;
- Pesquisar as avaliações do veículo;
- Decidir a marca do veículo;
- Decidir o modelo do veículo.

Avaliação

- Agendar uma visita à concessionária;
- Fazer um *test drive*.

Compra

- Negociar o empréstimo para pagar o veículo;
- Aceitar a entrega do veículo.

E, por fim, é importante ter em mente que as jornadas do cliente são escritas da perspectiva do cliente. Portanto, você precisa se colocar no lugar dos seus clientes e entender como eles pensam, sentem, agem e se comportam à medida que interagem com seus produtos/serviços no Ciclo de Vida da Experiência do Cliente. Depois, você pode reunir e analisar o feedback deles para melhorar a jornada e a experiência geral.

O Papel das Emoções na Experiência do Cliente

Antes de explorarmos como criar jornadas, vamos passar alguns minutos analisando o papel das emoções na experiência do cliente. É muito importante entender como criar conexões emocionais que despertam a fidelidade à marca ao identificar as interações e os pontos de contato que você deseja construir em seu Ciclo de Vida da Experiência do Cliente. As emoções desempenham um papel fundamental na experiência de compra porque moldam as atitudes que guiam as decisões humanas. Um estudo recente da *Harvard Business Review*[12] descobriu que os clientes emocionalmente envolvidos são:

---

12 Scott Magids, Alan Zorfas e Daniel Leemon, "The New Science of Customer Emotions", *Harvard Business Review*, novembro de 2015.

- Pelo menos, três vezes mais propensos a recomendar seu produto/serviço;
- Três vezes mais propensos à recompra;
- Menos propensos a fazer pesquisa de preços (44% disseram que raramente ou nunca fazem pesquisa de preços);
- Muito menos sensíveis ao preço (33% disseram que precisariam receber um desconto de mais de 20% antes de considerar abandonar uma compra por um concorrente).

A fidelidade do cliente é um produto do apego emocional, porque os clientes se lembram das emoções provocadas ao usar o produto ou serviço. Os líderes Lean que conquistam a mente e o coração de seus clientes superam sua concorrência em 85% no crescimento das vendas[13], concentrando-se na criação de "momentos relevantes", que criam essas conexões emocionais. Os momentos relevantes são o que transformam o cliente médio em um defensor do seu produto/serviço. Mas como você descobre quais momentos relevantes inspiram e provocam fortes emoções nos clientes? Existem quatro tipos para levar em consideração:

- O que eles querem saber?
- Para onde eles querem ir?
- O que eles querem fazer?
- O que eles querem comprar?

Você tem uma riqueza de dados à disposição para ajudá-lo a responder a essas perguntas e a encontrar esses momentos relevantes, e pode descobrir uma infinidade de respostas a essas perguntas através da análise de:

Dados de busca
O que seus clientes estão buscando online quando se trata do seu produto/serviço? Que tipos de perguntas eles estão fazendo? Custos? Recursos? "Como fazer"?

Dados de pesquisa
Perguntar diretamente aos seus clientes o que é importante para eles sempre foi uma ferramenta inestimável.

Dados de entrevista
O que seus clientes diriam sobre seu produto/serviço se você perguntasse diretamente a eles? Ir direto ao cliente pode ser muito revelador para ajudar você a entender como criar conexões emocionais duradouras.

---

13 Ibidem.

Dados coletados por funcionários

O que seus funcionários dizem que seus clientes estão perguntando ou indicando é importante para eles? As pessoas mais próximas de seus clientes, seja em suas lojas, online ou no atendimento ao cliente, são uma fonte inestimável de informações prontamente disponíveis para ajudá-lo a identificar e criar experiências memoráveis para os clientes.

Agora, vamos voltar nossa atenção para a criação de jornadas relevantes, a fim de conquistar o coração e a mente de seus clientes, gerando fidelidade e conquistando clientes para a vida toda.

Como Conduzir o Mapeamento da Jornada da Experiência do Cliente (CXJM)

Quando pensar em realizar esse tipo de esforço, você deve formar uma equipe que tenha representação de todas as principais áreas da sua empresa, como experiência do cliente, experiência do usuário, atendimento ao cliente, marketing, vendas, serviços, tecnologia e operações. É importante formar uma equipe completa, para que nenhuma parte da jornada seja inadvertidamente perdida, sub-representada ou mal interpretada. Assim que sua equipe for formada, você pode dar o pontapé inicial em sua iniciativa de Mapeamento da Jornada da Experiência do Cliente.

Etapa 1. Defina o escopo e os objetivos do exercício de mapeamento da jornada

Esteja você mapeando suas jornadas pela primeira vez ou otimizando-as, você deve determinar os estímulos e as dificuldades comerciais que o motivam a analisar a jornada em primeiro lugar. Pergunte-se:

- O que estou tentando tirar deste exercício de mapeamento?
- São interações mais simplificadas?
- Os eventos desencadeadores ou os momentos relevantes foram alterados (expandidos ou contratados)?
- Faltam pontos de contato com os clientes ou eles estão "incompletos"?
- A análise do feedback ou dos dados do cliente aponta para problemas que devem ser resolvidos na interação ou no canal?
- A sua Estratégia de Experiência do Cliente flui naturalmente de uma fase para a outra no seu Ciclo de Vida da Experiência do Cliente?

Uma boa iniciativa de Mapeamento da Jornada da Experiência do Cliente começa com a definição do escopo e um conjunto claro de metas ou resultados de negócios. Esclareça como deseja aprimorar a Experiência do Cliente e a Estratégia de Experiência do Cliente geral em todo o seu Ciclo de Vida da Experiência do Cliente. Por exemplo, com a New Horizons, o escopo da iniciativa estava no departamento de serviços, e o resultado de negócios que a equipe procurava obter ao criar um aplicativo para dispositivos móveis do departamento de serviços seria elevar a Pontuação líquida de Promotores (NPS) em 25 pontos e a taxa de erro de processamento de ordens de serviços abaixo de 10%, tudo em 90 dias após o lançamento. Como podemos ver, o escopo está bem definido e os objetivos do negócio são quantificáveis e mensuráveis dentro do prazo especificado. No entanto, lembre-se de se proteger contra um escopo muito amplo, já que o contexto é importante e você, com certeza, não gostaria de suavizar ou acidentalmente passar batido por detalhes importantes que têm mais significado em um quadro de referência mais restrito.

Etapa 2. Conduza uma pesquisa para analisar e avaliar os dados já existentes dos clientes

Conduzir esse tipo de pesquisa ajuda a entender quem são seus clientes de fato e em potencial, além de fornecer informações sobre a Experiência do Cliente atual. Uma pesquisa recentemente realizada pela Customer Experience Professionals Association (CXPA)[14] encontrou as cinco principais fontes de dados de clientes ao fazer o Mapeamento da Jornada da Experiência do Cliente:

- Entrevistas presenciais (53%);
- Discussão em grupo presencial (41%);
- Pesquisas online (38%);
- Workshops envolvendo clientes (35%);
- Entrevistas telefônicas (26%).

Fontes menores de dados também podem ser:

- Registros da central de atendimento;
- Resultados de testes de usabilidade;
- Observações e relatórios de pesquisas contextuais;
- Relatórios de satisfação do cliente;
- Relatórios de atendimento ao cliente;
- Estudos de valor de mercado.

---

14 "Driving Change Through Journey Maps: Discoveries from the Initial Journey Mapping Best Practices Survey", Heart of the Customer, 2016, 5.

Etapa 3. Identifique as personas que você usará para mapear as jornadas

Com base em sua análise dos dados, suas descobertas devem ajudar a definir um conjunto de personas de linha de base que podem ser para um tipo específico de cliente (persona), um cliente em potencial ou alvo, dependendo do propósito da sua iniciativa de mapeamento. Se olharmos para trás, no exercício de mapeamento da New Horizons, a equipe definiu cinco personas específicas:

1. Proprietário de sedã de luxo
2. Proprietário de cupê esportivo
3. Proprietário de SUV
4. Proprietário de camionete
5. Proprietário de van

Etapa 4. Faça um workshop de Mapeamento da Jornada da Experiência do Cliente para elaborar os primeiros mapas

O objetivo de um workshop de Mapeamento da Jornada da Experiência do Cliente é elaborar os primeiros mapas que você aperfeiçoará continuamente e acabará otimizando conforme itera em cada persona no Ciclo de Vida da Experiência do Cliente, com o único objetivo de criar a mesma compreensão do cliente e como ele interage com você durante essa jornada. O resultado final é o desenvolvimento de uma Estratégia de Experiência do Cliente sólida para cada tipo de persona. A Figura 5-4 retrata o modelo de Mapeamento da Jornada da Experiência do Cliente de ponta a ponta (E2E) que você pode usar para elaborar seus mapas da Jornada da Experiência do Cliente.

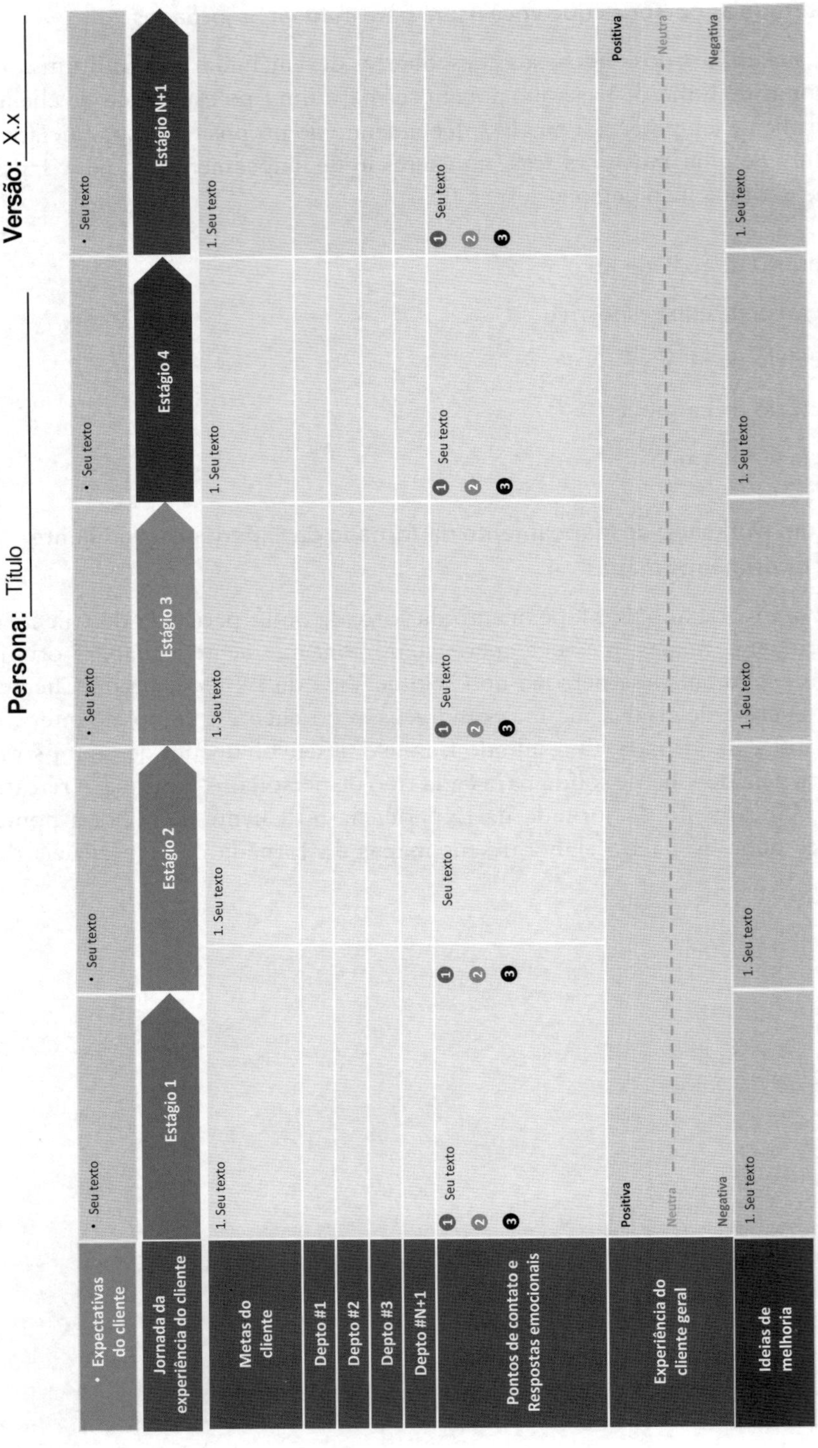

Figura 5-4. *Modelo de mapa da jornada da experiência do cliente E2E (versão em formato grande)*

O modelo é composto pelas sete seções a seguir:

Expectativas do cliente
   Define o que o cliente espera durante cada estágio do Ciclo de Vida da Experiência do Cliente para esta jornada.

Jornada da Experiência do Cliente
   Indica os estágios do Ciclo de Vida da Experiência do Cliente que se aplicam a essa jornada. Você deve preencher esta seção com sua equipe principal antes do workshop.

Metas do cliente
   Indica o que o cliente deseja alcançar durante cada estágio. Compreender essas metas em cada estágio gera empatia com seus clientes, garantindo, assim, que você esteja abordando as dificuldades que eles enfrentam a partir da perspectiva do cliente.

Funções empresariais
   Lista as áreas da empresa que interagem com o cliente durante essa jornada. Esta seção é importante porque identifica quais áreas empresariais exigem iniciativas de melhoria de processo para solucionar quaisquer problemas que possam ser identificados.

Pontos de contato e respostas emocionais
   Indica os momentos relevantes e as emoções associadas que são provocadas por cada interação. É aqui que você humaniza a jornada e pode ser a seção mais importante de todo o mapa. Não passe batido por ela. Faça um esforço para compreendê-la de verdade e garantir a abordagem dos problemas certos.

Experiência geral do cliente
   Exibe graficamente os pontos de contato e as emoções vivenciadas durante cada interação. É aqui que você poderá ver a jornada real que seus clientes vivenciam à medida que avançam nos diferentes estágios, bem como o que é e o que não é importante para eles.

Ideias de melhoria
   Capta as possíveis maneiras pelas quais a jornada pode ser aprimorada.

Para os workshops, o que eu gosto de fazer é imprimir o modelo em papel branco do tamanho de um pôster e, depois, dar uma cópia a cada equipe para trabalharem com esses quadros e construírem seus mapas.

Participantes e materiais do workshop
   Uma das decisões mais importantes é determinar quem participa do workshop. Dependendo de quantos clientes estão presentes, costumo formar de três a quatro equipes, com dois a três clientes em cada uma, para não passar de cinco a nove clientes no total. É difícil gerenciar quando se tem mais de 25 pessoas em uma sala. Certifique-se de que todos os convidados participem — não vale deixar

ninguém de fora! Os observadores ou curiosos têm um efeito desencorajador quando se pede às pessoas que sejam honestas ou emotivas sobre sua experiência. Confira se incluiu todas as áreas relevantes do seu negócio em cada equipe e os proprietários do processo de negócios, para garantir a coleta das perspectivas de todos os envolvidos nessa jornada. Tenha um estoque de blocos de notas adesivas e marcadores para as mesas também.

Agendamento do workshop

Ao agendar seus workshops, organize-os por persona, porque cada um deles deve se concentrar em uma persona de cada vez. Em seguida, comece revisando a persona escolhida. Em nosso exemplo da New Horizons, a equipe escolheu Cynthia Reagan, persona do proprietário de cupê esportivo (Figura 5-3).

Realização do workshop

Durante o workshop, você pode seguir este formato simples para preencher o modelo. Divida o dia em sete seções de 1 hora cada, com meia hora para o almoço e dois intervalos de 15 minutos. Reserve os primeiros 10 minutos para fornecer uma explicação da seção e discutir o conteúdo que está sendo buscado. Em seguida, deixe as equipes trabalharem de forma independente pelos próximos 50 minutos. Peça a cada membro da equipe que escreva seus próprios pensamentos nos blocos e coloque-os no quadro na seção apropriada. Aguarde de 10 a 15 minutos ou até que ninguém mais esteja escrevendo. Depois, peça aos membros de cada equipe que discutam o feedback entre si, consolidando as notas adesivas e escrevendo suas respostas finais diretamente no quadro nos próximos 20 minutos. Reserve os últimos 20 minutos ou o tempo restante para que algumas equipes apresentem suas descobertas e as discutam com todo o grupo.

A seção final, Ideias de melhoria, é onde a mágica acontece. É aqui que você vai querer que as equipes fiquem à vontade e usem a imaginação para apresentar possíveis melhorias que poderiam ser feitas para aprimorar a experiência do cliente. Desafie-os a apresentar ideias que ofereçam vantagem competitiva e maneiras novas e inovadoras de abordar os problemas identificados durante o workshop. Passe, pelo menos, 30 minutos discutindo isso em grupo para ver se outras ideias podem ser geradas coletivamente.

Após o workshop, forme sua equipe principal de mapeamento da jornada e elabore um mapa da Jornada da Experiência do Cliente único e combinado para a persona do Proprietário de Cupê Esportivo. A Figura 5-5 mostra o mapa da jornada da experiência do cliente do veículo de serviço de ponta a ponta da equipe da New Horizons.

Persona: Proprietário de cupê esportivo **Versão:** 1.0

Expectativas do cliente	Quero encontrar uma oficina ou concessionária com boa reputação que ofereça reparos de qualidade e serviços profissionais.	Não tenho muito tempo para levar meu veículo para fazer manutenção, por isso, deveria ser simples marcar um horário.	Devo ser recebida prontamente, e o processo de controle interno deve ser simples e preciso, com os itens realizados corretamente.	Espero um ótimo serviço, alta qualidade e profissionalismo para ganharem a minha fidelidade e o meu retorno aos negócios	Deveria ser rápido e fácil retirar meu carro, e eu deveria receber uma conta final precisa especificada por itens
Jornada da experiência do cliente: Manutenção de Veículo	**Avaliação**	**Compra**	**Serviço**	**Defesa**	**Descarte/Recompra**
Metas do cliente	1. A luz de manutenção do meu painel acendeu, mostrando que meu veículo precisa de reparo e/ou serviço. 2. Perguntar para amigos, familiares, colegas de trabalho etc. quem presta serviço para eles 3. Encontrar oficinas ou concessionárias com boa reputação onde possa consertá-lo 4. Pesquisar cada opinião e definir uma lista curta de possibilidades	1. Avaliar minha breve lista baseada em reputação, qualidade do serviço, localização e profissionalismo 2. Tomar uma decisão sobre qual usarei em minha área 3. Ligar para a oficina ou concessionária para marcar um horário 4. Solicitar um carro emprestado para o dia do serviço	1. Sou recebida prontamente; estão preparados para minha visita 2. O serviço é realizado dentro do prazo especificado 3. Sou informada e aprovo/recuso serviços adicionais 4. O serviço é realizado corretamente na primeira vez 5. Recebo uma conta especificada por itens e a explicação de todo o trabalho realizado	1. Indicarei este negócio para meus amigos, familiares, colegas de trabalho etc. se: • For tratada de maneira justa e respeitosa • Os funcionários forem profissionais • Meus reparos e/ou serviços sejam concluídos pontualmente e dentro da estimativa original • A concessionária for gerenciada de maneira profissional (limpa e segura)	1. O fator decisivo: posso voltar/não voltar nessa concessionária novamente 2. Serviço excelente me fará voltar novamente 3. Serviço ruim significa que buscarei outro lugar da próxima vez
Branding					
Vendas					
Serviço					
Financiamento					
Pontos de contato e Respostas emocionais	① Tem algo de errado com meu veículo ② Falar com as pessoas para obter indicações ③ Acho que encontrei uma concessionária com boa reputação para consertá-lo	④ Marcarei um horário na New Horizons ⑤ Acabei de marcar um horário para a próxima segunda-feira ⑥ Eles também me arranjaram um carro alugado... me dei bem!!	⑦ O agente de serviço foi grosseiro ⑧ Não havia aluguel de carros.... ARGH!! ⑨ Adicionaram outras coisas na conta sem minha aprovação. ⑩ Alguns consertos não foram realizados; terei que voltar lá novamente	⑪ Não indicaria essa concessionária se minha vida dependesse dela. Não há desculpas para a forma que fui tratada ⑫ A gerente de serviço ligou e pediu desculpas ⑬ Ela marcou um 2º horário para consertar os itens faltantes	⑭ Não fico muito animada em usar a New Horizons novamente, depois de tudo o que passei para que meu veículo recebesse os serviços e consertos adequadamente
Experiência do cliente geral	Positiva Neutra Negativa				Positiva Neutra Negativa
Ideias de melhoria	1. Desenvolver um aplicativo para que a busca por informações sobre serviços e reparos seja fácil de encontrar	1. Disponibilizar no aplicativo a opção de marcar horário e organizar o aluguel de um carro	1. Dar treinamento para os funcionários de serviços 2. Aperfeiçoar o sistema de locação de carros 3. Enviar notificações de progresso do conserto 4. Fornecer conta visualizável no aplicativo	1. Enviar pesquisa de satisfação pelo aplicativo 2. Oferecer cupons de desconto para a próxima visita 3. Fazer chamadas aleatórias de acompanhamento ao cliente	1. Fornecer notificações Push para avisar a data do próximo serviço 2. Ligar para clientes que não voltaram há mais de um ano

Figura 5-5. *Mapa da jornada da experiência do cliente de manutenção de veículos (versão em formato grande)*

Etapa 5. Valide o mapa da jornada da experiência do cliente usando sua pesquisa de clientes

Agora que você possui seu mapa combinado, é necessário voltar e validar suas suposições com a pesquisa realizada na etapa 2 acima. Como fica a comparação entre elas lado a lado? Os dados revelados eram esperados pelo mapa? Caso negativo, por que não? Pode ajudar se realizar outras entrevistas com clientes ou enviar mais pesquisas com clientes para ir mais a fundo de quaisquer discrepâncias.

Além disso, lembre-se de que, à medida que você avança nesse processo, as personas da linha de base também devem ser continuamente atualizadas e modificadas, visto que agora você sabe mais sobre seus clientes de fato e em potencial. Se uma nova persona for identificada no processo, você deverá organizar e realizar outro workshop para garantir que todas elas estejam representadas.

Etapa 6. Publique seus mapas da jornada da experiência do cliente e socialize através deles

Depois de terminar seus mapas, você deve publicá-los em um site corporativo no qual todos da organização possam visualizá-los. Lembre-se de que uma cultura Lean se baseia na melhoria contínua. Portanto, coloque os mapas nas mãos das pessoas que possam fazer o melhor uso possível das informações contidas neles. Pode ser qualquer número de equipes, desde vendas a operações e até a tecnologia. Socialize através dos mapas e incorpore o feedback dessas partes da sua organização. Seja criativo! Sua única limitação é sua própria capacidade de aproveitar a imaginação e usá-la bem.

Etapa 7. Priorize e implemente suas ideias de melhoria

Por fim, faça bom uso de todas essas ótimas ideias, formando equipes *kaizen* nas áreas em que as melhorias foram identificadas. Analise e priorize tudo primeiro e, em seguida, use o processo Lean de Práticas de Negócios Toyota discutido no Capítulo 4 para descobrir como você pode iterar essas ideias e dar vida a elas. Para a New Horizons, a equipe estará transferindo seus mapas para a fase de desenvolvimento de produto, que discutiremos no Capítulo 7.

Como Criar uma Estratégia da Experiência do Cliente Omnichannel que Seja Consciente

Uma ótima estratégia da experiência do cliente omnichannel (OCXS) define os planos acionáveis que você deve colocar em prática para proporcionar uma experiência consistentemente positiva e significativa a seus clientes em todas as interações, pontos de contato e canais. Seu objetivo final é melhorar a experiência do cliente e o relacionamento que tem com seus clientes. No entanto, a criação de uma Estratégia da Experiência do Cliente Omnichannel é um jogo agressivo que deve incluir toda a empresa Lean, com foco no cliente, ou seja, as partes da organização voltadas para o cliente ou não cliente, colaborando juntas para criar uma estratégia holística que requer identificar os componentes e, em seguida, construir os processos, operações e comportamentos que sustentam uma cultura em que o cliente vem em primeiro lugar.

Mas, Afinal, qual é a Definição de Omnichannel?

Um canal, ou *channel*, do inglês, é o meio através do qual você coloca seu produto/serviço no mercado. Os líderes podem optar por criar e depois operar tanto em canais tradicionais quanto digitais. Os canais tradicionais incluem atacadistas, distribuidores, lojas físicas, impressos, telefone, rádio, TV etc. Os canais digitais são formados por sites, blogs, aplicativos para dispositivos móveis, e-mail, mecanismos de busca, redes sociais (Twitter, Facebook, YouTube), publicidade pay-per-click (PPC) e vídeo. Portanto, *omnichannel* se refere ao uso de todas essas formas de marketing, distribuição e venda de seu produto/serviço de maneira conectada, proporcionando uma experiência do cliente integrada.

Um ótimo exemplo de estratégia da experiência do cliente omnichannel é quando os clientes entram em uma loja física tradicional, mas logo pegam seus dispositivos móveis para procurar cupons de desconto da loja ou fazer pesquisas de produtos online, usando um mecanismo de busca para encontrar informações ou avaliações sobre o produto, indo ao YouTube para ver vídeos de instruções ou até mesmo enviar um tuíte para obter respostas sobre a qualidade e durabilidade do produto. Lembre-se que tudo isso acontece antes de tomar uma decisão de compra. Uma estratégia da experiência do cliente omnichannel, quando bem executada, mescla as linhas entre os canais tradicionais e digitais, garantindo uma alternância perfeita entre os pontos de contato do cliente.

Uma experiência multichannel não é necessariamente omnichannel, visto que esta tem a ver com a boa integração de todos os seus canais à experiência do cliente. Ou seja, você pode ter um site, uma presença nas redes sociais e até uma loja física, mas se as mensagens não forem consistentes em todos esses canais, não será considerada uma experiência do cliente omnichannel. E, sim, todas as experiências omnichannel usam vários canais, o que significa que você deve se concentrar em aperfeiçoar cada canal e, em seguida, trabalhar com afinco para integrar todos eles e criar uma Estratégia da Experiência do Cliente Omnichannel bem pensada e consciente. Isso significa que, para proporcionar uma experiência integrada, você deve alinhar as metas, objetivos, design e mensagens do seu produto/serviço em cada canal.

BMW, *"The Ultimate Driving Machine"*

A marca BMW toma como base o slogan em inglês "*The Ultimate Driving Machine*" ou, em português, "A Máquina de Dirigir Definitiva". Esse é um ótimo exemplo de uma poderosa gestão de marca de sucesso imediato. A palavra *"ultimate"*, de acordo com o dicionário *Merriam-Webster*, significa o melhor alcançável ou imaginável de sua espécie.¹⁵ Quando combinada com *"driving machine"*, implica ser a melhor máquina alcançável para fins de direção imagináveis. Essa é uma grande afirmação a ser feita. No entanto, se você já dirigiu uma BMW, esse carro realmente faz jus a essa imagem. Eu sei bem, pois já tive uma BMW Z3 Roadster preta uma vez.

Para mim, o carro realmente fez jus ao seu nome e, em conversas casuais, a marca BMW sempre surgia quando as pessoas ficavam sabendo que eu tinha um carro da marca. Em geral, duas coisas vinham em seguida: a frase de efeito *"A Máquina de Dirigir Definitiva"* era proferida ou me perguntavam: "É mesmo a máquina de dirigir definitiva?" Em resposta, eu sempre dizia dando ênfase "É!" Era um carro incrível de se ter e dirigir (porém, não vamos falar das minhas multas por excesso de velocidade quando tinha esse carro... deixa para lá, continuando...).

A BMW criou uma marca muito reconhecível e consistente dentro de um contexto que eles estabeleceram e cultivaram, em uma série de canais tradicionais e digitais. Essa é uma verdadeira Estratégia da Experiência do Cliente Omnichannel diferenciada e interconectada.

Por exemplo, quando entrei recentemente no site da BMW, havia um banner piscando que começou a ser exibido de imediato no topo da página, mostrando vários modelos com acabamento brilhante estacionados lado a lado em um fundo preto. Em clipes de dois a três segundos, é possível ter várias visualizações dos diferentes carros, tanto por dentro quanto por fora. Os interiores requintados e as refinadas e elegantes linhas e detalhes de cada modelo aparecem em vislumbres curtos e acentuados. No entanto, a câmera sempre volta para uma imagem, que é uma olhada rápida e parcial, enquanto aparece em letras cursivas em um dos carros dizendo "fabricação individual da BMW". Se isso não é marketing sugestivo, eu não sei o que é, pois as insinuações sutis fazem as pessoas quererem saber mais sobre como cada um também pode montar sua própria BMW "fabricada individualmente".

A Mensagem Totalmente Transparente da BMW

O foco está na "Diferença da BMW". Individualidade, desempenho, estilo, qualidade e inovação são o que eles vendem. Quando você tem um BMW, a marca do fabricante lança um estilo de vida que se traduz em sucesso e alto padrão. Você é um indivíduo exigente e único que busca luxo, qualidade e desempenho. Essa é a mensagem que eles estão transmitindo aos clientes atuais e futuros. E, sim, você também pode fazer parte desse grupo seleto se decidir comprar um de seus melhores automóveis. A BMW está vendendo uma imagem tanto quanto um produto físico, porque, em última análise, você quer ser associado a ela. Comprei o meu Z3 pela qualidade e pelo desempenho. Testei todos os outros conversíveis do mercado na época, como Porsche, Mazda, Hon-

---

15 Merriam-Webster, s.v. "ultimate (adj.)", acessado 7 de maio, 2019.

da e Infiniti, e concordo: dirigir uma BMW é uma verdadeira experiência. O que selou o negócio para mim foi o interior e o manuseio geral do carro, que fazem parte da imagem, qualidade do produto e reputação da marca BMW.

A Estratégia da Experiência do Cliente Omnichannel da BMW

Agora, para provar que existe uma estratégia da experiência do cliente omnichannel sendo usada aqui, vá em frente e abra uma janela do navegador e busque "BMW". Os resultados que apareceram para mim incluíam YouTube, Twitter, postagens em blogs, sites americanos e internacionais etc., bem como os sites das concessionárias locais. Se eu clicar no resultado do YouTube, logo surge um vídeo de uns dois minutos de uma BMW série 7 correndo pela estrada. Mais uma vez, uma chuva de clipes curtos de dois a três segundos do carro visto de todos os ângulos, assim como as imagens do site da BMW. Quase dá para sentir a qualidade e o luxo do carro nas imagens visualizadas. Um distinto homem mais velho, com a barba rala por fazer, para e desce do carro. Ele estaciona do lado de fora de um hangar de avião e está vestindo jeans escuro, uma camisa preta solta e casaco preto; ele joga sua mochila esportiva preta na cabine, como se pretendesse sair para uma aventura de fim de semana, enquanto entra no que parece ser um jatinho executivo. A câmera corta e o mostra preparando o avião para a decolagem, enquanto o enquadramento corta em um vai e vem entre o painel do avião e o do carro do qual ele acabou de sair. A comparação implícita é óbvia.

Quando está prestes a decolar, um controlador de tráfego aéreo diz que ele está de castigo por causa da tempestade que está passando pela área. Decepcionado, ele volta ao carro e dá partida. A cena então corta e o mostra voando no que parece ser uma pista enquanto ele acelera, como se estivesse prestes a decolar. À medida que o velocímetro se aproxima a 240 km/h, a imagem da parte de trás do carro nas nuvens sugere que ele está voando. Há até uma imagem angular enquanto o carro atravessa as nuvens. Agora parou de chover e o sol está começando a aparecer entre as nuvens. O vídeo termina com a música crescente, e as palavras "The 7" aparecem no canto superior esquerdo e "BMW" no canto inferior direito. Não há ninguém falando, nem palavras escritas pedindo para as pessoas comprarem o carro — uma imagem já diz tudo.

O clipe todo é voltado para atrair sua paixão por dirigir um carro de alto desempenho, que é tão bonito por dentro quanto por fora. A arte e o luxo do carro são elaborados para o indivíduo exigente e único, e evoca os sentidos a ponto de sentir a adrenalina batendo enquanto observa o motorista correndo pela pista e o carro magicamente começando a voar!

As lojas físicas seguem o mesmo padrão. Vários carros maravilhosos e reluzentes estacionados em ângulos em um piso branco brilhante, com os slogans "A Máquina de Dirigir Definitiva" e "A Diferença da BMW" com o emblema da BMW afixado nos cartazes pendurados no alto e nos displays no chão brilhante. Todo o processo de compra de minha BMW levou cerca de duas horas, desde o *test drive* até a assinatura dos documentos do empréstimo. A BMW simplificou o processo porque entende que seus clientes são pessoas ocupadas que não têm tempo para passar um dia inteiro em uma concessionária comprando um carro.

Dar uma rápida olhada e experimentar usar esses diferentes canais confirma que a BMW possui uma excelente Estratégia da Experiência do Cliente Omnichannel tanto em seus canais tradicionais como digitais. Nos digitais, eles fazem um trabalho excelente com um produto físico para mostrar virtualmente como é ser proprietário de uma BMW e dirigi-la. Eles também levaram tudo isso com perfeição às concessionárias usando mensagens e pontos de contato consistentes nos diferentes estágios da experiência do cliente. Você pode dizer o mesmo de sua experiência com o cliente omnichannel? A sua mensagem e marca são passadas de um canal ao outro? Você está passando uma imagem consistente da sua marca para seus clientes atuais ou futuros, em todos os canais, independentemente da plataforma? Você está construindo relacionamento e empatia com eles para que possam desfrutar de uma experiência como essa? Se a resposta para qualquer uma dessas perguntas for "não", você terá trabalho a fazer se pretende continuar relevante para os clientes e competitivo no seu mercado.

Considerações para Elaborar uma Estratégia da Experiência do Cliente Omnichannel Consciente

Elaborar uma boa estratégia da experiência do cliente omnichannel não se resume apenas aos canais ou mensagens. Trata-se também dos clientes e de proporcionar a eles uma experiência agradável através da compreensão de quem eles são, qual é seu propósito e o que estão buscando. Construir empatia e relacionamento entre as várias experiências permite que os clientes tomem decisões informadas que constroem o relacionamento com você, com sua empresa e com sua marca. Vamos passar alguns minutos discutindo algumas das considerações que você precisa ter em mente ao elaborar uma verdadeira estratégia da experiência do cliente omnichannel.

Simplicidade e fluidez

Em primeiro lugar, um elemento-chave na elaboração de uma estratégia bem-sucedida da experiência do cliente omnichannel é garantir que a experiência flua de maneira fácil e direta entre os canais tradicionais e digitais e de uma interação ou ponto de contato para o outro, produzindo uma experiência do cliente agradável e prazerosa. Você deve prestar atenção às preferências, uso e experiências de canal dos clientes que sejam relevantes a eles, criando sua marca e mensagem da perspectiva deles, não da sua. Portanto, reserve um tempo para determinar como você quer que seja a experiência do cliente em termos de aparência, sensações e sonoridade em todos os canais, desde a primeira impressão até a compra e o suporte, para desenvolver uma experiência geral mais fluida e contextual. Pergunte-se o seguinte:

- Sua estratégia abrange todas as fases do Ciclo de Vida da Experiência do Cliente, desde o contato inicial até o serviço e suporte?
- Um canal flui para o outro de maneira consistente e significativa?
- É complicado interagir com você de maneira tradicional e/ou digital?
- É fácil encontrar as coisas? Fazer uma compra? Obter ajuda? Dar resposta às perguntas? Registrar uma queixa? Devolver um item na garantia? Obter serviço?
- Seus processos são diretos e consistentes em todos os seus canais?

Acessibilidade

Acessibilidade significa se encontrar e interagir com seus clientes onde quer que eles estejam agora. Isso é extremamente importante ao criar empatia e gerar um contexto compartilhado com seus clientes, para que você seja recompensado com a fidelidade deles e com um aumento na vantagem competitiva com potencial para durar no longo prazo. O fato de se envolver com eles seguindo suas condições também faz com que pareça mais natural e menos forçado ou artificial. É muito importante descobrir quais são as preferências de envolvimento deles e oferecer os canais certos para garantir que você entre no campo de conhecimento deles. Ao avaliar e determinar a acessibilidade, faça as seguintes perguntas:

- Quais são os canais que seus clientes mais frequentam?
- Você tem presença nesses canais?
- Quais canais têm a maior taxa de sucesso?
- É fácil se envolver com você?
- Você está disponível quando eles procuram ajuda?
- Você responde quando eles o procuram?
- Quanto tempo você leva para respondê-los?
- A experiência é agradável em geral?
- Você satisfaz cada cliente o suficiente?
- Você pode se envolver de verdade com eles quando mostram mais interesse?
- É fácil iniciar consultas de produtos ou fazer perguntas?
- Os problemas relacionados a produtos/serviços são tratados em tempo hábil?

- Em geral, os clientes estão satisfeitos com o resultado final?
- Existem combinações de canais que são mais ou menos eficazes que outras?
- Você monitora o envolvimento em todos os canais?
- Quais mecanismos de comunicação você usa atualmente? Chatbot? E-mail? Telefone?
- Esses mecanismos são eficazes na comunicação com seus clientes?

Personalização

Conhecer bem seus clientes é fundamental para entender como diferenciar suas experiências à medida que interagem com você e com sua marca. Depois, dar a volta e usar esse conhecimento para resolver os problemas deles e oferecer produtos/serviços que talvez nem percebam ter vontade, necessidade ou desejo por eles aprimora a experiência deles com você, quando oferece um atendimento exclusivo. A Netflix é um ótimo exemplo de personalização, porque mantém o registro do que você já assistiu, de modo que, quando você acessa a plataforma para assistir a um programa ou filme novamente, a página de abertura é criada com base no seu histórico anterior. Ou seja, uma página personalizada é gerada pelo uso de um algoritmo que aproveita o poder da tecnologia — inteligência artificial (IA) e aprendizado de máquina (ML) — para buscar programas e filmes semelhantes que você possa gostar de assistir. Esse tipo de personalização é uma ferramenta muito poderosa! Portanto, quando pensar em personalizar seus produtos/serviços, faça as seguintes perguntas:

- Existe alguma experiência diferenciada do cliente ou é mais uma abordagem "generalizada"?
- Você está pensando nas diferentes necessidades de seus segmentos de clientes, também conhecidas como personas, e abordando-as?
- Quais dados do cliente gerados por meio de suas interações e pontos de contato estão facilmente disponíveis?
- Eles podem ser aproveitados para criar cenários de personalização ou customização?
- Como você pode alinhar esses pontos de contato de maneira consistente com os dados disponíveis em toda a experiência do cliente de ponta a ponta?
- Quais tecnologias estão disponíveis para ajudá-lo a automatizar a coleta e a análise de dados?

Conveniência de compra

É fácil ou difícil comprar de você? Afinal, é por isso que você está nesse negócio antes de mais nada... certo? Por exemplo, vamos usar a minha recente experiência em uma rede nacional de lojas de conveniência (C-store), localizada dentro de um grande aeroporto internacional. Supõe-se que as lojas C-store sejam lugares onde você pode entrar, pegar alguma coisa rapidamente, pagar no caixa e continuar para o seu destino. Infelizmente, não havia nada de conveniente ou rápido na minha experiência! Passei na loja antes de pegar meu voo para comprar uma garrafa de água e, enquanto ia até os refrigeradores, tive que atravessar uma fila de, pelo menos, vinte pessoas que estavam paradas na frente deles, esperando para pagar no caixa. Durante o período mais movimentado da manhã, a C-store tinha apenas um caixa aberto e a loja estava lotada de clientes. Tinha tantas mercadorias espalhadas, exibidas em corredores muito estreitos, que não sobrava um lugar para formar uma fila, exceto na frente dos refrigeradores. À medida que a fila aumentava, ela percorria a loja até o ponto de os clientes da fila ficarem no caminho dos compradores que ainda nem tinham escolhido o que comprar. Dei uma olhada na loja e vi outra atendente em um canto abastecendo as prateleiras. A mulher que estava no caixa teve que parar o seu serviço para chamá-la. Quando ela chegou ao outro caixa para atender os clientes, muitos dos que estavam na fila já haviam ido embora, largando na prateleira mais próxima o que tinham decidido comprar.

Quando o seu modelo de negócios se baseia na conveniência e na facilidade de compra, especialmente em um aeroporto no qual as pessoas têm voos para pegar, a última coisa que os clientes querem é ficar esperando em uma fila gigantesca para passar no caixa. A falta de apoio no caixa obrigou cada um a escolher entre comprar o que tinha em mãos ou desistir da compra para conseguir pegar o voo. E, por causa dessa experiência, eu me peguei evitando entrar em uma dessas lojas outra vez, porque deixou uma marca permanente no meu subconsciente. Portanto, quando for pensar na conveniência de compra, faça as seguintes perguntas:

- É fácil finalizar a compra quando um cliente termina de escolher o que comprar (online ou na loja)?
- É fácil encontrar fatos e especificações dos produtos/serviços, garantindo que os clientes entendam as compras que estão fazendo?
- A navegação, física ou virtual, é simples e fácil?
- Quando um cliente seleciona os itens para compra, existe uma maneira de sugerir itens complementares nos quais o cliente também pode estar interessado?
- Existem recursos suficientes (caixas, serviços de transações, agentes de atendimento ao cliente etc.) para lidar com o volume nos horários de pico?

- Suas lojas, sites, aplicativos para dispositivos móveis etc. foram construídos tendo em mente o cliente para "atender à finalidade a que se destinam"?

Conveniência de Serviço

Nesta era de clientes com mais autonomia que possuem vastos conhecimentos à disposição e muitos produtos/serviços para escolher, está se tornando cada vez mais importante poder oferecer suporte de serviço de maneira oportuna e conveniente — mais uma vez, de acordo com as condições dos termos dos clientes e no momento em que mais precisem. Isso significa que você deve colocar tanta energia na manutenção de seus produtos/serviços quanto a que coloca no processo de compra. Um ótimo atendimento ao cliente não acontece por acaso. Pegar o dinheiro do cliente e desaparecer é a maneira mais rápida de perder sua fatia de mercado, especialmente nos dias de hoje, em que é fácil para os consumidores avaliar o serviço após a venda e expressar suas opiniões nas redes sociais. Maquiar um atendimento ruim ao cliente não é mais possível em nosso mundo conectado, o que significa fazer as seguintes perguntas:

- Sua estratégia de conveniência de serviço é tão forte quanto sua estratégia de conveniência de compra?
- Seus clientes precisam de recursos de bate-papo ao vivo 24 horas por dia, 7 dias por semana, para garantir que suas perguntas, problemas e preocupações sejam resolvidos e respondidos a qualquer hora do dia ou da noite?
- Você precisa criar uma base de conhecimento online atualizada em seu site para garantir que os clientes tenham acesso aos recursos de autoatendimento?
- Seus clientes conseguem pesquisar e resolver os problemas por conta própria?
- Se eles não conseguem resolver os problemas por conta própria, é fácil mudar para o bate-papo ao vivo ou ligar para o centro de suporte?
- É conveniente pedir e obter ajuda com relação ao seu produto/serviço?
- Você precisa de um número de ligação gratuita para suporte a produtos/serviços?
- Que tipos de sistemas de suporte precisam estar em vigor para garantir a resolução oportuna dos problemas dos clientes?
- Você possui mecanismos para rastrear o nível de defeitos dos produtos/serviços encontrados após a venda?
- Você usa os dados para obter informações sobre como melhorar a qualidade e os níveis de serviço de seus produtos/serviços?
- Essas informações retornam à sua organização de gestão de produtos/serviços?

Como Criar uma Estratégia da Experiência do Cliente Omnichannel Abrangente em Oito Etapas

Agora, vamos voltar nossa atenção para ver como podemos reunir todas as coisas que discutimos neste capítulo e criar uma estratégia da experiência do cliente omnichannel abrangente.

Etapa 1. Crie uma missão e visão claras da experiência do cliente omnichannel em todo o ciclo de vida da experiência do cliente

O primeiro passo para desenvolver sua estratégia da experiência do cliente omnichannel é ter uma imagem clara de quem é seu cliente e, em seguida, procurar criar uma visão focada da experiência do cliente omnichannel que sirva de princípios orientadores e que possa ser comunicada aos seus clientes e a toda a organização. Isso significa que você deve identificar os segmentos de clientes que pretende atender analisando as personas identificadas. Depois, entenda seus clientes e como eles se sentem e conecte-os às interações e pontos de contato em todo o ciclo de vida da experiência do cliente para garantir que você esteja levando em consideração todos os elementos-chave que dão vida à sua visão, permitindo que cumpra a sua missão.

Voltando à equipe da New Horizons, eles perceberam que precisavam se concentrar em se tornar uma empresa do século XXI que toma como base e executa uma visão e uma missão com foco em seus clientes, que deve e vai mudar e evoluir. Como resultado, além das cinco personas de clientes identificadas anteriormente, eles adicionaram mais duas (6 e 7 abaixo), totalizando sete personas que são importantes para eles:

1. Proprietário de sedã de luxo
2. Proprietário de cupê esportivo
3. Proprietário de SUV
4. Proprietário de camionete
5. Proprietário de van
6. Funcionário
7. Comunidade

Isso está diretamente relacionado à visão bastante simples da empresa de ser "Dedicada aos clientes e impulsionada pela excelência". A declaração de missão da empresa é bem simples também: "Ser o centro mais renomado do mundo em atendimento ao cliente no setor automotivo". Assim como os valores da empresa:

- Cliente em primeiro lugar.
- Fazemos as coisas acontecerem.

- Todo mundo conta.
- Pensamos no futuro.
- Fazemos juntos.

Etapa 2. Identifique seu Ciclo de Vida da Experiência do Cliente

Depois de definir suas personas, você pode começar a decompor os estágios pelos quais passam enquanto interagem com sua organização. Pense no que é importante para eles e como é a experiência que você deseja proporcionar. Usando as oito etapas do ciclo de vida da experiência do cliente (Figura 5-1), determine quais se aplicam à experiência de seus clientes. No caso da New Horizons, a equipe identificou as cinco etapas a seguir:

1. Avaliação
2. Compra
3. Serviço
4. Defesa
5. Descarte/recompra

Etapa 3. Crie seus Mapeamentos da Jornada da Experiência do Cliente usando suas personas

Usando as técnicas descritas acima, você pode usar seus segmentos ou personas de clientes para identificar suas jornadas da experiência do cliente nos canais tradicionais e digitais, entendendo completamente o processo de tomada de decisão do cliente. No caso da New Horizons, a equipe mapeou a jornada da experiência do cliente do veículo de serviço, conforme ilustrado na Figura 5-5.

Etapa 4. Crie sua marca que se integre bem a todos os canais

Agora que entende quem é importante para você, pode executar a tarefa de criar uma marca que agrade a esse público. Mas o que é uma marca? O *Business Dictionary* define uma marca como um "design, sinal, símbolo, palavra exclusiva, ou uma combinação destes, usado na criação de uma imagem que identifica um produto e o diferencia de seus concorrentes. Com o tempo, essa imagem se associa a um nível de credibilidade, qualidade e satisfação na mente do consumidor".[16] Portanto, a primeira e mais importante tarefa que você deve realizar é decidir e criar sua marca, ou seja, a imagem, a reputação, as características ou traços únicos aos quais você deseja associar seus produtos/serviços.

---

16 Business Dictionary, s.v. "brand", acessado em 5 de maio, 2019.

Ter a opção de moldar e dar forma de maneira consciente à sua marca é uma ideia muito melhor do que deixá-la evoluir por acaso ao longo do tempo. Portanto, você deve se perguntar: "Que tipo de imagem e reputação eu quero que meu produto/serviço tenha e deixe na mente dos meus clientes atuais e futuros?"

No exemplo da BMW que discutimos anteriormente, o fabricante automotivo fez uma escolha consciente de dar foco em dois temas, "A Máquina de Dirigir Definitiva" e "A Diferença da BMW". Depois, a empresa elaborou e usou imagens de seus carros como parte de um estilo de vida, o que suscita fortes emoções ao visualizar como é estar dentro de uma BMW. Você deve pensar cuidadosamente sobre sua marca, pois é através dela que você será conhecido no longo prazo. Essa mensagem que a marca passa deve ser aplicada de forma consistente em todos os seus canais para garantir que você proporcione uma experiência direta, ininterrupta e previsível, independentemente da plataforma usada.

Etapa 5. Crie e/ou revise seus canais

Assim que mapear suas jornadas, poderá identificar como elas se desenrolam em todos os seus canais, tradicionais e digitais, e depois trabalhar na revisão ou criação delas conforme necessário.

Etapa 6. Receba o feedback do cliente e reúna informações em tempo real

É extremamente importante entender e obter uma visão perspicaz de seus clientes para formar uma imagem completa e precisa do que eles gostam ou não, bem como de seus hábitos e preferências de compra e como se comportam em todos os canais.

Ao coletar e analisar os dados relevantes dos clientes e, em seguida, inseri-los novamente no processo, é dada a oportunidade de evoluir e aprimorar continuamente a experiência deles. Esses dados também ajudarão você a entender e aperfeiçoar as personas de seus clientes, desenvolvendo uma imagem cada vez mais precisa de quem eles são no ciclo de vida da experiência do cliente e que tipo de estratégia da experiência do cliente omnichannel mais lhes agrada. É claro que é fundamental testar as estratégias criadas e validá-las com seus clientes, garantindo que a experiência seja perfeita, simples e sem nenhum obstáculo. Alguns dos diferentes métodos para obter feedback incluem:

- Aplicativos na loja que digitalizam o código de barras de um item, obtendo avaliações de clientes e oferecendo mais incentivos à compra, como descontos ou brindes;
- E-mail de acompanhamento ou cupons impressos no verso de um recibo oferecendo um desconto na próxima visita ou compra do cliente;

- Pesquisas online acessadas por meio de um código impresso no recibo, oferecendo um desconto na próxima compra do cliente;
- Chamadas de acompanhamento de representantes de atendimento ao cliente para obter feedback sobre a experiência do produto/serviço.

Etapa 7. Personalize a experiência em todos os seus canais

É sua missão como líder Lean descobrir quais promoções, descontos e combinações de canais são mais populares e bem recebidos por cada tipo de persona. Determinar quais personas têm maior probabilidade de utilizar os canais das redes sociais, compartilhar experiências, postar "curtidas" em sua página do Facebook e tuitar usando sua hashtag sobre as grandes ofertas que eles receberam online ou em suas lojas não têm preço quando o assunto é promover a sua marca. É possível encontrar maneiras criativas de incentivá-los a compartilhar através da personalização. Também é possível criar experiências memoráveis em seus canais tradicionais, como nas lojas, adicionando o toque humano à experiência de compra. Você deve recriar a facilidade da compra online em suas lojas físicas, enfatizando-a, para que seus clientes voltem sempre. E, infelizmente, se você não fizer isso através da personalização, pode ser que não haja mais nenhum motivo para entrar em sua loja outra vez. Existe uma vasta gama de tecnologia por aí que pode ajudá-lo a aproveitar e explorar bem os benefícios da personalização.

Saber como combinar seus canais para otimizar a experiência do cliente por meio da personalização é a próxima grande onda do foco no cliente. A maneira mais fácil de começar a personalizar seus canais é começar por um deles que se concentre em um único resultado de negócios, como impulsionar um aumento nas vendas nesse canal. Um dos benefícios de adotar essa abordagem é a capacidade de rastrear os resultados de sua estratégia de personalização por meio da coleta de dados de vendas, porque existe uma relação direta de causa e efeito. Nesse caso, analisando os dados de vendas antes e depois dos esforços de personalização entrarem em vigor, é possível ver se suas vendas aumentaram ou não como resultado desses esforços. Um único canal com um único resultado de negócios facilita muito a obtenção de informações que podem ser compartilhadas em sua organização.

Com o primeiro canal sob seu controle, você pode então avançar para os outros canais e resultados, como vendas cruzadas, migração, retenção, fidelidade etc. À medida que aumentar os canais e os objetivos de personalização, aumentará exponencialmente a quantidade de informações. Usá-las para entender melhor o comportamento do cliente, como abandono ou rejeição e por que eles estão ocorrendo, pode indicar a direção certa para corrigir esses problemas. Assim que você se torna cada vez melhor em iniciativas de personalização, poderá passar para a otimização das experiências do cliente usando o software de previsão e simulação, enquanto seus dados e suas informações aumentam com o passar do tempo.

Etapa 8. Elabore constantemente estratégias, acompanhamentos e escalas

Com a conquista de uma autonomia cada vez maior por parte de seus clientes nos próximos anos, ter uma experiência do cliente omnichannel bem elaborada continuará se tornando cada vez mais importante. Isso significa que a quantidade de tempo despendido em estratégias, acompanhamentos e escalas também continuará crescendo, porque uma estratégia da experiência do cliente omnichannel de sucesso não é um exercício isolado. É uma área que precisa de sua constante atenção, cuidado e carinho para colher seus inúmeros benefícios positivos. É essencial adotar uma cadência regular de revisitar sua Estratégia da Experiência do Cliente Omnichannel. Formar sua equipe e realizar revisões semanais, mensais e trimestrais da estratégia da experiência do cliente omnichannel não é nenhum exagero. Afinal, é do seu cliente que estamos falando, e ser uma empresa Lean com foco no cliente significa que não há nada mais importante para você do que o seu próprio cliente.

No entanto, dependendo do seu orçamento, pode não ser possível gerar presença em todos os canais imagináveis. O acompanhamento dos canais que você possui para custo versus benefício ajuda a evitar desperdícios de recursos em canais menos eficazes e de baixo desempenho que possuem pouca abrangência para adquirir e reter clientes. Portanto, implantar e distribuir seus recursos de acordo requer conscientização.

Por fim, qualquer estratégia da experiência do cliente omnichannel que você elaborar deve ser escalável. Se você for uma pequena startup, pode não ter dinheiro para investir em softwares caros em áreas como personalização e análise de dados. No entanto, isso não deve impedi-lo de elaborar uma estratégia que, à medida que sua empresa cresce, aumenta também a sua Estratégia da Experiência do Cliente Omnichannel.

Conclusão

Desde o relacionamento com o cliente passando pela compreensão do nível de fidelidade e dos padrões de compra até a interação com seu cliente, sem querer exagerar, o foco no cliente é complicado. Agora, os diversos componentes do foco no cliente devem estar visíveis a você. Desde a compreensão de como mensurá-lo até a criação de experiências do cliente relevantes através da identificação de personas e do mapeamento da jornada da experiência do cliente e do desenvolvimento de uma estratégia da experiência do cliente omnichannel, seus clientes atuais e futuros são mais do que merecedores de seu tempo e atenção.

Assim, vamos passar para o próximo nível da liderança Lean: liderança em toda a empresa.

CAPÍTULO 6

Liderança em Toda a Empresa

Liderar em toda a empresa significa promover e alcançar o alinhamento em todos os níveis da organização, através do desenvolvimento de uma estrutura centralizada de tomada de decisão que indique claramente quem você é, o que busca e como vai chegar lá como organização. Ela age como seu "Norte Verdadeiro Corporativo", reunindo toda a organização em torno de um objetivo comum: a busca pela perfeição em tudo o que faz enquanto procura gerar e agregar valor.

Você já definiu a sua missão estratégica (por que sua empresa existe), a sua visão (as condições futuras que está tentando criar) e a sua proposta de valor (o valor proposto que você busca)? As pessoas que o seguem entendem a sua visão e como você pretende alcançá-la através da execução de sua missão?

Sem um plano por escrito bem elaborado, fica quase impossível mobilizar os outros em direção a seus objetivos comuns, conhecidos como *objetivos estratégicos*.

Neste capítulo, passaremos um tempo discutindo como criar uma estrutura de tomada de decisão estratégica e centralizada que vincule sua missão, visão e proposta de valor aos seus objetivos estratégicos. Você pode usar o roadmap estratégico e o plano de lançamento para mobilizar a empresa Lean rumo à realização de sua proposta de valor. Primeiro, porém, discutiremos a necessidade de alinhar todas as áreas da sua empresa e por que isso está no centro deste elemento da liderança Lean.

Reconheça a Importância do Alinhamento da Empresa

A falta de alinhamento e colaboração tem causado muitos atritos nas empresas do século XXI, à medida que lutam para redefinir seus modelos operacionais em torno de produtos/serviços digitais. Nos últimos dez anos, enquanto os executivos procuravam entender o impacto de como a tecnologia mudou a natureza dos negócios, como as coisas são feitas e como os produtos/serviços são entregues ao mercado, as obscuras organizações de tecnologia que se reportam diretamente aos líderes de negócios surgiram. Essa prática de evitar as organizações de tecnologia internas tem se tornado cada vez mais comum, enquanto os líderes de negócios sentem a pressão da disrupção e a necessidade de ter um controle direto do processo de desenvolvimento de produtos como resultado. Muitos líderes de tecnologia continuam lutando para mudar e se tornar mais receptivos a essa nova maneira mais colaborativa de trabalhar. Já se foi a época em que uma organização de tecnologia podia criar e entregar produtos/serviços de forma independente, com pouca ou nenhuma contribuição ativa dos negócios. Para alguns, isso pode parecer um comportamento radicalmente estranho, mas a relação entre os negócios e a tecnologia nunca foi tão tensa. Quando paramos para pensar o quanto é gasto na transformação digital (mais de US$1,3 trilhão em 2018),[1] a falta de alinhamento se torna um grande problema. Na minha opinião, esse é o principal motivo pelo qual tantas transformações digitais não dão certo. Um total surpreendente de sete das oito empresas da Forbes 2000 que tentaram passar pela transformação fracassou, segundo um estudo recentemente conduzido pelo PulsePoint Group.[2]

Não importa o cargo que você ocupe nos negócios, na tecnologia ou nas operações, o alinhamento da empresa deve ser uma prioridade para você como líder Lean. A rápida mudança que exige que você seja flexível e responsivo chegou para ficar. Para garantir que o alinhamento da empresa ocorra, todas as partes da empresa Lean devem estar na mesma página e sob o olhar atento de seus líderes Lean, que são capazes de trabalhar juntos para promover e agregar valor a seus clientes e à empresa. Tudo começa com uma discussão franca sobre sua estratégia de inovação. Que expectativas os líderes têm um do outro quando o assunto é inovação?

Entenda a Importância do Alinhamento e do Engajamento

Os líderes Lean dos dois lados da mesa — tecnologia e negócios — entendem que a colaboração para se alinhar às expectativas e à direção estratégica é uma das maneiras mais simples de garantir que ambos os lados entendam como lidarão com a introdução de novas tecnologias e com as novas maneiras de trabalhar para abordar a disrupção. Um Diretor de Informática com quem trabalhei no passado deparou com um dilema. Ele tinha um orçamento de US$40 milhões para fornecer serviços de tecnologia e suporte a uma divisão de negócios de US$1 bilhão de uma grande empresa sediada nos EUA que queria desenvolver recursos robóticos de ponta para seus clientes. O problema? Internamente, sua organização não tinha conhecimento técnico para lidar com o desenvolvimento do hardware e do software, o que acabaria resultando em um produto final entregue à sua base de clientes. Como muitos departamentos internos de TI dos últimos dez anos, o dele tinha sido vítima da tendência de

---

1 Michael Shirer, "IDC Forecasts Worldwide Spending on Digital Transformation Technologies to Reach $1.3 Trillion in 2018", ICD, 15 de dezembro, 2017.
2 Bruce Rogers, "Why 84% of Companies Fail at Digital Transformation", Forbes.com, 7 de janeiro, 2016.

terceirização do início ao meio do ano 2000, e ele simplesmente não tinha as pessoas ou a capacidade de atrair o tipo de desenvolvedores que poderia oferecer uma solução tão complexa como essa.

Em vez de jogar a toalha e ceder, ele decidiu trabalhar com o vice-presidente sênior da linha de negócios para criar proativamente uma visão e uma estratégia para gerir as expectativas sobre a experiência em produtos/serviços que ele poderia lhes oferecer, e também sobre como seu departamento poderia ajudar os líderes de negócios a executá-la. Esse Diretor de TI percebeu que poderia usar seu conhecimento de negócios para atuar como consultor técnico interno e garantir que uma solução prática e econômica pudesse ser desenvolvida dentro do prazo e do orçamento, proporcionando a vantagem competitiva que a empresa estava buscando. Afinal, esses líderes tinham um negócio para administrar e não eram de natureza técnica. Ao formar uma parceria, eles criaram uma situação em que todos saem ganhando tanto para seus clientes quanto para a empresa.

Ele formou uma pequena equipe para trabalhar com os líderes de negócios e definir seus requisitos de produtos/serviços de alto nível. Em seguida, ele e sua equipe consultaram e aconselharam os gerentes de produto a identificar um parceiro técnico com experiência para trabalhar com eles no desenvolvimento do produto. Ele encontrou uma pequena startup no Vale do Silício e lhes deu dinheiro para desenvolver um protótipo. Todo mês, ele fazia uma visita ao local para verificar o projeto e o progresso da startup no ciclo construir/medir/aprender. Ele também convidou os líderes de negócios para acompanhá-lo a dar uma olhada no progresso em primeira mão. Juntos, eles estavam construindo lentamente a próxima geração dessa linha de produtos para a organização. Ao envolver os líderes de negócios, o líder de tecnologia conseguiu manter a transparência e a visibilidade de para onde o dinheiro estava indo e que progresso estava sendo feito, o que era uma preocupação de longa data entre os dois departamentos, já que os líderes de negócios estavam sentindo, mais vezes do que o esperado, como se estivessem jogando dinheiro fora em um buraco negro da tecnologia.

Moral da história: líderes Lean inteligentes devem insistir no alinhamento da empresa para garantir a sobrevivência de suas organizações. Eles devem pensar fora da caixa sobre como alcançá-lo, à medida que o ritmo da mudança continua se intensificando, causando a disrupção no mercado global e uma concorrência acirrada. A única resposta é contra-atacar usando o alinhamento, a agilidade, a criatividade e as formas inovadoras de realizar o trabalho para atender às demandas do atual clima de negócios que segue em constante evolução.

Mas como se cria o alinhamento dentro da empresa Lean? A melhor maneira de começar a atingir esse objetivo é parar para pensar onde você quer chegar no final das contas.

Comece com o Fim do Jogo em Mente

Sempre que me relaciono com um novo cliente, a primeira pergunta que faço aos líderes seniores da organização é: "Quais são os resultados do cliente que você espera alcançar ao realizar esse esforço?" Essa pergunta é de suma importância e deve ser respondida de maneira consciente para garantir que eu e minha equipe alcancemos os resultados certos para nossos clientes. Entender bem o que busca quando o assunto é o seu cliente é a maneira mais rápida de obter resultados de negócios reais e significativos, porque concretiza o que você está buscando e serve de orientação para você e sua organização.

Mas o que são os resultados do cliente e como são desenvolvidos? Um *resultado do cliente* é um estado final alcançável que possui resultados mensuráveis que podem ser observados e verificados da perspectiva do cliente. Da perspectiva da empresa Lean, os resultados do cliente devem ser descritos como objetivos estratégicos de alto nível, com iniciativas acionáveis vinculadas a eles que podem ser rastreadas pela organização e, em seguida, trazidas de volta novamente, já que são alcançadas através de um processo de mensuração contínuo. Somente um líder sênior é responsável pela criação do estado final desejado dentro de um determinado período de tempo através da aplicação de uma abordagem holística que envolve toda a organização para alcançar o resultado desejado.

Vamos usar a situação da New Horizons como exemplo. A análise das personas gerou o resultado do cliente de:

- Serviço de reparo e manutenção de veículos de alta qualidade, realizado com precisão e pontualidade, de maneira profissional e respeitosa.

Infelizmente, a análise da equipe mostrou que esse resultado não estava acontecendo mais vezes do que poderia ser tolerado pela base de clientes da concessionária, fazendo com que os índices de satisfação do cliente despencassem. O problema não era a qualidade do produto em si, já que os clientes não estavam trazendo esses veículos de luxo famosos e de alta qualidade para serviços de reparo e manutenção fora do comum. A causa raiz do problema era a maneira de a concessionária lidar com o serviço de manutenção, garantia e reparo do veículo. Jim Collins, o proprietário da concessionária, encarregou Nancy, a nova gerente de serviços, para descobrir por que as taxas de satisfação e retenção de clientes haviam caído. Ele estabeleceu dois resultados para Nancy, ambos a serem alcançados nos próximos seis meses, com base nas descobertas das personas e nos relatórios do fabricante:

- Diminuir a taxa de erro de solicitação de serviço em 65%;
- Aumentar a pontuação líquida de promotores (NPS) em 25 pontos.

Esses resultados são específicos e focados no cliente, e Jim pode medir facilmente se Nancy os alcança ou não dentro do prazo especificado. Sei que pode parecer bastante básico, mas você ficará surpreso ao descobrir quantas equipes de liderança sênior com as quais trabalhei apenas definem vagamente os resultados que estão tentando alcançar, de uma maneira que não é específica nem mensurável. Os resultados comuns, como o aumento da produtividade e/ou receita e redução de custos, são frequentemente mencionados sem a compreensão de como exatamente fazer essas coisas acontecerem ou mesmo por que são importantes antes de mais nada. Acho que se, hoje, você pedisse para diversos líderes definirem os resultados que estão buscando, provavelmente encontraria esses três na lista com os dez resultados mais buscados por eles, com pouca ou nenhuma ligação direta com os resultados de negócios e do cliente e sem entender o todo sobre como gerar os resultados desejados. Lançar resultados vagos ou inatingíveis não ajuda nem mobiliza sua força de trabalho a longo prazo. Então, deixe-me fazer a seguinte pergunta: como líder Lean, você já definiu um conjunto claro de resultados que está buscando para mobilizar e liderar quem o segue?

Construa uma Estrutura Estratégica Centralizada para Tomada de Decisão

A estratégia é o processo de formação de objetivos comuns que unem as pessoas para garantir que todos na sua organização estejam trabalhando juntos para alcançar os resultados de negócios e do cliente. Ela oferece um modo sistemático de determinar como os recursos da sua organização serão usados para alcançar esses objetivos e como o sucesso será mensurado. Sem uma boa estrutura estratégica, não há como determinar se você está gerando e agregando valor. O famoso ditado de Helmuth von Moltke, general do exército persa nos anos 1800, parafraseado posteriormente por Correlli Barnett em 1963, "Nenhum plano sobrevive ao contato com o inimigo"[3], era sobre estratégia. Eu o modifiquei um pouco e sempre digo aos meus clientes e equipes que "Nenhum plano sobrevive ao contato com o cliente!" Entretanto, isso não quer dizer que é para você simplesmente jogar todo o planejamento pela janela. Muito pelo contrário, significa que você deve ser flexível e capaz de se ajustar à medida que interage com seus clientes no ambiente deles, porque deve encontrá-los onde eles estiverem e seguindo as condições deles, não as suas. O planejamento estratégico é a melhoria contínua no seu melhor estágio. É um processo contínuo de ajuste e eliminação de desperdícios e deve ser realizado constantemente para garantir que seus objetivos sejam ajustados e alterados para atender o contato com seus clientes. A estratégia não é estática; ela deve mudar e evoluir para impulsionar o avanço da empresa Lean.

A estratégia capacita cada um da organização e reduz o tempo necessário para tomar decisões. Ela incentiva as capacidades de tomada de decisão nas pessoas que execu-

---

[3] Wikipédia, s.v. "Helmuth von Moltke the Elder", última modificação em 10 de outubro, 2019, 08h42.

tam o trabalho no *gemba* (local de trabalho). Com uma estrutura em ordem, não há mais porque esperar os altos executivos tomarem decisões para que o trabalho possa ter andamento. Pelo contrário, as decisões informadas são tomadas no local onde o trabalho ocorre de fato, em tempo real, no momento em que forem necessárias. Estabelecer e manter uma estratégia bem formulada cria uma estrutura de tomada de decisão estratégica e centralizada (CDSM) que pode ser usada na organização para tomar decisões alinhadas com a visão, missão e proposta de valor da empresa. Um exemplo é a visão e missão da Amazon, criada há mais de dezoito anos por seu fundador, Jeff Bezos:

> Nossa visão é ser a empresa mais focada no cliente que existe no mundo e se esforçar para oferecer os preços mais baixos possíveis, dando aos clientes a chance de encontrar e descobrir qualquer coisa que queiram comprar online.[4]

Visto que as ofertas de produtos e serviços da Amazon são tão vastas, ela possui um pacote de proposições de valor, com base nessas ofertas de produtos e serviços:

Kindle
  Fácil de ler em qualquer lugar

Prime
  Tudo o que você deseja entregue rapidamente

Marketplace
  Venda melhor, venda mais

Além de muitas outras proposições de valor de produto/serviço da Amazon, como o "Amazon Music Unlimited" da Amazon Music.[5]

A missão de Bezos era construir um local onde as pessoas encontrassem tudo o que desejassem comprar online, e suas proposições de valor eram conveniência, velocidade e escolha.[6] Ele declarou publicamente que acredita que o sucesso da empresa foi bastante influenciado por seu compromisso inabalável com sua visão e missão e sua busca incansável por cumprir suas proposições de valor. Ele também acredita que elas são o norte para suas decisões de liderança e contribuíram muito para o tremendo sucesso da empresa, porque todos na Amazon sabem por que a empresa existe, o que ela quer se tornar e o valor que tenta gerar para seus clientes. Não há nenhuma adivinhação ou incerteza, porque Bezos deixou bem claro desde o início. Todos trabalham

---

4 Barbara Farfan, "Amazon.com's Mission Statement", The Balance Small Business, 20 de março, 2017.
5 Guerric de Ternay, "Amazon Value Proposition in a Nutshell", FourWeekMBA.com, acessado em 8 de junho, 2019.
6 Patrick Heer, resposta a "What is Amazon's unique value proposition?", Quora, 14 de junho, 2017.

juntos para alcançar um conjunto comum de objetivos estratégicos, e qualquer decisão em qualquer nível é tomada levando esses objetivos em consideração.

O sucesso de empresas como a Amazon é uma prova da eficácia de um processo de planejamento estratégico proativo e do desenvolvimento e da implementação de uma estrutura estratégica em geral. Você já reservou um tempo para desenvolver essas ferramentas de capacitação e responsabilização para sua força de trabalho? Ou você está preso ao pensamento do século XX, no qual os gerentes são onicientes, onipotentes e onipresentes? Posso contar uma coisa? Esses dias ficaram no passado. Então, vamos arregaçar as mangas e começar a trabalhar na criação de sua estrutura estratégica.

Entenda o Processo de Planejamento Estratégico

Uma estrutura de tomada de decisão estratégica centralizada oferece a uma organização a capacidade de definir e socializar todos os seus importantes elementos de tomada de decisão para garantir que todos na empresa Lean entendam para onde ela está indo, como chegará lá e que valor pretende criar para o cliente e para a própria empresa. Seu propósito é capacitar todos da organização não apenas para fazerem as coisas certas, mas pelas razões certas.

Para construir sua estrutura é necessário que todas as partes da organização participem do processo de planejamento estratégico. Não é algo simplesmente passado de cima para baixo pelos executivos (o proverbial "vindo lá de cima") e depois executado com precisão pelas massas. É um plano que deve funcionar na "ralação" do dia a dia, que será ajustado "na hora" por uma força de trabalho capacitada que esteja em contato direto com seus clientes. Esses trabalhadores devem entender os limites dentro dos quais podem trabalhar para satisfazer os clientes e gerar uma experiência diferenciada. O que sua estrutura estratégica e seu processo de planejamento buscam é uma tomada de decisão informada e não uma execução precisa. Uma estrutura bem desenvolvida cresce e muda à medida que todos na organização adquirem cada vez mais conhecimento sobre seus clientes.

Essa estrutura também deve adotar a agilidade e a adaptabilidade, no sentido de que deve ser adaptável e projetada para que você possa reagir rapidamente a ameaças e oportunidades internas e externas. Não é uma atividade isolada ou permanente. Geralmente é elaborada para durar, pelo menos, um período de doze meses. Ir muito além disso é um desperdício de seu valioso tempo e energia, porque as coisas estão mudando muito rapidamente. Além disso, lembre-se de que você deve revisá-la a cada trimestre para garantir que a direção e o destino dela permaneçam relevantes às metas e aos objetivos gerais da organização, e também atualizá-la para o trabalho do próximo trimestre, para garantir um plano contínuo de doze meses em todos esses momentos.

Se surge uma mudança e é necessário corrigir o percurso, você deve ter a coragem de tomar decisões difíceis para garantir que a empresa ainda esteja gerando valor através das oportunidades que escolhe desenvolver. Não adianta continuar seguindo um caminho desatualizado ou obsoleto só porque, um dia, foi considerado a direção certa. O mundo está mudando tão rapidamente que construir uma estrutura estratégica e, depois, examiná-la e ajustá-la periodicamente deve fazer parte de um processo saudável de planejamento estratégico para se manter competitivo.

Para elaborar uma estrutura viável, você deve se concentrar em todas as camadas da empresa Lean, conforme mostrado na Figura 6-1.

Figura 6-1. *O ciclo do planejamento estratégico*

A direção estratégica deve fluir da equipe de liderança sênior para a gerência intermediária tática e até o nível operacional no *gemba*. Assim, à medida que os resultados são alcançados, eles devem fluir de volta pela empresa para relatar o progresso em relação ao plano e garantir que os líderes seniores também tenham ciência sobre as correções no percurso ou mudanças na estratégia, para mantê-los informados enquanto continuam o ciclo de planejamento. Esse ciclo fica se repetindo, permitindo aos líderes Lean que aprendam e se ajustem com base no feedback que receberem, aprimorando e aperfeiçoando continuamente os elementos estratégicos ao longo da vida da organização. No geral, a estrutura de tomada de decisão estratégica centralizada consiste nos seguintes componentes:

- Canvas de planejamento estratégico
    - Missão, visão e proposta de valor
    - Objetivos estratégicos
    - Oportunidades competitivas
    - Resultados-chave (KRs), planos táticos e tarefas operacionais
- Estratégia de investimento
- Roadmap estratégico
- Plano de lançamento de produtos mínimos viáveis (MVP)

Vamos agora dar uma olhada nas etapas práticas para criar seu Canvas de planejamento estratégico.

Nove Etapas para Criar seu Canvas de Planejamento Estratégico

O Canvas de planejamento estratégico é a primeira das quatro ferramentas usadas para elaborar sua estrutura de tomada de decisão estratégica centralizada. Ela tem como objetivo ajudá-lo a definir claramente:

- Sua visão, missão e proposta de valor para garantir que você tenha uma imagem clara do que deseja se tornar no futuro, como vai chegar lá e o valor que deseja gerar como resultado desse processo.

- Seus objetivos estratégicos que são as metas e os objetivos mais abrangentes que você deseja alcançar e que cumprem sua visão.

- Suas oportunidades competitivas que proporcionam uma vantagem sobre sua concorrência, se alcançada, e que estão vinculadas aos seus objetivos estratégicos.

- Seus objetivos e resultados-chave (OKRs) para que você possa medir o progresso de maneira quantificada e fazer ajustes, se necessário.

- Seus planos táticos e tarefas operacionais que devem ser executados para concluir o trabalho em suas oportunidades.

Criar seu Canvas de planejamento estratégico é um processo de nove etapas, conforme mostrado na Figura 6-2, baseado no ciclo Lean Planejar/Desenvolver/Conferir/Agir (PDCA) para garantir sua evolução contínua, permitindo que a empresa Lean se mantenha relevante e competitiva.

```
                    EMPRESA – Estratégico
                    Etapa 1 (Planejar): Analise o seu Ambiente
                    Etapa 2 (Planejar): Indique seus Clientes
                    Etapa 3 (Planejar): Identifique seus Objetivos Estratégicos
                    Etapa 4 (Planejar): Identifique suas Oportunidades Competitivas

Objetivos e         NÍVEL INTERMEDIÁRIO – Tático              Catchball
Resultados-         Etapa 5 (Planejar): Elabore seus          (Planejar)             Resultados
  Chave             Resultados-Chave (KRs)
  (OKRs)            Etapa 6 (Planejar): Defina suas Táticas e                Autodiagnosticar
e Táticas           Tarefas Operacionais                                         (Agir)

                    GEMBA – Operacional                                      Iterar
                    Etapa 7 (Desenvolver): Envolva a Força de            (Desenvolver/
                    Trabalho e Execute                                     Conferir)
                    Etapa 8 (Conferir): Mensure e Relate os Resultados
                    Etapa 9 (Agir): Evolua e Otimize o Processo
```

Figura 6-2. *O processo do Canvas de planejamento estratégico*

As quatro primeiras etapas são executadas pelos líderes seniores no nível da empresa, que abrange a primeira parte da fase Planejar. A compreensão do ambiente e dos clientes e a identificação dos objetivos estratégicos e das oportunidades competitivas acontecem nesse nível. Depois de concluídas, essas informações são passadas para os gerentes táticos do nível intermediário para concluir a fase Planejar, identificando seus resultados-chave (KRs) e elaborando os planos táticos e as tarefas operacionais necessárias para alcançá-los. Em seguida, todas essas informações são repassadas para o nível *gemba*, onde o trabalho é realizado, para execução, mensuração e elaboração de relatórios. A otimização de todo o processo ocorre quando o feedback é levado de volta ao nível da empresa, o que aciona todo o processo para recomeçar, permitindo que a organização evolua constantemente de maneira natural e bem organizada. É um ciclo infinito dentro da empresa Lean. O Canvas de planejamento estratégico mostrado na Figura 6-3 é a ferramenta usada para documentar esse processo de planejamento. Ela serve de auxílio visual para ajudar a documentar suas descobertas à medida que você percorre as nove etapas.

Canvas de Planejamento Estratégico da Empresa Lean

Data
Iteração nº

Etapa 1: O Ambiente Declarar nossa missão, visão e proposta de valor. **1** Cenário Competitivo? Com quem estamos concorrendo? Quais são os pontos fortes e fracos deles? Desafios e Tendências do mercado? O que nos dá uma "vantagem" no mercado?	Etapa 3: Objetivos Estratégicos O que estamos tentando alcançar? **3** Etapa 4: Oportunidades Competitivas Listar as oportunidades identificadas para serem aproveitadas. **4**	Etapa 5: Resultados-chave (KRs) Como definimos o sucesso? **5**	Etapa 6: Táticas e Tarefas Que ações são mais eficazes para atingir as nossas metas? **6** Etapa 7: Força de Trabalho Qual é a melhor maneira de engajar nossa força de trabalho? **7**	Etapa 8: Mensurar e Relatar Como mensuramos o sucesso? **8** Etapa 9: Evoluir e Otimizar Que ideias continuarão a evoluir e otimizar o nosso plano? **9**	Etapa 2: Identificação de Cliente/Persona Quem são os nossos clientes (personas) atuais e potenciais? **2**

Figura 6-3. *O Canvas de planejamento estratégico da empresa Lean*

Etapa 1 (Planejar): Analise o seu ambiente

A primeira e mais importante etapa é entender detalhadamente o ambiente no qual você existe e atua. Construir a imagem de quem você é, o que faz e fornece, com quem compete e como seu ambiente funciona no contexto de sua missão, visão e proposta de valor passa uma imagem clara dos fatores ambientais que você está enfrentando e deve abordar.

1. Criar/revisar sua missão, visão e proposta de valor gera alinhamento em toda a empresa Lean, servindo de ferramenta de comunicação para ajudar todas as pessoas a entenderem o propósito da empresa, onde ela quer chegar e qual valor será agregado a seus clientes e por ela.

2. Analisar o cenário competitivo pesquisando e identificando como seus concorrentes estão trabalhando para satisfazer as vontades, necessidades e/ou desejos de seus clientes, gera uma compreensão de como você pode atendê-los melhor através da diferenciação.

3. Avaliar os desafios e as tendências do mercado ajuda a identificar os diferenciais que sua empresa possui, que fornecem uma vantagem competitiva em seu mercado.

Elaborar as declarações de visão e missão para sua organização não é nada fácil. O que você deve buscar é um parágrafo de uma ou duas frases que forneça uma maneira concreta para os públicos de interesse e os funcionários entenderem facilmente por que sua empresa existe e quais aspirações e princípios orientadores você tem para o seu negócio. Por exemplo, a New Horizons tem uma visão bastante simples: "Dedicada aos clientes e impulsionada pela excelência". Sua declaração de missão também é simples: "Ser o centro mais renomado do mundo em atendimento ao cliente no setor automotivo." Simples, direcional, aspiracional e inspirador são as qualidades que você procura em declarações de visão e missão bem elaboradas.

A proposta de valor da concessionária é igualmente simples e resume-se a "Fácil de adquirir e obter serviços". Quando paramos para analisar o valor que ela está tentando agregar, a questão fica clara com o problema no departamento de serviços. No geral, o comportamento da concessionária é totalmente inadequado e inconsistente com as três, o que gerou um senso de urgência para corrigir esses problemas. A concessionária não está cumprindo suas declarações de visão e missão, e com certeza não está gerando valor para seus clientes do departamento de serviços.

Quanto à concorrência, a concessionária não possui nenhuma, pois é a única em um raio de 240 quilômetros. No entanto, outra marca de veículo de luxo está construindo uma nova concessionária em uma cidade próxima, mas que fica a, pelo menos, 40 quilômetros da New Horizons. Jim e sua equipe acham que essa novidade não representa uma ameaça imediata, visto que há uma grande diferença com relação à distância, sem falar que a localização dele é muito mais conveniente, pois fica bem no centro da cidade.

Etapa 2: Indique seus clientes

O processo de planejamento estratégico visa satisfazer as vontades, necessidades e/ou desejos não correspondidos de seus clientes de uma maneira melhor que a concorrência, para garantir que você crie e mantenha uma vantagem competitiva para que esteja, pelo menos, um passo à frente. É nessa hora que você traz as personas de seus clientes no processo, indicando claramente quem elas são, com base no seu trabalho anterior de identificação de personas. Se ainda não identificou quem são seus clientes atuais e futuros, agora é a hora de voltar e concluir essa tarefa. As personas são um elemento crucial do processo, já que tudo o que você faz deve se basear na criação e geração de valor para seus clientes e stakeholders.

Durante a atividade de mapeamento da jornada da experiência do cliente realizada pela equipe de Práticas de Negócios Toyota da New Horizons, foram identificadas sete personas:

1. Proprietário de sedã de luxo
2. Proprietário de cupê esportivo
3. Proprietário de SUV
4. Proprietário de camionete

5. Proprietário de van
6. Funcionário
7. Comunidade

A próxima etapa é aplicar essas personas ao desenvolver seus objetivos estratégicos.

Etapa 3: Identifique seus objetivos estratégicos

Tudo o que acontece na empresa Lean deve estar relacionado ao que você está tentando realizar — todo o resto é desperdício. Para criar um plano que agregue valor, você deve começar com seus objetivos finais em mente. Ao identificar primeiro os resultados do cliente, de negócios e dos stakeholders que está tentando alcançar, você pode trabalhar no sentido contrário para mobilizar sua organização e produzir resultados tangíveis para todos os envolvidos. Em seguida, ao traduzir esses resultados em objetivos estratégicos que podem ser divididos em oportunidades e executados no nível tático e operacional, o líder Lean implementa um sistema que permite à organização atingir seu objetivo de gerar e agregar valor. É disso que trata uma empresa Lean!

Mas o que são objetivos estratégicos exatamente? Eles são os principais objetivos de negócios de alto nível que formam a base da estratégia empresarial da organização.[7] Ao desenvolver os objetivos, é importante lembrar que eles representam os resultados estratégicos que uma organização está buscando alcançar, com base em sua proposta de valor. Se uma ideia de produto/serviço proposta não se relaciona a, pelo menos, um objetivo estratégico, inerentemente não se trata de um encaixe estratégico e não deve ser considerada para financiamento. Investir em ideias não estratégicas gera desperdício e muito pouco valor, se houver, é adicionado no resultado final. Os objetivos estratégicos devem estar profundamente enraizados e apoiados na visão e na missão da empresa, para que todos compreendam a jornada e possam ajudar a traçar o percurso e contribuir para sua conquista.

Os objetivos estratégicos existem no nível da empresa. Eles representam de três a cinco "grandes apostas" que uma empresa Lean está tentando alcançar para cumprir sua missão e transformar sua visão em realidade. Seu objetivo é ajudar a organizar ou agrupar as iniciativas de negócios relacionadas em categorias que medem a eficácia organizacional da geração de resultados de seus negócios. Para criá-los, você deve:

1. Avaliar a qualidade do seu produto/serviço e o valor gerado e agregado, identificando seus pontos fortes e as áreas que precisam de melhorias.

---

[7] Gail S. Perry, "Strategic Themes—How Are They Used and WHY?", Balanced Scorecard Institute, 2011.

2. Realizar sessões de brainstorming para identificar os resultados de negócios e do cliente desejados a partir de seus pontos fortes e áreas de desenvolvimento.
3. Dividir os resultados em categorias para formar de três a cinco objetivos estratégicos em cima dos quais você trabalhará durante o próximo ano.

Lembre-se de que sua visão, missão e proposta de valor enquadram a discussão em torno do desenvolvimento de objetivos estratégicos enquanto você determina os três a cinco principais da empresa que serão usados para tomar decisões entre prioridades concorrentes e determinar o encaixe estratégico para fins de alocação de investimentos. Eles servem de parâmetro para medir o progresso de gerar e agregar valor. Eles também podem ser vistos como limites de proteção para garantir que os líderes continuem no caminho e não sejam desviados para estradas paralelas desconhecidas e sem valor agregado.

De acordo com uma pesquisa de inovação do CEO da Price Waterhouse Cooper em 2016, os líderes de inovação que seguem um processo intencional preveem perspectivas de crescimento de duas a três vezes maiores do que quem não o faz, prevendo uma curva de crescimento de mais de 62% (contra a média global de 35%) nos próximos cinco anos.[8] Portanto, a menos que você pare para pensar um pouco sobre o que transforma as coisas, nunca conseguirá medir se você está realmente obtendo sucesso em gerar e agregar valor.

De volta à New Horizons mais uma vez, Jim e sua equipe de liderança trabalharam para identificar os quatro objetivos estratégicos a seguir para a concessionária:

- Aumentar as vendas trimestralmente;
- Melhorar a qualidade dos nossos serviços aos nossos clientes;
- Ampliar o uso da tecnologia para administrar bem nossos negócios;
- Modernizar nossas instalações.

Lembre-se de que são objetivos gerais que se aplicam a toda a concessionária e não apenas ao departamento de serviços, já que estão definidos no nível da empresa.

Etapa 4 (Planejar): Identifique suas oportunidades competitivas

As oportunidades competitivas são todas as coisas nas quais você deseja ser melhor, a fim de criar maior vantagem competitiva e alcançar seus objetivos estratégicos. Um ótimo lugar para buscar isso é na seção Ideias de Melhoria dos seus mapas da jornada da experiência do cliente (CXJ) que você desenvolveu, após identificar suas personas. Compreender como atrair seus diferentes segmentos permite que você se diferencie

---

8 "Whitepaper: Is Keeping Pace the New Standstill?", PricewaterhouseCoopers, 2016, 1.

aos olhos deles, além de fortalecer as áreas em que o mercado o considera fraco. No caso da New Horizons, quando a equipe das Práticas de Negócios Toyota documentou a persona do proprietário de cupê esportivo, também identificou as seguintes oportunidades (algumas das quais podem ser combinadas para criar uma lista final):

1. Desenvolver um aplicativo de serviços e reparos para dispositivos móveis
   a. Capacidade de agendar um horário
   b. Fornecer recurso de organizar um empréstimo de carros
   c. Enviar notificações de progresso do reparo
   d. Fornecer recurso de visualização de cobrança
   e. Enviar uma pesquisa de feedback
   f. Oferecer cupons/descontos na próxima visita
2. Fornecer notificações Push para avisar a data do próximo serviço
3. Fornecer treinamento para a equipe de serviços
4. Atualizar o sistema do programa de empréstimo de carros
5. Fazer chamadas aleatórias de acompanhamento para os clientes dos serviços
6. Realizar consultas de acompanhamento vencido com os clientes dos serviços

Depois de identificar suas oportunidades, você deve vinculá-las aos seus objetivos estratégicos para garantir que haja um encaixe estratégico e priorizá-las para que você não desperdice recursos em esforços que não agregam valor ao cliente ou à empresa. Para a jornada de serviço, o vínculo com as iniciativas estratégicas da concessionária é priorizado da seguinte maneira:

- Aumentar as vendas trimestralmente
  — Realizar consultas telefônicas com clientes sobre serviços vencidos
- Melhorar a qualidade dos nossos serviços aos nossos clientes
  — Fornecer treinamento para a equipe de serviços
  — Desenvolver um aplicativo de serviços e reparos para dispositivos móveis
  — Fazer chamadas aleatórias de acompanhamento para os clientes dos serviços
- Ampliar o uso da tecnologia para administrar bem nossos negócios
  — Atualizar o sistema de aluguel de carros

Agora que você identificou seus objetivos estratégicos e suas oportunidades competitivas, é hora de identificar seus resultados-chave (KRs).

Etapa 5 (Planejar): Elabore seus resultados-chave

Os resultados-chave fornecem uma maneira de rastrear o progresso feito para alcançar seus objetivos e criar mais vantagem competitiva ao aproveitar suas oportunidades, representadas por importantes resultados de negócios, do cliente e dos stakeholders que geram atividades e comportamento na Empresa Lean. Os líderes Lean usam esses resultados-chave em vários níveis para avaliar se estão atingindo suas metas com sucesso. Os resultados-chave de nível superior concentram-se no desempenho geral dos negócios através do progresso alcançado rumo aos seus objetivos estratégicos, enquanto os resultados-chave de nível intermediário e inferior concentram-se no progresso obtido ao conquistar suas oportunidades competitivas através do desenvolvimento de planos táticos e tarefas operacionais.

Os resultados-chave também possuem uma capacidade considerável de direcionar o comportamento. Portanto, escolha-os com muito cuidado. É fundamental parar para refletir se os resultados-chave que você está selecionando e dando atenção trarão o comportamento e os resultados desejados, sem nenhum efeito colateral involuntário. Por exemplo, dar foco na produtividade para manter o funcionamento da linha de produção, mas acabar com grandes pilhas de estoque é contraproducente. Lembre-se da regra da relação de causa e efeito ao definir seus resultados-chave. Você deve ficar atento e protegido para não gerar consequências indesejadas.

Ao escrever os resultados-chave, não se esqueça que eles devem ser concisos, claros e relevantes, além de mensuráveis, de uma perspectiva quantificável e qualificável. Ou seja, cada resultado-chave deve atender aos critérios SMART:

Específico
É objetivo?

Mensurável
É possível medir o progresso?

Atingível
É realista?

Relevante
É relevante o suficiente para a organização?

Temporal
Quanto tempo levará para alcançá-lo?

Usando os objetivos estratégicos desenvolvidos na etapa 3, Jim e sua equipe de liderança desenvolveram o seguinte conjunto de resultados-chave, no nível tático, para o departamento de serviços da New Horizons:

- Aumentar as vendas trimestralmente em 5%, para um total acumulado de 20% nos próximos 12 meses
    - Aumentar as vendas do departamento de serviços em 2% ao trimestre com a implementação de um programa de acompanhamento de serviços
    - Aumentar as vendas do departamento de serviços em 3% ao trimestre com a implementação de um programa de consulta de serviços vencidos.
- Melhorar a qualidade dos nossos serviços aos nossos clientes nos próximos 6 meses:
    - Diminuindo a taxa de erro de solicitação de serviços em 65%
    - Aumentando a pontuação líquida de promotores (NPS) em 25%
- Ampliar o uso da tecnologia para administrar bem nossos negócios:
    - Lançando a primeira versão do aplicativo de serviços e reparos para dispositivos móveis até o final do primeiro trimestre e a segunda versão no segundo trimestre
    - Fazendo uma atualização no sistema do programa de empréstimo de carros até o final do quarto trimestre
- Modernizar nossas instalações
    - Atualizar o hardware dos computadores do departamento de serviços nos próximos 90 dias

Etapa 6 (Planejar): Defina suas táticas e tarefas operacionais

As táticas são planos de gerenciamento desenvolvidos para determinar como os níveis alcançarão as oportunidades identificadas. Elas podem ser vistas como planos táticos, ou seja, planos de projetos ou listas de tarefas que identificam as etapas discretas ou as tarefas operacionais necessárias para aproveitar a oportunidade, que geralmente possui um tempo determinado dentro de um período de doze meses. Embora seja responsabilidade dos líderes empresariais comandar os esforços de planejamento estratégico, são os gerentes e os funcionários que acabarão sendo os responsáveis por sua execução. Portanto, é fundamental envolvê-los no processo para garantir que possam fornecer informações como meio de se tornarem mais comprometidos para alcançar o resultado final. No nível de departamentos, os gerentes táticos avaliam as oportunidades identificadas pelos líderes empresariais e, em seguida, desenvolvem planos táticos e tarefas operacionais que melhor alcançarão os resultados desejados.

Um aspecto importante desse processo é conhecido como "*catchball*" (veja a Figura 6-4), que é uma troca de ideias ao desenvolver táticas. A troca ocorre entre os níveis organizacionais à medida que as ideias são lançadas entre os líderes dentro de um determinado nível ou indo e voltando entre os níveis, trazendo informações e ideias para o nível original. Esse processo se repete quantas vezes forem necessárias para chegar a um consenso entre e dentro dos níveis de liderança. Na empresa Lean, é uma maneira de trabalhar em conjunto para identificar os planos táticos ou implementar/modificar as tarefas operacionais que atinjam os objetivos estratégicos da empresa por meio do aproveitamento das oportunidades identificadas. É um processo participativo que usa sessões de planejamento iterativas para responder perguntas, esclarecer prioridades, gerar consenso, alcançar alinhamento e garantir que os objetivos estratégicos, as oportunidades competitivas e os resultados-chave sejam bem compreendidos, realistas e suficientes para alcançar os objetivos da organização.

EMPRESA – Estratégico
Etapa 1 (Planejar): Analise seu Ambiente
Etapa 2 (Planejar): Indique seus Clientes
Etapa 3 (Planejar): Identifique seus Objetivos Estratégicos
Etapa 4 (Planejar): Identifique suas Oportunidades Competitivas

NÍVEL INTERMEDIÁRIO – Tático
Etapa 5 (Planejar): Elabore seus Resultados-Chave (KRs)
Etapa 6 (Planejar): Defina suas Táticas e Tarefas Operacionais

Catchball (Planejar)

GEMBA – Operacional
Etapa 7 (Desenvolver): Envolva a Força de Trabalho e Execute
Etapa 8 (Conferir): Mensure e Relate os Resultados
Etapa 9 (Agir): Evolua e Otimize o Processo

Figura 6-4. *Níveis ativos em catchball*

Em uma série típica de *catchball*, a oportunidade identificada é lançada pela liderança da empresa primeiro. Em seguida, é lançada para a camada de gerenciamento tático de nível intermediário, na qual eles repetem o processo entre si ou lançam-na de volta aos líderes seniores ou aos líderes de equipe e assim por diante, até que os planos táticos e as tarefas operacionais sejam cascateadas, analisadas e ajustadas (em toda a organização). No final, todos contribuíram em todos os níveis, e foram identificadas e criadas táticas e tarefas operacionais claras com o envolvimento de todos. Essa é uma abordagem muito mais colaborativa e inclusiva, em vez de ter os líderes de nível empresarial mais alto simplesmente lançando os objetivos para os níveis mais baixos, esperando que a organização coloque em prática o que entendem pouco ou mesmo nada.

Por fim, lembre-se de que as táticas e as tarefas operacionais estão sujeitas a alterações ao longo desse processo, o que significa que a flexibilidade e a adaptabilidade são características importantes para permitir que o processo reproduza com eficácia os resultados desejados. Realizar revisões regulares do progresso, pelo menos, uma vez por mês, dependendo do volume de alterações no plano, é uma forma útil de gerenciar os aspectos da mudança. Durante cada revisão, os resultados são avaliados e os planos táticos e as tarefas operacionais podem precisar ser recalibrados, seguidos por outra rodada de *catchball*.

No Capítulo 4, "Liderança sobre os Outros", a equipe *kaizen* da New Horizons possibilitou uma rodada bastante longa de *catchball*, já que usavam o método de Práticas de Negócios Toyota (TBP) para solucionar os problemas do processo de Admissão de Solicitação de Serviços. As Práticas de Negócios Toyota são apenas um dos métodos que podem ser utilizados para reunir o plano tático e as tarefas operacionais necessárias para alcançar o aproveitamento da oportunidade. Os métodos tradicionais e de gerenciamento de projetos Agile também podem ser utilizados. Os tipos de planos são identificados e listados abaixo para cada oportunidade.

1. Programa de chamada de acompanhamento ao cliente pós-atendimento: plano de gerenciamento de projeto tradicional (em cascata), combinado com os métodos de melhoria de processo/Práticas de Negócios Toyota
2. Programa de chamada ao cliente por serviço vencido: plano de gerenciamento de projeto tradicional (em cascata), combinado com os métodos de melhoria de processo/Práticas de Negócios Toyota
3. Plano de aplicativo de serviços e reparos para dispositivos móveis: plano de gerenciamento de projeto Agile/Scrum, combinado com métodos de melhoria de processo/Práticas de Negócios Toyota
4. Plano de treinamento para a equipe de serviços: plano de gerenciamento de projeto tradicional (em cascata)
5. Atualização do sistema do programa de empréstimo de carros: plano de gerenciamento de projeto Agile/Scrum

Como podemos ver, um método não serve para todos os tipos de oportunidade. No início da etapa 6, a equipe deve discutir qual método é o mais adequado para alcançar os resultados desejados. Os planos táticos do departamento de serviços desenvolvidos pela New Horizons estão representados na Figura 6-5.

Aumentar as vendas trimestralmente (12 meses)	Melhorar a qualidade dos nossos serviços aos nossos clientes (6 meses)
1. Programa de Chamada de Acompanhamento Pós-atendimento ao Cliente o Escrever o roteiro da chamada de acompanhamento o Testar o roteiro da chamada de acompanhamento o Revisar o roteiro com base nas descobertas o Lançar o programa de chamada de acompanhamento **2. Programa de Chamada ao Cliente por Serviço Vencido** o Escrever o roteiro da chamada de acompanhamento o Testar o roteiro da chamada de acompanhamento o Revisar o roteiro com base nas descobertas o Lançar o programa de chamada de acompanhamento	**3. Aplicativo de Serviços e Reparos para Dispositivos Móveis** o Realizar esforços das Práticas de Negócios Toyota nos processos de dispositivos móveis o Desenvolver o recurso de "Registro e Login do Cliente" o Desenvolver o recurso "Agende um Horário" o Desenvolver o recurso "Empreste um carro" o Desenvolver as notificações de "Enviar Progresso do Reparo" o Desenvolver o recurso "Visualização de Cobrança" o Desenvolver o recurso "Pesquisa de Feedback Push" o Desenvolver o recurso "Oferecer Cupons/Descontos na Próxima Visita"
Ampliar o uso da tecnologia para administrar bem nossos negócios (6 meses) **5. Atualização do Sistema de Empréstimo de Carros (LCP)** o Instalar novo software do sistema o Configurar o novo software do sistema o Testar o novo software do sistema o Realizar uma análise de lacunas nos recursos e funcionalidades o Revisar/atualizar os processos LCP (se necessário) o Conduzir o treinamento dos processos de LCP (se necessário) o Lançar o novo sistema de LCP	o Desenvolver o recurso "Notificações Push para Avisar sobre o Próximo Serviço" o Testar/revisar o aplicativo de serviços e reparos para dispositivos móveis o Lançar o aplicativo de serviços e reparos para dispositivos móveis o Solicitar feedback dos clientes o Incorporar feedback ao aplicativo para dispositivos móveis **4. Treinamento de Atendimento ao Cliente para Agentes de Serviço** o Determinar o fornecedor do treinamento o Negociar e assinar contrato o Agendar as aulas do treinamento o Realizar as aulas do treinamento

Figura 6-5. *Planos táticos do departamento de serviços da New Horizons*

Etapa 7 (Desenvolver): Envolva a força de trabalho para executar a estratégia

Os líderes e os integrantes da equipe elaboram os detalhes ou tarefas operacionais necessários para implementar os planos táticos estabelecidos pelos gerentes táticos de nível intermediário. Essa é a fase na qual os objetivos e os planos são transformados em resultados. Isso significa que os gerentes táticos devem permanecer intimamente conectados à atividade que ocorre nesse nível. Eles devem praticar regularmente o *genchi genbutsu*, ou o "gerenciamento circulando no local", para estar perto do trabalho.

Voltando ao Canvas da New Horizons, a equipe identificou qual departamento seria responsável pelos planos táticos e tarefas operacionais para as seguintes oportunidades:

Nº 1: Departamento de serviços e tecnologia

Nº 2: Departamento de serviços e empresa externa de atendimento ao cliente

Nº 3: Programa e tecnologia de empréstimo de carros

Nº 4: Departamento de serviços

Nº 5: Departamento de serviços

Ao nomear especificamente os departamentos da organização, os líderes e as equipes tornam-se responsáveis pelos resultados que alcançam enquanto trabalham para aproveitar as oportunidades que atingem os objetivos estratégicos determinados para toda a empresa.

Etapa 8 (Conferir): Mensure e relate os resultados

A mensuração dos resultados é uma obrigação na empresa Lean. Fazer medições e rigorosamente medir, analisar, aprender e finalmente ajustar está no centro do ciclo iterativo do *gemba* (Figura 6-6). As medições estabelecidas e coletadas nesse nível atendem aos resultados-chave estabelecidos na etapa 5 e contribuem para o sucesso ou o fracasso dos objetivos estratégicos.

> **GEMBA – Operacional**
> Etapa 7 (Desenvolver): Envolva a Força de Trabalho e Execute
> Etapa 8 (Conferir): Mensure e Relate os Resultados
> Etapa 9 (Agir): Evolua e Otimize o Processo
>
> **Iterar (Desenvolver/Conferir)**

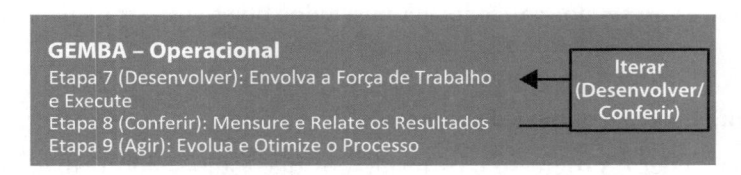

Figura 6-6. *O processo iterativo de Desenvolver/Conferir do* gemba

À medida que você analisa os resultados no final de cada período de medição, as correções e os ajustes no percurso são inevitáveis. A capacidade de mudar de ideia e alterar seu percurso é incorporada aos métodos Lean por meio do ciclo de aprendizagem contínua presente de forma inerente. E lembre-se de que você realiza um planejamento estratégico para capacitar sua força de trabalho, a fim de que ela possa tomar boas decisões no *gemba* sem precisar recorrer a um líder de nível intermediário ou sênior para ajudar a resolver o problema, porque a equipe sabe para onde a empresa está indo e por que escolheu aquela direção antes de mais nada. Assim, ao percorrer seu plano tático, saiba que ele mudará e crescerá à medida que cada vez mais dados são disponibilizados. Planeje seu trabalho e depois trabalhe no seu plano!

A frequência da medição e da elaboração de relatórios dependerá do rastreamento dos resultados-chave, que pode ocorrer em uma frequência diária, semanal, mensal ou trimestral. Esses pontos de verificação de progresso oferecem uma oportunidade de ajustar suas táticas e os detalhes operacionais associados a elas. Os resultados-chave não são estáticos. Eles precisam evoluir e ser atualizados ou alterados sempre de acordo com a necessidade. Se você definir e depois se esquecer de seus resultados-chave, correrá o risco de ir atrás de objetivos que não são mais relevantes para seus negócios. Crie o hábito de manter um controle com regularidade, não apenas para ver como você está se saindo com seus resultados-chave, mas também para ver quais resultados-chave precisam ser alterados ou descartados por completo.

Voltando à New Horizons, a equipe determinou que as medições de resultados-chave serão compiladas pelo grupo de análise de dados e publicadas na sala de guerra da equipe de Práticas de Negócios Toyota no quinto dia de cada mês, por objetivo estratégico e com base em uma frequência que segue o cronograma a seguir:

Nº 1: Vendas trimestrais

Nº 2: Quinzenalmente

Nº 3: Mensalmente

Nº 4: Mensalmente

A indicação de como e quando os resultados serão medidos estabelece expectativas realistas e determina os ciclos de planejamento e ajuste necessários para realizar ações corretivas, se necessário. Deixar os resultados em um local público gera visibilidade e transparência, garantindo que todos entendam o progresso que está sendo feito e os ajustes que estão sendo realizados na busca dos objetivos estratégicos da empresa Lean.

Etapa 9 (Agir): Evolua e otimize o processo

Você deve entender o progresso e os resultados que estão sendo realizados em cada nível e considerar os ajustes e as mudanças de direção que ocorrem nos níveis mais inferiores. A fase Agir do ciclo PDCA (Figura 6-7) permite que a empresa Lean se torne tanto autodiagnóstica quanto autocorretiva, contando com o fluxo descendente e ascendente de informações para criar um sistema de circuito fechado que permita a aprendizagem, o controle e o ajuste (ou, em outras palavras, a melhoria contínua) de todo o processo de planejamento estratégico.

EMPRESA – Estratégico
Etapa 1 (Planejar): Analise o seu Ambiente
Etapa 2 (Planejar): Indique seus Clientes
Etapa 3 (Planejar): Identifique seus Objetivos Estratégicos
Etapa 4 (Planejar): Identifique suas Oportunidades Competitivas

NÍVEL INTERMEDIÁRIO – Tático
Etapa 5 (Planejar): Elabore seus Resultados-Chave (KRs)
Etapa 6 (Planejar): Defina suas Táticas e Tarefas Operacionais

Autodiagnosticar (Agir)

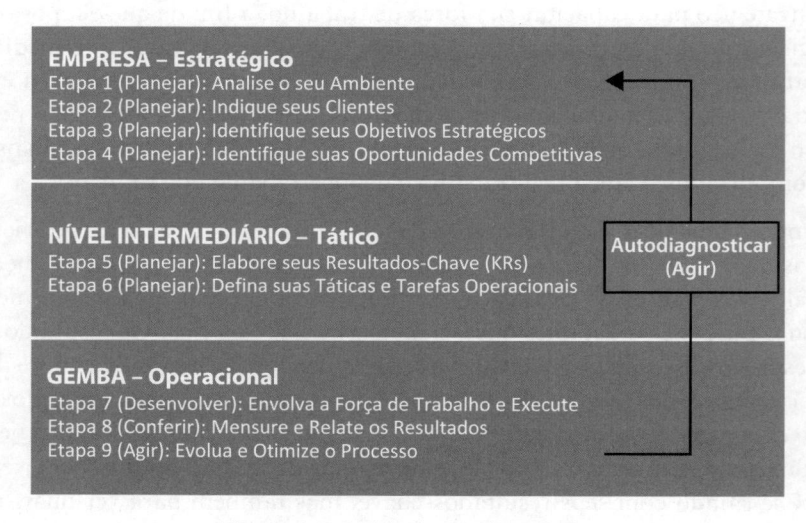

GEMBA – Operacional
Etapa 7 (Desenvolver): Envolva a Força de Trabalho e Execute
Etapa 8 (Conferir): Mensure e Relate os Resultados
Etapa 9 (Agir): Evolua e Otimize o Processo

Figura 6-7. *O ciclo de autodiagnóstico*

O progresso realizado em direção a suas oportunidades competitivas e planos táticos, bem como a direção geral definida por seus objetivos estratégicos, devem ser monitorados continuamente e revisados formalmente em uma cadência regular em todos os níveis. Por exemplo, o trabalho que está sendo conduzido na New Horizons. Quando a equipe do programa de empréstimo de carros começou a trabalhar na atualização do sistema, perceberam que os processos estabelecidos para o fluxo de trabalho também precisavam ser reformulados. Os novos recursos e funcionalidades do sistema mudaram de maneira significativa desde a última versão, e agora está levando à necessidade de atualizar os processos e os treinamentos também.

Esse trabalho representa um esforço extra que deve ser inserido no Canvas de planejamento estratégico e rastreado até o objetivo estratégico que está conduzindo o trabalho realizado — ou seja, a oportunidade N° 3, "Atualizar o sistema do programa de empréstimo de carros", sob o objetivo estratégico de "Ampliar o uso da tecnologia para administrar bem nossos negócios". Como o hardware está desatualizado em toda a concessionária, não apenas no departamento de serviços, ele também precisará ser atualizado, o que remete ao mesmo objetivo (N° 3) e oportunidade (N° 3). Por fim, um novo plano tático, N° 6, "Atualização do hardware dos computadores da concessionária" (indicado em negrito na Figura 6-8) foi desenvolvido e inserido no Canvas. Como podemos ver, uma alteração originada no nível da equipe deve ser rastreada passando de volta pelos níveis para garantir que o encaixe estratégico seja mantido.

Aumentar as vendas trimestralmente (12 meses)
1. Programa de Chamada de Acompanhamento Pós-atendimento ao Cliente
   - Escrever o roteiro da chamada de acompanhamento
   - Testar o roteiro da chamada de acompanhamento
   - Revisar o roteiro com base nas descobertas
   - Lançar o programa de chamada de acompanhamento
2. Programa de Chamada ao Cliente por Serviço Vencido
   - Escrever o roteiro da chamada de acompanhamento
   - Testar o roteiro da chamada de acompanhamento
   - Revisar o roteiro com base nas descobertas
   - Lançar o programa de chamada de acompanhamento

Ampliar o uso da tecnologia para administrar nossos negócios bem (6 meses)
5. Atualização do Sistema de Empréstimo de Carros (LCP)
   - Instalar novo software do sistema
   - Configurar o novo software do sistema
   - Testar o novo software do sistema
   - **Realizar uma análise de lacunas nos recursos e funcionalidades**
   - **Revisar/atualizar os processos LCP (se necessário)**
   - **Conduzir o treinamento dos processos de LCP (se necessário)**
   - Lançar o novo sistema de LCP

Modernizar nossas instalações (90 dias)
6. **Atualização do Hardware dos Computadores da Concessionária**
   - **Instalar novos computadores**
   - **Instalar novas impressoras**
   - **Instalar novos dispositivos portáteis**
   - **Configurar/testar hardware e rede**

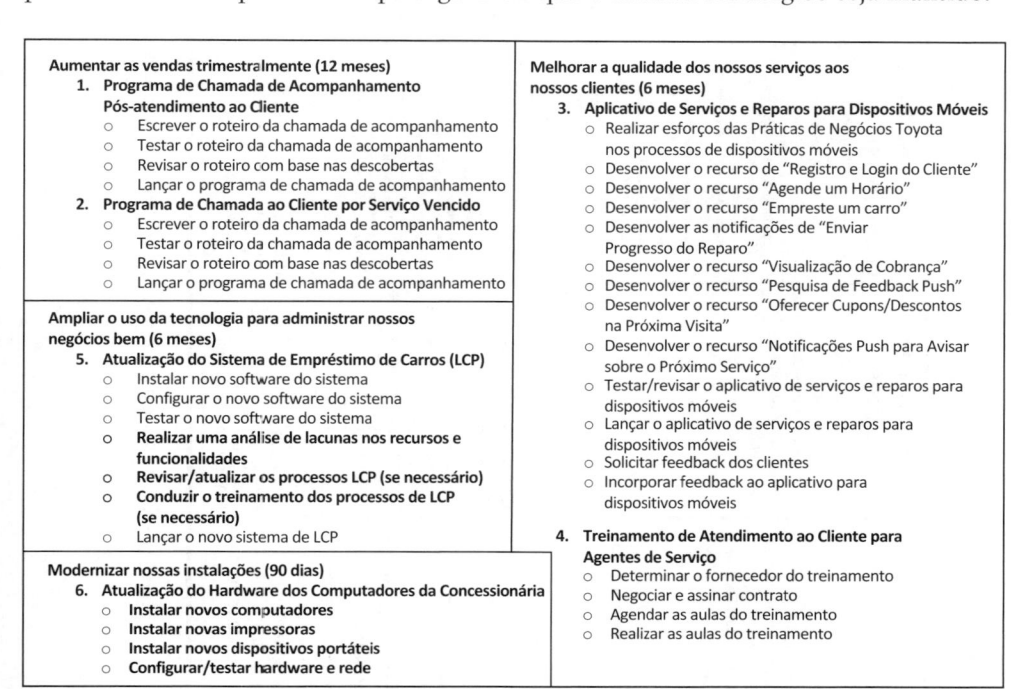

Melhorar a qualidade dos nossos serviços aos nossos clientes (6 meses)
3. Aplicativo de Serviços e Reparos para Dispositivos Móveis
   - Realizar esforços das Práticas de Negócios Toyota nos processos de dispositivos móveis
   - Desenvolver o recurso de "Registro e Login do Cliente"
   - Desenvolver o recurso "Agende um Horário"
   - Desenvolver o recurso "Empreste um carro"
   - Desenvolver as notificações de "Enviar Progresso do Reparo"
   - Desenvolver o recurso "Visualização de Cobrança"
   - Desenvolver o recurso "Pesquisa de Feedback Push"
   - Desenvolver o recurso "Oferecer Cupons/Descontos na Próxima Visita"
   - Desenvolver o recurso "Notificações Push para Avisar sobre o Próximo Serviço"
   - Testar/revisar o aplicativo de serviços e reparos para dispositivos móveis
   - Lançar o aplicativo de serviços e reparos para dispositivos móveis
   - Solicitar feedback dos clientes
   - Incorporar feedback ao aplicativo para dispositivos móveis
4. Treinamento de Atendimento ao Cliente para Agentes de Serviço
   - Determinar o fornecedor do treinamento
   - Negociar e assinar contrato
   - Agendar as aulas do treinamento
   - Realizar as aulas do treinamento

Figura 6-8. *Planos táticos do departamento de serviços da New Horizons (revisado)*

Canvas do Planejamento Estratégico do Departamento de Serviços da New Horizons

Data: 09/06/20XX
Iteração nº 1

Etapa 1: O Ambiente

Visão: Voltada para os clientes e guiada pela excelência.
Missão: Tornar-se o mais renomado centro de serviço de atendimento ao cliente no setor automotivo.
Proposta de valor: Facilidade para comprar e obter serviços.

Cenário Competitivo?

Somos a única revendedora em um raio de 240km na área dos três estados que vende e presta serviços de manutenção a essa marca de veículo.

Desafios e Tendências do mercado?

Outra concorrente de veículos de luxo está construindo uma concessionária a 40km de nós, na cidade vizinha.

Etapa 3: Objetivos Estratégicos

- Aumentar as vendas a cada trimestre.
- Aumentar a qualidade de nosso serviço para os clientes.
- Aumentar o uso de tecnologia para gerir nossa empresa de maneira eficaz.
- Modernizar nossas instalações.

Etapa 4: Oportunidades Competitivas

1. Fazer chamadas de clientes de acompanhamento de serviços aleatórios.
2. Realizar, por telefone, consultas de clientes sobre o serviço encerrado.
3. Desenvolver um app para celular sobre Serviços & Consertos.
4. Fornecer treinamento para a equipe do serviço.
5. Atualizar o sistema de Programa de Empréstimo de Carros.
6. Atualizar o hardware em toda a concessionária.

Etapa 5: Resultados-chave (KRs)

1. Aumentar, a cada trimestre, as vendas em 5%, para um total cumulativo de 20% nos próximos 12 meses:
   - Aumentar as vendas do departamento de serviços em 2% por trimestre, com a implementação de um programa de Acompanhamento de Serviços.
   - Aumentar as vendas do departamento de serviços em 3% por trimestre, implementando um programa de Solicitação de Serviços Expirados.
2. Aumentar a qualidade de nosso serviço ao cliente nos próximos 6 meses, ao:
   - Diminuir a taxa de erro em solicitações de serviço em 65%.
   - Aumentar nosso Net Promoter Score em 25%.
3. Aumentar o uso de tecnologia para gerir nossa empresa de maneira eficaz, ao:
   - Lançar a primeira versão do app para celular de serviços e reparos no fim do 1º trimestre de 2019 e a segunda no 2º trimestre de 2019.
   - Executar um aprimoramento da atualização do sistema de Programa de Empréstimo de Carros no fim do 4º trimestre de 2019.
   - Modernizar nossas instalações fazendo uma atualização do hardware do computador no depto. de serviços nos próximos 90 dias.

Etapa 6: Táticas

Consultar os seguintes planos de táticas:

1. Programa de ligações para acompanhamento do cliente após o serviço.
2. Programa de atendimento ao cliente sobre serviços expirados
3. Plano de app para celular sobre Serviços & Consertos.
4. Plano de treinamento à equipe de serviços.
5. Plano de atualização do sistema do Programa de Empréstimo de Veículos.
6. Atualização de hardware do computador da concessionária.

Etapa 7: Força de Trabalho

As seguintes oportunidades serão atribuídas às seguintes equipes e times:

1. Depto. de Serviço & Tecnologia.
2. Depto. de Serviços & Serviço ao Cliente Externo.
3. Depto. de Empréstimo de Veículos e Tecnologia.
4. Depto. de Serviços.
5. Depto. de Serviços.
6. Tecnologia.

Etapa 8: Mensurar e Relatar

1. Medidas de KRs serão compiladas pelo grupo de Análise de Dados.
2. A frequência será baseada no parâmetro recolhido, com base no seguinte cronograma:
   - nº 1: vendas por trimestre.
   - nº 2: quinzenal.
   - nº 3: mensal.
   - nº 4: mensal.
3. Os resultados dos parâmetros serão postados na sala de guerra da equipe TBP no quinto dia de cada mês.

Etapa 9: Evoluir e Otimizar

1. A atualização do sistema do programa de Empréstimo de Carros também exigirá atualização de todo o hardware da concessionária.
2. Os processos do programa de Empréstimo de Carros também precisam ser revisados/modificados, conforme o sistema é submetido à atualização planejada de software.
3. Será preciso desenvolver e conduzir um treinamento, a fim de assegurar que a equipe do depto. de serviços está atualizada sobre os novos processos.

Etapa 2: Identificação de Cliente/Persona

1. Proprietários de sedãs de luxo.
2. Proprietários de cupês esportivos.
3. Proprietários de SUV.
4. Proprietários de camionetes.
5. Proprietários de vans.

Figura 6-9. Canvas de planejamento estratégico do departamento de serviços da New Horizons (versão em formato grande)

O Canvas de Planejamento Estratégico da New Horizons

A Figura 6-9 mostra o Canvas completo de planejamento estratégico do Departamento de Serviços da New Horizons. Não se esqueça que ela representa o Canvas estratégico de um único departamento dentro da concessionária. Completar esse Canvas é uma conquista importante para a organização, pois representa "o plano" que passa a estar em vigor nos próximos doze meses. Obviamente, será necessário atualizá-lo e recarregá-lo periodicamente à medida que os planos táticos e as tarefas operacionais forem executados.

Agora que a equipe completou seu Canvas, ela deve voltar sua atenção ao desenvolvimento de sua estratégia de investimento e à elaboração e finalização do roadmap estratégico e do plano de lançamento do departamento de serviços da concessionária.

Como Criar a sua Estratégia de Investimento

Os líderes Lean devem decidir, com prudência e frequência, de quanto dinheiro precisam para administrar, desenvolver e inovar sua estratégia de negócios e, em seguida, definir metas de investimento com base em seus objetivos estratégicos e oportunidades competitivas, desenvolvidos durante o processo de planejamento estratégico. Essas metas direcionam o investimento em inovação intencional (investimentos essenciais e aprimoramentos de produtos/serviços) e emergente (investimentos novos ou transformacionais), com base em seus objetivos estratégicos, que medem a eficácia da estratégia de investimento de uma organização. Em geral, o propósito por trás do desenvolvimento de sua estratégia de investimento é definir como você alocará seus recursos escassos (tempo, dinheiro e pessoas) para desenvolver novas ideias de produtos/serviços e manter e aprimorar as já existentes. Está ligado à estratégia de negócios da empresa Lean e acentuadamente focado em sua proposta de valor por meio da identificação de vontades, necessidades e/ou desejos não correspondidos do cliente e também da verificação se a organização agrega valor de verdade ao cliente, à empresa e aos stakeholders.

Uma estratégia de investimento bem desenvolvida é usada para:

- Determinar quanto dos recursos de uma organização são gastos na identificação e pesquisa de vontades, necessidades, desejos, mercados-alvo e novas ideias de produtos/serviços não correspondidos do cliente;

- Tomar decisões sobre investimentos e trocas entre as prioridades de investimentos essenciais, aprimoramentos e investimentos novos em produtos/serviços para toda a empresa;

- Direcionar a quantidade de esforço de desenvolvimento dedicado para trazer produtos/serviços novos e aprimorados ao mercado nos níveis intermediário e *gemba*;

- Determinar o tamanho e o número de equipes e no que elas trabalham no nível *gemba*.

No entanto, desenvolver a capacidade de inovar não é fácil, e não se trata mais de uma escolha, e sim de uma necessidade. Também devemos levar em consideração como manter a vantagem competitiva assim que um produto/serviço inovador é lançado. O sucesso gera imitação, aliás, bastante imitação.

Desenvolvimento de uma Estratégia de Investimento de Sucesso: Apple Gera Disrupção na Sony

O Walkman da Sony, lançado em 1979, era um toca-fitas portátil que inaugurou a era da mobilidade e deu origem ao mercado de dispositivos móveis pessoais. Exemplo de disrupção, na melhor das hipóteses, ele dava às pessoas a opção de ouvir sua estação de rádio favorita ou músicas gravadas em fita cassete enquanto corriam, caminhavam, deslocavam-se para o trabalho etc. A única opção até então era o rádio transistorizado portátil, que apenas recebia sinais de estação de rádio AM/FM. À medida que o mercado de dispositivos móveis pessoais crescia, mais concorrentes adentravam nesse espaço. A Sony continuava mantendo sua posição de líder de mercado, evoluindo sua linha de produtos, quando os tipos de mídia de armazenamento mudaram de fita cassete para CD no final dos anos 1990, introduzindo uma versão em CD com tecnologia que garantia fluidez do som, dando à empresa a possibilidade de manter sua vantagem competitiva.

No entanto, as desvantagens do dispositivo, como a vida útil da bateria, o peso e o tamanho, contribuíram para sua queda quando a Apple lançou o iPod em 2001.[9] O iPod era leve, tinha uma bateria interna recarregável e era conectado à plataforma iTunes da Macintosh, na qual os usuários podiam baixar músicas diretamente na memória do dispositivo em um novo formato, o MP3. A Sony, que já havia gerado disrupção, agora era vítima da disrupção de um mercado que ela mesma havia criado. A Apple ouviu as vontades, necessidades e/ou desejos não correspondidos dos clientes e criou algo que representava ainda mais valor do que o que eles estavam dispostos a pagar. A Sony também lançou sua versão de um aparelho de MP3 portátil para competir com a Apple, mas nunca alcançou o nível de sucesso com esse produto como o fez com o Walkman na década de 1980.

A Apple vinculou sua estrutura estratégica atentamente à sua estratégia de investimento. Mesmo em 2001, a Apple compreendia o poder de conectar seus produtos e serviços para criar e manter uma vantagem competitiva. O iPod alavancou o iTunes, uma plataforma online para fazer download de músicas, inicialmente acessível apenas através de um computador Macintosh. Com isso, a Apple também gerou disrupção

---

9 Wikipédia, s.v. "iPod", última modificação em 18 de outubro, 2019, 21h07.

na indústria da música (na qual a Sony também tinha participação devido à aquisição da Columbia Broadcasting System [CBS] Records, em 1987, que recebeu o nome de Sony Music[10]), acabando com o negócio de discos de vinil nesse processo. Se você não estiver inovando, pode apostar que outra pessoa estará e acabará surgindo e gerando uma disrupção na sua área de atuação.

Uma estratégia de investimento bem pensada ajuda as empresas a determinar quanto querem gastar antecipadamente em suas linhas de produtos/serviços atuais e o que desejam gastar para inovar novas linhas. Por exemplo, no Google, 70% do financiamento dos investimentos é alocado para produtos/serviços essenciais, 20% para aprimoramentos e 10% para inovação de produtos/serviços emergentes ou novos.[11] Ao definir claramente as alocações para cada categoria, o Google aloca com eficácia seus recursos escassos e elimina prioridades concorrentes, estabelecendo metas para a inovação intencional (investimentos essenciais e aprimoramentos) e emergente (investimentos novos). Quando uma organização define metas de alocação, o objetivo é minimizar os riscos enquanto tenta alcançar o maior retorno sobre investimentos (ROI) possível.

Fatores a Serem Considerados ao Definir suas Metas

Existem três fatores ao definir suas metas:

1. Setor
2. Vantagem competitiva
3. Nível de maturidade

Dependendo do setor, as estratégias de investimento variam. Por exemplo, o setor aéreo. Suas metas de alocação representam uma divisão de 60/30/10,[12] enquanto as empresas de tecnologia representam uma divisão de 45/40/15 e os bens de consumo embalados representam uma proporção de 80/18/2.[13] Cada setor é único devido à natureza de seus negócios e modelo operacional. Pode custar um pouco menos para desenvolver softwares em comparação com o custo do desenvolvimento de produtos/serviços de linhas aéreas. As empresas de tecnologia que são de mão de obra intensiva em comparação com produtos (aviões) devem definir suas metas de investimentos de

---

10 Wikipédia, s.v. "Sony Music", última modificação em 11 de novembro, 2019, 09h20.
11 John Battelle, "The 70 Percent Solution: Google CEO Eric Schmidt gives us his golden rules for managing innovation", CNN Money, 28 de novembro, 2005.
12 Nawal K. Taneja, *Airline Industry: Poised for Disruptive Innovation?* (Nova York, NY: Routledge, 2017), 7.
13 Bansi Nagji e Geoff Tuff, "Managing Your Innovation Portfolio", *Harvard Business Review*, maio de 2012.

acordo, porque os custos para manter seus produtos/serviços essenciais são os mesmos custos para aprimorá-los.

A vantagem competitiva é o segundo fator. Não importa se uma empresa é considerada líder ou o contrário, ela causa um impacto em sua própria estratégia de investimento. As empresas que deixaram sua vantagem competitiva cair estão em desvantagem e geralmente precisam se esforçar para acompanhar os líderes de mercado. Por exemplo, para aumentar sua vantagem competitiva e obter uma participação maior em seu mercado, uma empresa de bens de consumo embalados ajustou temporariamente sua estratégia de investimento de uma alocação de 75/20/5 para uma divisão de 50/25/25 para desenvolver uma nova linha de produtos que aumentou sua participação de mercado e recuperou sua vantagem competitiva. O truque aqui é não sacrificar um pelo outro a longo prazo. Mudar sua estratégia deve se basear em fatos e não apenas para acomodar o projeto favorito de alguém. Analisar e aprovar uma nova ideia de produto/serviço ocorre na empresa, com os líderes seniores tomando as decisões cruciais de alocação de investimentos.

A maturidade, o último fator, é importante da perspectiva de que as organizações mais antigas e estabelecidas têm produtos/serviços essenciais e adjacentes que devem manter e expandir para permanecer nos negócios. Fazer grandes apostas em novas ideias inovadoras e disruptivas de produtos/serviços concorre diretamente com a manutenção das antigas e mais estabelecidas, que pagam as contas e mantêm a empresa rodando. No entanto, por outro lado, as organizações Lean Startup geralmente invertem esse modelo, com 10% indo para produtos/serviços essenciais, 20% para manutenção e 70% para novas ideias de produtos/serviços,[14] pois não há nada para se manter e há muito mais para desenvolver quando você está começando pela primeira vez. À medida que as organizações amadurecem, as escalas tendem a apoiar e manter as linhas de produtos/serviços essenciais, além de aprimorá-las, o que faz com que as alocações sejam transferidas e pendam mais para a esquerda.

Como Desenvolver suas Metas de Alocação de Investimentos

Para estabelecer metas de alocação de investimentos corretamente pode ser necessário passar por vários ciclos orçamentários antes de chegar lá. Uma equipe composta por líderes seniores e de nível intermediário deve trabalhar em conjunto para estabelecer e depois revisar periodicamente as metas da organização. O indicador de sucesso é refletido no índice preço/lucro (P/L) de uma organização.[15] Comparar benchmarks de P/L do setor, pontuações líquidas de promotores (NPSs) ou análises de dados de consumidores pode ajudar a determinar se as metas precisam ser ajustadas para cima ou para baixo. Por exemplo, uma queda na pontuação líquida de promotores pode

---

14 Ibidem.
15 Ibidem.

indicar muito tempo e esforço sendo gastos em inovação, às custas do aprimoramento de suas linhas de produtos/serviços essenciais.

Além disso, quaisquer alterações nos fatores mencionados acima também podem ser motivo para ajustar as alocações. Uma empresa cujo modelo de negócios estava na fase Lean Startup pode avançar para se tornar mais convencional, resultando em ajustes nas alocações para manter sua fatia de mercado. Ou, inversamente, uma empresa estabelecida que continua perdendo espaço ano após ano devido à disrupção do mercado por um concorrente pode precisar ajustar suas alocações e gastar mais em geração e desenvolvimento de novas ideias de produtos/serviços do que no passado para recuperar sua participação no mercado e permanecer competitiva. Portanto, varia quanto é suficiente em cada categoria e esse valor será baseado na estratégia geral de negócios da sua empresa, posição competitiva em seu setor e nível de maturidade.

Metas de Investimento da New Horizons

Na New Horizons, assim que os objetivos foram identificados, a equipe de liderança revisou sua estratégia de investimento para determinar qual porcentagem do capital de investimento disponível poderia ser utilizada em investimentos essenciais, aprimoramentos e investimentos em novas ideias de produtos/serviços no ano seguinte. De acordo com a estratégia atual da concessionária, suas metas de alocação estavam definidas em uma divisão de 70/20/10 para os últimos anos. Dados os desafios atuais da organização, Jim e sua equipe de liderança acreditavam que as metas precisam de um ajuste para 65/25/10 para resolver os problemas mais urgentes que a organização enfrentava. Como podemos ver na Figura 6-10, os objetivos servem de alavancas que podem ser manipuladas ajustando os valores dos gastos para cima ou para baixo, dependendo das decisões tomadas durante o processo de planejamento estratégico.

Objetivos Estratégicos	Orçamento		Estratégia de Investimento		
	Porcentagem	Total US$	Essencial	Aprimoramento	Novo
			65%	25%	10%
Aumentar as vendas trimestralmente	45%	US$157,5M	US$102,4M	US$39,38M	US$15,7M
Melhorar a qualidade dos nossos serviços aos nossos clientes	15%	US$52,5M	US$34M	US$13,12M	US$5,3M
Ampliar o uso da tecnologia para administrar bem nossos negócios	25%	US$87,5M	US$56,9M	US$21,88M	US$8,7M
Modernizar nossas instalações	15%	US$52,5M	US$34,15M	US$13,12M	US$5,3M
Total	100%	US$350M	US$227,5M	US$87,5M	US$35M

Figura 6-10. *Estratégia de investimento anual da New Horizons por tema*

No geral, visto que a concessionária vende um produto físico que deve ser comprado e aprimorado com outras peças da concessionária, não se pode reduzir muito os custos de investimentos essenciais e aprimoramentos no objetivo N° 1 de aumentar as vendas trimestralmente. A mudança de 5% de investimentos essenciais para aprimoramentos, enquanto se mantém os gastos com investimentos novos constantes, deve ser suficiente para realizar as atualizações nos sistemas e instalações da concessionária. Ao definir proativamente a direção de seus gastos com inovação e investimento, Jim e seus líderes estão se tornando donos de seu próprio destino propositalmente: definindo sua missão e visão, estabelecendo sua direção estratégica e, em seguida, colocando o capital por trás dessas atividades para gerar e agregar ainda mais valor para seus clientes, stakeholders e para a concessionária. Os líderes Lean precisam desenvolver o rigor e a disciplina para planejar proativamente onde o dinheiro de sua empresa será gasto, porque a inovação e a geração de valor trazida por ela não acontecem por acaso. Deve ser uma atividade intencional, deliberada e consistente que ocorre trimestre após trimestre, ano após ano.

Como Desenvolver seu Roadmap Estratégico

Certa vez, trabalhei com um cliente que me disse que tinha acabado de participar de uma reunião de duas horas na qual os líderes da empresa estavam tendo uma discussão calorosa sobre gastar mais US$2 milhões para concluir um projeto que estava vencido há um ano e US$3 milhões acima do orçamento. Quando foi concluído ao final daquele ano, a oportunidade na qual estavam trabalhando havia sido perdida, e o produto que seria lançado ao final de todo esse esforço estava ultrapassado. No entanto, muitos dos líderes se sentiram na obrigação de concluí-lo por lealdade ao CEO, já que aquele era seu projeto favorito. Infelizmente, existem inúmeras iniciativas corporativas norte-americanas que deveriam ter sido desligadas, interrompidas ou cortadas, mas ninguém teve coragem ou reconheceu a necessidade de fazê-lo quando a direção estratégica da organização mudou, ou quando a vantagem competitiva que estavam tentando obter deixou de existir. Devido a essa falta de coragem corporativa ou boa atuação responsável, bilhões de dólares são desperdiçados todos os anos em iniciativas que acrescentam muito pouco ou mesmo nada aos resultados finais. Na situação que acabei de descrever, os líderes da empresa gastaram US$10 milhões em algo que agora gera muito pouco valor para a empresa e para seus clientes. Portanto, para superar e ser uma organização que gera de valor, a capacidade de responder às mudanças deve fazer parte do seu DNA corporativo.

Ao desenvolver seu roadmap estratégico, duas restrições devem ser levadas em consideração: sua estratégia de investimento e a quantidade de financiamento disponível para o investimento por período orçamentário. Ambas as restrições limitam o tipo e a quantidade de trabalho que pode ser realizado em qualquer período do orçamento. Portanto, o financiamento limitado do investimento de uma organização deve ser alocado adequadamente, com base na estratégia de investimento da empresa e no senso de urgência que existe devido às mudanças nas condições de mercado. Os quatro ingredientes fundamentais a seguir são necessários para criar um roadmap estratégico inicial em ondas sucessivas do primeiro ano:

- Objetivos estratégicos e oportunidades competitivas;
- Planos táticos com prazos de entrega e estimativas de custos;
- Estratégia de investimento e alocações de financiamento.

Vamos ver como esses ingredientes se reúnem para ajudar a New Horizons em seus esforços para desenvolver seu roadmap.

Criação do Roadmap Estratégico da New Horizons

No geral, a direção estratégica para o departamento de serviços da New Horizons nos próximos doze meses se concentra nos objetivos listados na Figura 6-11, que representa os gastos previstos com investimentos este ano nos quatro objetivos estratégicos e nas três categorias de estratégia de investimento. Os gastos previstos do departamento de serviços são de US$17,5 milhões, o que, com base nas estimativas orçamentárias totais (Figura 6-10), compõe cerca de 20% de seus gastos previstos com investimentos neste ano nas três categorias de estratégia de investimento.

A correspondência entre a estratégia de investimento e os objetivos estratégicos anuais, alocações de investimento e planos táticos fornece aos líderes Lean da New Horizons uma imagem concreta de como eles gerarão valor para o departamento de serviços nos próximos doze meses. Os gerentes táticos de nível intermediário da New Horizons usaram as estimativas de custos obtidas com os planos táticos para trabalhar em conjunto e equilibrar esses fatores, atribuindo financiamento aos planos, com base nas alocações de investimento e nas metas orçamentárias, para garantir que os gastos da concessionária com investimento correspondam à sua estratégia de investimento. Eles alcançaram um orçamento equilibrado mantendo-se dentro das metas orçamentárias anuais totais e poderão adicionar todo o trabalho descrito no Canvas ao seu roadmap estratégico.

Objetivos Estratégicos	Oportunidade	Plano Tático	Prazo	Estimativa de Custo e Estratégia de Investimento		
				Estimativa de Custo	Total	Tipo de Investimento
Aumentar as vendas trimestralmente	1. Fazer para os clientes chamadas aleatórias de acompanhamento dos serviços	1. Programa de chamada de acompanhamento ao cliente pós-serviço	Próximos 12 meses	US$1,25M	US$2,25M	Novo
	2. Realizar com os clientes consultas por telefone sobre serviços vencidos	2. Programa de chamada ao cliente por serviço vencido	Próximos 12 meses	US$1M		Essencial
Melhorar a qualidade dos nossos serviços aos nossos clientes	3. Desenvolver um aplicativo de serviços e reparos para dispositivos móveis	3. Aplicativo de serviços e reparos para dispositivos móveis	Próximos 6 meses	US$6M	US$7,5M	Novo
	4. Fornecer treinamento para a equipe de serviços	4. Treinamento de atendimento ao cliente para agentes de serviço	Próximos 6 meses	US$1,5M		Aprimoramento
Ampliar o uso da tecnologia para administrar bem nossos negócios	5. Atualizar o sistema do programa de empréstimo de carros	5. Atualização do sistema do Programa de Empréstimo de Carros (LCP)	Próximos 12 meses	US$5M	US$5M	Aprimoramento
Modernizar nossas instalações	6. Atualizar o hardware de toda a concessionária	6. Atualização do hardware dos computadores da concessionária	Próximos 90 dias	US$2,5M	US$2,5M	Aprimoramento
Alocação Total de Investimento do Departamento de Serviços				US$17,25M	US$17,25M	

Figura 6-11. *Alocações de investimento do departamento de serviços da New Horizons*

Esse tipo de clareza é alcançado apenas através do planejamento estratégico nos níveis estratégico (empresa) e tático (intermediário), permitindo à New Horizons que estabeleça um roadmap com base em fatos e na lógica, em vez de palpites e intuições. É parte integrante de garantir que os objetivos estratégicos sejam bem planejados e orientem intencionalmente como o valor é gerado e agregado. Agora, os gerentes estão prontos para elaborar a primeira parte do roadmap, colocando nele os planos táticos, com base em seus prazos finais de entrega. A Tabela 6-1 mostra o Roadmap Estratégico do Departamento de Serviços da New Horizons no nível do plano tático.

Por exemplo, a equipe de tecnologia tem três grandes esforços em andamento este ano: a atualização do hardware dos computadores da concessionária, o aplicativo de serviços e reparos para dispositivos móveis e a atualização do sistema do programa de empréstimo de carros. Como o primeiro ficou para os próximos noventa dias, ele está programado para ser concluído até o final do primeiro trimestre. O segundo deve ser concluído nos próximos seis meses, portanto, esse trabalho é colocado no roadmap a ser concluído até o final do segundo trimestre. O último está programado para ser entregue no quarto trimestre, já que sua data prevista foi definida para os próximos doze meses. Lembre-se de que os planos táticos são colocados no roadmap com base na data de conclusão e não na data de início. No futuro, o roadmap será usado para comunicar aos stakeholders o progresso em relação ao plano e aos resultados-chave, além de ser usado em esforços de priorização para garantir que as equipes não fiquem sobrecarregadas e necessitem de assistência extra (como ajuda terceirizada) para concluir o trabalho.

Tabela 6-1. Roadmap estratégico de doze meses do departamento de serviços da New Horizons

Ano 1: 1º Trimestre	Ano 1: 2º Trimestre
• **Aumentar as vendas trimestralmente (12 meses)** US$1,25M 1. Programa de chamada de acompanhamento ao cliente pós-atendimento US$1M 2. Programa de chamada ao cliente por serviço vencido • **Modernizar nossas instalações (90 dias)** US$2,5M 6. Atualização do hardware dos computadores da concessionária	• **Melhorar a qualidade dos nossos serviços aos nossos clientes (6 meses)** US$6M 3. Aplicativo de serviços e reparos para dispositivos móveis US$1,5M 4. Treinamento de atendimento ao cliente para os agentes de serviços
Ano 1: 3º Trimestre	**Ano 1: 4º Trimestre** • **Ampliar o uso da tecnologia para administrar bem nossos negócios (12 meses)** US$5M 5. Atualização do sistema do Programa de Empréstimo de Carros (LCP)
Taxa de Execução de US$4,375M/trimestre **TOTAL: US$17,5M**	

A última etapa na elaboração do roadmap é colocar as tarefas operacionais nele, para determinar o plano mínimo de lançamento do *produto mínimo viável* (MVP).

Lançando o Valor Pouco a Pouco: Planejamento de Lançamento do Produto Mínimo Viável (MVP)

Todas as atividades anteriores foram executadas para identificar como dividir o trabalho e liberá-lo em etapas para criar valor incremental através da elaboração de um plano acionável, conhecido como plano de lançamento de produto mínimo viável (MVP). É de responsabilidade dos gerentes táticos de nível intermediário que trabalham com as equipes esclarecer os conjuntos de tarefas operacionais do MVP que agregam valor a cada lançamento. Cada tarefa recebe uma prioridade com base no valor do negócio e do cliente e, em seguida, é inserida em uma linha do tempo ou plano de lançamento para execução e entrega. Cada segmento de tempo no plano representa um lançamento de tarefas agrupadas ou, em outras palavras, o conjunto de recursos do MVP desenvolvido para fornecer valor incremental. A capacidade das equipes e a duração da janela de execução determinam quanto pode ser incluído em cada versão.

O plano de lançamento do MVP é preparado pelos gerentes táticos e equipes do *gemba*, para que fique claro quando o trabalho precisa ocorrer para cada tarefa. Também ajuda na comunicação com outras partes da organização, como com as equipes de marketing e operações, sobre quando as tarefas estarão prontas para serem lançadas no mercado. Usando esse processo, um produto/serviço é entregue aos poucos, em vez de tudo de uma vez, com base no que faz sentido para o mercado e no que os clientes consideram valioso. O lançamento em partes permite também que a organização saiba o que é valorizado no mercado através do feedback do cliente, além de poder começar a recuperar seu investimento, gerando um fluxo de receita e um período de retorno mais cedo ou mais tarde.

Conclusão do Plano de Lançamento do Produto Mínimo Viável (MVP)

Para concluir o plano de lançamento, os gerentes táticos trabalham com as equipes do *gemba* para determinar quais tarefas operacionais, localizadas abaixo de cada plano tático, agregam mais valor. O conhecimento adquirido nas fases anteriores forma a base da priorização em termos de valor alto, médio e baixo, comparados entre si. A prioridade de uma tarefa também determina as janelas de execução em termos de curto, médio e longo prazo. As tarefas de maior prioridade e de curto prazo são agrupadas no topo da lista, depois as de médio prazo e, finalmente, as de menor prioridade, ou seja, de longo prazo. Dessa maneira, é criada uma lista priorizada baseada no encaixe estratégico, valor do negócio e data de entrega.

Lembre-se de que o roadmap e o plano de lançamento representam uma estimativa aproximada do trabalho previsto para os próximos doze meses. À medida que os gerentes táticos continuam aprendendo mais sobre o que é necessário para entregar cada plano tático através da decomposição e aprimoramento contínuo das tarefas subjacentes, podem ocorrer algumas movimentações e ajustes. Além disso, as prioridades da organização podem mudar ou uma nova superideia de produto/serviço pode criar um plano que requer desenvolvimento imediato para aproveitar as oportunidades de mercado. Portanto, as mudanças no roadmap e no plano de lançamento são inevitáveis. Mas não se esqueça: nada é permanente; reagir à mudança e ter flexibilidade para mudar rapidamente as prioridades são o motivo de todo esse planejamento acontecer em primeiro lugar.

Entretanto, as metas de investimento e orçamento do período atual devem ser mantidas. Como líder Lean, você sempre será restringido por suas metas de financiamento para investimentos porque não se pode gastar o que não se tem. Se for necessário mais financiamento para aproveitar uma oportunidade de mercado, essas metas precisarão ser revisadas ou algum trabalho programado de um dos planos táticos atuais perderá sua prioridade e será interrompido. Mas deve-se considerar o momento certo e a viabilidade de fazer uma alteração. Mudar as coisas no meio de uma janela de lançamento não é uma boa ideia. Se forem necessários ajustes, eles geralmente são feitos no início de um novo ciclo de lançamento. Isso dá à organização tempo para concluir o trabalho programado em andamento (WIP) para a versão atual e depois mudar seu foco e financiamento antes que o trabalho comece na próxima.

Elaboração do Plano de Lançamento do Produto Mínimo Viável (MVP) do Departamento de Serviços da New Horizons

Após desenvolver seus objetivos estratégicos, oportunidades competitivas e planos táticos e determinar sua estratégia de investimento, o orçamento do departamento de serviços da New Horizons ficou em aproximadamente US$17,5 milhões. Com o Roadmap Estratégico do Departamento de Serviços da New Horizons em mãos, os gerentes táticos se reuniram com suas equipes para elaborar seu plano trimestral de lançamento do MVP para o ano atual. Trabalhando fora do roadmap estratégico de doze meses, os gerentes táticos priorizam primeiro as tarefas baseadas no valor do negócio e do cliente e, em seguida, atribuem uma prioridade baseada nas situações que exigem um esforço de desenvolvimento. Eles trabalham em cima de todas as tarefas de sua lista dessa maneira até os itens de prioridade mais alta na linha do tempo atual (Q1 na Tabela 6-2), de curto prazo(Q2 na Tabela 6-2), de médio prazo (Q3 na Tabela 6-2) e de longo prazo (Q4 na Tabela 6-2) sejam atribuídos a uma versão.

Depois de concluído, as equipes do *gemba* podem começar a planejar o próximo lançamento, sabendo que estão trabalhando com coisas que definitivamente gerarão e agregarão valor aos clientes e aos stakeholders da New Horizons e à própria empresa, o que, no final, gera uma situação em que todos saem ganhando e que Jim e sua equipe queriam alcançar.

Tabela 6-2. Plano de lançamento do MVP de doze meses do departamento de serviços da New Horizons

Ano 1: Versão 1 do MVP do 1º Trimestre	Ano 1: Versão 2 do MVP do 2º Trimestre
1. Programa de Chamada de Acompanhamento ao Cliente Pós-atendimento • Escrever roteiro de chamada de acompanhamento • Testar o roteiro de chamada de acompanhamento • Revisar o roteiro com base nas descobertas • Lançar o programa de chamada de acompanhamento **2. Programa de Chamada ao cliente por Serviço Vencido** • Escrever roteiro de chamada de acompanhamento • Testar o roteiro de chamada de acompanhamento • Revisar o roteiro com base nas descobertas • Lançar o programa de chamada de acompanhamento **6. Atualização do Hardware dos Computadores da Concessionária** • Instalar novos computadores • Instalar novas impressoras • Instalar novos dispositivos portáteis • Configurar/testar hardware e rede **3. Aplicativo de Serviços e Reparos para dispositivos Móveis** • Realizar esforços das TBP nos processos de dispositivos móveis • Desenvolver o recurso de registro e login do cliente • Desenvolver o recurso "Agende um Horário" • Desenvolver o recurso "Empreste um Carro" • Testar/revisar o aplicativo de serviços e reparos para dispositivos móveis • Lançar o aplicativo de serviços e reparos para dispositivos móveis	**3. Aplicativo de Serviços e Reparos para Dispositivos Móveis - (continuação)** • Desenvolver notificações de "Enviar Progresso do Reparo" • Desenvolver o recurso "Visualização de Cobrança" • Desenvolver o recurso "Pesquisa de Feedback Push" • Desenvolver o recurso "Oferecer Cupons/Descontos na Próxima Visita" • Desenvolver o recurso "Notificações Push para Avisar sobre o Próximo Serviço" • Testar/revisar o aplicativo de serviços e reparos para dispositivos móveis • Lançar o aplicativo de serviços e reparos para dispositivos móveis • Solicitar feedback dos clientes • Incorporar feedback ao aplicativo para dispositivos móveis **4. Treinamento de Atendimento ao Cliente para Agentes de Serviços** • Determinar o fornecedor do treinamento • Negociar e assinar contrato • Agendar as aulas do treinamento • Realizar as aulas do treinamento
Ano 1: Versão 3 do MVP do 3º Trimestre	**Ano 1: Versão 4 do MVP do 4º Trimestre**
5. Atualização do Sistema do Programa de Empréstimo de Carros (LCP) • Instalar o novo software do sistema • Configurar o novo software do sistema • Testar o novo software do sistema	**5. Atualização do Sistema do Programa de Empréstimo de Carros (LCP) - (continuação)** • Realizar uma análise de lacunas nos recursos e nas funcionalidades • Revisar/atualizar os processos LCP (se necessário) • Conduzir o treinamento dos processos LCP (se necessário) • Lançar o novo sistema LCP

Conclusão

Liderar por toda a empresa significa passar um tempo desenvolvendo sua estrutura de tomada de decisão estratégica centralizada, a fim de que você possa capacitar todos na sua empresa Lean para tentarem alcançar seus objetivos estratégicos. Ao identificar sistematicamente suas oportunidades competitivas que são concluídas através do desenvolvimento de planos táticos e tarefas operacionais, você acaba construindo uma organização que permite que todos participem do processo de definição do percurso e posterior cumprimento da sua visão. Todas as atividades que uma empresa Lean realiza devem estar vinculadas aos seus objetivos estratégicos. Caso contrário, não há razão para realizá-las. Dessa maneira, os desperdícios são eliminados e apenas as atividades que agregam valor são realizadas para cumprir sua missão e transformar sua visão em realidade.

Quando as empresas não dedicam um tempo para desenvolver suas estruturas, gera-se um desvio organizacional: a organização segue sem rumo, sem direção, esperando que as atividades que realiza resultem, de alguma forma, em valor agregado. As liberações de produtos/serviços se tornam um grupo aleatório de atividades não relacionadas que podem ou não agregar valor. Ter esperança não significa ter estratégia, e, quando os líderes de todos os níveis da empresa Lean se abstêm das tomadas de decisões difíceis necessárias para desenvolver um plano combinado, eles não estão se ajudando, muito menos ajudando a sua equipe. Com frequência, essa incapacidade que eles têm de tomar as decisões difíceis não significa que essas decisões não foram tomadas. Nessa situação, a responsabilidade de tomar essas decisões recai sobre os gerentes táticos, os líderes de equipes operacionais ou até mesmo sobre as próprias equipes do *gemba*, e a empresa continua existindo. Se o que uma organização realmente busca é gerar e agregar valor, a liderança em todos os níveis deve ser responsabilizada. Afinal, você nunca entraria em um navio ou em um avião se soubesse que o capitão ou os pilotos não pretendiam realizar seu trabalho naquele dia — ou, pior ainda, que não estavam totalmente comprometidos para ter um cruzeiro ou um voo seguro e bem-sucedido... não é mesmo? As pessoas que seguem os líderes esperam que eles liderem. Ponto final!

Portanto, se pensarmos bem, quando a liderança de uma empresa não desenvolver seu "Norte Verdadeiro Corporativo" e traçar seu percurso de antemão, estarão de alguma forma dizendo: "Desculpe, equipe... vocês terão que se virar sozinhos. Estamos fora da jogada. Boa sorte!" Parece ridículo, mas, quando se está no meio do mar ou a 10 mil metros de altitude, é motivo de pânico. Como líder Lean, você deve responsabilizar a si mesmo e aos outros líderes para fornecer à sua tripulação um plano para atuar internamente e poder tomar boas decisões táticas e operacionais. Dessa forma, se enfrentarmos uma tempestade ou atingirmos uma forte turbulência exigindo que a tripulação altere levemente o percurso ou ative o sinal de afivelar o cinto de segurança, as decisões que eles tomarem nessas situações serão fundamentadas em fatos e serão bem informadas.

Não subestime o poder de desenvolver sua estrutura de tomada de decisão estratégica centralizada, porque, no final das contas, também alimenta a tomada de decisão descentralizada por meio de capacitação e transparência, levando ao objetivo final de gerar e agregar valor ao cliente e à empresa.

Uma das melhores maneiras de gerar esse tipo de valor é inovando, foco do próximo capítulo: liderança da inovação.

CAPÍTULO 7

Liderança da Inovação

A inovação é a força vital da empresa Lean. E ela deve ser usada com energia e entusiasmo para garantir que todos em sua organização saibam muito bem que devem gerar disrupção na concorrência e no mercado. Isso significa desenvolver e executar um sólido programa de inovação para entender como encontrar e antecipar as mudanças, em seguida adotar e aprender a explorar as oportunidades inevitáveis que ela traz a você e à empresa Lean.

Este capítulo discute o significado da inovação e de ser disruptivo de verdade como líder Lean. Abordaremos as qualidades da inovação, as fontes comuns de disrupção e as maneiras de aproveitar essas coisas como vantagem estratégica através do uso de *design thinking*, programas de voz do cliente e Lean Canvas.

Luta Contra a Extinção Através da Inovação

A inovação é ilusória. Um estudo recente conduzido pela Altimeter (uma famosa organização de pesquisa) descobriu que a baixa alfabetização digital está restringindo o escopo e a extensão da inovação,[1] mesmo que os clientes tenham passado a usar a internet há mais de 20 anos. Essa pesquisa mostrou que apenas 40% das empresas atuavam com um comitê diretor composto por executivos[2] responsável por introduzir a inovação e realizar a transformação organizacional, mesmo com a Internet das Coisas (IoT) começando a permear em todos os cantos do mundo. Os clientes estão exigindo cada vez mais o rápido desenvolvimento e lançamento de novos produtos/ serviços que satisfaçam seus constantes desejos incontroláveis por novos recursos e funcionalidades inovadores, de uma maneira nunca vista antes. Esse é um triste co-

---

[1] Brian Solis e Aubrey Littleton, Aubery. "The 2017 State of Digital Transformation", The Altimeter Group, outubro de 2017, 4.

[2] Ibidem, 5.

mentário sobre a situação da indústria hoje, e é sua responsabilidade como líder Lean desenvolver a capacidade da empresa Lean para evoluir com cada era.

Muitas empresas ainda estão muito concentradas em cortar custos como um meio de sobreviver, em vez de identificar a visão e a proposta de valor de seus produtos ou serviços e, depois, desenvolver uma missão concreta para alcançar essa visão e gerar valor para o cliente, para os stakeholders e para a empresa. Apesar do sucesso de empresas como o Facebook e a Amazon, que perderam milhões de dólares em seus primeiros anos, Mark Zuckerberg e Jeff Bezos se concentraram em atender as vontades, necessidades e/ou desejos não correspondidos dessa nova base de clientes. O mantra dessa nova geração de líderes é "crie produtos e serviços que os clientes considerem úteis e valiosos, e os lucros serão uma consequência". O foco na geração de valor e o redirecionamento da força de trabalho de uma empresa para agregar esse valor de maneiras novas e inovadoras representam o surgimento de uma nova abordagem de fazer negócios, na qual a inovação e a velocidade de entrada no mercado são o principal objetivo, e a disrupção, o resultado final buscado.

A Inovação Não é Nenhuma Novidade!

Toda essa conversa sobre inovação pode parecer um assunto recente, mas está longe disso. A importância da inovação foi codificada em 1985 por Peter F. Drucker em seu livro seminal *Inovação e Espírito Empreendedor*, no qual ele escreveu:

> A inovação é a ferramenta específica do espírito empreendedor, o meio pelo qual eles exploram a mudança como uma oportunidade para um negócio diferente ou um serviço diferente. Ela pode ser apresentada como uma disciplina, pode ser aprendida, pode ser praticada. Os empreendedores precisam buscar propositadamente as fontes de inovação, as mudanças e seus sintomas que indiquem oportunidades para uma inovação de sucesso. E eles precisam conhecer e aplicar os princípios da inovação de sucesso.[3] [em tradução livre]

Quase quatro décadas atrás, o autor identificou o cerne da inovação: explorar a mudança e encará-la como uma oportunidade e não como nosso maior inimigo. Hoje, ser alfabetizado digitalmente é visto como o ponto vital da inovação, mas trata-se apenas de uma única peça desse quebra-cabeça. Competir no mercado de hoje significa ter uma estratégia abrangente que suporte sua posição competitiva.

Não se trata apenas de ser uma empresa *business-to-business* (B2B) ou *business- -to-customer* (B2C). Trata-se de ser omnichannel e abordar seus negócios de uma perspectiva estratégica, tática e operacional. O problema é que nos deixamos enganar pela "alfabetização digital". Alguns líderes adotaram esse termo como se fosse algum

---

3   Peter F. Drucker, *Innovation and Entrepreneurship: Practices and Principles* (Nova York: Harper and Row, 1985), 19.

tipo de santo remédio ou salva-vidas. É como se até desse para ouvi-los dizendo: "Se ao menos pudéssemos dominar a *alfabetização digital*, tudo seria tão maravilhoso em nossa organização e os nossos problemas acabariam!"

Para competir em escala global, os líderes Lean devem ser ousados e inovadores, explorando e expandindo seus vários canais de vendas, distribuição e experiência do cliente. Eles podem fazer tudo isso apenas reconhecendo como impulsionar e combinar as formas tradicionais e digitais de marketing, vendas, suporte e operação de uma empresa do século XXI.

Definição das Qualidades da Inovação

O que é inovação de verdade e quais qualidades ela possui? Essa é uma pergunta difícil. Com tanta atenção em cima desse assunto nos últimos anos, parece até que seria mais fácil responder agora. Quando os especialistas definem a inovação, geralmente discutem as qualidades ou características daqueles que procuram inovar, ou sugerem métodos a serem usados ao inovar. No entanto, esses tipos de discussões não chegam de verdade no X da questão sobre o que é necessário para ter sucesso no jogo da inovação. Acredito que ter sucesso no jogo da inovação envolve sete coisas.

Pensamento humano

A inovação deve alavancar o pensamento humano. Ela deve colocar o cliente no centro de todos os seus esforços, fazendo dele o foco da razão pela qual você deseja inovar antes de mais nada. Você deve criar uma imagem do seu cliente ideal para poder realmente projetar e desenvolver produtos/serviços que sejam do interesse dele. Você não deve pensar no cliente como símbolo de dinheiro — seus clientes perceberão na hora qualquer tentativa de tentar empurrar um produto/serviço inacabado para eles.

Não é uma tarefa fácil, pois as pessoas são criaturas únicas. Porém, elas possuem as mesmas características coletivas que podem ser identificadas e alavancadas, por tipo de cliente e dentro de um contexto específico, ao criar e desenvolver produtos/serviços. Você pode empregar técnicas de design participativo para trazer o aspecto humano ao processo de criação.

Mas não podemos confundir *human-centered design* com *design thinking* (discutido mais para frente neste capítulo). O *human-centered design* (HCD) é uma filosofia que coloca as pessoas no centro do processo de criação. O *design thinking* é um método para realizar essa tarefa. No final, trata-se de identificar os comportamentos, as motivações e as necessidades que levam as pessoas a tomar decisões de compra baseadas no "sistema de pull", da perspectiva humana.

Contexto

Resolver o problema certo no contexto certo é fundamental para ser um inovador de sucesso. Você deve prestar atenção ao contexto ou enquadramento do problema no ambiente do cliente para acertar em cheio com um novo produto/serviço inovador. Para identificar o contexto com precisão, você deve resolver a raiz do problema, e não apenas seus sintomas. Lembre-se de que existem muitas maneiras de resolver um problema. Portanto, deixe sua criatividade e imaginação correrem soltas. Trabalhe em suas hipóteses para descobrir a melhor solução.

Ao gastar energia para entender de fato o problema real em primeiro lugar, você se dá uma chance muito maior de alcançar o sucesso ao criar e desenvolver o produto/serviço certo, a fim de resolver o problema certo no contexto certo.

Colaboração

O espírito inovador da empresa Lean prospera quando as pessoas trabalham juntas de forma colaborativa. Tornar a sua equipe holística, incluindo a representação de todos os departamentos — incorporando aqueles que vão projetar, desenvolver, comercializar, vender e oferecer manutenção e suporte ao produto/serviço assim que for lançado no mercado — gera uma equipe com muitas perspectivas diferentes.

A diversidade gera criatividade. Ao reunir em uma sala um grupo de pessoas com diferentes visões ou perspectivas para resolver um problema, podemos aproveitar o poder da consciência coletiva. Todas as crenças, experiências, comportamentos, pensamentos e motivações de seu cliente em potencial são representados ali mesmo na sala com você, através da diversidade inerente da sua equipe.

Processos iterativos e incrementais

A inovação, por sua própria natureza, acolhe a experimentação. A menos que você realmente desenvolva alguma coisa, como um protótipo em funcionamento que você pode colocar nas mãos de seus clientes, é impossível perceber o que funciona ou não. Essa é a única maneira de descobrir se acertou em cheio ou se precisa voltar ao rascunho e tentar novamente.

Dar aos inovadores liberdade de inovar através da experimentação é o maior presente que se pode conceder a eles. Portanto, se você tiver essas pessoas em sua organização, dê a elas tempo e espaço para inovar de forma iterativa e incremental. Ou, se você for uma delas, descubra quem o apoiará em sua busca para "fazer a mais nova grande invenção". Em seguida, estabeleça uma parceria com eles para começar a criar! É assim que a inovação acontece.

Tolerância a falhas

A falha é uma parte inerente do processo de aprendizagem e deve ser vista como uma descoberta de mais um modo com o qual algo não dará certo enquanto continuamos fazendo experimentos para chegar à solução real. A falha é uma oportunidade de aprender e crescer e desenvolver outras maneiras mais viáveis de resolver o problema. Armado com o mais novo conhecimento que acabou de obter, você pode tentar várias vezes, se necessário. A inovação é um processo iterativo de circuito fechado que oferece aprendizado pouco a pouco enquanto seguimos. Tire proveito dela e aprecie os aprendizados que ela proporciona.

Pessoas de Fibra

Muitos anos atrás, minha mãe me apresentou o termo "pessoas de fibra". Ela o usava para descrever as pessoas a quem admirava pela garra, tenacidade, determinação, coragem e convicção inabalável de alcançar o sucesso em qualquer coisa que quisessem. Se você não é uma pessoa de fibra, é melhor ficar de fora e não entrar no jogo da inovação. A inovação vem com uma série de altos e baixos para testar a sua paciência, resolução, força de vontade, perseverança e convicções.

Por outro lado, se você fica animado com a ideia de um bom desafio e sua mente se concentra profundamente no sucesso de longo prazo, então, meu amigo, definitivamente fique pronto e entre no jogo. E lembre-se sempre de que a inovação deve fazer parte do seu DNA.

Disrupção

A inovação, por sua própria natureza, é disruptiva. Ela desafia o *status quo* por não aceitar a noção de que é assim que as coisas são e que não há como mudar. Ser disruptivo envolve um ciclo constante de aprendizagem que brota de nossa natureza como seres curiosos que observam, pensam, raciocinam e aprendem questionando as coisas — e depois descobrem como melhorá-las. Uma mente disruptiva é muito poderosa para se aproveitar bem e cultivar. A inovação é o processo de descobrir novas maneiras de fazer as coisas e torná-las melhores do que antes. Mas tudo começa com uma mente disruptiva que passa muitos ciclos mentais pensando em como melhorar as coisas para todos nós.

Pense com uma Mente Disruptiva

Os líderes Lean lideram a mudança. Se você adquiriu o hábito de procurar oportunidades para gerar disrupção, estará sempre preparando a si mesmo e a empresa Lean para aproveitá-las e explorá-las. Você está constantemente olhando para o futuro em busca da próxima grande oportunidade de disrupção. Observar as tendências em seu setor e ambiente, conversar com seus colegas para obter as perspectivas deles, ficar de olho na economia global e para onde ela está indo — todas essas são formas de se manter por dentro das possíveis fontes de disrupção. Ser disruptivo é uma postura proativa quando o assunto é prever mudanças, porque a mudança é a essência da disrupção. Como líder Lean, você deve aprender a identificar as tendências e reagir a elas antes que elas sejam impostas a você e à sua organização.

Não há como desacelerar ou frear a mudança. A melhor estratégia é ultrapassá-la, porque assim você estará à frente de seus concorrentes, tendências negativas, desacelerações e condições ambientais. Pensar com uma mente disruptiva é uma arte que você deve aperfeiçoar como líder Lean para se manter relevante em seu mercado e à frente da concorrência. Quanto mais cedo perceber esse fato, mais cedo verá que é bom haver mudanças.

Análise das Fontes de Disrupção

Esta seção explora seis áreas nas quais você pode tentar gerar disrupção ou, por outro lado, receber a disrupção vinda delas. Dar foco nessas áreas e fazer muitas perguntas a si mesmo são os primeiros passos importantes para prever e se preparar para as mudanças.

Mercado/setor

Sua área de atuação é o primeiro lugar em que a disrupção pode ocorrer. Entender o que está acontecendo em seu próprio quintal é de extrema importância para ficar à frente da curva de disrupção, não apenas a nível local, mas até global. As tendências e os padrões em ascensão e queda afetam a maneira como você atua no futuro próximo a distante. Entender que seu mercado e setor possuem esses aspectos multidimensionais permite a você que veja e defina medidas proativas de maneira clara para permanecer competitivo e liderar dentro de seu setor.

- O que está acontecendo no seu mercado? Regionalmente? Globalmente?
- O que a sua concorrência tem feito no seu mercado/setor?
  — Eles introduziram um novo produto/serviço?
  — Qual é o impacto que ele tem sobre sua fatia de mercado?
  — O que você vai fazer com relação a isso?
- Existe uma tendência ou padrão se desenvolvendo no futuro?
  — Foi desenvolvido a ponto de impactar seu mercado agora?
  — Como você vai reagir a isso?
- Em que condição está o seu mercado?
  — Subindo? Acelerando? No auge? Despencando?

- Que coisas você deve iniciar/encerrar/manter para lidar com as mudanças?
- Você é visto como um líder ou um atraso de vida?
    - Você define tendências ou as segue?
    - Se você está para trás, quais são seus planos para tirar o atraso?
    - Se você é um líder, como pretende ficar à frente da concorrência?

Tecnologia

Hoje em dia, toda empresa é uma empresa de tecnologia. Compreender e explorar as tecnologias emergentes é uma necessidade que veio para ficar. Portanto, ficar à frente da tecnologia e aproveitar as oportunidades que ela traz para gerar disrupção na sua concorrência e na maneira com a qual você faz negócios é bem óbvio a essa altura do campeonato.

- O que está acontecendo no seu setor com relação à tecnologia?
    - Novas inovações?
    - Coisas sendo desenvolvidas no futuro?
- Quem está adotando essas novas tendências?
    - Como você competirá com eles?
- Como você planeja explorar a tecnologia para ganhar vantagem competitiva?
    - Existe uma tecnologia com potencial para gerar uma disrupção completa no seu mercado? Suas linhas de produtos/serviços?
    - Existem contramedidas que você pode adotar para compensar esse impacto?
- O próximo e novo desenvolvimento de "TI" do momento é apenas um modismo ou terá algum poder de vir para ficar?
    - Seus concorrentes vão explorá-lo ou evitá-lo?
    - Existe uma janela de oportunidade tecnológica aberta para você que poderá se fechar em breve?
    - Qual a probabilidade de sua concorrência explorá-lo para ganhar participação de mercado?

Economia

A tecnologia fez o mundo encolher, e o que acontece em uma parte do mundo, de uma perspectiva econômica, pode muito bem afetar outras economias do outro lado do globo. Há um efeito dominó em jogo aqui, e não se pode mais ignorar acontecimentos distantes. Ao prestar atenção à economia a todos os níveis, poderá lidar melhor com a disrupção causada pelas mudanças econômicas locais e internacionais.

- Em que direção a economia está indo? Crescimento, colapso ou *status quo*?
    — Como você deve se preparar para uma eventual desaceleração/recuperação?
- O que os mercados de ações estão fazendo nos EUA? Na Europa? Na Ásia? No mundo todo?
    — Otimista? Pessimista?
    — Como isso afetará seus clientes e a capacidade deles de comprar seus produtos/serviços?
- Houve um desastre natural que afetará o fornecimento de uma mercadoria ou ingrediente do produto que seja fundamental?
    — Como isso afetará sua cadeia de suprimentos? Existem outras opções disponíveis para você?

Clima político

Entender o que se passa do ponto de vista político expande seu campo de visão disruptivo para áreas que às vezes podem permanecer ocultas e nas sombras, para acabar criando situações que surgem de última hora, quando menos se espera e quando é tarde demais para reagir.

- O que está acontecendo na política a nível local, regional, estadual e federal?
- Existem novas leis e/ou regulamentos que você precisa cumprir?
    — Existem maneiras de explorá-los a seu benefício?
    — Que tipo de esforço/custo você precisará empregar para ser/permanecer em conformidade?
- O que está acontecendo no cenário mundial?
    — Existe agitação política? Novos partidos ou líderes chegando ao poder em lugares distantes que podem afetá-lo?
    — Existem novas visões de mundo tomando forma?

Força de trabalho

Você deve levar em consideração sua força de trabalho para garantir sua sobrevivência contínua. Os funcionários adequadamente qualificados e treinados, juntamente com estratégias sólidas de aquisição de talentos e gestão de desempenho, são necessários para alcançar sua visão, missão e proposta de valor.

- O que os membros da sua força de trabalho atual valorizam?
    - Eles são intrinsecamente ou extrinsecamente motivados?
    - Essa tendência vai continuar? Há mudanças no futuro?
- E os aspectos geracionais da sua força de trabalho?
    - A composição da sua força de trabalho está mudando devido a desligamentos? Aposentadoria?
    - Você está pensando em planejamento de sucessão?
    - Você está preparado para treinar a próxima geração de líderes? Ou funcionários?
- Como eles querem ser liderados?
    - Comando e controle? De maneira autônoma? Algum lugar no meio disso?
    - Como você vai treinar seus líderes atuais para se adaptarem a qualquer tendência ou mudança no futuro?
- A diversidade é apoiada e incentivada?
    - Sua força de trabalho reflete sua composição atual e potencial de clientes?
    - Existe paridade de gênero, e segue-se a linha de salários iguais para trabalhos iguais?
- Suas estratégias de aquisição de talentos e gestão de desempenho incentivam as pessoas a ficarem ou a saírem?
    - Qual é sua taxa de retenção? E de desligamento?
- O que dizem por aí sobre você como empregador?
    - Bom? Mau? Indiferente?
    - Você tem um plano para corrigir algum problema de percepção, real ou percebido?

Empresa Lean

Por fim, você deve examinar e avaliar o que está acontecendo dentro da sua organização. Você precisa posicionar sua empresa para obter sucesso contínuo e ser proativo ao ajustar o percurso no futuro próximo para manter sua vantagem competitiva.

- Existem inovadores em ascensão bem debaixo do seu nariz?
    - O que eles pensam sobre o seu futuro e sobre as perspectivas gerais da empresa?
    - Eles possuem ideias disruptivas que você pode apoiar?
    - Se você financiou as ideias deles, qual seria o custo e os resultados?
    - Ela resultaria em um novo produto/serviço que poderia ser lançado no mercado?
    - Ela expandiria sua presença de mercado ou abriria novas portas?
- Seu modelo operacional ou organizacional está ultrapassado? Eles estão prontos para a transformação para acompanhar os tempos?
    - Eles diminuem a sua capacidade de tomar decisões rapidamente em resposta à mudança?
    - Você está preso em silos sem saída que não promovem a colaboração e a inovação?
    - Existem feudos ou comportamentos contraproducentes que precisam ser quebrados?
    - Os diferentes departamentos apoiam ou dificultam o progresso um do outro?
        - E o progresso da empresa como um todo? Está sendo impactado por esses comportamentos?

Essas perguntas têm como objetivo fazer você pensar em todas as maneiras que as mudanças podem afetá-lo, mas elas não são uma lista exaustiva. Agora, espero que você perceba que deve reconhecer e gerenciar proativamente as mudanças. Qualquer um dos fatores que acabamos de abordar pode ser a fonte da próxima grande onda de disrupção em seu mercado, setor, economia, ambiente ou no mundo. Você vai explorá-lo ou se encolher e enfraquecer dando-se por derrotado? A escolha é somente sua. E lembre-se, escolher não agir também é uma escolha. Será que a sua concorrência fará a mesma escolha?

Além disso, você ainda acha que pode controlar os efeitos da mudança? Porque tentar controlar esses efeitos é uma ilusão. Pensar que pode controlá-los acabará levando você à extinção corporativa. Faça a escolha agora de reagir proativamente às mudanças que esses fatores podem trazer e veja-os como realmente são: oportunidades no horizonte!

Encontre a Disrupção na Voz do seu Cliente

Para criar produtos/serviços inovadores de natureza disruptiva, você deve entender para quem os está criando, por que os clientes os comprariam em primeiro lugar e como serão usados. Considere as seguintes perguntas:

- Quando foi a última vez que você teve uma conversa com alguém que realmente comprou seu produto/serviço?
- Você entende de verdade por que essa pessoa tomou uma decisão de compra?
- Os seus clientes estão sendo tratados como seres humanos reais ou apenas números em uma página?
- Como é tentar encontrar algo em qualquer um dos seus canais?
- É fácil comprar algo de você? E devolver? E fazer manutenção em tempo hábil e profissional?
- Você acha que seus esforços até o momento renderam uma conexão com seus clientes? Eles concordariam com você?

Atrair, adquirir e manter seus clientes é uma questão de conexão. As pessoas compram bens e serviços de pessoas e empresas que criam e provocam sentimentos de conexão positiva. Nosso mundo conectado globalmente levou à ascensão do cliente empoderado. Hoje, existem muitas opções para o comprador mais experiente. Determinar o que é e o que não é importante para os clientes pode construir ou destruir seu produto/serviço desde o início. Existe uma melhor maneira de formar uma conexão do que simplesmente entrar em contato e perguntar a eles? De acordo com uma pesquisa conduzida pelo Aberdeen Group (uma empresa internacional de pesquisa de experiência do cliente),[4] os líderes que têm uma experiência do cliente engajada e o melhor programa de voz do cliente (VoC) registram quase dez vezes mais aumentos em relação ao ano anterior na receita anual da empresa em comparação com todos os outros. Eles também:

- Desfrutaram de taxas de retenção de clientes 55% maiores;
- Tiveram uma redução média de 23% nos custos de atendimento ao cliente em relação ao ano anterior;
- Publicaram taxas de engajamento de funcionários 292% maiores.

---

4 Omer Minkara, "The Business Value of Building a Best-in-Class VOC Program," The Aberdeen Group, abril de 2015.

Um programa de VoC descreve as necessidades de seus clientes, da perspectiva deles, captando o que eles estão dizendo sobre sua empresa, produto ou serviço. Ele tem como objetivo reservar um tempo para ouvir seus clientes antigos, atuais e futuros, para que você possa se conectar e engajar com eles em todos os pontos de contato que compõem sua experiência do cliente (CX). É assim que você descobre quais são os seus produtos/serviços que eles desejam comprar e consumir. Confirmar as vontades, necessidades, desejos, percepções, preferências e expectativas de seus clientes é essencial para desenvolver uma estratégia holística com foco no cliente, para que você tenha certeza de que está desenvolvendo os produtos/serviços certos, no momento certo, para atender as necessidades certas. Uma *necessidade* nada mais é do que uma descrição, nas próprias palavras do cliente, do benefício a ser atendido por seu produto/serviço em potencial.[5]

Mas uma necessidade não é uma solução, porque os clientes geralmente descrevem as necessidades na forma de características, preferências ou expectativas de um produto/serviço em potencial. Por isso, nos estágios iniciais do seu VoC, é melhor não se concentrar em solucionar as necessidades que eles expressam. Ao fazer isso você pode perder ideias disruptivas ou maneiras criativas de resolver os problemas deles.

A ideia é melhorar seus produtos/serviços, bem como todas as etapas da experiência do cliente. No geral, um programa de VoC ajuda a:

- Avaliar novos conceitos, ideias inovadoras e soluções líderes de mercado e disruptivas;
- Personalizar seus produtos/serviços, complementos e recursos para atender às necessidades e desejos de seus clientes atuais e futuros;
- Aumentar as taxas de retenção e aquisição de clientes;
- Atender seus clientes com produtos/serviços que eles realmente querem, precisam e desejam comprar e consumir;
- Identificar as possíveis crises da marca por meio de sinais de alerta antecipados, com base nas movimentações de mercado ou mudanças nas estratégias dos concorrentes.

A implementação de um programa de VoC em andamento requer esforço contínuo e está profundamente enraizada nos princípios de melhoria contínua Lean. Se você deseja ser uma organização com foco no cliente, aquela que traz produtos/serviços disruptivos ao mercado, esse ciclo de feedback deve se tornar uma parte inestimável do processo de inovação, além de gerar e intensificar a fidelidade do cliente. Ela tam-

---

5   Abbie Griffin e John Hauser, "The Voice of the Customer," *Marketing Science* 12, no. 1 (Winter 1993): 4.

bém atua para manter as taxas de perda de clientes baixas e as pontuações líquidas de promotores altas.

Coletar e analisar informações e feedback de muitas fontes diferentes, como marketing, operações, análise de dados de clientes e pesquisa de concorrentes, pode ser uma tarefa bastante assustadora, especialmente se for a primeira vez que se faz uma análise de VoC. Mas, quando terminar, ela fornecerá uma grande quantidade de dados e informações importantes, incluindo:

- Quem são seus clientes;
- Quais vontades, necessidades e/ou desejos eles mais esperam ser correspondidos;
- Quais são as várias jornadas, pontos de contato e conexões na experiência do cliente;
- Como priorizar onde seus esforços terão maior impacto.

Sete Etapas para Realizar uma Análise de Voz do Cliente (VoC)

Esta seção descreve as sete diferentes etapas que você pode usar para realizar essa tarefa.

Etapa 1. Conduza entrevistas de VoC

A primeira etapa, e provavelmente a mais importante, é conduzir as entrevistas de VoC. Para manter o foco, você deve desenvolver um questionário padrão para que haja consistência nas descobertas com a entrevista. É melhor se limitar a um total de 10 a 15 perguntas abertas que gerem conversa durante uma sessão de uma hora. As perguntas devem ser consideradas um ponto de partida, mas muitas vezes durante as entrevistas as respostas recebidas podem levar a uma direção completamente diferente, o que não tem problema, já que não há respostas certas ou erradas. Lembre-se de que você está lá para coletar informações, e não para conduzir um inquérito policial. Gosto de ter certeza de que passei por todas as perguntas para poder fazer uma comparação justa ao analisar os dados. Normalmente, acabo utilizando não mais que 12 perguntas.

Quanto às próprias perguntas, é preferível usar perguntas abertas. Por exemplo, peça aos entrevistados que se imaginem usando seu produto/serviço ou canal, fazendo compras em sua loja ou usando seu site ou um dispositivo móvel para fazer compras online. À medida que respondem, faça perguntas exploratórias que detalhem suas necessidades para obter descrições mais detalhadas. É nesse ponto que as necessidades deles se tornarão as mais específicas. Apenas perguntar o que querem não gera os resultados que você está buscando, porque a maioria das pessoas não sabe como responder a essa pergunta. Criar experiências reais e hipotéticas com as quais elas possam se identificar durante a conversa o ajudará a reunir os dados relevantes.

Em seguida, você deve identificar quem vai entrevistar. As pesquisas sugerem que uma amostra de aproximadamente 10 a 30 clientes (atuais e potenciais) tende a ser mais vantajosa, e o ideal seriam 20 clientes para identificar mais de 90% das necessidades.[6] Passar de 30 não gera nenhum benefício extra durante essa fase de coleta de necessidades. Portanto, não perca seu tempo e não se deixe ficar paralisado pelo excesso de análise de dados. Coletar 90% já é bom o suficiente. Não se esqueça que há um custo associado a esse trabalho e não é gratuito, ou seja, leve em consideração se vale a pena passar mais tempo para chegar mais perto de 100%. Somente você saberá quando fez um número suficiente de entrevistas para obter bons resultados, porque esse processo é bastante qualitativo. Essa é apenas uma sinalização para ser seguida.

A entrevista deve ser realizada por equipes de, pelo menos, duas pessoas: uma para fazer perguntas e outra para observar e fazer anotações. Também pode ser útil gravar as entrevistas. Se transcrevê-las, poderá fazer mais análises posteriormente. A transcrição também significa que você pode voltar e verificar se suas anotações refletem com precisão o que foi dito durante a entrevista. Confira sempre se os entrevistados estão cientes do fato de que estão sendo gravados; saber que estão sendo gravados é uma boa prática durante o processo de seleção, para que eles tenham a chance de optar por não participar logo de início.

Você também pode realizar discussões em grupos e minigrupos (dois a três clientes). Entrevistar grandes grupos de clientes gera ainda mais resultados enquanto você tira proveito das sinergias entre os participantes, resultando na coleta de ideias ainda mais criativas. A duração de cada entrevista deve ser de duas horas, novamente com duas pessoas liderando a entrevista.

Etapa 2. Analise as transcrições das entrevistas com os clientes para desenvolver uma lista detalhada das necessidades deles

As pesquisas mostram que, se você conduzir de 10 a 30 entrevistas, precisará de uma equipe de aproximadamente quatro ou cinco analistas para identificar 90% das necessidades e ideias disruptivas expressas pelos clientes.[7] Lembre-se de que a composição da equipe também deve variar, originada de diferentes grupos que usarão os dados, como experiência do cliente (CX), experiência do usuário (UX), desenvolvimento de produtos/serviços, marketing, vendas, serviços, entre outros, proporcionando, assim, mais variedade de perspectivas e melhor compreensão de um conjunto maior de necessidades dos clientes. Cada analista deve passar por todas as transcrições e identificar as ideias que ouviram para obter essa lista detalhada.

---

6   Ibidem, 9.
7   Ibidem, 12.

Etapa 3. Classifique a lista por tipo de cliente ou segmento e importância

Assim que tiver sua lista detalhada, classifique-a por segmento de cliente, gerando uma "voz" completa para cada segmento. Depois, passe por cada segmento e classifique a importância das necessidades para cada tipo de cliente, tendo em mente que a importância é indicada pelo desejo de atender a essa necessidade para dado segmento.

Etapa 4. Priorize e categorize cada necessidade

Primeiro, classifique as necessidades expressas nas três categorias seguintes de necessidades do cliente:

Necessidades básicas
O que o cliente assume que a solução fará.

Necessidades articuladas
O que o cliente diz que gostaria que a solução fizesse.

Necessidades despertadas
As necessidades que, quando atendidas, representam a verdadeira inovação, surpreendendo e encantando seus clientes,[8] e gerando disrupção em seu mercado e na concorrência.

Em seguida, priorize as necessidades com base no que o cliente disse sobre cada uma delas. Essa etapa pode ser complicada, mas não se preocupe, pois a próxima será validar a sua lista priorizada de necessidades com seus entrevistados antes de prosseguir e tomar qualquer atitude.

Etapa 5. Valide suas descobertas

Antes de prosseguir, volte para os entrevistados e peça a eles que façam comentários sobre a sua lista priorizada. Organize uma entrevista de acompanhamento da mesma forma que fez antes, mas agora o foco será discutir e validar sua lista. Mostre a lista a cada entrevistado e peça a eles que analisem seus esforços de priorização, prestando muita atenção em por que e em que ponto podem surgir diferenças. Faça perguntas abertas para entender os pensamentos, sentimentos, emoções, crenças e percepções por trás de cada item da lista. Após a conclusão dessa segunda rodada de entrevistas, reúna suas descobertas para obter a lista final priorizada com as necessidades do cliente e ideias disruptivas.

---

8   Ibidem, 4.

Etapa 6. Organize as necessidades em uma hierarquia

Estruture as necessidades em uma hierarquia, formada pelos três tipos a seguir:

Necessidades primárias
São estratégicas por natureza, as 5 a 10 principais usadas para definir a direção estratégica do produto/serviço.

Necessidades secundárias
Cada necessidade primária é então decomposta em 3 a 10 necessidades táticas, definindo o que você deve fazer para satisfazer a necessidade primária ou a direção estratégica.

Necessidades terciárias
Essas necessidades são operacionais por natureza e fornecem os detalhes necessários para o desenvolvimento de soluções que atendam às necessidades secundárias.

Depois de concluir essa etapa, você terá todas as instruções para prosseguir e poderá determinar como atender a cada uma das necessidades.

Etapa 7. Determine como atenderá a cada necessidade

Os dados de VoC podem ser usados de várias maneiras para atender às necessidades do cliente. Você pode instituir um novo canal para ampliar e aprimorar a experiência do cliente ou desenvolver uma nova campanha de marketing para informar aos clientes que você está oferecendo uma solução. Você pode usar seus dados como entrada para desenvolver atributos de criação para um novo produto/serviço disruptivo. Para responder a uma necessidade não correspondida e trazer uma nova ideia inovadora ao mercado, cabe a você determinar a melhor forma de usar os dados obtidos.

Existem inúmeras outras maneiras de coletar feedback dos clientes além de comprometer seu tempo e dinheiro para realizar uma análise de VoC. Aqui estão várias opções:

Pesquisas e avaliações de clientes online/offline
É muito mais fácil reunir pesquisas e coletar dados online ou offline do que investir todo o tempo, esforço e dinheiro com entrevistas ao vivo (o método mais caro de VoC). Mas lembre-se de que as pesquisas geralmente são preenchidas apenas por clientes insatisfeitos que não tiveram uma boa experiência, ou seja, pode ser que os resultados sejam ou tendam a ser mais baixos.

Bate-papo ao vivo
Conversar com os clientes enquanto eles visualizam seu site pode ser uma ótima maneira de coletar seus dados. De acordo com um estudo realizado pela Forres-

ter,[9] 44% dos compradores afirmaram achar que o melhor recurso de um site de e-commerce é a possibilidade de conversar com alguém para obter ajuda ou respostas às suas perguntas de imediato. Ao analisar as sessões de bate-papo, você pode descobrir quais perguntas eles costumam fazer, sobre quais produtos eles têm mais dúvidas e se estão procurando algo que você não tem para oferecer, como uma maneira de determinar outras necessidades não correspondidas dos clientes durante uma visita ao seu site. Você também pode fazer o acompanhamento através de uma pesquisa por e-mail para fazer perguntas mais específicas e obter um feedback mais completo e direcionado para outras análises a serem feitas.

Redes Sociais

As plataformas de rede social como o Twitter, o Facebook e o LinkedIn são ótimas fontes de feedback direto do cliente. Você pode escolher ouvir rapidamente em segundo plano ou participar ativamente da conversa. Cabe a você determinar a melhor forma de aproveitar essas redes sociais para coletar outras necessidades dos clientes e feedback sobre produtos/serviços.

Sites

O que seus clientes fazem quando visitam seu site? Ao analisar esse comportamento, é possível obter uma grande quantidade de informações sobre o que eles gostam ou não. Você pode verificar como eles chegaram até o seu site, por quanto tempo eles permaneceram lá, em que parte do site permaneceram, se compraram alguma coisa e quando saíram. Fazendo uso de ferramentas como o Google Analytics, é possível coletar e analisar esses dados.

Avaliações de clientes online

Esse tipo de avaliação pode ser uma fonte de feedback imparcial e espontânea dos clientes. Os sites norte-americanos como Angie's List, Yelp, TrustRadius, ConsumerReports.com e Better Business Bureau podem fornecer esse tipo de informação. Mas esteja preparado para ver comentários positivos e negativos que possam ser justificados ou não. Se for desenvolvido um padrão e os mesmos problemas, questões e preocupações continuarem surgindo, você terá trabalho a fazer sobre a qualidade do seu produto/serviço. Porém, mais uma vez, a natureza humana entra em cena com os sites como Angie's List e Yelp, nos quais uma avaliação ruim pode ter surgido de um cliente que está tendo um dia de cão ou pode até ter sido inventada pela concorrência. Os sites como Amazon e Yelp estão tentando desvendar as avaliações falsas verificando a compra através do uso de algoritmos de inteligência artificial, o que é uma boa jogada e que deve ser explorada para você saber mais enquanto segue adiante.

---

9   Diane Clarkson, com Carrie Johnson, Elizabeth Stark e Brendan McGowan, "Making Proactive Chat Work: Maximizing Sales and Service Requires Ongoing Refinement", Forrester, 4 de junho, 2010.

Dados de chamadas gravadas

A sua central de atendimento representa um tesouro de informações e feedback dos clientes. Ao analisar por que os clientes fazem as chamadas, como falam sobre seu produto/serviço e que tipo de objeções ou preocupações têm, você chega a fundo nas percepções de qualidade da marca e do produto/serviço.

E-mails

Enviar e-mails personalizados ou padrão é uma maneira fácil de obter feedback de seus clientes. Basta estar preparado para uma taxa de resposta relativamente baixa, semelhante à do envio de pesquisas, já que é fácil para os clientes atuais e potenciais ignorarem esse tipo de consulta.

A coleta dessas informações é apenas o primeiro passo. Em seguida, você deve tomar medidas para melhorar seus produtos, serviços e experiências do cliente. Coloque os dados de volta na estratégia de experiência do cliente, no direcionamento da ideação e nas práticas de desenvolvimento de produtos para garantir que você esteja respondendo proativamente aos clientes atuais e potenciais. Seu objetivo geral em envidar todos esses esforços tem duas frentes. Primeiro, você deseja melhorar as taxas de aquisição, retenção e satisfação dos clientes e criar relacionamentos mais fortes e duradouros com seus clientes atuais, enquanto atrai novos. Segundo, você deseja identificar novos produtos/serviços inovadores que possa criar e desenvolver para gerar disrupção em seu mercado e na sua concorrência para aumentar e manter/reter sua vantagem competitiva.

A próxima seção analisa como aproveitar esses dados para melhorar a satisfação do cliente e como fazer para criar produtos/serviços inovadores que atingirão esses objetivos.

Como Alcançar o Sucesso Através da Inovação

A inovação de novos produtos/serviços é fruto da cultura moderna. Há muita vontade de se ter um novo produto/serviço inovador após o outro, à medida que a tecnologia continua evoluindo a um ritmo surpreendente. A inovação se tornou a regra e agora é uma expectativa do cliente para empresas que competem em nossa economia global. No entanto, um estudo realizado pela Associação Norte-Americana de Desenvolvimento e Gerenciamento de Produtos (PDMA) descobriu que as taxas de falhas variavam entre os setores, de 35% na área da saúde a 49% em bens de consumo,[10] embora algumas fontes citem uma taxa muito mais alta de até 95%.[11] O estudo de Castellion e Markham é considerado o mais confiável até o momento, enquanto muitos outros estudos mais recentes não são respaldados por evidências empíricas. No geral, di-

---

10 George Castellion e Stephen K. Markham, "Myths About New Product Failure Rates", *Journal of Product Innovation & Management* 30 (25 de outubro, 2012).

11 Marc Emmer, "95 Percent of New Products Fail", *Inc.*, 6 de julho, 2018.

gamos que metade de todos os produtos/serviços fracassam após serem lançados no mercado. Isso significa que você tem 50% de chance de sucesso, o que faz parecer que o sucesso é obtido simplesmente jogando uma moeda para o alto.

As falhas são coisas da vida tanto para as pequenas como grandes empresas, e os líderes Lean experientes entendem que falhar faz parte para se ter um negócio. As falhas são um sinal da jornada evolutiva contínua de uma empresa e, com o tempo, elas desaparecem na história e são esquecidas. Mas há um custo associado a produtos/serviços que fracassaram, estimado em mais de US$37,5 bilhões por ano.[12] Algumas falhas são mais épicas do que outras, terminando com o início da extinção corporativa, seja muito rapidamente ou muito lenta e dolorosamente ao longo do tempo. Uma falha há muito esquecida, no valor de quase US$50 milhões, foi o primeiro computador pessoal da Apple, conhecido como LISA.[13]

Desenterrando a Falha Épica da Apple

O PC LISA foi uma ideia original de Steve Jobs, falecido cofundador e ex-CEO da Apple, em homenagem a sua filha, Lisa (na época, Jobs insistia que *LISA* significava "Local Integrated Software Architecture" [Arquitetura Local de Software Integrado]).[14] O LISA foi o primeiro PC a ter uma interface gráfica do usuário (GUI), fornecendo aos usuários a capacidade de apontar e clicar em ícones usando uma coisa chamada "mouse", que era anexado à parte de trás da máquina, em vez de digitar comandos de texto em uma linha de comando usando um teclado. Ele também vinha equipado com um dispositivo de armazenamento externo no qual os usuários podiam salvar os arquivos, conhecido como disquete (tudo isso era revolucionário na época — estamos falando do ano de 1983[15] —, mas não tem valor hoje em dia para a maioria dos usuários de computadores).

Mas, se era tão revolucionário, por que o LISA fracassou? Design, confiabilidade, custos e dados demográficos do mercado-alvo desempenharam um papel importante para o seu fim. Seu design desajeitado e sua tela pequena demais para ser considerado prático para o uso diário nos negócios foram grandes obstáculos quando comparados às torres da série IBM 80, seu concorrente na época. O design da IBM era composto por uma caixa ou torre de computador que podia ficar deitada ou em pé em uma mesa ou no chão, com um monitor monocromático de 12 polegadas separado do próprio computador. O hardware do LISA também era pouco potente e confiável e ainda era

---

12 David Keith Daniels, "Failed Product Launches Are a $37.5 Billion Problem", BrainKraft, 22 de fevereiro, 2018.
13 Martin Stezano, "They Can't All Be iPhones: The Story of Apple's Forgotten Flop", HISTORY, 29 de junho, 2017.
14 Charles McCollum, "Logan Has Interesting Link to Apple Computer History", *Herald Journal* (Logan, UT), 16 de outubro, 2011.
15 Stezano, "They Can't All Be iPhones."

propenso a superaquecer. Além disso, o preço de quase US$10.000 era muito caro para o mercado de negócios, que era o alvo desse computador. Por esse preço, não havia benefícios ou valor suficientes em comparação com o custo. No final das contas, a Apple descartou e "enterrou" silenciosamente quase 3 mil LISAs em um aterro de Utah em 1989, como uma baixa nos impostos por estoques não vendidos[16] — literalmente, um segredo "enterrado" que a Apple carrega até hoje. Veja bem, mesmo os que consideramos gigantes da inovação passam pelas falhas, às vezes em escala épica.

O lado bom dessa história foi que, quando Steve Jobs saiu do projeto LISA e partiu para o projeto Macintosh PC, ele trouxe todas essas inovações, o que contribuiu para o sucesso épico dessa máquina quando foi lançada no mercado em 1984[17] como o "primeiro" computador de interface gráfica do usuário. O Macintosh foi um divisor de águas para a Apple, aumentando sua reputação no mercado de PCs e permitindo que competisse frente a frente com as máquinas da IBM da época.

O Aprendizado com o LISA

A inovação deve ser impulsionada pela compreensão do problema real a ser resolvido. A praticidade do PC LISA não estava pronta para o mercado para o qual havia sido projetado. Com base no que sabemos agora sobre as inovações iniciais de Steve Jobs, poderíamos especular que não pensaram nem um pouco no cliente durante os quatro anos que levou para criar, construir e liberar o LISA no mercado.

Esse exemplo destaca o fato de que você deve entender como seus clientes usarão seu produto/serviço, bem como o valor inerente que deve ser óbvio para eles, que é o fator determinante para tomar uma decisão de compra. Significa também que você deve ser disciplinado para fazer a si mesmo uma série de perguntas difíceis, centradas em por que, quem, o que, onde, quando e como da ideação do produto/serviço. Se você não parar para identificar essas variáveis-chave, suas chances de sucesso com o produto/serviço diminuirão.

Ter que lidar com essas coisas desconhecidas ou não identificadas *após* o lançamento do produto/serviço não é positivo para ninguém. Se o seu produto/serviço não estiver sendo vendido, é sua responsabilidade descobrir o motivo e tomar a difícil decisão de continuar avançando, fazendo as mudanças necessárias, tornando-o mais atrativo — ou eliminando-o de vez do mercado. Talvez a campanha de marketing era fraca e seus clientes não conseguiram encontrar seu produto/serviço. Talvez a criação continha falhas e seus clientes não colheram os benefícios conforme o esperado. Talvez o preço estava muito além do orçamento do seu público-alvo. Você deve definir suas análises de dados do produto/serviço antecipadamente durante a fase de Criação, depois coletá-los e medi-los após o produto/serviço ser lançado no mercado para determinar:

---

16 McCollum, "Logan Has Interesting Link."
17 Stezano, "They Can't All Be iPhones."

- Quais resultados você esperava?
- Até que ponto o produto/serviço chegou perto das suas expectativas?
- Qual valor real seus clientes tiveram ao comprá-lo e usá-lo?
- Quais ajustes precisam ser feitos para torná-lo ainda mais atrativo para sua base de clientes?

Depois de fazer sua lição de casa, estará pronto para se concentrar em recriar e desenvolver produtos/serviços que geram valor e acabam levando ao sucesso. Vamos passar alguns minutos definindo como é essa "lição de casa" na forma de Lean Canvas.

Como Criar e Desenvolver Produtos e Serviços Inovadores e Disruptivos

A criação e o desenvolvimento de novos produtos/serviços inovadores que geram disrupção no mercado exigem a combinação de duas principais técnicas Lean que promovem e incentivam o processo de criação, desenvolvimento e lançamento iterativo e incremental. Essas técnicas são *design thinking* e Lean Startup.

Definição do Ciclo *Design Thinking* + Lean Startup

O *design thinking* é uma abordagem de baixo para cima, com foco no cliente de resolução de problemas que utiliza técnicas de *human-centered design* (HCD) para identificar e criar possíveis soluções que acabam resultando em produtos/serviços que atendem ou excedem as expectativas do cliente. Não se trata de viabilidade técnica — pelo contrário, concentra-se intensamente na usabilidade e desejabilidade do cliente e em colocar as pessoas em primeiro lugar (Figura 7-1).

Empatia com as pessoas para quem você está criando

Definição de insights e oportunidades

Ideação com técnicas de geração de ideias

Protótipo da ideia para torná-la tangível e possibilitar o teste do usuário

Teste do protótipo com clientes reais para validar sua eficácia

Figura 7-1. *O processo de design thinking*

O *design thinking* tem início quando nos colocamos no lugar dos clientes, gerando empatia por eles. Da perspectiva deles, você cria um conjunto de questões e oportunidades urgentes e gera um conjunto de soluções relevantes. Somente então estará pronto para desenvolver um protótipo em funcionamento que possa ter sua eficácia validada com base no teste realizado com os primeiros clientes que o usarem.

Por outro lado, a Lean Startup, ilustrada na Figura 7-2, concentra-se em desenvolver e testar a solução aos poucos, usando um ciclo iterativo de Construir/Medir/Aprender para desenvolver primeiro um protótipo em funcionamento e depois liberá-lo para um pequeno grupo de clientes (*adeptos iniciais*) que medem sua eficácia na resolução do problema quando usado por pessoas reais. Por fim, os resultados são analisados para saber o que funcionou e o que não funcionou através do feedback fornecido, incorporando esses dados de volta ao processo para tornar o produto/serviço ainda mais atrativo ou com maior qualidade, ou para obter maior satisfação do cliente da próxima vez. Os dois métodos são complementares e podem ser usados juntos para criar, desenvolver e liberar novos produtos/serviços disruptivos e inovadores de maneira iterativa e incremental.

Figura 7-2. *O ciclo Construir/Medir/Aprender*

Criar e desenvolver dessa maneira reduz os riscos. Ao liberar pequenas partes de um produto/serviço, conhecido como conjuntos de recursos do *produto mínimo viável* (MVP), aos adeptos iniciais, você pode testar suas suposições para descobrir o que é ou não interessante para a sua base de clientes, sem investir muito tempo, dinheiro e esforço no que eles podem não estar interessados. Os dados coletados por esse tipo de experimentação são então analisados e devolvidos ao processo durante a próxima iteração, para movimentar o produto/serviço na direção certa. Ao empregar esse método, você toma decisões baseadas em evidências analisando o feedback real do cliente em vez de usar suposições subjetivas ou de ter de esperar muito tempo para testar a demanda ou a viabilidade no mercado. Ele também inicia o período de retorno do investimento (o tempo que você leva para equilibrar o investimento) muito mais cedo, diminuindo o custo do atraso e aumentando seu fluxo de receita ao reduzir o tempo de colocação no mercado.

O cruzamento das duas técnicas Lean é mostrado na Figura 7-3, que descreve as três primeiras fases do *design thinking* (Empatia, Definição e Ideação) e ilustra como os dois métodos se cruzam durante as fases de prototipagem/construção. Lembre-se de que passar do *design thinking* para a Lean Startup é uma espécie de decisão de ir ou não ir. Tanto o problema quanto a solução são validados de uma perspectiva estratégica, garantindo que a ideia corresponda a um objetivo estratégico e represente uma oportunidade competitiva válida. Ao passar o tempo certo avaliando e aprovando a ideia minuciosamente, você determina a viabilidade de avançar para a próxima etapa: elaborar seus planos táticos e definir as tarefas operacionais necessárias para desenvolver seu primeiro produto mínimo viável.

Figura 7-3. *O ciclo design thinking + Lean Startup*

Como Aproveitar o Lean Canvas

Encontrei uma ótima ferramenta que realmente ajuda a organizar meus pensamentos ao criar e desenvolver novos produtos/serviços usando o ciclo de *design thinking* + Lean Startup. Eu a chamo de *Lean Canvas* (LPC). Ela se baseia na tese de doutorado de Alexander Osterwalder da University De Lausanne,[18] que ganhou total profundidade no livro *Business Model Generation* de Osterwalder de 2010.[19] Segundo o autor, "Um modelo de negócios descreve a lógica de criação, entrega e captura valor por parte de uma organização."[20] Ash Maurya adotou a ideia posteriormente e aplicou-a

---

18 Alexander Osterwalder, "The Business Model Ontology: A Proposition in a Design Science Approach" (PhD diss., University de Lausanne, 2004).
19 Alexander Osterwalder e Yves Pigneur, *Business Model Generation* (Alta Books, 2011).
20 Osterwalder, "Business Model Ontology," 14.

ao desenvolvimento de produtos Lean em seu livro *Running Lean* (O'Reilly).[21] Fiz mais algumas modificações nessa ideia. A Figura 7-4 esboça a minha concepção do Lean Canvas.

Canvas do Produto Lean

Data
Iteração nº

POR QUE: A Declaração do Problema	O QUE: Identificação de Valor	ONDE: Mercados e Canais-Alvo	QUANDO: Roadmap do Produto	QUEM: Identificação de Cliente/ Consumidor (Persona)
Descrever o problema a ser solucionado	Identificar o valor para cada persona	Estratégia de marketing e vendas para cada canal	Momento certo, conformidade, segurança etc. do produto	Selecionar clientes e consumidores
Concorrência Atual? Quem possui um produto semelhante?	**Precificação** Identificar a possível estrutura de precificação			**Métodos de Pesquisa Selecionados?** Voz do Cliente (VoC)? Discussão em Grupo? Observações etc.
	Receita Identificar o possível fluxo de receitas		**COMO: Desenvolvimento do Produto** Arquitetura da solução e métodos de produção	
Soluções Existentes? Pontos fortes e fracos de cada uma solucionado	**Estrutura de Custos** Custos fixos e/ou variáveis	**Principais Métricas** Como mensuro o sucesso?		**Adeptos Iniciais** Listar as características dos seus clientes ideais

Figura 7-4. *O Canvas do produto Lean*

O Lean Canvas é formado por seis partes que abordam os aspectos de por que, quem, o que, onde, quando e como da criação do produto/serviço por meio de uma série de perguntas que você vai respondendo ao preencher o Canvas.

1. Por que: A declaração do problema

A parte "Por que" do Canvas aborda as seguintes perguntas:

- Que problema estou tentando resolver?
    - — Há uma necessidade de ser resolvido?
    - — Estou sendo realista sobre a necessidade de resolvê-lo? É necessário mesmo?
- Que concorrência existe nesse mercado?
    - — Quem possui produtos/serviços semelhantes?

---

21 Ash Maurya, *Running Lean: Iterate from Plan A to a Plan That Works* (Sebastopol, CA: O'Reilly, 2012), loc. 697, Kindle.

- Quais são os pontos fortes e fracos dos produtos/serviços já existentes nesse mercado?
    — Por que estão dando certo?
    — O que não estão fazendo que justificaria outra oferta?
    — O que posso aprender com o que já está sendo feito?

2. Quem: Identificação do cliente/consumidor (persona)

A parte "Quem" do Canvas aborda as seguintes perguntas:

- Quem está interessado na solução? Quem é meu cliente?
    — Quais personas ou segmentos de clientes têm maior probabilidade de comprar e por quê?
    — Qual é o processo que devo usar para garantir que eu tenha identificado as personas corretas?
    — Será que eu entendo as experiências do cliente (CXs) enquanto eles interagem com o produto/serviço?
- Que tipo de pesquisa preciso realizar?
    — Voz do Cliente (VoC)? Discussões em grupo? Observação?
    — Já formei um grupo de usuários, conselho consultivo ou outro método para obter feedback em tempo real?
- Existe um mercado de adeptos iniciais?
    — Como vou reunir e analisar o feedback do cliente?
    — Qual é o processo para sintetizá-lo de volta ao processo de desenvolvimento?
- Existe uma diferença sobre quem *compraria* (cliente) versus *consumiria* (consumidor)?
    — Essa distinção justifica o diferencial ao criar, desenvolver e liberar?
    — Eles possuem algum ponto em comum que eu possa aproveitar nos dois?

3. O que: Identificação de valor

A parte "O que" do Canvas aborda as seguintes perguntas:

- Qual é a proposta de valor para cada persona ou segmento?
  - Quais motivadores existem para levá-los a comprar esse produto/serviço?
  - Como posso diferenciar meu produto/serviço aos olhos deles?
- Qual preço seria atrativo em relação ao valor percebido?
  - Em relação à concorrência?
  - Qual preço de entrada para o produto/serviço faz sentido?
  - Qual é a minha estratégia de preços no longo prazo?
- Que metas de valor (receita da empresa) pretendo atingir nos primeiros seis meses, ano e dois a três anos?
  - Que expectativas e previsões de valor fazem sentido e são realistas?
  - Quantas unidades precisarei vender para atingir minhas metas de valor?
  - Quantas chamadas de vendas serão necessárias para fechar um negócio e atingir essas metas?
- Quais são os custos associados à colocação desse produto/serviço no mercado?
  - Quais são os custos indiretos e diretos? Mão de obra? Materiais? Implicações legais? Marcas comerciais? Segurança? Conformidade?

4. Onde: Segmentar mercados e canais

A parte "Onde" do Canvas aborda as seguintes perguntas:

- Qual é a minha estratégia de marketing e vendas para cada segmento?
  - Devo anunciar para clientes existentes? Novos clientes?
  - Que taxa de retenção pretendo atingir durante os primeiros seis meses, um ano e dois a três anos?
  - Os clientes farão várias compras?
  - Esse novo produto/serviço será interessante para minha base de clientes existente?
- Que tipo de campanhas de marketing e vendas são necessárias para cada persona?
  - Elas são iguais ou é preciso ter alguma diferenciação?

- Como posso alcançar meu mercado-alvo com mais eficácia? Marketing de entrada versus marketing de saída? Direto? Indicação? Orgânico? Social? E-mail?
- Quais canais de distribuição existem? B2B, B2C ou outro? Digital? Físico?
- Posso integrar minhas campanhas de marketing e vendas? Vitrines em pontos de compra? Cliques online?
- Que tipo de mensagem agrada a cada persona ou segmento?
- Como vou me comunicar com eles? Com que frequência?
- Precisarei de uma força de vendas para vender o produto/serviço? Quais habilidades e conhecimentos eles precisam ter?
- Será que a minha força de vendas existente pode fazer a venda? De que tipo de treinamento eles precisam?
- A parceria com um distribuidor é uma opção viável? Em caso afirmativo, como identificarei o distribuidor certo?

- Quais métricas e/ou análises de dados posso usar para medir o sucesso ou o fracasso?
  - Quais indicadores-chave de desempenho (KPIs) e métricas são válidos?
  - Potencial de conversões de vendas (leads) de clientes reais?
  - Taxa de cliques (CTR)?
  - Visualizações de página versus taxas de rejeição? Versus vendas?
  - Indicações de mecanismos de busca?
  - Feedback direto do cliente? (Que ideia inovadora!)
  - E-mail enviado versus aberto?

5. Quando: Roadmap do produto/serviço

A parte "Quando" do Canvas aborda as seguintes perguntas:

- Quais recursos cruciais diferenciam meu produto/serviço da concorrência?
  - Qual é o meu MVP?
  - Que quantidade de funcionalidade pode ser liberada no mercado para obter feedback e começar a gerar valor?
- O produto/serviço tem prazo de validade?

- — Existe um senso de urgência em trazê-lo ao mercado? Quando é necessário o lançamento do primeiro MVP?
- — Até quando podemos entrar no mercado e ainda passar por um lançamento bem-sucedido do produto/serviço?
- Existem questões de conformidade local, estadual ou federal?
  - — Qual é o tempo de espera para meu produto/serviço ser aprovado?
  - — Será necessária uma análise jurídica?
- Existem requisitos de segurança de dados?
  - — O produto/serviço lida com dados confidenciais de clientes?
  - — Como podemos proteger melhor os clientes contra violações de dados?
- Que tipo de cadência de lançamento eu preciso definir?
  - — Qual é a vida útil do produto/serviço? Um ano? Dois ou três anos?
  - — Quando o produto/serviço precisa ser liberado para ganhar participação de mercado?

6. Como: Desenvolvimento do produto/serviço

A parte "Como" do Canvas aborda as seguintes perguntas:

- Quais são as minhas principais suposições que devem ser validadas?
  - — Elas são realistas? Qual é o processo que será usado para avaliá-las e desafiá-las?
- O que será necessário realisticamente para levar esse produto/serviço ao mercado?
  - — Quem mais precisa estar envolvido?
  - — Temos o conjunto de habilidades certas?
- A arquitetura é viável, dado o estado atual da tecnologia?
  - — Qual é o melhor método de desenvolvimento?
    - — Preciso fazer parceria com um fabricante? Em caso afirmativo, como identifico os possíveis fabricantes?
  - — Que tipo de função da cadeia de suprimentos eu preciso criar?
  - — Vou precisar de fornecedores terceirizados para fornecer peças? Ou eu mesmo as desenvolverei?
  - — Quais padrões de qualidade eu preciso alcançar para atrair meu público-alvo?

Ao trabalhar com o seu Lean Canvas, lembre-se de que esse exercício serve para começar a pensar em todos os detalhes necessários para entender minuciosamente se você realmente possui um produto/serviço viável. Pense nele como o seu *business case* inicial, colocando em xeque o questionamento pessoal de por que jogaria todo o seu tempo e energia pelos próximos tantos anos para criar, desenvolver, liberar e manter esse produto/serviço. Além disso, se for buscar financiamento, seja como empreendedor ou intraempreendedor, a pessoa solicitada vai querer respostas para essas perguntas. Dizer apenas "confie em mim, vai dar dinheiro" não vai funcionar. Eu já passei por isso e agi assim! Se você não estiver preparado e não tiver feito sua lição de casa, não alcançará os resultados que está buscando. Quando pedimos para alguém se comprometer com uma quantia de seis dígitos ou mais, pode apostar que eles esperam que tenha essas respostas na ponta da língua. Dedicar um tempo antes para saber responder a essas perguntas criará um forte argumento para explicar por que alguém deveria confiar em você e financiar sua ideia.

Por experiência própria — já estive cara a cara com banqueiros e investidores e recebi um "não" várias vezes quando solicitei financiamento —, quanto mais sólida for sua nova ideia de produto/serviço, maior será a probabilidade de sua solicitação ser atendida. E acredite, receber um "não" é a experiência mais humilhante que você pode imaginar. Nem sei como enfatizar o suficiente para dizer que construir o seu Canvas é uma das etapas mais importantes no processo de desenvolvimento do produto/serviço.

O Canvas do Aplicativo de Serviços e Reparos para Dispositivos Móveis da New Horizons

No Capítulo 4, "Liderança sobre os Outros", a equipe *kaizen* da New Horizons identificou um conjunto de contramedidas (mostradas na Figura 7-5) que poderiam ser implementadas para resolver os problemas que eles estavam enfrentando no departamento de serviços.

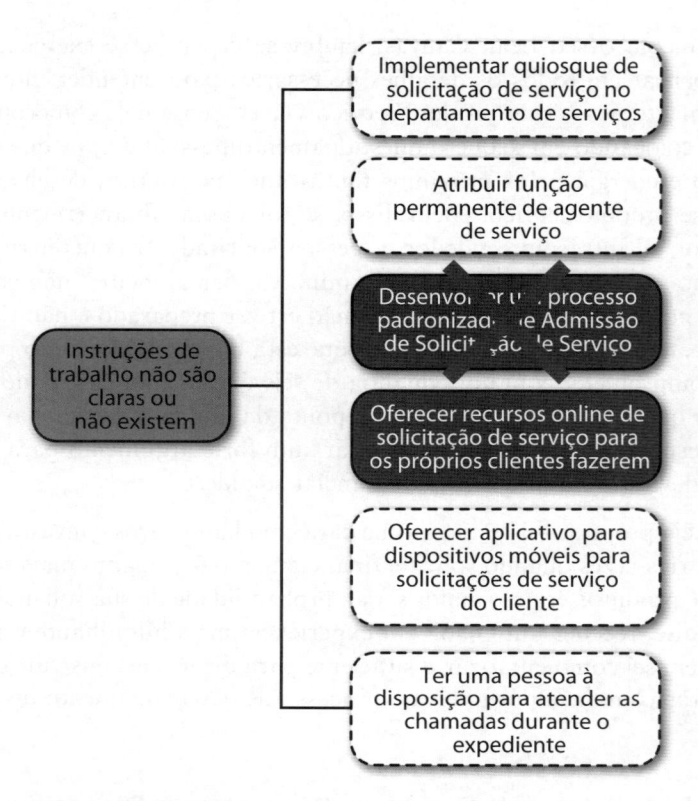

```
                                    ┌─────────────────────────┐
                                    │ Implementar quiosque de │
                                ┌───┤ solicitação de serviço no│
                                │   │ departamento de serviços│
                                │   └─────────────────────────┘
                                │   ┌─────────────────────────┐
                                │   │    Atribuir função      │
                                ├───┤ permanente de agente    │
                                │   │      de serviço         │
                                │   └─────────────────────────┘
                                │   ┌─────────────────────────┐
                                │   │ Desenvolver um processo │
┌──────────────────┐            ├───┤ padronizado de Admissão │
│  Instruções de   │            │   │ de Solicitação de Serviço│
│ trabalho não são │────────────┤   └─────────────────────────┘
│    claras ou     │            │   ┌─────────────────────────┐
│   não existem    │            │   │ Oferecer recursos online de│
└──────────────────┘            ├───┤ solicitação de serviço para│
                                │   │ os próprios clientes fazerem│
                                │   └─────────────────────────┘
                                │   ┌─────────────────────────┐
                                │   │ Oferecer aplicativo para│
                                │   │ dispositivos móveis para│
                                ├───┤ solicitações de serviço │
                                │   │      do cliente         │
                                │   └─────────────────────────┘
                                │   ┌─────────────────────────┐
                                │   │ Ter uma pessoa à        │
                                └───┤ disposição para atender as│
                                    │ chamadas durante o      │
                                    │      expediente         │
                                    └─────────────────────────┘
```

Figura 7-5. *Etapa 5: Desenvolva contramedidas*

Uma contramedida sugerida durante a etapa 5 foi fornecer um aplicativo para dispositivos móveis com recursos de solicitação de atendimento ao cliente para que possam usar seus dispositivos móveis para dar início a uma solicitação de serviço sem ter de telefonar para a concessionária. A equipe está pronta para avançar com essa contramedida como o próximo passo em sua jornada de melhoria contínua. Eles seguiram e desenvolveram um Canvas inicial para esse serviço na forma de um aplicativo para dispositivos móveis. A Figura 7-6 é o resultado final do trabalho da equipe.

Esta é a primeira das várias iterações que você fará no seu Lean Canvas. É um documento vivo e em evolução, e não um exercício dado por encerrado. O Lean Canvas evolui e muda conforme você busca:

- Perseverar e colocar o produto/serviço no mercado;
- Pivotar e alterar o conceito original para atender às necessidades do mercado;
- Tentar sobreviver ou abrir mão de tudo.

Canvas do Aplicativo de Serviços e Reparos para Dispositivos Móveis				Data: 10/06/2019 Iteração nº 1	
POR QUE: A Declaração do Problema 1. Os processos atuais de agendamento são inconsistentes 2. Há redundância quando os clientes precisam ser repetitivos se a solicitação não for aberta e inserida no sistema adequadamente 3. Agentes de serviço não estão acompanhando os clientes em relação a status e custo 4. Itens adicionais de serviço não estão sendo aprovados pelos clientes 5. Baixas contábeis estão aumentando por causa da falta de aprovação **Concorrência Atual?** Nenhuma **Soluções Existentes?** Não se aplica	**O QUE: Identificação de Valor** 1. Economia de tempo 2. Maior nível de precisão 3. Conveniência 4. Economia de custos **Precificação** Não há custo para o usuário, portanto, a precificação não se aplica **Receita** Média estimada do bilhete de pedido de serviço = US$500 **Estrutura de Custos** 1. Custos do desenvolvimento de software 2. Custos da plataforma (hospedagem, servidores etc.) 3. Segurança de dados/privacidade 4. Marketing e RP 5. Legislação	**ONDE: Mercados e Canais-Alvo** 1. Site da montadora de automóveis 2. Site da concessionária 3. Catálogo/flyer do local de serviço 4. Propaganda boca a boca 5. Referências 6. Mídias sociais 7. Outdoors **Principais Métricas** 1. Solicitações de serviço criadas/atualizadas por dia 2. Rendimento total dos serviços online por semana/por mês 3. Nº de novas contas criadas 4. Nº mensal de usuários já existentes que reutilizam 5. Nº de classificações com 4 estrelas ou mais 6. Taxas de conversão e retenção	**QUANDO: Roadmap do Produto** 1. Primeira versão do Produto Mínimo Viável (MVP) em três meses 2. Segundo MVP em seis meses = aceitar cartões de crédito 3. Terceiro MVP em 9 meses = atualizações de status, consultas e disputas de faturamento online **COMO: Desenvolvimento do Produto** 1. Empresa de desenvolvimento de software 2. Interfaces com sistemas já existentes (sistema de solicitação de serviços, registros de serviços, processamento de cartões de crédito, sistema de estoque) 3. Serviço de hospedagem 4. Empresa de Marketing & RP para elaborar campanha	**QUEM: Identificação de Cliente/Consumidor (Persona)** 1. Proprietário de sedã de luxo 2. Proprietário de cupê esportivo 3. Proprietário de SUV 4. Proprietário de caminonete 5. Proprietário de van 6. Funcionário 7. Comunidade **Métodos de Pesquisa Selecionados?** 1. Grupos de discussão para testar a viabilidade do produto 2. Conduzir VoC com seções cruzadas de personas **Adeptos Iniciais** 1. Interessados em economizar tempo 2. Capazes de agendar um pedido a qualquer hora, 24/7 3. Interessados em obter o melhor valor ou o custo mais baixo	

Figura 7-6. *O Canvas de aplicativo de serviços e reparos para dispositivos móveis da New Horizons*

Se o processo de iteração provar que a ideia do produto/serviço é viável, depois de desenvolver a primeira iteração de seu Canvas, você estará pronto para validar as informações inseridas, usando um conjunto de técnicas Lean que permitem aperfeiçoar suas ideias enquanto trabalha no processo de desenvolvimento do produto/serviço.

Como Desenvolver de Forma Iterativa e Incremental

Desenvolver de forma iterativa e incremental significa criar um pouco, testar um pouco, medir e repetir conforme necessário. O maior foco desse método é dar o menor número possível de passos para criar, desenvolver e liberar os produtos/serviços que possuem foco no cliente e valor agregado ao mercado. Os dois objetivos principais são eliminar os desperdícios (*muda*) do processo e garantir o fluxo contínuo de trabalho através do gerenciamento do trabalho em andamento (WIP). Para empregar esse processo, você deve ter um entendimento relativamente bom do que será criado em primeiro, segundo e terceiro lugar e assim por diante, definindo seus produtos mínimos viáveis. Como a equipe está criando um produto (o próprio aplicativo para dispositivos móveis) e provendo serviços através dele, eles devem garantir que os dois sejam abordados enquanto avançam. Essa é uma distinção muito importante porque os dispositivos móveis são um canal para fornecer um conjunto de serviços para agendar e rastrear horários marcados de atendimento e o trabalho realizado como resultado. Não se trata apenas de criar e desenvolver um aplicativo digital só para ser concluído e liberado. Também devem ser criados e desenvolvidos processos de suporte na concessionária para que o aplicativo funcione corretamente.

Isso pode parecer bom senso, mas você ficaria surpreso com quantas vezes meus desenvolvedores programaram uma parte da funcionalidade pensando muito pouco em garantir que os processos de serviço por trás dela funcionassem de verdade. Em um dado momento da minha carreira, quase perdi um grande cliente porque um dos meus desenvolvedores não seguiu o processo de planejamento e decidiu arbitrariamente codificar algo no programa que havia sido solicitado pelo proprietário do produto por terem um relacionamento pessoal. Quando fomos fazer a demonstração para o cliente, não havia sido feita uma reflexão nem o desenvolvimento dos processos de suporte, o que fez todo o programa parar de funcionar e o meu cliente ficar muito irritado. Ai, ai!

Voltando à New Horizons, deixamos a equipe no momento em que haviam criado a primeira versão de seu plano de lançamento do MVP do aplicativo de serviços e reparos para dispositivos móveis (Figura 7-7). Esse nada mais é que o plano tático para desenvolver a oportunidade identificada durante o mapeamento da jornada da experiência do cliente e que será mais detalhada durante o processo de planejamento estratégico. Após um pouco mais de aperfeiçoamento do plano pelos líderes da equipe operacional e das equipes do *gemba*, eles decidiram dividir as liberações do MVP em quatro discretos ciclos Planejar/Desenvolver/Conferir/Agir (PDCA) por dois trimestres para garantir a coleta, análise e incorporação do feedback dos clientes adeptos iniciais (EA) para aprender e ajustar à medida que avançam no processo de desenvolvimento do produto/serviço.

Como podemos ver, cada janela de lançamento trimestral agora possui dois produtos mínimos viáveis associados. Os três primeiros MVPs serão lançados em um *dark site* e estarão disponíveis apenas para os adeptos iniciais, e o último será lançado tanto para os adeptos iniciais quanto para a base de clientes atual da concessionária.

Ano 1: Versão 1 do MVP do 1º Trimestre	Ano 1: Versão 2 do MVP do 2º Trimestre
MVP 1 • Realizar esforços das Práticas de Negócios Toyota nos processos de dispositivos móveis • Desenvolver o recurso de registro e login do cliente • Desenvolver o recurso Agende um Horário • Lançar o MVP 1 em um *dark site* • Solicitar feedback de clientes adeptos iniciais • Analisar os resultados do MVP 1 **MVP 2** • Incorporar os aprendizados do MVP 1 • Desenvolver o recurso Organizar um Empréstimo de Carros • Testar/revisar o aplicativo de serviços e reparos para dispositivos móveis • Lançar o MVP 2 em um *dark site* • Solicitar feedback de clientes adeptos iniciais • Analisar os resultados do MVP 2	**MVP 3** • Incorporar os aprendizados do MVP 2 • Desenvolver as notificações de Enviar Progresso do Reparo • Desenvolver o recurso Visualização de Cobrança • Desenvolver o recurso Pesquisa de Feedback Push • Desenvolver o recurso Oferecer Cupons/Descontos na Próxima Visita • Lançar o MVP 3 em um *dark site* • Solicitar feedback de clientes adeptos iniciais • Analisar os resultados do MVP 3 **MVP 4** • Incorporar os aprendizados do MVP 3 • Desenvolver o recurso Notificações Push para Avisar sobre o Próximo Serviço • Lançar o MVP 4 para produção • Solicitar feedback de clientes adeptos iniciais • Analisar os resultados do MVP 4 • Incorporar os aprendizados do MVP 4 • Liberar e passar para a produção

Figura 7-7. *Plano de liberação do MVP do aplicativo de serviços e reparos para dispositivos móveis da New Horizons*

Em geral, o desenvolvimento de produtos/serviços de maneira iterativa e incremental permite criar um pouco, testar um pouco, aprender um pouco, aperfeiçoar e liberar quantas vezes forem necessárias para chegar a um produto/serviço em total funcionamento. A alternativa seria esperar seis meses antes de liberar qualquer coisa — o que pode muito bem sair pela culatra quando você acaba descobrindo que não existe mercado para o que acabou de criar e que todo esse tempo, esforço e dinheiro foram desperdiçados. Como podemos ver, o MVP 1 é muito básico. Ele permite que a equipe veja se seus clientes desejam ou não usar um aplicativo para dispositivos móveis para agendar um horário, exigindo um esforço mínimo para testar a ideia do produto/serviço.

Dessa maneira, uma decisão de pivotar ou não é tomada ao final de cada lançamento após a análise dos resultados. A qualquer momento, qualquer pessoa envolvida no processo pode sugerir qualquer uma dessas três alternativas. Há um botão de emergência incorporado no processo que não existe nos métodos mais tradicionais de desenvolvimento de produtos/serviços. Ele pode impedir que os líderes joguem fora os valiosos recursos empresariais que têm o potencial de não produzir os resultados desejados ou esperados para a empresa Lean.

Promova a Inovação Através da Aprendizagem Contínua

A aprendizagem e a inovação andam de mãos dadas. Você identifica um problema ou desafio, faz experimentos de tentativa e erro, mede os resultados, analisa o feedback, aprende e, em seguida, faz tudo novamente para incorporar de volta ao processo tudo o que aprendeu e, assim, poder fazer novos experimentos até que a melhor solução possível seja encontrada. Esse é o propósito dos métodos Lean, como as Práticas de Negócios Toyota (TBP), o *design thinking* e a Lean Startup. Eles se baseiam no método científico do ciclo Planejar/Desenvolver/Conferir/Agir, que começa com o questionamento de um problema, questão ou situação e depois com a identificação de possíveis soluções e dos experimentos feitos com elas para descobrir o que é viável através da mensuração e da reflexão. Se você não chegar à validação de que está rendendo resultados, todo o processo será iniciado novamente até que uma solução viável seja encontrada. Não há nenhum mistério em como inovar: é um processo que pode ser aprendido e ensinado aos outros. Essa é a premissa do desenvolvimento no local de trabalho (OJD) da Toyota. Basta ter uma mente curiosa e disruptiva para dar o pontapé inicial. Portanto, faça da aprendizagem contínua parte do seu trabalho, integrando-a ao que faz diariamente, porque essa é a chave para se tornar um verdadeiro inovador. Sem aprendizagem, não há inovação.

Os líderes Lean entendem que a aprendizagem vem em primeiro lugar. Ela está incorporada em seu dia a dia, e todos nós somos inundados por uma chuva de oportunidades de aprendizagem. Para o líder Lean, é um modo de vida olhar para tudo com uma mente curiosa e buscar oportunidades para melhorar o que está sendo feito no momento, ou seja, encontrar maneiras melhores e mais eficazes de criar, elaborar e entregar novos produtos/serviços verdadeiramente inovadores que gerem valor para o cliente e para a empresa.

Conclusão

A liderança da inovação dentro da empresa Lean é um esforço complexo. É preciso mobilizar toda a organização e fazer com que todos sigam a mesma direção para compreender e definir o conjunto correto de vontades, necessidades e/ou desejos dos clientes, a fim de ir atrás das coisas certas que geram e agregam valor. Desperdiçar os seus valiosos e escassos recursos empresariais em produtos/serviços que não agregam valor é o caminho mais rápido para a extinção corporativa. Você deve iniciar o processo de inovação com uma compreensão clara de onde está indo. Em seguida, elabore o plano com afinco para chegar lá de maneira iterativa e incremental, usando o Lean Canvas e ciclo de *design thinking* + Lean Startup para liberar os produtos mínimos viáveis no mercado que testam o valor agregado. Este capítulo desmistificou a inovação, gerando um entendimento dos métodos e ferramentas Lean que estão à sua disposição.

A criação de produtos/serviços disruptivos requer a construção de uma cultura com um foco acentuado na inovação disruptiva por meio da aprendizagem contínua e consequentes ajustes. Voltaremos nossa atenção para esse assunto no próximo capítulo.

CAPÍTULO 8

Liderança da Cultura

Este capítulo tem o intuito de definir e construir uma cultura que cresce e evolui ao longo do tempo. Você sabe que alcançou um estado de evolução contínua quando sua cultura ganha vida própria e é sustentada e nutrida em toda a empresa Lean e por todos os seus integrantes. Como líder Lean assumindo o papel de agente de mudança, você está se comprometendo a orientar proativamente o desenvolvimento de sua cultura Lean, a qual você deve acreditar ser possível desde o início. E, percebendo ou não, você já está munido de muitas das ferramentas necessárias para criar e evoluir sua cultura que foi discutida ao longo deste livro. Este capítulo o ajudará a estabelecer uma conexão consciente entre a Liderança Lean e o fundamental elemento de cultura, tão importante para a empresa Lean. Vamos começar a desenvolver, sustentar e cultivar sua cultura Lean como líder Lean.

Definição de "Cultura"

Cultura. Que palavra nebulosa. Ela representa o intangível que define qualquer empresa, seja ela Lean ou não. Você pode ver a cultura quando olha para os líderes de uma organização, observando o que eles valorizam, o modo como se comportam, o que dizem e como agem. A cultura desce do topo e se espalha tendo um efeito em todos os aspectos da empresa, positivos e negativos. No final das contas, não é bem nebulosa se souber o que está buscando e passar o tempo necessário para analisar os quatro aspectos fundamentais da cultura: crenças, valores, comportamentos e ações de uma organização. Cabe às pessoas de uma empresa Lean dar vida à cultura e cuidar dela, sustentá-la e protegê-la à medida que ela cresce e evolui com o passar do tempo.

Hoje, muitos consultores de gestão e agentes de mudanças transformadoras colocam a culpa na cultura de uma empresa por seus males e depois afirmam que é praticamente impossível mudar a cultura. Para mim, essa atitude é bastante derrotista. Acredito que, com a motivação certa, os seres humanos têm a capacidade inata de mudar o que quiserem. O que faz com que a mudança na cultura fracasse é a variável de resistência à mudança. O componente "ou vai ou racha", o ponto de ruptura entre o sucesso e o fracasso, ocorre se sua força de trabalho adota as mudanças necessárias.

Motivação: O Ingrediente Essencial

A motivação deve estar presente para que a mudança cultural ocorra. As pessoas precisam estar motivadas para mudar. Motivar as pessoas requer determinar o que as motiva e, depois, incorporar esses fatores em seus esforços de mudança cultural. Só para deixar claro, isso não significa recorrer à força. As pessoas não podem ser coagidas a mudar. Eles devem participar da mudança, porque as mudanças feitas *para* elas não serão mantidas, enquanto as mudanças feitas *com* elas, da qual participam ativamente, serão apoiadas e sustentadas ao longo do tempo. Esse tipo de mudança vai crescer e ganhar vida própria. As pessoas dentro de uma empresa Lean devem "possuir" sua cultura e participar ativamente de sua evolução a nível estratégico, tático e operacional. Construir a cultura não é apenas responsabilidade dos líderes mais experientes. Eles desempenham, sim, um papel importante na definição e no desenvolvimento de sua direção estratégica, mas realizar mudanças reais e duradouras requer a participação de cada um da organização inteira.

Por que é tão importante construir e manter uma cultura sólida? A cultura fornece um mecanismo de sobrevivência que define as normas para um comportamento aceitável do ponto de vista social e profissional. Ela estabelece padrões de comportamento previsíveis e consistentes para todos que vivem e trabalham dentro dela. Sem uma cultura, a organização seria uma confusão, como na época do Velho Oeste. Sem uma boa base enraizada no seu sistema de crenças, valores, comportamentos e ações, não há senso de ordem e o caos toma conta.

Tornar-se uma empresa Lean significa alcançar um estado de evolução contínua, resultado do compromisso com os esforços de melhoria contínua, voltados para a obtenção dos resultados do cliente, do público de interesse e do negócio. Simplesmente passar pelas movimentações de implementação de alguns projetos de melhoria contínua e esperar obter resultados duradouros e sustentáveis por meio de projetos díspares e desconectados, não ajuda a transformar as coisas para alcançar esse objetivo. Para adotar o método Lean por completo em toda a empresa, é necessária uma abordagem orquestrada e disciplinada, como a mudança cultural consciente.

Definição de Cultura no Contexto da Empresa Lean

A *cultura corporativa* se refere às crenças, valores e comportamentos que determinam como os líderes e os funcionários de uma empresa interagem para alcançar os objetivos da empresa Lean. Muitas vezes, a cultura é implícita, e não explicitamente definida, e se desenvolve organicamente a partir das características cumulativas das pessoas que são contratadas pela empresa ao longo do tempo. No entanto, à medida que se desenvolve, a cultura chega ao âmago da ideologia e prática de uma empresa e afeta todos os aspectos de seus negócios.[1] Ah, então é isso! Sim, as pessoas podem mudar toda a cultura de uma empresa, porque são as PESSOAS que definem a cultura através de suas crenças, valores, comportamentos e, por fim, através de suas ações. Até mesmo uma única pessoa pode ter um grande impacto na cultura de uma organização. No caso da empresa Lean, essa pessoa deve ser VOCÊ!

Em geral, os líderes são mais focados em coisas como melhorar o desempenho, aumentar a produtividade e a lucratividade e cortar os custos do que em mudar a cultura. Mesmo assim, as pessoas geram a cultura e, assim, causam um impacto nos resultados gerais. Subestimar o modo como as pessoas se sentem em relação ao seu trabalho é um antipadrão Lean, porque o modo como as pessoas se sentem é um grande motivador: pensamentos, sentimentos e emoções importam. As pessoas, tanto clientes como funcionários, são valorizadas e respeitadas em uma cultura Lean. Isso gera produtividade, lucratividade e crescimento sustentado por meio da inovação. Assim como com seus clientes, uma conexão emocional promove o engajamento dos funcionários também. Sakichi Toyoda, fundador da Toyota Motor Corporation, entendia esse princípio muito bem. Esse foi o quarto dos cinco maiores princípios que ele reuniu ao iniciar a empresa: "Procure sempre criar uma atmosfera acolhedora no trabalho que seja calorosa e amistosa."[2]

Como líder Lean, você deve construir uma cultura que promova responsabilização, capacitação, propósito, maestria e melhoria contínua a nível pessoal se o seu objetivo é criar uma empresa que adote o método Lean. Defina o que quer que a sua cultura seja. Em seguida, seja guiado por suas crenças, molde seus valores, demonstre os comportamentos de apoio e tome as ações necessárias para fazer a mudança acontecer, e seja o exemplo a ser seguido para sua força de trabalho.

---

1 Investopedia, s.v. "Corporate Culture", por Sandra Lim, última modificação em 7 de maio, 2019.
2 "About Toyota", Toyota Aruba (site), acessado em 15 de junho, 2019.

Definição da Dimensão da Liderança da Cultura

A cultura é complexa e difícil de mudar, com muitas partes em mudança e muitas peças entrelaçadas. Para se ter uma ideia do que é "bom", considere a dimensão da Liderança da Cultura do conceito Modern Lean Framework™ (detalhado na Figura 8-1). Ele descreve as crenças, valores, comportamentos e ações que representam os elementos culturais de uma empresa Lean. Você deve estar familiarizado com essa parte da estrutura: os capítulos anteriores discutiram sistematicamente três de seus quatro quadrantes. O palco já foi montado para discutir como desenvolver uma cultura Lean.

Chamamos de estrutura, porque será usado o que se aplica a você, seus seguidores e sua organização e o resto ficará para trás. Através dessa estrutura, você criará uma "estrutura de suporte" essencial para a sua cultura Lean. No Quadrante I, estão as crenças que nos guiam. Elas formam a base de um código de conduta com a Liderança Própria (Capítulo 3) e Sobre os Outros (Capítulo 4) a uma mentalidade Lean enquanto estimula o pensamento Lean (ambos discutidos no Capítulo 2). O Quadrante II contém os valores que nascem do seu sistema de crenças. Eles são apoiados pelos comportamentos motivadores do Quadrante III. O Quadrante IV detalha todas as ações de suporte necessárias para criar esses comportamentos. Tudo isso está enraizado no ciclo Planejar/Desenvolver/Conferir/Agir (PDCA), que é fundamental para o método Lean.

Quadrante I: Crenças

- **Liderando a si mesmo**
  - Acreditar e confiar em si mesmo
  - Desenvolver e manter mente e corpo sãos
  - Possuir tendência a agir
  - Encarar desafios de cabeça erguida
  - Usar de bom senso para resolver problemas e tomar decisões
  - Praticar Inteligência Emocional (QE)
  - Mostrar persistência e tenacidade
  - Ser um aprendiz

- **Liderando os outros**
  - Ser um líder e um professor servil
  - Respeitar os outros
  - Pensar com uma mentalidade Kaizen
  - Fazer os outros progredirem
  - Mentalidade e Pensamento Lean
  - Abraçar a inovação/disrupção
  - Promover a experiência
  - Foco na qualidade, valor e fluxo
  - Reunir feedback
  - Estar sempre se aprimorando (pessoal, processos e tecnologia) e aprendendo

Quadrante II: Valores

- **Valores centrais**
  - Centralidade no cliente
  - Qualidade e inovação
  - Respeito, honestidade e integridade
  - Confiança e lealdade
  - Responsabilidade e perícia
  - Aprendizado e aprimoramento contínuo
  - Trabalho em equipe e colaboração
  - Imaginação e experimentação
  - Humildade e benevolência
  - Visibilidade e transparência
  - Observação e reflexão
  - Responsabilidade econômica e social

- **Valores estendidos**
  - Agilidade
  - Senso de propósito
  - Adaptabilidade
  - Receptividade
  - Inclusão
  - Diversidade
  - Empoderamento
  - Autonomia e propósito
  - Consciência ambiental
  - Praticidade e autenticidade

Quadrante IV: Ações

- **Procedimentos**
  - Oito Etapas para uma Cultura Lean
  - Processo de Planejamento de Estratégia para Empresas Lean
  - Objetivos e Resultados-chave (OKRs)
  - Discussões, Feedback e Reconhecimento (CFRs)
  - Sistema de Produção Toyota (TPS)
  - Práticas Empresariais Toyota (TBP)
  - Desenvolvimento no local de trabalho
  - Método científico – Ciclo PDCA

- **Métodos**
  - Genchi Genbutsu
  - Mapeamento do fluxo de valores
  - Voz do Cliente (VoC)
  - Análise da Persona do cliente
  - Mapeamento da Jornada da Experiência do Cliente (CXJM)
  - Estratégia de Experiência do Cliente Omnichannel (OCXS)
  - Design Thinking
  - Startup Lean
  - Six Sigma Lean
  - Métodos Agile

Quadrante III: Comportamentos

- **Alinhamento empresarial**
- **Resultados voltados para o cliente**
- **Resultados voltados para a empresa**
- **Estrutura centralizada de tomada de decisão estratégica**
  - Canvas de planejamento estratégico
    - Visão, missão e proposta de valores
    - Temas estratégicos
    - Oportunidades de concorrência
    - Planejamentos táticos e tarefas operacionais
  - Estratégia de investimento
  - Roteiro estratégico
  - Plano de lançamento de Produto Mínimo Viável (MVP)

(Planejar – Desenvolver – Conferir – Agir)

Figura 8-1. *A dimensão da Liderança da Cultura (versão em formato grande)*

CAPÍTULO 8: LIDERANÇA DA CULTURA

Para estabelecer e cultivar uma cultura Lean é necessário que você construa sistematicamente e mantenha todos os quatro quadrantes ao longo do tempo. Você pode estar pensando: "Está bem, entendi! Vamos direto para o QIV e implementar alguns dos processos e métodos. Vamos obter resultados imediatos e mensuráveis." Você pode conseguir alguma coisa com essa atitude, mas provavelmente não obterá os resultados gerais que estava tentando alcançar. Há uma razão pela qual o Quadrante IV é a quarta etapa, e não a primeira. Não se pode forçar uma cultura através de ações. É necessário que ela surja das crenças e valores coletivos dos indivíduos na organização. As ações terão um papel muito importante no crescimento e na manutenção de sua cultura, mas você precisa ser um pouco mais deliberado que isso.

O processo nunca deve ser o seu ponto de partida, porque os processos tratam os sintomas, e não a raiz do problema. Você precisa definir primeiro o que acredita ser verdadeiro (QI: Crenças), depois, definir o que é importante para você (QII: Valores), criar os comportamentos que lhe darão direção e orientação ao longo do caminho (QIII: Comportamentos), e só *depois* descobrir quais ações (QIV) vão ajudá-lo a realizar o que está buscando. Se pular os três primeiros quadrantes, não terá nenhuma ideia de quais processos e métodos (ações) você precisa. Se for direto para a estrutura, acabará agindo como um impostor, usando apenas a "Imitação Lean" e não a "Liderança Lean". Esse é um erro fatal que vejo se repetir tantas vezes. O ponto de partida fica no começo, ao determinar o seu sistema de crenças. Tudo surge desse ponto, quer você perceba ou não.

Quadrante I: Identificação de suas Crenças

As crenças (Figura 8-2) são suposições sobre o que considera ou acredita ser verdadeiro. Elas formam a base do seu sistema de crenças Lean.

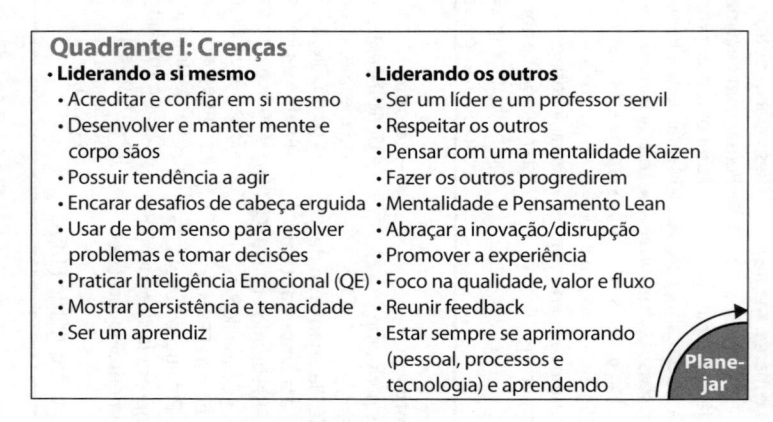

Quadrante I: Crenças

- **Liderando a si mesmo**
  - Acreditar e confiar em si mesmo
  - Desenvolver e manter mente e corpo sãos
  - Possuir tendência a agir
  - Encarar desafios de cabeça erguida
  - Usar de bom senso para resolver problemas e tomar decisões
  - Praticar Inteligência Emocional (QE)
  - Mostrar persistência e tenacidade
  - Ser um aprendiz

- **Liderando os outros**
  - Ser um líder e um professor servil
  - Respeitar os outros
  - Pensar com uma mentalidade Kaizen
  - Fazer os outros progredirem
  - Mentalidade e Pensamento Lean
  - Abraçar a inovação/disrupção
  - Promover a experiência
  - Foco na qualidade, valor e fluxo
  - Reunir feedback
  - Estar sempre se aprimorando (pessoal, processos e tecnologia) e aprendendo

Planejar

Figura 8-2. *QI: Crenças*

As crenças são as coisas que nós, como líderes Lean, consideramos verdades autoevidentes. Elas estão enraizadas em nossos valores e são reforçadas pela forma como nos comportamos. Para se tornar um líder Lean, você deve adotar essas crenças verdadeiramente. Traga-as para perto e faça com que pertençam à sua vida. Incorpore-as na maneira que você pensa, sente e se comporta através da repetição. É assim que elas passam a pertencer a você. Logo se tornarão comportamentos habituais com o passar do tempo.

Quadrante II: O Papel dos Valores na Definição de Cultura

Os valores são padrões que geralmente são aceitos ao longo do tempo e guiam o nosso comportamento. Muitos dos valores do QII também estão presentes no QI. Isso ocorre porque o sistema de crenças subjacente da empresa Lean é formado com base no que os líderes Lean consideram suas verdades. Elas são solidificadas em valores através do comportamento no QII (Figura 8-3).

Quadrante II: Valores

- **Valores centrais**
  - Centralidade no cliente
  - Qualidade e inovação
  - Respeito, honestidade e integridade
  - Confiança e lealdade
  - Responsabilidade e perícia
  - Aprendizado e aprimoramento contínuo
  - Trabalho em equipe e colaboração
  - Imaginação e experimentação
  - Humildade e benevolência
    - Visibilidade e transparência
    - Observação e reflexão
    - Responsabilidade econômica e social

- **Valores estendidos**
  - Agilidade
  - Senso de propósito
  - Adaptabilidade
  - Receptividade
  - Inclusão
  - Diversidade
  - Empoderamento
  - Autonomia e propósito
  - Consciência ambiental
  - Praticidade e autenticidade

Desenvolver

Figura 8-3. *QII: Valores*

Para entender o que quer se tornar, você precisa definir o que é importante para você, determinando os valores que promovem e apoiam os comportamentos e ações apropriados que geram uma cultura Lean. Os valores nos orientam e motivam. Quando os valores pessoais e corporativos estão alinhados, encontramos funcionários dedicados de verdade. Se você deseja atrair pessoas que viverão e apoiarão a sua cultura corporativa, precisará entendê-las e promovê-las conscientemente. Recrute as pessoas que mostrem e vivam esses valores.

Você já trabalhou para uma empresa cujos valores não se alinhavam aos seus? Eu já. Essa experiência foi um pesadelo. Meus valores pessoais estavam em constante conflito com os valores mostrados pelos líderes seniores da empresa. Você consegue se lembrar de um momento em que isso aconteceu com você? Qual foi o resultado? Você saiu em busca de algo que correspondesse melhor? Foi uma escolha consciente ou inconsciente? Talvez você tenha achado que tinha algo que não estava certo, mas não conseguiu identificar a causa por trás disso — sabia apenas que era hora de mudar. Essa é a dissonância cognitiva que acontece quando ocorre uma incompatibilidade de valores. As pessoas fazem escolhas dando as costas e abandonando a empresa. Se você tem uma porta giratória na entrada da empresa e suas taxas de desligamento de talentos são altas, talvez seja hora de analisar os valores que se tornaram sinônimos da sua organização.

Os valores possuem uma grande influência nos comportamentos e ações de uma pessoa. Eles servem como diretrizes gerais para um código de conduta aceitável dentro da organização. Para desenvolver uma cultura de melhoria contínua, alinhe suas crenças e valores aos comportamentos que cumprem sua visão, missão e proposta de valor corporativa.

Os valores também desempenham um papel fundamental nos processos de tomada de decisão da sua organização, porque a responsabilização é transferida para o *gemba*, onde o trabalho é realizado em uma empresa Lean. Como os valores resultam no que suas equipes fazem sem instruções claras, é crucial identificar e promover seus valores para incentivar o comportamento ético. Esclarecer muito bem o que você valoriza tira a adivinhação do jogo na hora da decisão entre um comportamento ético e antiético. Você também pode manter a empresa longe de apuros ou fora do olhar do público quando se trata de ser socialmente responsável e responsabilizado. Um comentário negativo é constituído por apenas 280 caracteres no Twitter.

Ao analisar os princípios orientadores da Toyota, você pode condensar o que os líderes da empresa mais valorizam; está tudo explicitamente declarado. A extensão dos princípios surge da liderança própria e sobre os outros e é uma representação da mentalidade e dos métodos Lean.[3] A introdução do método Lean em sua organização deve começar com o desenvolvimento de uma compreensão firme desses valores e depois com a identificação de quais deles dar foco. Lembre-se: as crenças geram valores, os valores causam um impacto nos comportamentos, e os comportamentos promovem a ação.

Quadrante III: O Uso da Estratégia para Solidificar seus Comportamentos

Os comportamentos geram ações estratégicas, táticas e operacionais. No contexto da empresa Lean, eles criam o parâmetro pelo qual o progresso é medido. Se sua meta é desenvolver uma organização profundamente focada no que ela valoriza, seus valores também devem se refletir em seus comportamentos. Os comportamentos esperados devem ser explicitamente declarados em sua estrutura de tomada de decisão estratégica centralizada (CDSM) e apoiados pelo desenvolvimento de sua missão, visão e proposta de valor. Defina seus objetivos estratégicos, oportunidades competitivas e principais resultados (KRs) para dar propósito e uma cultura orientada em resultados

---

[3] Por favor, veja o trabalho de líderes em pensamento Lean como Jeffrey Liker, James Womack e Daniel Jones.

à empresa Lean. Seus seguidores em uma empresa Lean anseiam por propósito e direção. Como líder Lean, o seu trabalho é criar um propósito e uma direção para gerar os comportamentos que você busca (Figura 8-4).

As pessoas costumam pensar no método Lean (como no Lean Six Sigma) como um conjunto de ferramentas para reduzir custos. Mas quando você começa a pensar culturalmente, percebe que são os valores subjacentes, sustentados pelas crenças e traduzidos em comportamentos que podem ser mensurados, que impulsionam a empresa Lean para a frente.

> **Conferir**
>
> **Quadrante III: Comportamentos**
> - **Alinhamento empresarial**
> - **Resultados voltados para o cliente**
> - **Resultados voltados para a empresa**
> - **Estrutura centralizada de tomada de decisão estratégica**
>   - Canvas de planejamento estratégico
>   - Visão, missão e proposta de valores
>   - Temas estratégicos
>   - Oportunidades de concorrência
>   - Planejamentos táticos e tarefas operacionais
>   - Estratégia de investimento
>   - Roteiro estratégico
>   - Plano de lançamento de Produto Mínimo Viável (MVP)

Figura 8-4. *QIII: Comportamentos*

O Capítulo 5 tratou da identificação dos resultados que você deseja alcançar, tanto da perspectiva do cliente quanto da empresa. O Capítulo 6 discutiu como alcançar o alinhamento da empresa conectando a estratégia à execução, elaborando objetivos estratégicos, planos táticos e tarefas operacionais. Vamos rever essas ferramentas mais adiante neste capítulo para esclarecer a conexão entre comportamentos e a criação e a evolução da cultura Lean.

Quadrante IV: Como Dar Vida à Cultura Através de suas Ações

A maneira de realizar qualquer coisa é através de ações, enraizadas nos comportamentos desejados que a organização busca alcançar e baseadas em suas crenças e valores. As ações são a maneira como você mobiliza a empresa Lean para evoluir e melhorar continuamente ao longo do tempo. A Figura 8-5 lista os processos e métodos Lean para construir e sustentar uma cultura Lean.

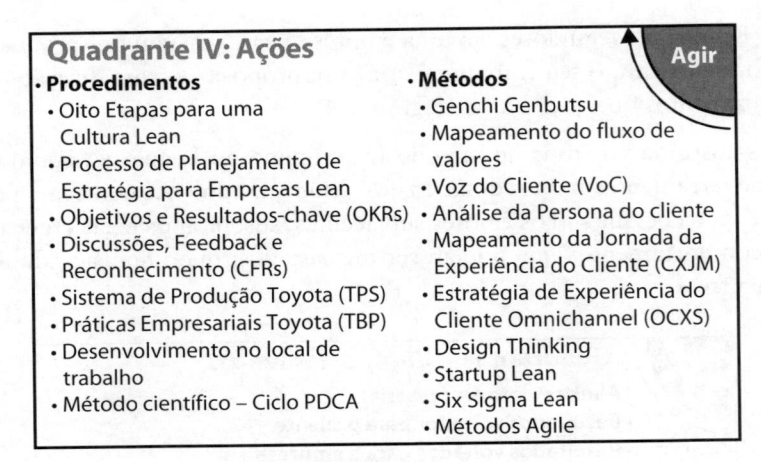

> **Quadrante IV: Ações** — Agir
>
> - **Procedimentos**
>   - Oito Etapas para uma Cultura Lean
>   - Processo de Planejamento de Estratégia para Empresas Lean
>   - Objetivos e Resultados-chave (OKRs)
>   - Discussões, Feedback e Reconhecimento (CFRs)
>   - Sistema de Produção Toyota (TPS)
>   - Práticas Empresariais Toyota (TBP)
>   - Desenvolvimento no local de trabalho
>   - Método científico – Ciclo PDCA
>
> - **Métodos**
>   - Genchi Genbutsu
>   - Mapeamento do fluxo de valores
>   - Voz do Cliente (VoC)
>   - Análise da Persona do cliente
>   - Mapeamento da Jornada da Experiência do Cliente (CXJM)
>   - Estratégia de Experiência do Cliente Omnichannel (OCXS)
>   - Design Thinking
>   - Startup Lean
>   - Six Sigma Lean
>   - Métodos Agile

Figura 8-5. *QIV: Ações*

As Oito Etapas para uma Cultura Lean: New Horizons

A construção de uma cultura Lean requer um esforço consciente. Você a constrói pacientemente ao longo do tempo. A Figura 8-6 descreve as oito etapas necessárias para construir ou mudar sua cultura corporativa e adotar o método Lean. Como podemos ver, a etapa 1 começa com a compreensão de sua fundação, avaliando sua cultura atual. Você usará isso mais tarde para identificar as lacunas culturais que precisará solucionar. Em seguida, nas etapas 2 a 4, você trabalhará em cima dos quadrantes na dimensão da Liderança da Cultura do conceito Modern Lean Framework™. Você determinará quais ações serão necessárias para dar vida à sua cultura formalizando-as na etapa 5. Para cumprir sua missão e alcançar sua visão, nas etapas 6 a 8 você estabelecerá a responsabilização por meio da elaboração dos resultados-chave, fazendo um controle interno baseado em conversas, feedback e reconhecimento, e mensurando e evoluindo enquanto avança.

- Etapa 8: Reportar progressos e fazer ajustes
- Etapa 7: Realizar check-ins CFR para avaliar progressos futuros
- Etapa 6: Conectar estratégia e execução implementando OKRs
- Etapa 5: Formalizar as ações exigidas para transformar sua cultura
- Etapa 4: Determinar seus comportamentos motivadores ao elaborar sua estrutura estratégica
- Etapa 3: Identificar os valores que definem sua cultura
- Etapa 2: Definir seu sistema de crenças Lean
- Etapa 1: Avaliar sua cultura atual

Figura 8-6. *Oito etapas para uma cultura Lean*

Ao repetir esse processo periodicamente, você poderá liderar de maneira proativa a instituição de uma cultura que sustenta a evolução do método Lean, de forma iterativa e incremental. Idealmente, você deve percorrer esse processo de oito etapas e todos os quatro quadrantes da estrutura da cultura, pelo menos, uma vez por ano, para garantir o alinhamento com a estrutura de tomada de decisão estratégica centralizada e com os comportamentos que geram as ações. Como líder Lean, é sua responsabilidade garantir a contínua evolução e sobrevivência desse processo.

Jim Collins, proprietário da New Horizons, percebeu que muitos dos problemas da concessionária surgiram da cultura que se enraizou antes de Nancy entrar e dar uma nova vida ao departamento de serviços. Ele queria propagar os aspectos Lean que a equipe *kaizen* de Nancy exibia em todas as outras partes da concessionária, a fim de melhorar e sustentar seus negócios no futuro. Isso significava adotar uma postura proativa e resolver agir. Ele pediu ajuda a Nancy. Ela recomendou Lisa — sua colega que havia conduzido o treinamento de vendas no mês anterior — para ajudar na avaliação e reformulação da cultura.

Etapa 1: Avalie sua Cultura Atual

Para mudar, atualizar ou aprimorar sua cultura, antes de mais nada você deve avaliar os atuais pontos fortes e fracos de sua cultura. Avaliar sua própria cultura requer objetividade. É necessário se afastar dela, tornando-se um observador imparcial o quanto puder. No Capítulo 4, quando Nancy entrou no departamento de serviços da New Horizons pela primeira vez, ela testemunhou a cultura da concessionária em ação, incluindo a falta de engajamento, atendimento ao cliente e senso de urgência. Como observadora imparcial, foi muito fácil para ela dizer que a concessionária tinha uma cultura prejudicial.

Uma ferramenta útil para avaliar a cultura é realizar uma *caminhada de cultura* da empresa Lean, usando o modelo da Caminhada de Cultura da Empresa Lean em Quatro Blocos mostrado na Tabela 8-1.

Tabela 8-1. Caminhada de Cultura da Empresa Lean em Quatro Blocos

Observações sobre Interações
Observe como seus funcionários interagem uns com os outros e com seus clientes. Pergunte-se: • Como as pessoas da organização interagem umas com as outras? • Como os líderes interagem uns com os outros? Com seus funcionários? Com seus clientes? • Como os funcionários interagem uns com os outros? Com seus líderes? Com os clientes da empresa? • Como são realizadas as reuniões? Elas começam na hora certa? Elas são bem organizadas e objetivas? • Como os conflitos são resolvidos? • Qual é o nível de ruído? As pessoas interagem verbalmente entre si? O e-mail é favorecido à interação pessoal? • Qual é o tom das interações? Formal/informal? Agradável/hostil?
Observações sobre o Ambiente de Trabalho
Caminhe e dê uma olhada no seu espaço físico. Pergunte-se: • Quais objetos estão sobre as mesas? Pendurados nas paredes? • Parece que falta alguma coisa? Tem alguma coisa estranha ou fora do lugar? • Está configurado para interação humana? É impessoal e pouco convidativo? • Como o espaço é alocado? Qual é o equilíbrio entre salas e baias? Onde ficam as salas? • A área comum é convidativa? As pessoas ficam reunidas em volta da máquina de café? Existe um quadro de avisos? Caso afirmativo, o que é publicado nele? • Existem espaços designados para colaboração? Eles têm quadros brancos?

Observações sobre Emoções

Percebendo ou não, as emoções desempenham um papel importante quando se trata de seus valores. As pessoas não trazem emoções à tona sobre coisas com as quais não se importam. Elas podem ser uma indicação dos seus valores atuais no trabalho. Pergunte-se:

- Como as pessoas falam umas com as outras? Com os clientes? Fornecedores?
- Elas fazem contato visual quando você passa? Tiram os olhos do trabalho ou do que estão fazendo para fazer contato visual?
- Com o que as pessoas têm ficado chateadas? O que causou o conflito?
- As pessoas parecem engajadas/desengajadas? Felizes/tristes? Simpáticas/fechadas? Animadas/entediadas?
- Qual é o tom emocional das interações? Feliz/triste? Simpático/fechado? Animado/entediado?

Observações sobre Aspectos Organizacionais

Essas perguntas têm a ver com a própria empresa e você terá de fazê-las pensando em si mesmo e em seus colegas:

- A missão e a visão da organização estão claras e conectadas às nossas atividades diárias?
- Quais são os valores da empresa? Eles têm a ver com você? Se não, por quê?
- Os líderes da empresa vivem e mostram nossos valores? Se não, por quê?
- Qual é o estilo de gestão formal predominante presente em nossos líderes?
- Quais práticas de liderança informal existem com as quais os líderes contam para fazer as coisas acontecerem?
- Como o sucesso e o fracasso são abordados?
- As recompensas e o reconhecimento estão vinculados ao desempenho?

O objetivo da caminhada de cultura é fornecer sugestões sobre onde prestar atenção ao analisar os elementos de sua cultura atual. Ela fornece áreas de observação focada e perguntas para orientá-lo, enquanto passa pela organização. Sim, estamos aplicando o método Lean do *genchi genbutsu*, ou *ir e ver por si só*. Que ideia inovadora, essa observação em primeira mão pode ser uma ferramenta Lean muito poderosa! O modelo deve possuir um espaço para anotar as suas observações nas quatro áreas críticas a seguir:

Interações
    Observe como os funcionários interagem uns com os outros e com seus clientes. As interações podem dizer muito sobre o sistema de crenças da sua organização e como ele afeta os valores mostrados.

Emoções
    Observar as pessoas enquanto elas mostram suas emoções (ou a falta delas) diz muito sobre como seus valores atuais trabalham a favor ou contra a cultura que foi estabelecida até o momento.

Aspectos Organizacionais

São coisas diretamente associadas à empresa, como a visão, missão, proposta de valor, estilo de liderança, estrutura organizacional, sistema de recompensas e reconhecimento e assim por diante.

Ambiente de trabalho

O ambiente físico de uma organização pode ser bastante revelador. É acolhedor e convidativo? As pessoas parecem gostar de trabalhar na sua empresa — ou mal podem esperar até as cinco da tarde para poder dar o fora? Existem áreas comuns para colaborar e fazer um intervalo durante o dia? Caminhe e olhe para o seu espaço físico da perspectiva de uma pessoa de fora. Você gostaria de se candidatar para trabalhar aqui? Este lugar daria um motivo para você acordar todos os dias de manhã e ir trabalhar?

Análise da cultura do departamento de serviços da New Horizons

O primeiro passo que Lisa sugeriu para avaliar a cultura da New Horizons foi que ela e Nancy fizessem uma caminhada de cultura para observar os quatro elementos em jogo na concessionária: os tipos de interações que ocorrem, as emoções sendo expressas durante essas interações, como está o local de trabalho e os aspectos organizacionais da própria concessionária. Lisa presenteou Nancy com o modelo de Quatro Blocos. O modelo completo de Nancy é mostrado na Tabela 8-2.

Tabela 8-2. Caminhada de Cultura em Quatro Blocos do departamento de serviços da New Horizons

Observações sobre Interações
• Os líderes passam muito tempo em suas salas, que ficam escondidas ao final de um corredor separado do resto do departamento de serviços.
• As conversas formais parecem ser a regra. Na maioria das vezes, são breves e diretas, com poucas conversas casuais sendo feitas.
• A equipe *kaizen* que se reúne na sala de guerra é bem organizada e focada. Eles entenderam o objetivo da reunião, havia uma agenda do dia e estavam fazendo anotações.
• As áreas dos agentes de serviço e de espera do cliente estavam muito silenciosas. O pessoal da área de Peças estava ouvindo um rádio que tocava música country alta demais.
• As interações com os clientes são profissionais, amistosas e educadas.
• Um conflito com o cliente foi tratado de maneira profissional e atenciosa.

Observações sobre o Ambiente de Trabalho

- A sala de guerra do departamento de serviços é coberta pelo trabalho que está sendo realizado por uma equipe Lean de Melhoria Contínua, mostrando os valores do foco no cliente, qualidade, visibilidade, transparência e colaboração/trabalho em equipe.
- Os computadores do departamento de serviços parecem não pertencer ao ambiente, na verdade. Sua aparência de alta tecnologia não combina com a decoração gasta e desatualizada do início dos anos 1980.
- Os agentes de serviço estão todos agrupados e amontoados em torno de pequenas mesas que são ocupadas principalmente pelo teclado, mouse e monitor em cada uma delas. Há pouco espaço de trabalho e nenhum lugar para colocar nada, nem mesmo itens pessoais.
- Os balcões de serviço são desorganizados e desarrumados, com peças empilhadas contra a parede.
- As certificações penduradas na parede são antigas e desatualizadas.

Observações sobre Emoções

- No geral, a equipe parece ser cortês e educada com os clientes. No entanto, não há nenhum senso de urgência em cumprimentar os clientes ou se destacar com o atendimento ao cliente. Eles parecem um pouco fechados em geral.
- Um cliente ficou um pouco irritado com uma imprecisão na cobrança e um trabalho incompleto. O agente de serviço rapidamente neutralizou a situação e conseguiu acalmar o cliente, oferecendo um desconto de 10% no trabalho realizado e prometeu concluir o restante do trabalho na próxima hora, enquanto o cliente aguardava no local.
- O tom em todo o departamento parece ser um pouco desanimado. Os funcionários são simpáticos, mas não parecem entusiasmados ou engajados com o seu trabalho.

Observações sobre Aspectos Organizacionais

- Quando solicitados a declarar a visão, a missão e os valores da concessionária, 9 de 10 funcionários não conseguiram, e o único que conseguiu acertou apenas metade. Uma funcionária ainda respondeu que ela nem sabia que a concessionária tinha esse tipo de coisa.
- O estilo predominante de liderança parece ser comando e controle, com muito pouco espaço para ideias ou feedback dos funcionários.
- A remuneração e as recompensas são baseadas em longevidade na concessionária, e não em desempenho.
- Os descontos oferecidos como forma de compensar a mão de obra de baixa qualidade e a insatisfação dos clientes são deduzidos do salário dos funcionários como forma de incentivar um melhor desempenho.
- A aprendizagem e o desenvolvimento devem ser feitos no dia de folga do funcionário. Como resultado, muitos técnicos de serviço não estão atualizados quanto às suas certificações ou à nova tecnologia nos veículos.

Nancy achou essa experiência esclarecedora. A caminhada mostrou a ela que o departamento já havia feito algumas melhorias, mas pôde ver também áreas que precisavam de mais atenção, além de alguns pontos em que as novas iniciativas do departamento de serviços poderiam ter involuntariamente criado comportamentos indesejáveis.

O treinamento de atendimento ao cliente apareceu nas seções de Observações sobre Interações e Observações sobre Emoções, reveladas pela forma como os agentes de serviço agora lidam com conflitos de clientes. Nancy suspeitava que o novo sistema tivesse tirado parte da "diversão" do trabalho na concessionária. Todos estavam sérios e diretos em suas interações uns com os outros e com os clientes. É muito comum que, na pressa de consertar as coisas, as pessoas gerem resultados indesejados, graças à relação entre causa e efeito. É por isso que é importante seguir todas as oito etapas para construir uma cultura Lean.

As descobertas da Caminhada de Cultura em Quatro Blocos são uma ótima maneira de procurar sintomas e construir sua cultura. Lisa decidiu passar um tempo comparando suas descobertas com as de Nancy para chegar a um quadro completo do que estava acontecendo, para que pudessem colaborar com Jim na construção do futuro cultural da concessionária. Logo elas passaram para a etapa 2 e trabalharam na definição de seu sistema de crenças Lean.

Etapa 2: Estabeleça seu Sistema de Crenças Lean

Se você não está obtendo os resultados esperados, provavelmente é porque o seu sistema de crenças não está alinhado com seus valores e comportamentos e não é reforçado por suas ações. Na essência de um líder Lean, existe um sistema de crenças fortemente mantido, formado através da compreensão de como realizar a liderança própria primeiro e depois a liderança sobre os outros. Com o tempo, você desenvolve e adota uma mentalidade Lean através do pensamento Lean. Portanto, uma organização que busca desenvolver uma cultura Lean deve participar ativamente do desenvolvimento de suas equipes, promovendo as condições certas para criar um sólido sistema de crenças Lean.

Escolha suas armas com sabedoria

Dois processos que podem vir a ajudar bastante a instilar esse sistema de crenças são as Práticas de Negócios Toyota (TBP) e o desenvolvimento no local de trabalho (OJD), ambos baseados no ciclo PDCA. Esses processos funcionam em todos os níveis (Empresa, Tático e *gemba*) dentro da organização. O uso dessas ações iterativas e incrementais abrange e apoia a mentalidade e o pensamento Lean: primeiro os líderes aprendem a se liderar em um ambiente de equipe. Depois de prontos, eles passam a liderar os outros, desenvolvendo uma mente *kaizen* (melhoria contínua) que promove o pensamento Lean. Aprender, crescer e melhorar se tornam uma segunda natureza, que leva à inovação e, por fim, a se tornar um disruptor em seu mercado.

O *kaizen* é um modo de vida. Não é algo que é feito uma ou duas vezes por ano em uma organização. A noção ocidental de um "evento *kaizen*", no qual uma equipe se reúne para resolver um problema específico, é boa e pode gerar resultados. Mas esses resultados precisam ser mantidos por meio de esforços de melhoria contínua. Caso contrário, haverá desperdício e esses ganhos vão se dissolver e provavelmente desaparecerão com o tempo.

Já vi muitos programas corporativos de *kaizen* fracassarem porque a organização contrata uma empresa de treinamento externa para treinar um monte de faixas amarelas ou verdes do Lean Six Sigma, e os coloca no local de trabalho sem nenhuma supervisão ou treinamento. Quando todo o esforço produz poucos ou nenhum resultado duradouro, os executivos seniores acabam dizendo: "Tentamos 'aquele tal de Lean' aqui e não funciona". As equipes acabam se desfazendo e tudo volta ao normal. É claro que isso não vai funcionar. Lean é uma mentalidade, um modo de vida, e não uma coisa que pode ser "treinada" ou forçada nas pessoas. Deve ser praticada, para aperfeiçoar suas habilidades e seu conhecimento no método. Essa é a única maneira pela qual o método Lean será adotado e enraizado no sistema de crenças de uma organização e, posteriormente, em sua cultura.

Desenvolver uma *mente kaizen* significa aperfeiçoar sua capacidade de ver o desperdício em tudo e tentar eliminá-lo, um a um. Isso significa respeitar as pessoas e trabalhar em equipe para melhorar o fluxo de trabalho, eliminar desperdícios, melhorar a qualidade do produto/serviço e, por fim, gerar mais valor para o cliente e para a empresa. Essa é a essência do Modelo Toyota. Não há nada secreto ou místico nisso. É um processo empolgante que requer paciência, perseverança e persistência (todas as qualidades de um líder Lean). Quanto mais sucesso uma equipe *kaizen* alcançar, mais ela vai querer enfrentar problemas ainda mais desafiadores e complicados. À medida que a equipe melhora continuamente a organização, seus integrantes também melhoram a si próprios.

Transforme crenças em valores através da repetição

Como vimos na New Horizons, não é difícil formar equipes *kaizen*. No entanto, se você estiver apenas começando sua jornada Lean, é provável que ainda não tenha a experiência em sua organização para sustentar esses esforços. Jim era inteligente o suficiente para perceber que precisava de ajuda externa, por isso contratou Nancy, que tinha experiência. Ela atuou como seu primeiro *sensei* e estava aprimorando a capacidade de Jannie de liderar todo o processo de Práticas de Negócios Toyota (TBP). Tenha Jannie percebido ou não, Nancy estava praticando o desenvolvimento no local de trabalho (OJD). Jannie era aprendiz de Nancy e as duas estavam trabalhando para desenvolver as habilidades e capacidades Lean em si mesmas e na organização.

É necessário repetição para construir um sistema de crenças Lean que se transforma em uma maneira padrão de conduzir a si mesmo, guiado por seus valores. É assim que as crenças se transformam em valores. Você deve fornecer às suas equipes as ferramentas necessárias para fazer isso acontecer e depois recuar e ter paciência para permitir que elas evoluam. Toda vez que inicio um trabalho com uma nova organização, gosto de começar realizando uma iniciativa de Práticas de Negócios Toyota como piloto ou prova de conceito (PoC) para convencer os líderes seniores de que o método Lean realmente funciona dentro daquela empresa. Essa abordagem tira o método Lean das sombras hipotéticas e a traz para a luz do dia através da aplicação prática com visibilidade e transparência. Implementá-lo onde eles realmente possam ver os resultados em primeira mão elimina aquela objeção "não foi inventado aqui, então não estamos interessados", ou pior, "o método Lean é aquela coisa japonesa, e não trabalhamos dessa forma por aqui". A Toyota é uma empresa global. O que os seus senseis perceberam é que o método Lean deve se tornar parte da cultura para se estabelecer. Ele deve ser adaptável e permitir que as equipes *kaizen* o adotem de sua própria maneira. Não pode ser prescritivo e deve resultar dos traços culturais da organização e de seu país de origem.

Uma vez iniciado esse processo, o método Lean levará um tempo para vingar e se disseminar. Faça uma equipe por vez e certifique-se de que seus objetivos e sucessos sejam transparentes e bem divulgados. Mantenha o trabalho dela visível publicando-o da mesma forma que a equipe da New Horizons fez em sua sala de descanso, garantindo que todos na organização entendam o seu impacto.

Prepare-se para o inevitável conflito cultural

Os velhos hábitos são duros de matar, então esteja preparado para enfrentar a oposição, mesmo que não tenha como negar que você está gerando resultados. Algumas pessoas negam com todas as forças que o método Lean está tomando conta de sua organização e trazendo resultados. Você vai ter que aguentar esse pessoal "do contra" por um tempo, até conseguir força suficiente para que essas vozes sejam convertidas, abafadas ou até mesmo caladas por seus apoiadores. Seja você um consultor externo ou um agente interno de mudança transformacional, precisará ter fortes convicções e ser "casca grossa" para superar esse tipo de oposição.

Mas não se esqueça: você está envolvido nisso a longo prazo, portanto não comprometa o que sabe que funcionará. Não mude o processo por pressão ou crítica. Adapte-se à sua organização, encontrando-a da forma que está e depois trabalhando aos poucos para alterá-la. Permaneça firme em suas convicções de que o método Lean funciona se lhe for concedido o tempo, a energia e o suporte adequados.

A construção do sistema de crenças da New Horizons

Nancy e Lisa levaram suas ideias para Jim. Nancy destacou uma diferença marcante entre os funcionários que fizeram parte da equipe *kaizen* e o restante do departamento de serviço: crenças, valores, comportamentos e ações antigos e novos estavam em conflito entre essa equipe e todo o departamento. Jim admitiu que havia observado o mesmo. Os membros da equipe *kaizen* tinham mais "entusiasmo" e ainda mantinham seus quadros brancos e relatavam seu progresso e melhorias. Jim havia notado outros funcionários parando na sala de guerra para conferir os materiais da equipe também.

Nancy disse que era exatamente por isso que elas queriam transformar lentamente as outras partes do departamento de serviços em equipes *kaizen* que praticassem as Práticas de Negócios Toyota e o desenvolvimento no local de trabalho, a fim de usar como base o sistema de crenças que estava começando a se formar na concessionária. Ela disse que identificariam um líder em cada área, formariam uma equipe e forneceriam treinamento nas Práticas de Negócios Toyota em cada etapa, treinando e orientando as equipes à medida que avançassem. A meta seria transformar o líder em um *sensei* que pudesse assumir outra equipe, e assim por diante, até que passassem por toda a concessionária.

No entanto, Nancy também enfatizou a necessidade de estabelecer expectativas realistas. Esse processo levaria um tempo e o objetivo final teria duas frentes: melhorar as formas Lean de trabalhar na concessionária e criar líderes Lean por meio das Práticas de Negócios Toyota (TBP) e desenvolvimento no local de trabalho (OJD), que poderiam ajudar o sistema de crenças da concessionária a evoluir.

Lisa observou que, devido ao trabalho anterior, a concessionária tinha três *senseis*: ela, Nancy e Jannie. Elas poderiam criar mais três equipes, o que seria mais do que suficiente para cobrir o departamento de serviços e talvez até mais uma área dentro da concessionária. Elas perguntaram a Jim se ele tinha alguma preferência sobre onde essas equipes deveriam ser formadas. Ele disse que queria ver como seus vendedores reagiriam a esses métodos e treinamentos. Ele perguntou a Lisa como eles saberiam em quais questões deveriam trabalhar. Ela garantiu a ele que, quando conduzissem a análise de lacunas na etapa 4 e definissem seu estado futuro, identificariam as coisas que precisavam ser trabalhadas em seguida.

Etapa 3: Identifique os Valores que Definem a sua Cultura

Os valores são originados de seu sistema de crenças, o que significa que os dois estão interconectados. Portanto, ao identificar os valores que são importantes e devem ser moldados em sua cultura Lean, o melhor lugar para procurar é em suas crenças atuais. Determine de três a sete crenças que mais importam para a sua empresa Lean. Esse processo não precisa ser complicado. Você pode começar fazendo um brainstorming de uma lista de valores que têm a ver com você, usando a lista da Figura 8-1 como ponto de partida. Analise-os com seus funcionários e clientes para verificar se eles se identificam com os dois grupos. Assim que terminar, publique-os em uma área comum onde os dois grupos possam ver, para que você comece a vivenciá-los através de comportamentos e ações, trazendo significado e relevância a cada um.

Dando vida à cultura Lean da New Horizons

Lisa pediu para se encontrar com Jim e Nancy na sala de Jim no dia seguinte. Os dois ficaram um pouco nervosos para saber o motivo de ela ter pedido para encontrá-los lá, e não na sala de guerra. Era porque ela queria discutir primeiro as descobertas da cultura em particular, para obter as reações e pensamentos dos dois. Ela apresentou um pacote contendo os Quatro Blocos de Nancy e Lisa, além de um terceiro modelo que combinava os dois, mostrado na Tabela 8-3.

Tabela 8-3. Caminhada de Cultura em Quatro Blocos do Departamento de Serviços da New Horizons, resultados combinados

Observações sobre Interações

- Liderança isolada e inacessível.
- O estilo de conversa formal; interação casual é mínima.
- A resolução de problemas difere do supervisor; falta de capacitação.
- O trabalho é focado individualmente; equipe *kaizen* é uma ilha.
- O respeito é dado com base no poder formal e posição, nível de ruído do departamento de serviços é baixo; está tocando música country na área de peças.
- As interações com o cliente são profissionais, amistosas e educadas.
- A resolução de conflitos do cliente é profissional e atenciosa.

Observações sobre o Ambiente de Trabalho

- A sala de guerra do departamento de serviços é Lean Central; pilar do trabalho em equipe em ação.
- Os cartazes indicam o progresso *kaizen*, apoiando visibilidade e transparência.
- Aparência inconsistente da concessionária em geral; decoração desatualizada/equipamento de alta tecnologia parece não pertencer ao ambiente.
- A concessionária não transmite vibração; os banheiros estão em um estado de desordem.
- Condições de trabalho apertadas na área dos agentes de serviço; nenhum item pessoal em nenhum lugar!
- Balcões de serviço desorganizados e desarrumados; sem armazenamento central para peças.
- Aprendizagem contínua não sustentada; as certificações na parede são antigas e desatualizadas.
- As portas estão cheias de impressões digitais; a tinta está saindo das maçanetas das portas.
- Área de entrada cheia de manchas nos pisos e nas paredes.

Observações sobre Emoções

- A equipe geralmente é cortês e educada com os clientes.
- A equipe não possui um senso de urgência e propriedade.
- Não há motivação para cumprimentar os clientes ou se destacar com o atendimento ao cliente.
- Baixa satisfação no trabalho; os funcionários não têm alegria e diversão no trabalho.
- Imprecisões de faturamento e trabalhos incompletos resultam em clientes irritados.
- Descontos concedidos para acalmar clientes irritados.
- Clientes irritados desabafando na sala de espera.
- O tom da concessionária é solene e desanimado; funcionários simpáticos, mas não comprometidos.

> **Observações sobre Aspectos Organizacionais**
>
> - A equipe desconhece a visão, a missão e os valores da concessionária.
> - Estilo de liderança de comando e controle; feedback contínuo sem suporte.
> - A remuneração e as recompensas são baseadas em longevidade na concessionária, e não em desempenho.
> - O sistema de bônus é uma abordagem do tipo incentivos e castigos; faltam aspectos motivacionais.
> - A política de deduzir descontos de clientes do salário dos funcionários é antiética e possivelmente ilegal.
> - A política da empresa de fazer treinamento nos dias de folga da equipe desencoraja a aprendizagem contínua.
> - Organização isolada e fragmentada; pouca interação/trabalho em equipe entre os departamentos.
> - Nenhum acompanhamento dos vendedores em relação ao serviço ou atendimento ao cliente.
> - Departamento de empréstimo não oferece/vende garantias estendidas.

Como podemos ver, a avaliação de Lisa rendeu muitas informações. Ela tomou a liberdade de combinar e reformular algumas coisas nos Quatro Blocos, além de adicionar suas próprias observações às de Nancy, para gerar um retrato da cultura atual da concessionária. Não era uma lista exaustiva, mas captou como a equipe estava interagindo uns com os outros e com seus clientes e fornecedores, que emoções foram provocadas como resultado dessas interações, como os aspectos organizacionais os impactaram e que papel o ambiente de trabalho desempenhou na dinâmica da concessionária.

Lisa notou que Jim estava quieto e um pouco corado. Ela sabia que isso não era exatamente o que ele esperava, e Nancy não estava muito diferente. Eles receberam bem o feedback de Lisa, apesar de destacar que teriam muito trabalho pela frente.

Às vezes, um observador externo pode captar coisas que as pessoas de dentro da organização nem notariam. Como Lisa pensava na marca New Horizons, tanto da perspectiva de um funcionário quanto de um cliente, ela não estava muito focada em um ou no outro.

Jim admitiu que era difícil digerir essas verdades — que a New Horizons ainda estava muito longe de ser uma empresa Lean, e que a equipe *kaizen* foi removida não apenas do restante do departamento de serviços, mas do restante da concessionária.

Lisa concordou e propôs o próximo passo: formar uma equipe multifuncional para definir os valores que sustentariam e reforçariam o sistema de crenças da empresa ao desenvolver e lançar outras equipes *kaizen*. Era muito importante que os funcionários soubessem e entendessem os valores que a concessionária possuía para que pudessem decretá-los através de comportamentos e ações. Lisa sugeriu que convidassem a equipe de liderança de Jim e a equipe *kaizen* de Nancy para uma sessão voltada para a identificação de valores da New Horizons. Durante a reunião, eles:

- Revisariam a visão, a missão e a proposta de valor da empresa para entender aonde queriam chegar, como chegariam lá e que valor gerariam para seus clientes e para a concessionária.
- Explicariam a dimensão da Liderança da Cultura do conceito Modern Lean Framework™ (Figura 8-1) e as crenças Lean predominantes no QI. Em seguida, discutiriam e categorizariam os valores que eles identificaram para apresentar um primeiro rascunho.
- Analisariam a planilha combinada da Caminhada de Cultura em Quatro Blocos para identificar lacunas e determinar se havia algo que gostariam de adicionar, substituir ou excluir para definir o estado futuro.
- Verificariam se essas metas têm a ver com os funcionários e clientes, fazendo as alterações necessárias.

Feito isso, e antes de treinar a equipe e publicar os resultados na sala de espera do cliente, eles também executariam uma última verificação de integridade. Durante a próxima etapa, que é desenvolver sua estrutura de tomada de decisão estratégica centralizada, eles devem garantir que apoiam e não estão em conflito com os comportamentos que estão tentando obter e reforçar em todo o departamento. Tornar esses valores visíveis influencia o comportamento: quando os clientes entendem seus valores e observam comportamentos ou ações contraproducentes por parte dos funcionários, eles podem tirar satisfação. Você verá isso nas pesquisas de satisfação do cliente e nas chamadas de acompanhamento de serviço. A visibilidade e a transparência são ferramentas poderosas para promover uma cultura Lean.

Naquela semana, a equipe trabalhou para definir e desenvolver o primeiro rascunho dos valores da concessionária. Lisa queria garantir que colocassem a visão, a missão e a proposta de valor da concessionária acima de tudo enquanto trabalhavam. Ela tinha o cartaz pronto mostrado na Figura 8-7 e o havia pendurado na sala de guerra.

**New Horizons
Compromisso com a Excelência**

VISÃO
Dedicada aos clientes e orientada pela excelência

MISSÃO
Tornar-se o centro de serviço a clientes mais famoso do mundo no setor automotivo

PROPOSTA DE VALOR
Fácil de comprar e adquirir serviços

Figura 8-7. *Cartaz com a Visão, Missão e Proposta de Valor da New Horizons*

Após discutir e realizar um brainstorming, a equipe desenvolveu o conjunto inicial de valores representados na Figura 8-8. Os dois primeiros vêm diretamente do Modelo Toyota, os três seguintes vêm da lista de valores essenciais da Figura 8-3, e o último é uma variação da melhoria contínua.

> **New Horizons**
> **Compromisso com a Excelência**
>
> **NOSSOS VALORES**
> Respeito pelas Pessoas
> Trabalho em Equipe
> Qualidade
> Responsabilização
> Visibilidade e Transparência
> Evolução Contínua

Figura 8-8. *Valores da New Horizons, primeiro rascunho*

Etapa 4: Defina seus Comportamentos Motivadores Criando sua Estrutura Estratégica

A próxima etapa é criar sua estrutura de tomada de decisão estratégica centralizada que explica claramente aonde você deseja chegar (missão), o que deseja alcançar (visão) e o valor que deseja gerar e agregar (proposta de valor) no próximo ano. Ir mais além do que isso é uma perda de tempo, devido à taxa de mudança no mundo de hoje. O Capítulo 6 descreve essa estrutura, composta pelos seguintes itens:

- Canvas de planejamento estratégico
    — Missão, visão e proposta de valor
    — Objetivos estratégicos
    — Oportunidades competitivas, planos táticos e tarefas operacionais
- Estratégia de investimento
- Roadmap estratégico
- Plano de lançamento do produto mínimo viável (MVP)

A estratégia e a cultura estão entrelaçadas. Deixar de criar a sua estrutura não interrompe a evolução da sua cultura. Uma vez meu pai me disse: "Jeannie, não fazer uma escolha é escolher, e se você não fizer essa escolha, alguém a fará por você." Não coloque o seu destino nas mãos de outra pessoa.

Se você optar por deixar de criar sua estrutura de tomada de decisão estratégica centralizada, algum tipo de cultura ainda será originado dessa decisão. Para recuperar o controle do seu destino e guiá-lo na direção certa, você deve criar propositadamente sua estratégia e tratá-la como seu Norte Verdadeiro Corporativo. Sem cultura, sua estrutura é apenas um monte de palavras em uma folha de papel.

Além disso, a inovação deve ter sustentação e alinhamento tanto com a sua cultura quanto com a sua estratégia. Uma pesquisa de 2018 constatou que 71% das empresas que entendem essa questão do alinhamento apresentam taxas de crescimento empresarial muito mais rápidas do que a concorrência.[4] Por outro lado, 36% dos líderes entrevistados afirmaram que sua estratégia de inovação não estava alinhada à sua cultura e 47% disseram que sua cultura existente não conseguia sustentar sua estratégia de inovação. Essas são estatísticas muito chocantes mesmo. A inovação tem sido um assunto em alta há algum tempo e é um elemento essencial da sobrevivência corporativa. A excelência na inovação também deve estar alinhada com muitas das coisas que discutimos ao longo deste livro: não apenas com a estratégia e a cultura, mas também com o alinhamento de liderança, a experiência do cliente e o engajamento dos funcionários, em particular.

Recapitulando a estrutura estratégica da New Horizons

Jim e Nancy apresentaram a estrutura estratégica da New Horizons para Lisa no dia seguinte. Sua equipe havia construído a estrutura do departamento de serviços usando o processo de planejamento estratégico da empresa Lean que Nancy lhes havia ensinado para elaborar seu Canvas de planejamento estratégico (Figura 8-9).

Como podemos ver, ele declara a visão, a missão e a proposta de valor do departamento de serviço com clareza na etapa 1; os objetivos estratégicos são detalhados na etapa 3; as oportunidades competitivas identificadas estão na etapa 4; os resultados-chave estão listados na etapa 5; e os planos táticos são identificados na etapa 6. Ao desenvolver seu Canvas, a equipe estabeleceu a base de sua estrutura estratégica, que todos consideravam uma grande conquista. Eles nunca haviam feito nada parecido antes e acharam que foi um ótimo primeiro esforço para alinhar a estratégia à execução, e também aos esforços de gerar e agregar valor.

Lisa concordou. A equipe também havia trabalhado em sua estratégia de investimento (detalhada na Figura 8-10) que alocava como gastariam o financiamento nas iniciativas identificadas e como a vinculariam aos objetivos estratégicos em seu Canvas.

---

4 Barry Jaruzelski, Robert Chwalik, e Brad Goehle, "What the Top Innovators Get Right", *strategy+business*, 30 de outubro, 2018.

Canvas de Planejamento Estratégico do Departamento de Serviços da New Horizons

Data: 09/06/20XX
Iteração nº 1

Etapa 1: O Ambiente

Visão: Dedicada a clientes e voltada para a excelência.
Missão: Tornar-se o centro de serviço a clientes mais famoso do mundo no setor automotivo.
Proposta de valor: Fácil de comprar e adquirir serviços.

Cenário Competitivo?
Somos a única concessionária em um raio de 240 quilômetros em uma área de três estados que oferece produtos e serviços desse tipo de veículo.

Desafios e Tendências do mercado?
Outra concorrente de veículos de luxo está construindo uma concessionária 40 quilômetros de nós, em uma cidade próxima.

Etapa 2: Identificação de Cliente/Persona

1. Proprietário de sedã de luxo
2. Proprietário de cupê esportivo
3. Proprietário de SUV
4. Proprietário de caminonete
5. Proprietário de van

Etapa 3: Objetivos Estratégicos

- Aumentar as vendas trimestralmente
- Melhorar a qualidade dos nossos serviços aos nossos clientes
- Ampliar o uso da tecnologia para administrar bem nossos negócios
- Modernizar nossas instalações

Etapa 4: Oportunidades Competitivas

1. Fazer chamadas aleatórias de acompanhamento dos serviços para os clientes
2. Realizar consultas telefônicas com clientes sobre serviços vencidos
3. Desenvolver um app para celular sobre serviços e reparos
4. Fornecer treinamento para a equipe de serviços
5. Desenvolver aplicativo de serviços e reparos para dispositivos móveis
6. Atualizar sistema do programa de empréstimo de carros

Etapa 5: Resultados-chave (KRs)

1. Aumentar, a cada trimestre, as vendas em 5%, para um total cumulativo de 20% nos próximos 12 meses
   - Aumentar as vendas do departamento de serviços em 2% por trimestre, com a implementação de um programa de Acompanhamento de Serviços
   - Aumentar as vendas do departamento de serviços em 3% por trimestre, implementando um programa de Solicitação de Serviços Expirados
2. Aumentar a qualidade de nosso serviço ao cliente nos próximos 6 meses, ao:
   - Diminuir a taxa de erro em solicitações de serviço em 65%
   - Aumentar o nosso Net Promoter Score em 25%
3. Aumentar o uso de tecnologia para gerir nossa empresa de maneira eficaz, ao:
   - Lançar a primeira versão do app para celular de serviços e reparos no fim do 1º trimestre de 2019 e a segunda no 2º trimestre de 2019
   - Executar um aprimoramento da atualização do sistema do Programa de Empréstimo de Carros no fim do 4º trimestre de 2019
4. Modernizar nossas instalações fazendo uma atualização do hardware do computador no depto. de serviços nos próximos 90 dias

Etapa 6: Táticas

1. Programa de ligações para acompanhamento do cliente após o serviço
2. Programa de atendimento ao cliente sobre serviços expirados
3. Plano de app para celular sobre Serviços & Consertos
4. Plano de treinamento à equipe de serviços
5. Plano de atualização do sistema do Programa de Empréstimo de Veículos
6. Atualização de hardware

Etapa 7: Força de Trabalho

1. Depto de Serviços e Tecnologia
2. Depto de Serviços e empresa terceirizada de Atendimento ao Cliente
3. Depto de Empréstimos de Carros e Tecnologia
4. Depto de Serviços
5. Depto de Serviços
6. Tecnologia

Etapa 8: Mensurar e Relatar

1. Medidas de KRs serão compiladas pelo grupo de Análise de Dados
2. A frequência será baseada no parâmetro recolhido, com base no seguinte cronograma:
   - nº 1: vendas por trimestre
   - nº 2: quinzenal
   - nº 3: mensal
   - nº 4: mensal
3. Os resultados dos parâmetros serão postados na sala de guerra da equipe TBP no quinto dia de cada mês

Etapa 9: Evoluir e Otimizar

1. A atualização do sistema do programa de Empréstimo de Carros também exigirá atualização de todo o hardware da concessionária
2. Os processos do programa de Empréstimo de Carros também precisam ser revisados/modificados, conforme o sistema é submetido à atualização planejada de software
3. Será preciso desenvolver e conduzir um treinamento, a fim de assegurar que a equipe do depto. de serviços está atualizada sobre os novos processos

Figura 8-9. *Canvas de planejamento estratégico do departamento de serviços da New Horizons (versão em formato grande)*

Objetivos Estratégicos	Oportunidade	Plano Tático	Prazo	Estimativa de Custo e Estratégia de Investimento		
				Estimativa de Custo	Total	Tipo de Investimento
Aumentar as vendas trimestralmente	1. Fazer para os clientes chamadas aleatórias de acompanhamento dos serviços	1. Programa de chamada de acompanhamento ao cliente pós-serviço	Próximos 12 meses	US$1,25M	US$2,25M	Novo
	2. Realizar com os clientes consultas por telefone sobre serviços vencidos	2. Programa de chamada ao cliente por serviço vencido	Próximos 12 meses	US$1M		Essencial
Melhorar a qualidade dos nossos serviços aos nossos clientes	3. Desenvolver um aplicativo de serviços e reparos para dispositivos móveis	3. Aplicativo de serviços e reparos para dispositivos móveis	Próximos 6 meses	US$6M	US$7,5M	Novo
	4. Fornecer treinamento para a equipe de serviços	4. Treinamento de atendimento ao cliente para agentes de serviço	Próximos 6 meses	US$1,5M		Aprimoramento
Ampliar o uso da tecnologia para administrar bem nossos negócios	5. Atualizar o sistema do programa de empréstimo de carros	5. Atualização do sistema do Programa de Empréstimo de Carros (LCP)	Próximos 12 meses	US$5M	US$5M	Aprimoramento
Modernizar nossas instalações	6. Atualizar o hardware de toda a concessionária	6. Atualização do hardware dos computadores da concessionária	Próximos 90 dias	US$2,5M	US$2,5M	Aprimoramento
Alocação Total de Investimento do Departamento de Serviços				US$17,25M	US$17,25M	

Figura 8-10. *Estratégia de investimento do departamento de serviços da New Horizons por tema (versão em formato grande)*

Jim pediu que virassem a página e dessem uma olhada no roadmap estratégico (Tabela 8-4) que mostrava o que realizariam nos determinados períodos para o próximo ano.

Tabela 8-4. Roadmap estratégico de 12 meses do departamento de serviços da New Horizons

Ano 1: 1º Trimestre	Ano 1: 2º Trimestre
• **Aumentar as vendas trimestralmente (12 meses)** US$1,25M 1. Programa de chamada de acompanhamento ao cliente pós-atendimento US$1M 2. Programa de chamada ao cliente por serviço vencido Modernizar nossas instalações (90 dias) US$2,5M 6. Atualização do hardware dos computadores da concessionária	• **Melhorar a qualidade dos nossos serviços aos nossos clientes (6 meses)** US$6M 3. Aplicativo de serviços e reparos para dispositivos móveis US$1,5M 4. Treinamento de atendimento ao cliente para os agentes de serviços
Ano 1: 3º Trimestre	**Ano 1: 4º Trimestre**
	• **Ampliar o uso da tecnologia para administrar bem nossos negócios (12 meses)** US$5M 5. Atualização do sistema do Programa de Empréstimo de Carros (LCP)
Taxa de Execução de US$4,375M/trimestre **TOTAL: US$17,5M**	

Além disso, o plano de lançamento do MVP (Tabela 8-5) detalhava quando os planos táticos e as tarefas operacionais seriam executados, com a numeração ligada aos objetivos estratégicos identificados.

Tabela 8-5. Plano de lançamento do MVP de 12 meses do departamento de serviços da New Horizons

Ano 1: Versão 1 do MVP do 1º Trimestre	Ano 1: Versão 2 do MVP do 2º Trimestre
1. Programa de Chamada de Acompanhamento ao Cliente Pós-atendimento • Escrever roteiro de chamada de acompanhamento • Testar o roteiro de chamada de acompanhamento • Revisar o roteiro com base nas descobertas • Lançar o programa de chamada de acompanhamento **2. Programa de Chamada ao cliente por Serviço Vencido** • Escrever roteiro de chamada de acompanhamento • Testar o roteiro de chamada de acompanhamento • Revisar o roteiro com base nas descobertas • Lançar o programa de chamada de acompanhamento **6. Atualização do Hardware dos Computadores da Concessionária** • Instalar novos computadores • Instalar novas impressoras • Instalar novos dispositivos portáteis • Configurar/testar hardware e rede **3. Aplicativo de Serviços e Reparos para dispositivos Móveis** • Realizar esforços das TBP nos processos de dispositivos móveis • Desenvolver o recurso de registro e login do cliente • Desenvolver o recurso "Agende um Horário" • Desenvolver o recurso "Empreste um Carro" • Testar/revisar o aplicativo de serviços e reparos para dispositivos móveis • Lançar o aplicativo de serviços e reparos para dispositivos móveis	**3. Aplicativo de Serviços e Reparos para Dispositivos Móveis - (continuação)** • Desenvolver notificações de "Enviar Progresso do Reparo" • Desenvolver o recurso "Visualização de Cobrança" • Desenvolver o recurso "Pesquisa de Feedback Push" • Desenvolver o recurso "Oferecer Cupons/Descontos na Próxima Visita" • Desenvolver o recurso "Notificações Push para Avisar sobre o Próximo Serviço" • Testar/revisar o aplicativo de serviços e reparos para dispositivos móveis • Lançar o aplicativo de serviços e reparos para dispositivos móveis • Solicitar feedback dos clientes • Incorporar feedback ao aplicativo para dispositivos móveis **4. Treinamento de Atendimento ao Cliente para Agentes de Serviços** • Determinar o fornecedor do treinamento • Negociar e assinar contrato • Agendar as aulas do treinamento • Realizar as aulas do treinamento
Ano 1: Versão 3 do MVP do 3º Trimestre	**Ano 1: Versão 4 do MVP do 4º Trimestre**
5. Atualização do Sistema do Programa de Empréstimo de Carros (LCP) • Instalar o novo software do sistema • Configurar o novo software do sistema • Testar o novo software do sistema	**5. Atualização do Sistema do Programa de Empréstimo de Carros (LCP) - (continuação)** • Realizar uma análise de lacunas nos recursos e nas funcionalidades • Revisar/atualizar os processos LCP (se necessário) • Conduzir o treinamento dos processos LCP (se necessário) • Lançar o novo sistema LCP

Com isso, Jim recuou, deixando Lisa ter tempo para digerir o que ele havia acabado de apresentar. Nancy apontou para os gráficos e tabelas na parede. Ela relembrou Lisa que eles queriam que todo esse trabalho ficasse visível para todos na concessionária, não apenas para o departamento de serviços, por uma questão de total transparência e visibilidade.

Lisa concordou que aquele trabalho estava excelente e ela estava completamente satisfeita com os resultados da etapa 4. Era hora de finalizar os valores da concessionária.

Finalização dos valores da New Horizons

Depois de analisar mais uma vez todos os resultados e as descobertas da caminhada de cultura, a equipe achou necessário fazer duas mudanças importantes. Primeiro, eles discutiram "responsabilização" versus "capacitação", concordando que o significado anterior estava incorporado na última palavra, o que era muito mais inspirador. Afinal, uma das principais razões para construir uma cultura Lean é criar uma força de trabalho capacitada. Todos os membros da equipe aprovaram essa alteração.

Eles também queriam contrapor a interpretação errônea de que "não deve haver nenhum divertimento aqui!" O treinamento de vendas comunicou isso inadvertidamente e apareceu várias vezes na Caminhada de Cultura em Quatro Blocos. A equipe agregou o valor "alegria" (Figura 8-11) para passar uma mensagem a todos que eles tinham o intuito de fazer da New Horizons um lugar alegre, emocionante e inovador.

**New Horizons
Compromisso com a Excelência**

NOSSOS VALORES
Respeito pelas Pessoas
Trabalho em Equipe
Qualidade
Responsabilização
Visibilidade e Transparência
Evolução Contínua
Alegria

Figura 8-11. *Valores da New Horizons, versão final*

Como a concessionária fica em uma cidade pequena, Jim sempre tentou torná-la um local acolhedor e caloroso. Ele incentivava os clientes atuais e potenciais a dar uma passada na concessionária a qualquer momento, mesmo só para dizer "oi" ou pegar uma garrafa de água de cortesia (disponibilizada no setor de vendas e no balcão de serviços). Essa é uma tradição que teve início quando Jim abriu a concessionária há mais de vinte anos. Jim costuma dizer que "as pessoas fazem negócios com as pessoas que conhecem e gostam", e suas atitudes ajudaram a promover a cultura de abertura, receptividade e um senso de comunidade o qual Jim e sua equipe desfrutaram ao longo dos anos.

Etapa 5: Formalize as Ações Necessárias para Transformar a sua Cultura

Para construir uma cultura baseada em seu sistema de crenças Lean que sustente seus valores e sua direção estratégica, você deve identificar as lacunas do que ainda não está inserido em sua cultura para poder tomar medidas corretivas e dar vida a ela. Nesta etapa, você deve realizar as três tarefas a seguir:

1. Conduza sua análise de lacunas observando sua planilha da Caminhada de Cultura em Quatro Blocos.

2. Determine quais comportamentos e ações são mais adequados para preencher a lacuna de cada observação.

3. Identifique os temas relevantes para formar suas equipes *kaizen* e nomeie os líderes de cada uma.

Conduza sua análise de lacunas

Lisa e Nancy passaram o dia mapeando os itens da planilha da Caminha de Cultura em Quatro Blocos com seus valores recém-finalizados para criar a Planilha de Análise de Lacunas do Departamento de Serviços da New Horizons (Figura 8-12).

O processo é simples. Leia cada item em cada bloco e determine qual valor combina melhor com a observação, tanto da perspectiva positiva quanto da negativa. Tente não ficar pensando muito nesse ponto e não se preocupe com valores duplicados. Concentre-se em escolher o valor que seja mais relevante e que melhor represente a observação. Se você achar que deve aparecer abaixo de mais de um valor, vá em frente e coloque-a lá. Com as primeiras observações em "Visibilidade e Transparência" e "Evolução Contínua", as duas líderes concordaram que duplicar a observação sobre o conhecimento da equipe em torno da visão, missão e proposta de valor da concessionária era importante e a coisa certa a se fazer, por isso ela aparece em ambos os valores. Registre de onde veio a observação usando a Legenda de Observações na Figura 8-12, que garante a rastreabilidade à planilha dos Quatro Blocos. Entender quais tipos de observações você está abordando é muito importante quando for organizar seus objetivos e resultados-chave para medir o progresso futuro.

A execução desse mapeamento é um ótimo ponto de partida, pois identifica algumas das situações que estão causando problemas naquele momento. Permite também colocar seus valores à prova: se algumas observações não se encaixarem em nenhum dos valores definidos, pode ser que tenha deixado passar algum valor pertinente e precise repensar em sua lista. Nesse caso, retorne à etapa anterior e discuta essa situação com

Respeito pelas Pessoas	Trabalho em Equipe	Qualidade	Capacitação	Visibilidade e Transparência	Evolução Contínua	Alegria
Liderança isolada e inacessível (OI)	Trabalho é focado individualmente; equipe *kaizen* é uma ilha (OI)	Imprecisões de faturamento e trabalhos incompletos resultam em clientes irritados (OE)	Resolução de problemas difere do supervisor (OI)	A equipe não possui conhecimento sobre a visão, missão e valores da concessionária (OAO)	A equipe não possui conhecimento sobre a visão, missão e valores da concessionária (OAO)	Estilo de conversas formais; interação casual é mínima (OI)
Respeito dado com base no poder formal e posição (OI)	Estilo de liderança de comando e controle; feedback contínuo sem suporte (OAO)	Descontos concedidos para acalmar clientes irritados (OE)	A equipe não possui senso de urgência e propriedade (OE)		Treinamentos devem ser feitos nos dias de folga; desencoraja a aprendizagem contínua (OAO)	Nível de ruído do departamento de serviços é baixo; está tocando música country na área de peças (OI)
Interações com clientes são profissionais, amistosas e educadas (OI)	Organização isolada e fragmentada; pouca interação/trabalho em equipe entre os departamentos (OAO)	Clientes irritados desabafando uns com os outros na sala de espera (OE)	Não há motivação para cumprimentar os clientes ou se destacar com o atendimento ao cliente (OE)	Cartazes indicam o progresso *kaizen*, apoiando visibilidade e transparência (OAT)	Departamento de empréstimo não oferece/vende garantias estendidas (OAO)	Baixa satisfação no trabalho (OE)
Resolução de conflitos do cliente é profissional e atenciosa (OI)	Sala de guerra do departamento de serviços é Lean Central; pilar do trabalho em equipe em ação (OAT)	Nenhum acompanhamento dos vendedores em relação ao serviço ou atendimento ao cliente (OAO)		Certificações na parede são antigas e desatualizadas (OAT)	Aparência inconsistente da concessionária em geral; decoração desatualizada/equipamento de alta tecnologia parece estranho (OAT)	Tom da concessionária é solene e desanimado; funcionários simpáticos, mas não comprometidos (OE)
Remuneração/recompensas são baseadas em longevidade, e não em desempenho (OAO)		Balcões de serviço desorganizados e desarrumados; sem armazenamento central para as peças (OAT)	**Legendas de Observações** OI = Interações OE = Emoções OAO = Aspectos Organizacionais OAT = Ambiente de Trabalho		Condições de trabalho apertadas; nenhum item pessoal (OAT)	Concessionária não transmite vibração; os banheiros estão em um estado de desordem (OAT)
Bônus com abordagem do tipo incentivos e castigos (OAO)		Área de entrada cheia de manchas nos pisos e paredes (OAT)			Portas estão cheias de impressões digitais; há tinta saindo das maçanetas das portas (OAT)	
Deduções do salário por descontos a clientes (OAO)						

Figura 8-12. *Planilha de Análise de Lacunas de Cultura do Departamento de Serviços da New Horizons (versão em formato grande)*

a equipe. Não há respostas certas ou erradas. É apenas uma questão de como você deseja definir a sua cultura e o que é importante para a sua empresa Lean.

Determine os comportamentos e as ações necessárias para preencher a lacuna

A seguir, Lisa e Nancy começaram a mapear os comportamentos e ações listados na Figura 8-13 com suas observações abaixo de cada valor para determinar as opções de possíveis medidas corretivas.

Mais uma vez, não há nada complicado aqui. Leia cada observação e atribua um comportamento e/ou ação a ela, registrando seu identificador abaixo. Desta vez, você não precisa se limitar a apenas uma medida. Liste todas as opções que se aplicam. Entenda todas as opções disponíveis, para que possa escolher a melhor combinação possível ou a mais apropriada, com base nos resultados que está buscando.

Comportamentos (C)	Processos de Ação (PA)	Métodos de Ação (MA)
C1: Alinhamento da Empresa	PA1: Oito Etapas para uma Cultura Lean	MA1: *Genchi Genbutsu*
C2: Resultados com Foco no Cliente	PA2: Processo de Planejamento Estratégico da Empresa Lean	MA2: Mapeamentos de Fluxo de Valor
C3: Resultados com Foco nos Negócios	PA3: Objetivos e Resultados-chave (OKRs)	MA3: Voz do Cliente (VoC)
C4: Canvas de Planejamento Estratégico	PA4: Conversas, Feedback e Reconhecimento (CFRs)	MA4: Análise da Persona de Clientes
C5: Estratégia de Investimento	PA5: Sistema de Produção Toyota (TPS)	MA5: Mapeamento da Jornada da Experiência do Cliente (CXJM)
C6: Roadmap Estratégico	PA6: Práticas de Negócios Toyota (TBP)	MA6: Estratégia da Experiência do Cliente Omnichannel (OCXS)
C7: Plano de Liberação do Produto Mínimo Viável (MVP)	PA7: Desenvolvimento no Local de Trabalho (OJD)	MA7: *Design Thinking*
	PA8: Método Científico — Ciclo PDCA	MA8: Lean Startup
		MA9: Lean Six Sigma
		MA10: Métodos Agile

Figura 8-13. *Possíveis comportamentos e atitudes da New Horizons*

Não precisa se preocupar em acertar tudo de uma vez. Devido à natureza iterativa e incremental do ciclo PDCA, se fizer uma tentativa e ela não gerar os resultados desejados, poderá obter feedback, analisar e aprender com ela, e depois tentar novamente. Essa é a beleza do método Lean: a tentativa e erro e a experimentação são aceitáveis. Ter um progresso possível de se demonstrar é melhor do que não fazer absolutamente nada, mesmo se você não fizer tudo exatamente certo na primeira ou na segunda vez. A ação coloca o seu destino diretamente em suas próprias mãos, onde deveria estar. Tomar atitudes para encarar o desafio é a marca de um líder Lean que busca a perfeição através da melhoria contínua.

Lisa e Nancy examinaram todas as opções e determinaram quais eram as mais apropriadas. Em seguida, transferiram os identificadores para a Planilha de Análise de Lacunas. Os conceitos em negrito na Figura 8-14 correspondem aos identificadores de comportamentos e ações Lean (processos e métodos) na Figura 8-13. Como mostra a Figura 8-14, muitas observações receberam vários comportamentos e ações ou medidas corretivas. Há muitas maneiras de resolver os problemas enfrentados usando comportamentos e métodos Lean. Alguns exigirão medidas corretivas proativas, como iniciar equipes *kaizen* para tratar o problema especificamente. Outros podem ser resolvidos por outras iniciativas em andamento. Lisa e Nancy determinarão qual situação se aplica na próxima tarefa, enquanto definem os comportamentos e métodos que serão usados para solucionar esses problemas.

A principal lição foi que elas identificaram problemas reais que estavam atrapalhando a aplicação de seus valores. Elas puderam tratar e resolver esses problemas enquanto trabalhavam para fortalecer o sistema de crenças da concessionária. Você pode mudar o que quiser se tiver motivação. Nada é permanente.

Respeito pelas Pessoas	Trabalho em Equipe	Qualidade	Capacitação	Visibilidade e Transparência	Evolução Contínua	Alegria
Liderança isolada e inacessível (OI) C1 e 3; PA4, 6 e 7; MA1	Trabalho é focado individualmente; equipe *kaizen* uma ilha (OI) C3, PA2, 3, 4, 6 e 7	Impressições de faturamento e trabalhos incompletos resultam em clientes irritados (OE) C2; PA2, 3, 4 e 6; MA1	Resolução de problemas difere do supervisor (OI) PA1, 2, 3, 4 e 6; MA7	A equipe não possui conhecimento sobre a visão, missão e valores da concessionária (OAO) C1, 2, 3 e 4; PA1, 3 e 4	A equipe não possui conhecimento sobre a visão, missão e valores da concessionária (OAO) C1, 2, 3 e 4; PA1, 3 e 4	Estilo de conversas formais; interação casual é mínima (OI) PA1, 3 e 4; MA1
Respeito dado com base no poder formal e posição (OI) C1 e 3; PA1 e 7; MA1	Estilo de liderança de comando e controle; feedback contínuo sem suporte (OAO) C1; PA2, 3 e 4; MA1	Descontos concedidos para acalmar clientes irritados (OE) C2; PA2, 3, 4 e 6; MA1	A equipe não possui senso de urgência e propriedade (OE) PA1, 2, 3, 4 e 6; MA7		Treinamentos devem ser feitos nos dias de folga; desencoraja a aprendizagem contínua (OAO) PA2, 3 e 4	Nível de ruído do departamento de serviços é baixo; está tocando música country na área de peças (OI) C4; PA2 e 6; MA1
Interações com clientes são profissionais, amistosas e educadas (OI) C1, 2 e 3; PA6	Organização isolada e fragmentada; pouca interação/trabalho em equipe entre os departamentos (OAO) C1 e 3; PA6; MA2 e 7	Clientes irritados desabafando uns com os outros na sala de espera (OE) C2; PA2, 3, 4 e 7; MA1	Não há motivação para cumprimentar os clientes ou se destacar com o atendimento ao cliente (OE) PA1, 2, 3, 4 e 6; MA7	Cartazes indicam o progresso *kaizen*, apoiando visibilidade e transparência (OAT) C1; PA2 e 6	Departamento de empréstimo não oferece/vende garantias estendidas (OAO) C3 e 4; PA2, 3 e 6	Baixa satisfação no trabalho (OE) C2 e 4; PA2 e 6; MA1
Resolução de conflitos do cliente é profissional e atenciosa (OI) C1, 2 e 3; PA6	Sala de guerra do departamento de serviços é Lean Central; pilar do trabalho em equipe em ação (OAT) C1, 2 e 3; PA2, 3, 4 e 6	Nenhum acompanhamento dos vendedores em relação ao serviço ou atendimento ao cliente (OAO) C2 e 3; PA2, 3, 4 e 6; MA1		Certificações na parede são antigas e desatualizadas (OAT) PA2, 3 e 6	Aparência inconsistente da concessionária em geral; decoração desatualizada/equipamento de alta tecnologia parece estranho (OAT) C2 e 4; PA2 e 6; MA1	Tom da concessionária é solene e desanimado; funcionários simpáticos, mas não comprometidos (OE) C2 e 4; PA2 e 6; MA1
Remuneração/recompensas são baseadas em longevidade, e não em desempenho (OAO) C4; PA2, 3 e 4		Balcões de serviço desorganizados e desarrumados; sem armazenamento central para as peças (OAT) C3; PA2, 3, 4 e 6; MA1	**Legendas de Observações** OI = Interações OE = Emoções OAO = Aspectos Organizacionais OAT = Ambiente de Trabalho		Condições de trabalho apertadas; nenhum item pessoal (OAT) C2 e 4; PA2 e 6; MA1	Concessionária não transmite vibração; os banheiros estão em um estado de desordem (OAT) C2 e 4; PA2 e 6; MA1
Bônus com abordagem do tipo incentivos e castigos (OAO) C4; PA2, 3 e 4		Área de entrada cheia de manchas nos pisos e paredes (OAT) PA3 e 6; MA1			Portas estão cheias de impressões digitais; há tinta saindo das maçanetas das portas (OAT) C2 e 4; PA2 e 6; MA1	
Deduções do salário por descontos a clientes (OAO) C4; PA2, 3 e 4						

Figura 8-14. Planilha de Análise de Lacunas de Cultura do Departamento de Serviços da New Horizons (revisada) (versão em formato grande)

Identifique seus temas e suas equipes *kaizen*

Assim que Lisa e Nancy concluíram a análise de lacunas da cultura do departamento de serviços, elas tinham todas as informações necessárias para identificar os temas que deveriam abordar. Agora podem formar suas equipes e nomear os líderes. Não pule nenhuma dessas etapas. Pode ser tentador, mas o ciclo PDCA exige um bom planejamento antes de tomar uma ação propositalmente. Seja paciente para garantir que entenda de verdade quais são os problemas em questão.

Usando as duas planilhas e a tabela das Figuras 8-12 a 8-14, Lisa e Nancy deram uma última passada na Planilha de Análise de Lacunas da Cultura (Figura 8-14). Dessa vez, procuravam os principais temas que poderiam ser usados para categorizar as observações. Elas chegaram aos seis temas mostrados na Figura 8-15. Também acrescentaram de qual valor surgiu cada observação em azul. Isso garantiu a rastreabilidade, para que, à medida que avançam, as equipes entendam em que valor trabalharão e como as mudanças que estão fazendo afetarão a cultura da concessionária e o seu sistema de crenças em desenvolvimento e valores associados.

Elas perceberam que algumas das observações já estavam sendo abordadas por outras iniciativas. Elas as marcaram em verde para que as equipes não perdessem tempo com elas. Por exemplo, todos os itens da última coluna de "Marca e Reputação" estavam sendo tratados através da reforma da concessionária. Alguns itens não exigiam uma ação corretiva, como os dois últimos na coluna "Atendimento ao Cliente". Na verdade, eles são resultados positivos, alcançados pelo treinamento em atendimento ao cliente que Lisa fez no mês passado. Essas melhorias precisarão ser monitoradas, as quais podem ser abordadas pelos processos de objetivos e resultados-chave (OKRs) e conversas, feedback e reconhecimento (CFR), mas não é necessária nenhuma outra ação no momento. Agora, Lisa e Nancy podem formar as equipes *kaizen* com base nesses temas.

Liderança Líderes: Nancy/Jim	Colaboração Líderes: Lisa/Donna	Atendimento ao Cliente Líderes: Lisa/Randy	Liderança Própria Líderes: Jannie/Rick	Recompensas e Reconhecimento Líderes: Nancy/Chuck	Marca e Reputação Líderes: Lisa/Mary	Marca e Reputação
Liderança isolada e inacessível (OI) C1 e 3; PA4,6 e 7; MA1 Respeito pelas Pessoas	Trabalho é focado individualmente; equipe kaizen é uma ilha (OI) C3, PA2, 3, 4, 6 e 7 Trabalho em Equipe	Nenhum acompanhamento dos vendedores em relação ao serviço ou atendimento ao cliente (OAO) C2 e 3; PA2, 3, 4 e 6; MA1 Qualidade	Resolução de problemas difere do supervisor (OI) PA1, 2, 3, 4 e 6; MA7 Capacitação	Treinamentos devem ser feitos nos dias de folga; desencoraja a aprendizagem contínua (OAO) PA2, 3 e 4 Evolução Contínua	Clientes irritados desabafando uns com os outros na sala de espera (OE) C2; PA2, 3, 4 e 7; MA1 Qualidade	Concessionária não transmite vibração; os banheiros estão em um estado de desordem (OAT) C2 e 4; PA2 e 6; MA1 Alegria
Respeito dado com base no poder formal e posição (OI) C1 e 3; PA1 e 7; MA1 Respeito pelas Pessoas	Estilo de conversas formais; interação casual é mínima (OI) PA1, 3 e 4; MA1 Alegria	Não há motivação para cumprimentar os clientes ou se destacar com o atendimento ao cliente (OE) PA1, 2, 3, 4 e 6; MA7 Capacitação	A equipe não possui senso de urgência e propriedade (OE) PA1, 2, 3, 4 e 6; MA7 Capacitação	Remuneração/recompensas são baseadas em longevidade, e não em desempenho (OAO) C4; PA2, 3 e 4 Respeito pelas Pessoas	Nível de ruído do departamento de serviços é baixo; está tocando música country na área de peças (OI) C4; PA2 e 6; MA1	Portas estão cheias de impressões digitais; tinta está saindo das maçanetas das portas (OAT) C2 e 4; PA2 e 6; MA1 Evolução Contínua
Estilo de liderança de comando e controle; feedback contínuo sem suporte (OAO) C1; PA2, 3 e 4; MA1 Trabalho em Equipe	Organização isolada e fragmentada; pouca interação/trabalho em equipe entre os deptos (OAO) C1 e 3; PA6; MA2 e 7 Trabalho em Equipe	Impressões de faturamento e trabalhos incompletos resultam em clientes irritados (OE) C2; PA2, 3, 4 e 6; MA1 Qualidade	Certificações na parede são antigas e desatualizadas (OAT) PA2, 3 e 6 Visibilidade e Transparência	Bônus com abordagem do tipo incentivos ou castigos (OAO) C4; PA2, 3 e 4 Respeito pelas Pessoas	Baixa satisfação no trabalho (OE) C2 e 4; PA2 e 6; MA1 Alegria	Condições de trabalho apertadas; nenhum item pessoal (OAT) C2 e 4; PA2 e 6; MA1 Evolução Contínua
	Departamento de empréstimo não oferece/vende garantias estendidas (OAO) C3 e 4; PA2, 3 e 6 Evolução Contínua	Descontos concedidos para acalmar clientes irritados (OE) C2; PA2, 3, 4 e 6; MA1 Qualidade	A equipe não possui conhecimento sobre a visão, missão e valores da concessionária (OAO) C1, 2, 3 e 4; PA1, 3 e 4 Visibilidade e Transparência	Deduções do salário por descontos a clientes (OAO) C4; PA2, 3 e 4 Respeito pelas Pessoas	Tom da concessionária é solene e desanimado; funcionários simpáticos, mas não comprometidos (OE) C2 e 4; PA2 e 6; MA1 Alegria	Área de entrada cheia de manchas nos pisos e paredes (OAT) PA3 e 6; MA1 Evolução Contínua
	Sala de guerra do departamento de serviços é Lean Central; pilar do trabalho em equipe em ação (OAT) C1, 2 e 3; PA2, 3, 4 e 6 Trabalho em Equipe	Interações com clientes são profissionais, amistosas e educadas (OI) C1, 2 e 3; PA6 Respeito pelas Pessoas	Cartazes indicam o progresso kaizen, apoiando visibilidade e transparência (OAT) C1; PA2 e 6 Visibilidade e Transparência			Balcões de serviço desorganizados e armazenamento central sem as peças (OAT) C3; PA2, 3, 4 e 6; MA1 Qualidade
		Resolução de conflitos do cliente é profissional e atenciosa (OI) C1, 2 e 3; PA6 Respeito pelas Pessoas Evolução Contínua	A equipe não possui conhecimento sobre a visão, missão e valores da concessionária (OAO) C1, 2, 3 e 4; PA1, 3 e 4 Visibilidade e Transparência			

Legendas de Observações
OI = Interações
OE = Emoções
OAO = Aspectos Organizacionais
OAT = Ambiente de Trabalho

Figura 8-15. Planilha de Análise de Lacunas de Cultura do Departamento de Serviços da New Horizons por tema (revisada) (versão em formato grande)

As observações em "Recompensas e Reconhecimento" precisarão ser abordadas por uma equipe multifuncional incluindo Recursos Humanos e todos os chefes de departamento, para garantir que quaisquer alterações no sistema de remuneração e bônus sejam justas e equitativas em toda a organização. Nancy sugeriu que ela trabalhasse com Chuck para liderar essa equipe, já que ele chefia o departamento de RH. Jim também seria parte integrante dessa equipe. Nancy também lideraria a equipe de Liderança com Jim. Lisa decidiu ficar com a equipe de Colaboração com Donna, a equipe de Atendimento ao Cliente com Randy (um dos membros da equipe *kaizen* original) e a equipe de Marca e Reconhecimento com Mary, que chefia o departamento de marketing da concessionária.

Nancy achava também que Jannie estava pronta para liderar uma equipe, portanto designaram a ela a equipe de Autoliderança, com Rick (também membro da equipe *kaizen* original). Em essência, a liderança unia um *sensei*/coach com um aprendiz que poderia um dia se tornar um *sensei*/coach também. Essa dupla permite à concessionária desenvolver e aperfeiçoar líderes Lean.

Assim que Jim aprovou, Nancy anunciou por e-mail o plano para toda a concessionária e explicou as atribuições de cada equipe. Depois, ela se encontrou com os líderes da equipe para lançar as equipes *kaizen* o mais rápido possível.

Etapa 6: Conecte a Estratégia à Execução Implementando os Objetivos e Resultados-Chave (OKRs)

A estratégia é a base da cultura. Ele conecta seu sistema de crenças e valores às ações que você precisa realizar como empresa Lean, com base nos comportamentos que você define em sua estrutura de tomada de decisão estratégica centralizada. Ao colocar a sua missão em prática, você define e molda a sua cultura, identificando a direção que deseja seguir e como medirá o sucesso ao longo do caminho. À medida que a sua estratégia evolui, a sua cultura Lean evolui também.

Para criar uma cultura focada em propósito, você deve alinhar sua organização de cima para baixo por meio de um conjunto de objetivos abrangentes definidos durante o desenvolvimento de sua estrutura de tomada de decisão estratégica centralizada. Ao declarar explicitamente o que é importante para a empresa Lean, você cria seu Norte Verdadeiro Corporativo, estabelecendo um conjunto de limites corporativos que mantêm todos no caminho certo. Os desvios e distanciamentos são reduzidos ao mínimo, porque todos estão focados em realizar os seus objetivos estratégicos. Eles entendem o que é importante para a organização e isso cria uma força de trabalho motivada que trabalha junto de maneira colaborativa.

A ambiguidade desaparece, sendo substituída pelo propósito e um foco acentuado nos resultados do cliente e de negócios, criando um impulso perpétuo para seguir adiante que protege contra a estagnação e a extinção corporativa. A inovação também é sustentada e incentivada, porque a sua estratégia está alinhada com o seu mecanismo de execução, criando uma enorme vantagem competitiva. No final, você acaba criando com sucesso uma cultura extremamente focada na evolução contínua, vinculando a estratégia à execução.

Como criar uma cultura de avanço perpétuo

Vamos voltar ao processo de planejamento estratégico da empresa Lean (descrito no Capítulo 6), mostrado na Figura 8-16. Tudo começa no nível da empresa, com os líderes seniores analisando e chegando a uma compreensão do seu ambiente competitivo e de seus clientes nas etapas 1 e 2, e, depois, criando de três a cinco objetivos estratégicos na etapa 3 que definem o que a organização busca realizar nos próximos 12 meses. Na etapa 4, os líderes Lean identificam as oportunidades competitivas: o "como" que, se realizado, permite que eles ganhem e/ou mantenham uma vantagem competitiva. As oportunidades descem gradualmente ao nível tático na etapa 5, à medida que os gerentes de nível intermediário desenvolvem o sistema de mensuração em conjunto com as equipes no *gemba*. Os gerentes e equipes táticos estabelecem os resultados-chave (KRs) e os devolvem aos líderes da empresa para aprovação e adoção.

Figura 8-16. *O processo de planejamento estratégico da empresa Lean*

Os planos táticos e as tarefas operacionais são elaborados na etapa 6, fornecendo o mecanismo que produz resultados mensuráveis. Quando as equipes no *gemba* executam a etapa 7, a empresa Lean vincula com sucesso a estratégia à execução e transforma suas crenças e valores em comportamentos e ações. Os resultados são medidos e relatados na etapa 8 em uma cadência regular, que une toda a empresa Lean. Isso cria uma organização sólida, focada, transparente e de alto desempenho, com uma cultura bem definida que foi propositalmente criada, implementada e mantida por meio de um processo estruturado de planejamento estratégico e estabelecimento de metas.

Mensure o que importa usando os objetivos e resultados-chave (OKRs)

Hoje, o processo de definição de temas estratégicos (que determinam a direção corporativa) e objetivos e resultados-chave (que definem os resultados que deseja alcançar) é usado por muitas organizações conhecidas, como Google, Yahoo, Intuit e YouTube. Esse processo foi originado com o trabalho de Peter Drucker na década de 1960, conhecido como Administração por Objetivos (MBO), evoluindo para o que hoje é chamado de objetivos e resultados-chave (OKRs), popularizados por John Doerr.[5] Doerr ampliou o trabalho de Drucker adicionando um componente chamado Conversas, Feedback e Reconhecimento (CFRs), um mecanismo criado para obter feedback regular durante reuniões agendadas de controle interno entre um líder/gerente e um funcionário. Drucker identificou esses elementos como importantes, mas Doerr os codificou adicionando o elemento CFR ao processo, vinculando aspectos humanos como crenças, valores, cultura, trabalho em equipe, liderança e gestão de desempenho contínuo para formar um sistema completo, de circuito fechado, de gestão de desempenho contínuo e estabelecimento de metas.

No geral, as duas metodologias têm o mesmo objetivo: criar propósito, foco, alinhamento, contribuição, responsabilização e rastreabilidade com relação a quem é responsável por alcançar os objetivos declarados da empresa. Estabelecer objetivos e resultados-chave, realizar controles internos através de conversas, feedback e reconhecimento e, depois, colocá-los em prática fazem parte das etapas 3 a 9 do processo de planejamento estratégico da empresa Lean, conforme mostrado na Figura 8-16. A etapa 9 representa o ajuste e a evolução do processo de objetivos e resultados-chave por meio do processo de controle interno regular, estabelecido para medir e confirmar a compreensão dos funcionários sobre os objetivos e resultados-chave. Se for necessária uma mudança de direção, o ajuste é feito em tempo real e monitorado e medido de forma consistente.

Na New Horizons, um dos objetivos estratégicos estabelecidos pela liderança do departamento de serviços era aumentar as vendas trimestralmente. Esse é o "o que" que dá a direção ao departamento. Em seguida, os objetivos e resultados-chave combinam as oportunidades competitivas identificadas pela equipe com os resultados mensuráveis nos quais estão trabalhando. Por exemplo:

- **Objetivo Estratégico 1:** Aumentar as vendas trimestralmente
  - **Oportunidade Competitiva 1:** Realizar chamadas aleatórias aos clientes de acompanhamento de serviço
    - **Resultado-chave 1:** Aumentar as vendas do departamento de serviços em 2% por trimestre
    - **Resultado-chave 2:** Aumentar as vendas do departamento de serviços em 20% nos próximos 12 meses

---

5 John Doerr, *Measure What Matters* (Nova York: Portfolio, 2018).

Como podemos ver, esses (mais o restante dos objetivos e resultados-chave definidos na etapa 5 da Figura 8-9) são específicos e mensuráveis e possuem um limite de tempo, e incluem números ou objetivos concretos. Se a empresa aumentar as vendas em, pelo menos, 2% em um determinado trimestre, realizando chamadas aleatórias aos clientes de acompanhamento de serviço, ela atingirá sua meta para esse trimestre no departamento de serviços — um resultado mensurável. Mas, para alcançar seu objetivo geral nos próximos 12 meses, o departamento de serviços deve aumentar as vendas gerais em 20% nesse período. Embora possa atingir sua meta durante alguns trimestres, a meta anual pode ser atingida ou não. E o aumento nas vendas está explicitamente vinculado à realização das duas oportunidades competitivas nessa área que conectam o valor agregado a esses resultados de negócios.

Eureca! Acabamos de responder à antiga pergunta que tanto me fazem: "Como sabemos se estamos gerando valor?" Cabe aos líderes seniores criar as condições que permitem à organização gerar e agregar valor, trimestre após trimestre, ano após ano. Primeiro, eles devem estabelecer as expectativas através do desenvolvimento de objetivos estratégicos e da identificação de oportunidades competitivas. Em seguida, eles devem estabelecer metas de desempenho mensuráveis que alinham as expectativas e os resultados. Isso conecta o valor ao esforço envidado, criando uma cultura de realização focada no valor.

Os objetivos e resultados-chave criam uma cultura responsável por sua natureza interconectada. Os objetivos são uma força unificadora por ser necessário que todas as pessoas da organização trabalhem juntas para alcançá-los. Se uma pessoa ou grupo não alcança seus resultados-chave, as outras pessoas da organização também correm o risco de não alcançá-los, o que pode levar toda a organização a pagar pelas consequências. Há uma pressão imensa dos colegas no trabalho, afinal, ninguém quer ser o responsável pelo fracasso da equipe ou mesmo da empresa em atingir suas metas. Dessa maneira, os objetivos e resultados-chave promovem a responsabilização e a liderança servidora. Eles inspiram as pessoas a servir ao bem maior e a alcançar os objetivos, enquanto se orgulham de fazer coletivamente a empresa Lean avançar. É assim que a empresa Lean do século XXI alcança o sucesso mensurável e consistente: ela cria uma cultura holística que busca estabelecer e realizar o que se comprometeu, lançando sua energia na busca da excelência operacional contínua, através da aplicação consistente de seu processo de objetivos e resultados-chave.

Os Objetivos e Resultados-Chave da New Horizons

O processo de definição de objetivos e resultados-chave nos níveis de empresa e tático, discutido no Capítulo 6, é representado nas etapas 3 a 6 no Canvas de planejamento estratégico da New Horizons (Figura 8-9), que é uma representação simplificada apenas para fins ilustrativos. Em uma empresa Lean, cada departamento ou linha de produto, dependendo do modelo de negócios/operacional, cria seus próprios objetivos e resultados-chave que atendem aos objetivos estratégicos gerais da empresa. Na New Horizons, cada chefe de departamento trabalhará com sua equipe e com outros líderes e equipes, se forem identificadas dependências entre eles, para desenvolver seus objetivos e resultados-chave. Nancy reuniu sua equipe de liderança e revisou o Canvas de planejamento da equipe para abordar apenas os objetivos e resultados-chave do 1º trimestre, mostrados na Figura 8-17.

Esse Canvas ainda não inclui objetivos e resultados-chave das equipes *kaizen* que Nancy liderará. Eles serão adicionados assim que forem iniciados para lidar com os problemas culturais identificados na concessionária. Como podemos ver, os objetivos e resultados-chave na etapa 5 agora são muito mais específicos e abordam apenas os planos táticos trimestrais e as tarefas operacionais listadas no quadro do 1º trimestre do plano de lançamento do MVP do departamento de serviços da New Horizons (consulte a Tabela 8-5). Lembre-se de que os objetivos e resultados-chave são definidos, monitorados e mensurados trimestralmente — o mesmo período usado nos níveis estratégico (Tabela 8-4) e tático (Tabela 8-5). Antes do início do 2º trimestre, a equipe de Nancy se reunirá novamente para o próximo ciclo de planejamento com o intuito de descobrir o que pode ser marcado como completo (verde), ainda em andamento (amarelo) ou não iniciado (vermelho) que foi planejado para iniciar no último trimestre.

Agora que Nancy firmou seus objetivos e resultados-chave do 1º trimestre, ela os transferiu para sua planilha trimestral de rastreamento e monitoramento de objetivos e resultados-chave, representada na Figura 8-18. Essa planilha é uma ótima ferramenta para divulgar as expectativas que ela possui, responsabilizar a si mesma e as equipes e anunciar o progresso. É importante nomear apenas uma pessoa da equipe de liderança para ser responsável pelos resultados-chave que você busca. Você deve saber quem é a pessoa a quem todos recorrem para tirar dúvidas sobre o progresso (ou a falta dele) durante o trimestre. Com frequência, esse líder também terá uma equipe responsável pelo progresso em relação ao plano. Dessa maneira, os objetivos descem gradualmente pela organização, reunindo as equipes em torno de um conjunto de resultados mensuráveis.

Canvas de Planejamento Estratégico do Departamento de Serviços da New Horizons – 1º Trimestre

Data: 30/06/20XX
Iteração n° 2

Etapa 1: O Ambiente

Visão: Dedicada aos clientes e impulsionada pela excelência.
Missão: Ser o centro mais renomado do mundo em atendimento ao cliente no setor automotivo.
Proposta de valor: Fácil de adquirir e obter serviços.

Cenário Competitivo?
Somos a única concessionária em um raio de 240 quilômetros em uma área de três estados que oferece produtos e serviços desse tipo de veículo.

Desafios e Tendências do mercado?
Outra concorrente de veículos de luxo está construindo uma concessionária 40 quilômetros de nós, em uma cidade próxima.

Etapa 2: Identificação de Cliente/Persona

1. Proprietário de sedã de luxo
2. Proprietário de cupê esportivo
3. Proprietário de SUV
4. Proprietário de camionete
5. Proprietário de van

Etapa 3: Objetivos Estratégicos

OE1: Aumentar as vendas trimestralmente
OE2: Melhorar a qualidade dos nossos serviços aos nossos clientes
OE3: Ampliar o uso da tecnologia para administrar bem nossos negócios
OE4: Modernizar nossas instalações

Etapa 4: Oportunidades Competitivas

OC1: Fazer chamadas aleatórias para os clientes de acompanhamento dos serviços
OC2: Realizar consultas telefônicas com clientes sobre serviços vendidos
OC3: Concluir os esforços kaizen do processo de Admissão de Solicitação de Serviços
OC4: Fornecer treinamento para a equipe de serviços
OC5: Desenvolver aplicativo de serviços e reparos para dispositivos móveis
OC6: Atualizar sistema do programa de empréstimo de carros
OC7: Atualizar hardware/decoração em toda a concessionária

Etapa 5: Resultados-chave (KRs)

OE1/OC1
a. Testar Roteiro de Chamada de Acompanhamento
b. Fazer 25 chamadas/semana
c. Marcar 5 horários/mês
d. Aumentar vendas em 2%

OE1/OC2
a. Testar Roteiro de Chamada por Serviço Vencido
b. Fazer 50 chamadas/semana
c. Marcar 10 horários/mês
d. Aumentar vendas em 3%

OE2/OC3
a. Diminuir a taxa de Erro de Solicitação de Serviços em, pelo menos, 30%
b. Aumentar NPS em 15%

OE2/OC4
a. Garantir fornecedor do treinamento
b. Concluir treinamento
c. Aumentar NPS em 15%

OE3/OC5
a. Concluir 100% do trabalho do processo
b. Lançar 1ª versão do aplicativo

OE4/OC7
a. Concluir 100% da atualização do Hardware
b. Concluir 100% da reforma na decoração da Concessionária

Etapa 6: Táticas e Tarefas

1. Programa de Chamadas de Acompanhamento ao Cliente Pós-Atendimento
2. Programa de Chamada ao Cliente por Serviço Vencido
3. Plano do Aplicativo de Serviços e Reparos para dispositivos móveis
4. Plano de Treinamento para a Equipe de Serviços
5. Plano de Atualização do Sistema do Programa de Empréstimo de Carros
6. Atualização do Hardware dos Computadores da Concessionária

Etapa 7: Força de Trabalho

1. Depto de Serviços e Tecnologia
2. Depto de Serviços e empresa terceirizada de Atendimento ao Cliente
3. Depto de Empréstimos de Carros e Tecnologia
4. Depto de Serviços
5. Depto de Serviços
6. Tecnologia

Etapa 8: Mensurar e Relatar

1. Mensurações de KPI serão realizadas pelo grupo de Análise de Dados
2. Frequência será baseada na métrica coletada, com base no cronograma a seguir:
   - n° 1: vendas por trimestre
   - n° 2: quinzenalmente
   - n° 3: mensalmente
   - n° 4: mensalmente
3. Resultados das métricas serão publicados na sala de guerra da equipe de TBP no quinto dia de cada mês

Etapa 9: Evoluir e Otimizar

1. A atualização do sistema do programa de empréstimo de carros também exigirá que todo o hardware seja atualizado em toda a concessionária
2. Os processos do programa de empréstimo de carros também precisam ser revisados/modificados, à medida que o sistema passa pela atualização planejada do software
3. Será necessário desenvolver e conduzir treinamentos para garantir que a equipe do Depto de Serviços esteja atualizada com relação aos novos processos

Figura 8-17. *Canvas de planejamento estratégico do 1º trimestre do departamento de serviços da New Horizons*

Objetivo Estratégico	Oportunidade Competitiva	Resultados-chave	Atribuído a	Mid	Status (RAG)	Nota Final	Status Final (RAG)
Aumentar as vendas trimestralmente	1. Implementar um programa de chamada de acompanhamento do serviço ao cliente	a. Testar roteiro de chamada de acompanhamento	Gail	0%		0%	
		b. Fazer 25 chamadas/semana		0%		0%	
		c. Marcar 5 horários por mês		0%		0%	
		d. Aumentar as vendas em 2%		0%		0%	
	2. Realizar consultas de acompanhamento de serviços vencidos com os clientes	a. Testar roteiro de Chamada por Serviço Vencido	Gail	0%		0%	
		b. Fazer 50 chamadas/semana		0%		0%	
		c. Marcar 10 horários por mês		0%		0%	
		d. Marcar 10 horários por mês		0%		0%	
Melhorar a qualidade dos nossos serviços aos nossos clientes	3. Concluir os esforços kaizen do processo de Admissão de Solicitação de Serviços	a. Diminuir a taxa de Erro de Solicitação de Serviços em, pelo menos, 30%	Jannie	0%		0%	
		b. Aumentar NPS em 15%		0%		0%	
	4. Fornecer treinamento para a equipe de serviços	a. Garantir fornecedor do treinamento	Donna	0%		0%	
		b. Concluir treinamento		0%		0%	
		c. Aumentar NPS em 15%		0%		0%	
	5. Desenvolver um aplicativo de Serviços e Reparos para dispositivos móveis	a. Concluir 100% do trabalho do processo	Rick	0%		0%	
		b. Lançar primeira versão do aplicativo de serviços e reparos para dispositivos móveis		0%		0%	
Ampliar o uso da tecnologia para administrar bem nossos negócios	6. Atualizar sistema do programa de empréstimo de carros	N/A	Donna	0%		0%	
Modernizar nossas instalações	7. Atualizar hardware/decoração em toda a concessionária	a. Concluir 100% de atualização do hardware	Randy	0%		0%	
		b. Concluir 100% da concessionária		0%		0%	

Figura 8-18. *Departamento de Serviços da New Horizons — OKRs do 1º Trimestre (versão em formato grande)*

Como garantir a responsabilização no nível *gemba*

Você pode estabelecer os objetivos e resultados-chave a nível de equipe e individual, mas o fator decisivo depende de que tipo de trabalho a equipe está executando. O que você busca promover é o trabalho em equipe e a colaboração. Pense bem se vale a pena se sobrecarregar mais empurrando os objetivos e resultados-chave para baixo em direção ao nível individual. Essa decisão é somente sua. Em um ambiente de equipe, todos são responsáveis uns pelos outros para realizar o trabalho. A equipe sabe quem não está fazendo a sua parte e, acredite em mim, essa situação não ficará assim indefinidamente. O dia do acerto de contas chegará e você não precisará intervir. Com o tempo, as equipes se autocorrigem, reagindo e se ajustando de acordo.

Como podemos ver na Figura 8-18, cada equipe e líder é responsável por um objetivo. Isso gera responsabilização, garantindo que todos entendam os objetivos e critérios de mensuração e o que se espera que seja realizado durante o trimestre. As equipes normalmente se reúnem, pelo menos, uma vez por trimestre e no final dele para medir o progresso e relatar os resultados finais. Uma escala de mensuração típica, como a usada no Google e na Intel,[6] possui a seguinte hierarquia de 0 a 1,0:

- Vermelho = 0,0 a 0,3 (Não conseguimos progredir de verdade)
- Amarelo = 0,4 a 0,6 (Progredimos, mas não conseguimos concluir)
- Verde = 0,7 a 1,0 (Progredimos)

Vejamos, por exemplo, o objetivo 5 da equipe de Rick: Desenvolver um Aplicativo de Serviços e Reparos para Dispositivos Móveis. Há dois resultados-chave nos quais a equipe está trabalhando nesse trimestre: (5a) concluir 100% do trabalho do processo e (5b) lançar a primeira versão do Aplicativo de Serviços e Reparos para Dispositivos Móveis. O plano tático para esse objetivo afirma que o trabalho do processo será realizado até o final de janeiro e a primeira mensuração está agendada para 15 de fevereiro. Isso significa que a equipe deve concluir esse trabalho até o ponto de verificação do meio do trimestre, se seguirem o cronograma. Eles podem registrar um resultado nessa escala de mensuração com base no progresso realizado até o momento. A mensuração é simples assim.

Se o resultado-chave fosse vermelho, com pontuação de 0,3 ou menos, Rick precisaria discutir como a equipe concluirá esse trabalho para não pôr em risco o 5b., que poderia atrasar o lançamento do aplicativo. No entanto, eles concluíram os processos do aplicativo e, portanto, o classificaram como 1,0 (verde). Se, no final do 1º trimestre, a equipe lançar o aplicativo, mas concluir apenas dois dos três recursos planejados, não alcançando o recurso de Empréstimo de Carros, eles teriam que pontuar 0,6 neste último. O status deve ser marcado como amarelo, e Rick e a equipe precisarão desco-

---

6   Doerr, *Measure What Matters*, 120.

brir a probabilidade de finalizá-lo no próximo trimestre. Isso significa que o recurso inacabado teria que ser transferido para ser lançado no 2º trimestre para concluir o aplicativo (Tabela 8-5), garantindo que o trabalho planejado permanecesse alinhado com os valores reais.

Determine a praticidade do desenvolvimento de objetivos e resultados-chave individuais

Os líderes seniores precisam avaliar os custos e benefícios de estabelecer objetivos e resultados-chave com suas equipes. Embora exista certo debate sobre sua eficácia em um ambiente de equipe, acredito que há um argumento a ser defendido para colocá-los nesse nível.

Coisas como a aprendizagem e o desenvolvimento contínuos, que contam com objetivos que devem ser rastreados e mensurados, são perfeitas para objetivos e resultados-chave individuais. Por exemplo, a observação de que as certificações dos técnicos de serviço não estão atualizadas. Os objetivos e resultados-chave de um departamento de serviços geral poderiam ser elaborados da seguinte maneira:

- **Objetivo Estratégico 2:** Melhorar a qualidade dos nossos serviços aos nossos clientes
  - **Oportunidade Competitiva 8 (nova):** Impulsionar o treinamento de nossos fabricantes automotivos para proporcionar e oferecer um serviço superior aos nossos clientes
    - **Resultado-chave 1 (novo):** Manter 100% de conformidade com as certificações dos técnicos de serviço a cada trimestre
    - **Resultado-chave 2 (novo):** Manter o status geral de certificação "atual" do fabricante automotivo nos próximos 12 meses
  - **Atribuído a:** Randy (que gerencia o balcão de serviços do departamento de Nancy)

Em termos individuais, cada um dos técnicos de Randy receberia um resultado-chave para o 1º trimestre de "Atualize todas as certificações de treinamento vencidas nos próximos 90 dias". Determinar esse tipo de objetivo e definir a oportunidade e, em seguida, estabelecer os resultados-chave que podem ser rastreados e mensurados, garante que essas importantes aulas do treinamento sejam aproveitadas.

Então, no 2º trimestre, os objetivos e resultados-chave individuais mudariam ligeiramente para "Obter/manter todas as certificações de treinamento novas/existentes nos próximos 90 dias". Os técnicos de serviço seriam responsáveis por manter suas próprias certificações, existentes e novas. Isso gera responsabilização a nível individual dos objetivos e oportunidades que se aplicam a cada pessoa da equipe.

Etapa 7: Realize Controles Internos através de Conversas, Feedback e Reconhecimento para Verificar o Progresso

Ao determinar os objetivos e resultados-chave e mensurar o progresso continuamente, a sua cultura evolui de maneira proposital, com base nos objetivos que você define e nos resultados-chave que alcança ao longo do tempo. É uma abordagem com duas vertentes: os objetivos e resultados-chave se concentram na definição de prioridades e na comunicação de insights, enquanto as conversas, feedback e reconhecimento garantem que eles tenham sido transmitidos claramente aos responsáveis por alcançá-los. Mas o que são exatamente essas conversas, feedback e reconhecimento?

Conversas
São realizadas durante controles internos agendados regularmente entre líderes/gerentes e funcionários.

Feedback
São informações fornecidas e obtidas por meio da comunicação bidirecional durante um controle interno formal (em oposição ao feedback dado durante o *genchi genbutsu*) para avaliar o progresso relacionado às metas e discutir as medidas corretivas necessárias.

Reconhecimento
É o reconhecimento e reforço positivo das contribuições de um indivíduo relacionadas aos objetivos gerais e individuais.

Enquanto os objetivos e resultados-chave dão foco nas prioridades, as conversas, feedback e reconhecimento envolvem a compreensão e a satisfação das vontades, necessidades e/ou desejos humanos básicos, como respeito e reconhecimento, incentivo, conforto psicológico e emocional, apoio, segurança e um senso de comunidade através da afiliação. As conversas, feedback e reconhecimento promovem a cultura Lean e a fazem evoluir, ao fornecer propósito, clareza e feedback.

Os líderes Lean devem realizar controles internos de conversas, feedback e reconhecimento com suas equipes, pelo menos, uma vez por mês. Os itens a seguir são discutidos em geral:

- Progresso em direção aos objetivos existentes;
- Prioridades;
- Resultados-chave individuais;
- Itens e ações de desenvolvimento pessoal;
- Questões e preocupações;
- Ajustes;
- Novos objetivos e resultados-chave, se houver;
- Tarefas operacionais, planejadas versus reais.

Juntos, os objetivos e resultados-chave e as conversas, feedback e reconhecimento substituem o ultrapassado processo de revisão de desempenho anual por um estabelecimento de metas trimestrais mais leve e adaptável e um processo de acompanhamento que fornece feedback direto, oportuno e relevante. Você pode mensurar e verificar se os objetivos foram entendidos e se sua força de trabalho está indo na direção certa. Em caso negativo, você pode fazer os ajustes necessários. Ao impulsionar a colaboração e combiná-la com a responsabilização, você pode alcançar o desempenho máximo em toda a empresa.

Ao adicionar o conceito de avaliação do engajamento dos funcionários ou gerar feedback por meio de uma pesquisa online regularmente administrada pelo RH (semanal ou mensal), você pode tirar um rápido retrato da sua cultura atual. Essa avaliação ajuda a avaliar a saúde da organização, enviando uma pesquisa simples com regularidade para que você possa reagir a críticas ou comentários negativos antes que se tornem um problema.

Conduzindo Conversas, Feedback e Reconhecimento na New Horizons

Quando Rick realizou um controle interno por meio de conversas, feedback e reconhecimento com Diane, uma das programadoras de sua equipe, constatou que ela havia subestimado o trabalho necessário no recurso de login do aplicativo de serviços associado ao objetivo 5 (Figura 8-18). Como os sistemas da concessionária estavam desatualizados, foi necessária uma atualização para o Active Directory antes que ela pudesse avançar, o que levou mais de duas semanas. Isso causou um efeito bola de neve com os outros dois recursos planejados e não havia tempo suficiente no trimestre para concluir por completo o recurso de Empréstimo de Carros. Estava quase finalizado, só faltava conduzir os testes. Rick constatou que realizar esses testes não atrasaria tanto a equipe no 2º trimestre. Essa não foi a primeira vez que a equipe teve que lidar com os sistemas antigos da concessionária. Rick ficou agradecido por Jim finalmente ter priorizado a atualização de seus sistemas e alocado recursos para que isso acontecesse nesse trimestre (Figura 8-10).

Como resultado de sua conversa com Diane, Rick também conversou com toda a equipe sobre realizar a avaliação de sistemas à medida que embarcassem em novos projetos, para determinar o impacto que seus sistemas legados teriam nesse trabalho futuro. A equipe fez um brainstorming sobre os possíveis impactos nos recursos planejados para a versão do 2º trimestre — para tratá-los com antecedência, antes que causassem mais problemas ou atrasos nessa versão do 2º trimestre. Dessa forma, o controle interno de Rick com Diane permitiu que a equipe resolvesse o problema em tempo real, através de uma intervenção proativa, e foi corrigido antes de se tornar um problema ainda maior.

Etapa 8: Relate o Progresso e Faça Ajustes

No final de cada trimestre, todas as equipes realizam uma reunião de resultados para relatar seu progresso. Jim decidiu realizar uma reunião sobre os resultados-chave durante o café da manhã de toda a primeira segunda-feira do trimestre, com direito a serviço de buffet, antes da abertura da concessionária. Uma a uma, cada equipe relatava para toda a concessionária o progresso que havia feito com seus objetivos e resultados-chave. Se um objetivo e resultado-chave havia sido perdido, o líder indicava o motivo, juntamente com os ajustes necessários para concluí-lo. As notas finais eram postadas na sala de guerra *kaizen*, que funcionava como uma grande motivação, já que ninguém queria ver o relatório de sua equipe todo vermelho até que os próximos resultados do meio do trimestre fossem publicados. Nos trimestres seguintes, todo aquele vermelho passou para amarelo e depois para verde quando as equipes se adaptaram ao processo. Foi uma grande mudança, e levou um bom tempo para que cada um encontrasse o seu ritmo.

Como podemos ver, todo esse planejamento está correlacionado. Os objetivos estratégicos estabelecidos a nível executivo são convertidos em oportunidades competitivas nos níveis executivo e tático. Nos níveis tático e *gemba*, eles se tornam planos táticos e tarefas operacionais inseridos no roadmap estratégico e no plano de lançamento do MVP até a data do prazo. Os objetivos e resultados-chave são estabelecidos nesses níveis para mensurar os resultados anuais e trimestrais de maneira objetiva e quantitativa. Os ajustes são feitos através de controles internos, durante o trimestre, à medida que o trabalho avança. Tudo é impulsionado pela cultura da organização. As empresas Lean disciplinadas e bem-sucedidas do século XXI perceberam o poder desse processo e seu efeito na criação, manutenção e sustentação da cultura. Elas atuam com propósito e responsabilização que as impulsionam para alcançar excelentes resultados sistemáticos a cada trimestre e a cada ano.

Foco na Necessidade Crítica de Gestão de Desempenho Contínuo

A liderança Lean cria uma cultura na qual o desempenho é medido, reconhecido e recompensado continuamente, conhecido como Gestão de Desempenho Contínuo (CPM). Essa gestão transforma um processo subjetivo em objetivo através de análises mensuráveis e quantitativas que são aplicadas de maneira justa em todos os níveis. Enquanto as antiquadas análises de desempenho anuais ou semestrais dão foco no desempenho e nos resultados passados, que podem ter de seis a doze meses, o prazo da Gestão de Desempenho Contínuo é apenas de um a três meses. Ela também é muito mais voltada para o futuro e busca o equilíbrio entre as realizações atuais e passadas, bem como o desempenho futuro. Isso fica evidente no controle interno entre Rick e Diane: juntos eles conseguiram solucionar o problema e tomar medidas corretivas antes que fosse tarde demais. Rick passou o que aprendeu para toda a equipe, que também se beneficiou da conversa, aplicando-as em toda a sua área para garantir que todos cumprissem os objetivos e resultados-chave do 2º trimestre. Isso *sim* é poder!

Entenda os Benefícios da Gestão de Desempenho Contínuo

Os benefícios para a empresa Lean da Gestão de Desempenho Contínuo que alavancam o planejamento estratégico, os objetivos e resultados-chave e as conversas, feedback e reconhecimento são abrangentes e variados. Esse sistema fornece à sua força de trabalho um mecanismo direto para participar ativamente das conquistas da empresa, o que não tem preço. Quando as prioridades são esclarecidas e há conversas genuínas sobre o progresso, as pessoas ficam mais engajadas e querem contribuir sempre, e o entusiasmo delas é contagioso. Isso forma uma cultura de melhoria contínua e pensamento Lean que impulsiona a organização para a frente, criando uma enorme vantagem competitiva. Portanto, a Gestão de Desempenho Contínuo é uma ferramenta poderosa que gera os seguintes benefícios para a empresa Lean:

Proporciona foco e comprometimento

Os líderes seniores devem se esforçar para priorizar trimestralmente o que é importante para a organização, eliminando as suposições e comprometendo-se com as ações. O processo fornece uma maneira de decidir e comunicar o que realmente importa e mobilizar a força de trabalho para se concentrar e alcançar os resultados e agregar valor, especialmente em uma startup com recursos limitados. Ficar disperso em uma dúzia de iniciativas não trará os resultados que você busca, porque nada será feito por completo. Como Andy Groves, ex-CEO da Intel, disse certa vez: "Se tentamos nos concentrar em tudo, não nos concentramos em nada" [em tradução livre].[7] Como líder Lean, você tem que se concentrar no que DEVE ser feito, depois comprometer-se com essa busca para realmente causar um impacto na empresa Lean.

Promove agilidade e alinhamento

A Gestão de Desempenho Contínuo fornece um mecanismo para mudar de direção completamente em dias e semanas, e não em meses e anos. Se as prioridades mudarem ou surgir uma ameaça competitiva, você poderá refazer rapidamente seus objetivos e encaminhá-los aos gerentes táticos para definir novos resultados-chave, fazendo essa troca entre a liderança sênior, os gerentes táticos de nível intermediário e as equipes no *gemba* até os objetivos e resultados-chave serem finalizados e usados para mobilizar sua força de trabalho. Ser capaz de pressionar o botão reiniciar para alinhar a empresa Lean em torno de novos objetivos instantaneamente evita a disrupção através de uma boa reação rápida, proporcionando a você uma incrível vantagem competitiva através da agilidade e do alinhamento.

---

7   Citado em Doerr, *Avalie o que Importa*.

Incentiva capacitação e propriedade
As capacidades de tomada de decisão serão empurradas para quem estiver mais próximo do trabalho. Quando surge um problema, não há necessidade de procurar um supervisor para analisar a situação e tomar uma decisão menos informada ou fornecer uma solução incompleta. As pessoas que estão no *gemba* são líderes Lean bem informados que entendem a direção que a empresa Lean deseja seguir, o que leva a decisões bem informadas. Todos entendem a direção estratégica definida pela estrutura de tomada de decisão estratégica centralizada e declarada explicitamente através do sistema de objetivos e resultados-chave. Todos entendem quem é responsável pelo que e o papel que cada um desempenha no cumprimento dos objetivos gerais da organização através da propriedade e responsabilização individual e coletiva.

Oferece transparência e visibilidade
Todos entendem o futuro que a organização está tentando construir através dos objetivos definidos e como serão alcançados. Todos sabem no que cada um está trabalhando. Não há segredos, e o progresso é monitorado e comunicado a cada 45 dias. Não há onde se esconder. A Gestão de Desempenho Contínuo também identifica as dependências multifuncionais para promover a colaboração e eliminar duplicações e redundâncias, dividindo os silos em toda a empresa Lean.

Permite a autoliderança, o propósito e o crescimento na carreira
As pessoas descobrirão que possuem um senso de propósito e a liberdade para descobrir como serem levadas ao sucesso sem a interferência da gestão intermediária. O trabalho que você estiver executando se torna sua responsabilidade, criando um senso de direção e propósito. Isso ajuda no crescimento na carreira, à medida que as pessoas são desafiadas por meio de aprendizagem, feedback e desenvolvimento contínuos.

Oferece oportunidades para expandir e crescer
A Gestão de Desempenho Contínuo incentiva a ideia de que *o céu é o limite*: ir além do que se pensava ser possível a princípio. É claro que nem tudo pode ser seguido dessa forma, mas quando a organização precisa de uma maneira de se mobilizar rapidamente para combater uma ameaça, ter esse tipo de ideia pode ser exatamente o que é necessário. Ser capaz de mudar de direção e alcançar o sucesso é uma meta aspiracional que qualquer líder adoraria conseguir atingir.

Permite mensuração e feedback
O processo da Gestão de Desempenho Contínuo garante que os objetivos sejam quantificáveis, medidos periodicamente e analisados para identificar tendências. Também permite ajustes oportunos e correções no percurso, quando necessário.

Cria um sistema justo e imparcial de reconhecimento e recompensas
O desempenho individual e geral da empresa será avaliado com precisão regularmente. A Gestão de Desempenho Contínuo identifica as recompensas apropria-

das e reconhece positivamente todos os envolvidos. Hoje, as pessoas querem ser reconhecidas por suas realizações e que seus sucessos sejam comemorados. Até mesmo um simples "obrigado" ajuda muito a incentivar um desempenho positivo que rapidamente se torna habitual.

Sete Coisas a Serem Aplicadas para Desenvolver uma Cultura Lean

Através do meu trabalho com as empresas da Fortune 100, e também com startups, identifiquei sete coisas que devem ser aplicadas. Elas são essenciais para construir e manter uma cultura Lean com sucesso.

1. *Alinhamento da liderança sênior*

    Provavelmente, este é o fator mais importante ao fazer uma mudança não apenas cultural, mas em qualquer tipo de iniciativa de mudança. A mudança cultural é um esforço de cima para baixo. Primeiro, os líderes seniores devem estar alinhados sobre o que precisa mudar e, em seguida, trabalhar em cima do porquê e como mudar. Além disso, eles devem participar da mudança. Seus seguidores estão observando como você lidera. Se um líder sênior tem uma fala convincente, mas não faz nada para mudar ou moldar as crenças e os valores da cultura, ele passa a mensagem errada: "Ah, essa mudança não é para mim". Os líderes Lean estão na frente e no centro, e devem se empenhar de verdade quando o assunto é a cultura.

2. *Defensores notáveis*

    Eles são essenciais dentro de uma empresa Lean. Eles apoiam seus esforços de mudança cultural de maneira visível, a nível de empresa até a nível de *gemba*. A mudança que ocorre com a participação das pessoas acaba sendo duradoura e sustentável. Ela deve ser uma prioridade tão importante para o CEO e o conselho de administração quanto para os líderes e membros da equipe. Identifique os defensores da mudança que são responsáveis por incentivar e apoiar as ações que sustentam ainda mais o seu sistema de crenças e valores. Isso pode incluir o voluntariado em eventos da comunidade, a formação permanente de equipes *kaizen* de departamento para trabalhar em projetos de melhoria contínua ou a realização de uma análise de Voz do Cliente (VoC) para identificar as necessidades do cliente. Uma ação visível tem o poder de criar o tipo de cultura do qual você pode ter orgulho de fazer parte.

3. *Alinhamento de marca*

    Sua cultura deve estar alinhada à sua marca, clientes e funcionários para mantê-los todos sincronizados no seu mercado. Se a cultura da sua empresa não apoia os funcionários a terem comportamentos e ações em que o cliente vem em primeiro lugar, você estará pedindo para ter problemas. Lembre-se: o mundo é pequeno. É muito fácil sua "roupa suja" viralizar através de experiências ruins e baixa satisfação do cliente. Tenha certeza de que a cultura que você está construindo condiz com as experiências que você está tentando criar para seus clientes e funcionários.

4. *Comunicação frequente*

Isso é vital para seus esforços de mudança cultural. Ninguém gosta de ficar por fora do que está acontecendo. As pessoas ficam nervosas e começam a fazer perguntas e a se preocupar com coisas como a segurança física no emprego — outro antipadrão cultural Lean. Comunique-se com antecedência e frequência para gerar aprovação e garantir que todos estejam bem informados e trabalhando rumo aos mesmos objetivos. Suas mensagens, políticas e procedimentos devem ser consistentes e não devem entrar em conflito com suas crenças ou valores. Se isso ocorrer, você estará passando uma mensagem contraditória.

5. *Aplicação abrangente*

Certifique-se de que seus esforços de mudança cultural se aplicam a toda a organização. Nenhuma pessoa, departamento ou unidade de negócios está isenta. A sua cultura deve ser consistente em todos os aspectos. Sem *nenhuma* exceção. Surgirão subculturas, mas elas devem ser consistentes e sincronizadas com a sua cultura geral para garantir que não a superem e causem danos. Muitas vezes, é assim que as culturas se desviam ao longo do tempo, à medida que os principais líderes passam para outros cargos e são substituídos por outras pessoas que não têm suas mesmas crenças e valores. Não subestime o poder de uma pessoa de mudar a sua cultura por completo. Quando se tratar de uma contratação, procure pessoas que valorizem as mesmas coisas que a empresa valoriza. Assim, acabará com funcionários leais que realmente querem contribuir com a sua cultura.

6. *Reforço contínuo*

Ter um programa consistente de recompensas e reconhecimento é obrigatório. O que você reconhece, recompensa e comemora é o que acaba ganhando mais depois. Se deseja uma cultura de melhoria mais sólida, comemore cada aspecto de seus esforços de melhoria. Seja criativo para encontrar várias maneiras de reconhecer sinceramente as contribuições. Não existe uma abordagem única para todos os casos. O sucesso traz mais sucesso. Quanto mais reconhecer as contribuições em todos os níveis, mais progresso terá.

7. *Foco no jogo duradouro*

Construir uma cultura Lean é uma jornada, e não um destino final. Muitas vezes me perguntam: "Quanto tempo vai levar?" Essa frase geralmente sai da boca de, pelo menos, um ou dois líderes seniores, enquanto avaliamos a cultura atual da organização. Eu sempre solto uma risadinha. Meu nome pode ser Jeannie, mas não vivo em uma lâmpada mágica e não consigo cruzar os braços e dar uma piscadinha e, em um toque de mágica, sua cultura passe a adotar o método Lean instantaneamente. Como eu gostaria que fosse fácil assim! Eu ficaria bilionária! O método Lean deve evoluir ao longo do tempo por meio de aprendizagem, feedback e aprimoramento contínuos com o ciclo PDCA. Inicia-se, então, a evolução contínua em novas e melhores formas. A mudança se torna um comportamento que é adotado e sustentado por toda a empresa. Essa é a direção que você deve seguir, meu amigo. Quando você se dá conta e percebe que a mudança é inevitável, e a aproveita a seu favor criando uma cultura de evolução contínua, é nesse momento que nós dois saberemos que você se tornou um líder Lean com uma mentalidade Lean.

Conclusão

Você pode construir a sua cultura e fazê-la evoluir propositalmente. É preciso muito trabalho, mas é fundamental para a sua sobrevivência corporativa. Você deve oferecer a sua visão e definir o valor que deseja gerar e agregar. É aí que tudo começa. Ela nasce da visão que você criou, observando o seu Norte Verdadeiro Corporativo, criando propósito, direção e um histórico de sucesso. Nos próximos três a cinco anos, quem não adotar essa filosofia pode muito bem chegar à extinção corporativa. Agora é a hora de fazer a sua parte e liderar. Deixe a sua marca. Acredite que você pode, sim, influenciar a sua cultura. Concentre-se em alcançar grandes coisas através de comportamentos focados em propósito. O resto é consequência.

Seja um exemplo a ser seguido. A cultura é para a liderança o mesmo que a respiração é para a vida humana. Faça a sua parte e crie e mantenha uma cultura que dê vida à sua visão. Você está pronto para o desafio? Espero que sim. O mundo precisa de mais líderes preparados para enfrentar esse desafio.

CAPÍTULO 9

Como se Tornar um Líder Autônomo

A sua jornada de liderança Lean deve começar com você. Antes mesmo de tentar liderar as outras pessoas, os seus clientes e a empresa Lean, você deve primeiro desenvolver a capacidade de liderança própria. Conhecer as características de um líder Lean autônomo é uma coisa; adotar, incorporar e colocá-las em prática é totalmente outra. Será necessário um esforço consciente de sua parte para se tornar um líder Lean autônomo.

Neste capítulo, descreverei primeiro as etapas que você deve executar para desenvolver as habilidades e capacidades de liderança própria, fornecendo um ponto de partida com o qual poderá se aventurar nas outras dimensões do conceito Modern Lean Framework™. Você deverá construir uma base sólida que permita desenvolver maior proficiência em todas as dimensões da liderança Lean.

Sete Coisas a Serem Aplicadas para se Tornar um Líder Lean

Há sete coisas que você deve fazer para se tornar um líder Lean autônomo.

1. *Entenda que os líderes podem ser natos e desenvolvidos.*

   Os líderes já nascem com esse perfil ou ele é desenvolvido? Para mim, a resposta é um retumbante "ambos!" Sim, você pode nascer com alguns traços inerentes que o tornam um grande líder Lean, mas acredito firmemente que todos temos algumas habilidades inerentes de liderança que podem ser desenvolvidas. A liderança, assim como muitas coisas, é comportamental e, portanto, é um comportamento aprendido, com base nas situações com as quais nos deparamos ao longo da vida.

   A adversidade é provavelmente o maior terreno fértil para as habilidades de liderança. Quando nossas convicções são testadas, os líderes Lean se colocam à altura. Enfrentar a sua "noite escura da alma" é uma experiência de construção de caráter; você pode sair dessa muito melhor e mais maduro. Não pense nem por um minuto que você não é um líder só porque não possui o sensacional carisma natural de John F. Kennedy Jr. ou a determinação de Teddy Roosevelt. Existem muitas dimensões na liderança. Descubra quais você possui naturalmente e quais precisa desenvolver. Em seguida, elabore seu plano e coloque-o em prática de maneira iterativa e incremental. Como qualquer ofício, a liderança exige a prática, independentemente de suas capacidades naturais. Comece de onde está, mas entenda que não ficará lá por muito tempo quando passar a se dedicar para se tornar um líder Lean.

2. *Espere algum tipo de fracasso.*

Essa é complicada, porque a palavra "fracasso" geralmente não faz parte do vocabulário de um superempreendedor série A. Quando tentamos algo novo, estamos aprendendo, o que significa que haverá alguns passos em falso no caminho. Aprender com os seus erros e fazer ajustes faz parte da sua busca pela melhoria contínua. Trate as coisas que não derem certo como oportunidades de aprendizagem. Isso significa analisar a situação, discuti-la com seu *sensei* e passar a usar tudo de bom que é inerente a esse processo, deixando o resto para trás. Em seguida, ajuste e tente novamente. Da próxima vez que enfrentar o mesmo desafio, você terá aprendido como lidar com ele com mais eficácia. A vida acaba trazendo os mesmos obstáculos em nosso caminho de formas diferentes, até conseguirmos dominá-los ou contorná-los com sucesso. Encará-los e envidar todos os seus esforços por trás de uma resolução bem-sucedida ajuda muito na hora de se tornar um líder autônomo.

3. *Mude a sua mentalidade de treinar para desenvolver a si próprio e os outros.*

Ninguém pode "treinar" habilidades de liderança em você em uma aula de dois dias, não importa a capacidade de treinamento que essa pessoa tenha. O objetivo do treinamento em sala de aula é criar uma base de entendimento e preparar o terreno para o desenvolvimento, transmitindo alguns conhecimentos que depois você colocará em prática no *gemba*. O treinamento, combinado com a aplicação prática ao longo do tempo, ajuda a desenvolver o julgamento, a sabedoria e a capacidade de se tornar um verdadeiro líder Lean. E lembre-se de que se tornar um líder Lean não está relacionado à sua idade, porque ser mais velho nem sempre significa necessariamente ser mais sábio. Como dizem por aí: "a prática leva à perfeição", e isso se resume a quanto tempo e energia você está disposto a investir em si mesmo e nos outros.

E isso não quer dizer que você não poderá liderar até se tornar um "especialista". Se for esperar até ser considerado um, nunca dará o pontapé inicial. Os líderes Lean encaram as situações desafiadoras, e você precisará tanto de treinamento como de oportunidades de desenvolvimento no local trabalho (OJD) para promover e cultivar suas habilidades em tempo real.

4. *Faça do desenvolvimento de liderança um processo objetivo e mensurável.*

   Os líderes Lean em desenvolvimento, como qualquer outro processo, devem ser objetivos e focados no esforço consciente e no progresso mensurável. Você deve determinar os seus objetivos, definir as suas oportunidades de crescimento, estabelecer os seus resultados-chave e, em seguida, mensurar e relatar o seu progresso (CFRs) com afinco e consistência. Elimine as suposições de como é o sucesso, individualmente e como parte da empresa Lean. Cabe a você criar uma imagem clara de como é o sucesso, com uma descrição clara em seu "Norte Verdadeiro Pessoal", bem como no "Norte Verdadeiro Corporativo" e no sistema de Objetivos e resultados-chave (OKRs). O que constitui o sucesso pessoal e profissional em toda a empresa Lean não é nenhum segredo mantido apenas por um pequeno público seleto. A ambiguidade é substituída pela objetividade, transparência e visibilidade, e não pode haver favoritismo. As recompensas e o reconhecimento têm como base alcançar seus objetivos da Liderança Lean e da empresa Lean.

5. *Dê autonomia para as outras pessoas liderarem.*

   A liderança é uma atividade coletiva e, como líder Lean, você tem a responsabilidade de ajudar as outras pessoas a se tornarem líderes. Para alcançar grandes coisas é necessário o trabalho de toda uma equipe — uma equipe preparada e inspirada para agir quando as oportunidades surgirem. E, é verdade, existe uma natureza individual e empresarial nela. Desenvolver-se, além de servir, orientar e ensinar os outros, faz parte do que é ser um líder Lean. É responsabilidade de todos tornar a organização lucrativa, agregando valor ao cliente, ou seja, para ser uma grande empresa Lean de verdade é preciso desenvolver líderes em todos os níveis.

6. *Construa uma cultura que incentive os líderes Lean a prosperar.*

   A cultura de uma empresa gera seus líderes, além de atrair líderes de fora. Construir uma cultura cuidadosa, solidária e capacitadora que incentive o pensamento Lean, a experimentação, a aprendizagem e a melhoria contínua pode começar com uma pessoa moldando os valores, os comportamentos e as ações Lean.

7. *Perceba que o seu sistema de liderança em todos os níveis é uma vantagem competitiva.*

   Essa percepção deve, na verdade, ser a força propulsora para o seu próprio desenvolvimento, bem como para o desenvolvimento de uma rede de líderes Lean que entendem como reagir à disrupção por meio da inovação, e esse fato não tem preço. Desenvolver líderes Lean não é barato nem fácil, muito menos rápido. Os líderes são desenvolvidos ao longo do tempo através da prática e da paciência. Será necessário um investimento de tempo, dinheiro e pessoas.

Felizmente, existe um sistema prático de nove etapas para desenvolver líderes Lean de forma iterativa e incremental: o Processo de Autodesenvolvimento do Líder Lean.

Esse processo é a chave para liberar todo o seu potencial de liderança. Vamos ver como ele funciona.

Entenda como Funciona o Processo de Autodesenvolvimento do Líder Lean

Ser um líder Lean é embarcar em uma jornada para a vida toda. É preciso esforço consciente. Primeiro, você deve entender seu estado atual: quem você é, qual é o seu propósito e as habilidades que possui atualmente. Em seguida, você deve definir quem deseja se tornar, analisar as lacunas e, em seguida, desenvolver-se propositadamente em um líder Lean autônomo nesse processo de autodesenvolvimento. A Figura 9-1 descreve as nove etapas.

Você começará com a compreensão de que tipo de base deseja construir para si mesmo. A etapa 1 envolve a realização de uma avaliação do estado atual do seu sistema de crenças, usando o QI da dimensão da Liderança da Cultura do conceito Modern Lean Framework™ (Figura 8-2) e identificando suas habilidades de "Liderança Própria". A partir daí, você identificará as lacunas que precisará preencher. Em seguida, na etapa 2, você trabalhará em cima do QII (Figura 8-3), que permite estabelecer o seu propósito e identificar os seus valores, encontrando seu "Norte Verdadeiro Pessoal". Nas etapas 3 e 4, usando seu sistema de crenças e valores como base, você definirá seus objetivos de liderança e principais oportunidades de crescimento para traçar seu percurso de autodesenvolvimento nos próximos três a seis meses.

Figura 9-1. *Processo de autodesenvolvimento do Líder Lean*

Com essas definições prontas, você conseguirá identificar seus resultados-chave e comportamentos estratégicos, táticos e operacionais nas etapas 5 e 6. Você determinará quais ações darão vida às suas habilidades de liderança formalizando seu plano tático e suas tarefas operacionais na etapa 6. Por fim, você deve se engajar e colocar os seus planos em prática na etapa 7 e acompanhar o progresso na etapa 8, usando seus objetivos e resultados-chave (OKRs) como limites de proteção e realizando controles internos por meio de conversas, feedback e reconhecimento (CFR), e não se esqueça de mensurar e evoluir enquanto avança, que é a etapa 9. Mais uma vez, será um processo iterativo e incremental, portanto, não pense que esse processo estará dado por encerrado. Serão necessárias várias iterações, realizadas a cada 90 dias, para crescer e evoluir como líder Lean. O processo do autodesenvolvimento e da aprendizagem não é um destino final, mas sim uma jornada que dura a vida toda.

Encontre o seu *Sensei*

Como líder Lean, você não é uma ilha, e precisará de uma voz objetiva e experiente para guiá-lo. Olhe ao redor do seu local de trabalho e encontre uma pessoa que tenha esses comportamentos e características da liderança Lean. Pergunte se ela pode guiá-lo. Se essa pessoa realmente for um líder Lean, ficará feliz em ajudar — ela estará praticando a liderança servidora, esteja ela percebendo ou não. Parte de ser um líder Lean é ajudar os outros a crescer, aprender e conquistar.

Se o seu *sensei* escolhido estiver disposto a ajudar, você pode sugerir a leitura deste livro antes de ele dizer sim, para entender com o que estará se comprometendo e para construir uma base sólida para a sua jornada. Não desanime se a resposta for não. Nem todo mundo pode dedicar o tempo adequado a esse esforço. Portanto, não leve para o lado pessoal. Continue indo atrás, se necessário, até encontrar o seu *sensei*. Você precisará de um indivíduo questionador e objetivo que possa oferecer uma segunda opinião e feedback construtivo.

Em geral, tenho de três a cinco relações *sensei*/aluno formais e ativas. Tento não passar desse limite, visto que devemos estar dispostos e aptos a dedicar o tempo necessário quando os alunos precisarem de ajuda. As relações *sensei*/aluno anteriores são reativadas de tempos em tempos, toda vez que um ex-aluno precisa de orientação. Enquanto trabalhava neste livro, recebi uma mensagem de uma jovem desenvolvedora de quem fui mentora alguns anos atrás. Quando nos conhecemos, ela havia acabado de entrar na empresa. Sua meta era passar de um desempenho individual para um papel de liderança no nível *gemba* em cinco anos. Fiquei muito orgulhosa quando soube que ela havia acabado de atingir essa meta — e fui a primeira pessoa para a qual ela escolheu contar. A relação *sensei*/aluno é gratificante para ambos os lados! Não importa sua idade ou seu nível de experiência, você sempre terá algo a oferecer.

A vida se resume em ajudarmos uns aos outros. Portanto, não importa sua idade ou nível de experiência, lembre-se sempre de que você tem algo a oferecer aos outros e não descarte esse fato. Por isso, encontre aquela pessoa e peça a ela. Explique o que está buscando e como gostaria que ela ajudasse. Em geral, deixo o aluno definir os parâmetros para a nossa relação, com base na velocidade que ele desejar seguir.

A minha única ressalva é concluírem o trabalho discutido em nossa última reunião antes de agendar outra sessão. Com firmeza, a responsabilidade é colocada sob os ombros do aluno para que ele realize o trabalho e leve essa relação para frente. Eu, como *sensei*, não posso fazer o trabalho por você. Esta é a sua jornada e você precisará mostrar que ela lhe pertence.

Nove Etapas para Ser um Líder Lean Autônomo

O primeiro passo para se tornar um líder Lean, com a ajuda e a orientação do seu *sensei*, é trabalhar em seu Canvas de autodesenvolvimento do líder Lean, construindo-o sistematicamente, assim como a equipe fez para a concessionária (Figura 9-2). Esse Canvas serve como seu plano de jogo à medida que você avança nesse processo, fazendo a sua atualização e manutenção contínua durante cada um de seus ciclos de autodesenvolvimento.

O Canvas de autodesenvolvimento do Líder Lean

Data:
Iteração n°

Etapa 1: Crenças da Liderança Própria	Etapa 3: Objetivos da Liderança Lean	Etapa 5: Resultados-chave (KRs)	Etapa 6: Táticas e Tarefas	Etapa 8: Mensurar e Relatar os Resultados	Etapa 2: Valores e Norte Verdadeiro Pessoal
1. Crença, Confiança, Persistência e Tenacidade: Pontuação ___	1. xx	1. xx	1. xx	1. xx	Valores:
2. Mente Sã e Corpo São: Pontuação ___					
3. Enfrentar Desafios e Ter Tendência a Agir: Pontuação ___					Visão: xx
4. Resolução de Problemas e Tomada de Decisão: Pontuação ___					
5. Inteligência Emocional: Pontuação ___					Missão: xx
6. Aprendizagem e Desenvolvimento: Pontuação ___					
Etapa 4: Oportunidades de Crescimento			**Etapa 7: Engajar e Executar as Observações**	**Etapa 9: Evoluir e Otimizar**	Proposta de Valor: xx
1. xx			1. xx	1. xx	

Figura 9-2. *O Canvas de autodesenvolvimento do Líder Lean*

Você também o usará durante suas conversas entre *sensei*/aluno para garantir que esteja mantendo as coisas importantes da sua jornada de autodesenvolvimento à frente das ideias de seu sensei, bem como de suas próprias ideias. Ele, juntamente com seus objetivos e resultados-chave estratégicos e de liderança Lean, manterá você no caminho certo. Então, vamos começar com a Etapa 1.

Etapa 1: Avalie suas Crenças de Liderança Própria

O primeiro passo é desenvolver uma compreensão completa do seu sistema de crenças atual. A Tabela 9-1 oferece sugestões de onde observar. Ela é dividida em seis quadrantes que correspondem aos traços e características discutidos no Capítulo 3. À medida que você trabalha em cada quadrante, pode voltar ao Capítulo 3 como uma fonte para mais perguntas exploratórias. Lembre-se de que esta avaliação é para você, portanto seja honesto consigo mesmo. Você deve identificar áreas que necessitem de mais desenvolvimento.

Tabela 9-1. Planilha de Avaliação das Crenças de Liderança Própria em Seis Blocos

---

Observações de Crença, Confiança, Persistência e Tenacidade

Observe como você exibe essas qualidades em si mesmo ou ao interagir com outras pessoas. Em caso negativo, por favor, indique por que... eu:

1. Acredito e confio em mim mesmo?
2. Demonstro persistência e tenacidade para provar e experimentar coisas novas?
3. Possuo uma atitude positiva sobre o fracasso e tento aprender com ele, encarando-o como uma experiência de aprendizagem?
4. Reconheço meus sucessos na vida e me dou o devido crédito?
5. Demonstro persistência ao empreender algo novo?
6. Consigo me ater às coisas e mostro tenacidade para não desistir com muita facilidade quando as coisas não saem do meu jeito ou exatamente como planejava?
7. Pratico a flexibilidade e faço correções de curso enquanto sigo em frente?

Observações de Como Lido com Desafios e minhas Tendência a Agir

Observe como você exibe essas qualidades em si mesmo ou ao interagir com outras pessoas... eu:

1. Planejo meu próprio percurso e planejo ativamente meu futuro?
2. Não procrastino e enfrento diretamente as situações desafiadoras?
3. Compreendo minha própria realidade e pratico a objetividade?
4. Mantenho um ritmo constante na minha vida e não me deixo desequilibrar no que diz respeito ao trabalho, casa, lazer etc.?
5. Encaro os desafios e possuo uma tendência a agir?
6. Mantenho a cabeça no lugar, sem deixar que minhas emoções se exaltem?
7. Reconheço o fato de que tentei, independentemente do resultado?
8. Recebo a adversidade como uma maneira de aprender e crescer?
9. Demonstro compaixão em situações desafiadoras, encontrando a raiz do problema sem julgamento?

Observações de Inteligência Emocional

Observe como você exibe essas qualidades em si mesmo ou ao interagir com outras pessoas. Em caso negativo, por favor, indique por que... eu:

1. Gerencio bem minhas emoções, sem deixá-las chegar aos extremos?
2. Analiso por que certas emoções são despertadas dentro de mim em situações em que me encontro?
3. Possuo um senso de urgência para lidar com as situações difíceis?
4. Tenho conversas racionais, maduras e profissionais sobre as implicações de causa e efeito dos meus comportamentos e dos comportamentos dos outros ao solucionar problemas e tomar decisões?
5. Avalio racionalmente as decisões que tomo?
6. Peço desculpas quando estou errado e agradeço às pessoas quando recebo ajuda e apoio?

Observações de Mente Sã e Corpo São

Observe como você exibe essas qualidades em si mesmo ou ao interagir com outras pessoas. Em caso negativo, por favor, indique por que... eu:

1. Descanso o suficiente na maioria das noites da semana?
2. Faço exercícios com regularidade?
3. Encontro "tempo para mim" para relaxar e fazer as coisas de que mais gosto?
4. Procuro reduzir o caos e as pessoas tóxicas ao mínimo na minha vida?
5. Pratico técnicas de autocapacitação e evito situações de autossabotagem na minha vida?
6. Evito bancar o herói para gratificar meu próprio ego?
7. Entro em conversas saudáveis que não acabam em drama?
8. Pratico reflexão e meditação para manter a mente limpa?

Observações de Resolução de Problemas e Tomada de Decisão

Observe como você exibe essas qualidades em si mesmo ou ao interagir com outras pessoas. Em caso negativo, por favor, indique por que... eu:

1. Aplico o bom senso e a opinião sensata ao enfrentar um problema/decisão?
2. Pondero a relação de causa e efeito quando tomo decisões?
3. Considero como minhas decisões afetarão o bem maior, tanto do ponto de vista moral quanto ético?
4. Resolvo problemas e tomo decisões com base em fatos em vez de emoções?
5. Aplico o bom senso ao procurar a causa raiz de um problema?
6. Pondero todos os fatos antes de tomar uma decisão?
7. Reflito e aprendo com os resultados de minhas decisões?

> **Observações de Aprendizagem e Desenvolvimento**
>
> Observe como você exibe essas qualidades em si mesmo ou ao interagir com outras pessoas. Em caso negativo, por favor, indique por que... eu:
>
> 1. Reconheço o fato de que a aprendizagem é a busca de toda uma vida?
> 2. Entendo que a responsabilidade de me desenvolver continuamente é minha?
> 3. Procuro ativamente e aprendo com quem tem mais experiência do que eu na minha vida profissional e pessoal?
> 4. Compreendo que sou aluno e professor em algum momento da vida?
> 5. Possuo uma mente curiosa que me desafia a crescer e aprender, não importa minha idade?
> 6. Arranjo tempo para ajudar os outros a crescer e aprender?
> 7. Compartilho meu conhecimento gratuitamente com as outras pessoas que querem aprender?

Você pode criar facilmente seu próprio modelo em seis blocos, pegando um papel de tamanho ofício (216mm x 356mm) na horizontal e dividido em seis partes iguais. Escreva os títulos em cada uma e comece a responder às perguntas do modelo. É muito importante não usar mais espaço do que o fornecido em cada bloco. É para retratar essas questões, e não escrever um romance. Não se preocupe em colocar tudo no papel na primeira vez. O que você deve tentar fazer é identificar as coisas tangíveis nas quais pode se concentrar dentro de um determinado período, em geral de três a seis meses. A cada acréscimo, você se reavaliará porque as mudanças duradouras não acontecem da noite para o dia. Serão necessários vários ciclos para trazer mudanças reais e duradouras. Relaxe e aproveite essa jornada!

Avaliação das Crenças de Liderança Própria de Jannie Peterson

Como podemos lembrar, Nancy serviu de *sensei* para Jannie na New Horizons. Como parte de seu processo de desenvolvimento de "liderança própria", Nancy fez Jannie preencher uma planilha dividida em seis blocos sobre suas próprias crenças pessoais, mostrada na Tabela 9-2.

Tabela 9-2. Jannie Peterson — Planilha de Avaliação das Crenças de Liderança Própria em Seis Blocos

---

Observações de Crença, Confiança, Persistência e Tenacidade

Observe como você exibe essas qualidades em si mesmo ou ao interagir com outras pessoas. Em geral, eu:

1. Normalmente acredito e confio em mim mesma.
2. Às vezes, hesito quando penso em tentar algo novo, devido ao meu grande medo do fracasso. Sei que deveria ter uma mente mais aberta e encarar isso como uma experiência de aprendizagem.
3. Demonstro persistência quando saio da minha zona de conforto e empreendo algo novo, procurando me ater a esse esforço e finalizá-lo quando tenho o apoio certo.
4. Preciso ser mais flexível e aprender a fazer correções de curso quando me deparo com desafios. Sou um pouco cabeça-dura e às vezes não me ajusto na hora certa.

Observações de Como Lido com Desafios e minhas Tendência a Agir

Observe como você exibe essas qualidades em si mesmo ou ao interagir com outras pessoas. Em geral, eu:

1. Sinto que, nos últimos dois anos, fiquei bastante perdida e deixando a vida me levar. A minha carreira estagnou e reluto em aceitar mais responsabilidades no trabalho.
2. Me permito procrastinar e nem sempre encaro as situações desafiadoras.
3. Acho que sou objetiva, não muito emocional, e considero ter uma vida equilibrada entre minha profissão, casa, família, lazer e vida social.
4. Demonstro compaixão em situações desafiadoras, sempre procurando entender a raiz do problema sem ir direto a conclusões precipitadas ou julgar.

Observações de Inteligência Emocional

Observe como você exibe essas qualidades em si mesmo ou ao interagir com outras pessoas. Em geral, eu:

1. Conto com a razão em vez da emoção ao lidar com situações difíceis.
2. Acho que meu senso de urgência aumentou nos últimos seis meses para lidar logo com situações difíceis usando uma perspectiva lógica e racional.
3. Acho que me conduzo de maneira profissional e madura, sempre respeitando minhas relações com os outros.
4. Estou propensa a admitir quando estou errada e provavelmente peço desculpas demais, mesmo quando a culpa não é minha.

Observações de Mente Sã e Corpo São

Observe como você exibe essas qualidades em si mesmo ou ao interagir com outras pessoas. Em geral, eu:

1. Sou muito boa em me cuidar. Normalmente, durmo de 7 a 8 horas por noite, faço exercícios, pelo menos, 3 vezes por semana e adotei uma dieta sem glúten nos últimos tempos.
2. Adoro ler e comecei a meditar pela manhã, antes da minha primeira xícara de café. Eu e meu marido instituímos uma noite do casal às quintas-feiras e fazemos jantares de domingo com as crianças.
3. Não tenho interesse de bancar a heroína e gosto de trabalhar em equipe.
4. Mantenho o caos e o drama ao mínimo na minha vida.

Observações de Resolução de Problemas e Tomada de Decisão

Observe como você exibe essas qualidades em si mesmo ou ao interagir com outras pessoas. Em geral, eu:

1. Acredito que sou atenciosa na tomada de decisão e não tiro conclusões precipitadas.
2. Procuro a raiz do problema e continuo investigando até achar que identifiquei o problema por trás da questão.
3. Sigo uma bússola moral precisa e levo em consideração as implicações morais e éticas de minhas decisões, ponderando a relação de causa e efeito.
4. Resolvo problemas e tomo decisões com base em fatos, e não em emoções.
5. Sou reflexiva e sempre tento aprender com os resultados das minhas decisões.

Observações de Aprendizagem e Desenvolvimento

Observe como você exibe essas qualidades em si mesmo ou ao interagir com outras pessoas. Em geral, eu:

1. Assumo a responsabilidade pelo meu próprio desenvolvimento e acredito que a aprendizagem é uma busca de toda uma vida.
2. Procuro ativamente e aprendo com quem tem mais experiência, para que possa me beneficiar de seus conselhos e aprender com seus erros.
3. Dedico meu tempo para treinar e ajudar os outros gratuitamente.
4. Estou fazendo aulas de liderança em um curso extracurricular.
5. Tenho uma relação *sensei*/aluno para ajudar Rick a desenvolver suas habilidades como líder Lean.

Nancy parabenizou Jannie por concluir essa etapa. Enquanto Nancy examinava, ela pediu a Jannie que avaliasse suas habilidades de autoliderança Lean usando o Scorecard das Crenças de Liderança Própria (Figura 9-3).

Scorecard de Crenças da Liderança Própria

Com base em suas observações, classifique seu grau de proficiência em cada uma das habilidades. Em seguida, tire uma média da sua pontuação em cada categoria para determinar as necessidades para o seu desenvolvimento

Crença, Confiança, Persistência e Tenacidade

Acreditar em si próprio

0 1 2 3 4 5 6 7 8 9 10
subdesenvolvida   emergente   avançada

Confiar em si próprio

0 1 2 3 4 5 6 7 8 9 10
subdesenvolvida   emergente   avançada

Persistência

0 1 2 3 4 5 6 7 8 9 10
subdesenvolvida   emergente   avançada

Tenacidade

0 1 2 3 4 5 6 7 8 9 10
subdesenvolvida   emergente   avançada

Pontuação: _____ (Total) / 4 = _____

Mente Sã e Corpo São

Mente Sã

0 1 2 3 4 5 6 7 8 9 10
subdesenvolvida   emergente   avançada

Corpo São

0 1 2 3 4 5 6 7 8 9 10
subdesenvolvida   emergente   avançada

Pontuação: _____ (Total) / 2 = _____

Enfrentar Desafios e Ter Tendência a Agir

Enfrentar Desafios

0 1 2 3 4 5 6 7 8 9 10
subdesenvolvida   emergente   avançada

Ter Tendência a Agir

0 1 2 3 4 5 6 7 8 9 10
subdesenvolvida   emergente   avançada

Pontuação: _____ (Total) / 2 = _____

Enfrentar Desafios e Ter Tendência a Agir

Enfrentar Desafios

0 1 2 3 4 5 6 7 8 9 10
subdesenvolvida   emergente   avançada

Ter Tendência a Agir

0 1 2 3 4 5 6 7 8 9 10
subdesenvolvida   emergente   avançada

Pontuação: _____ (Total) / 2 = _____

Resolução de Problemas e Tomada de Decisão

Resolução de Problemas

0 1 2 3 4 5 6 7 8 9 10
subdesenvolvida   emergente   avançada

Tomada de Decisão

0 1 2 3 4 5 6 7 8 9 10
subdesenvolvida   emergente   avançada

Pontuação: _____ (Total) / 2 = _____

Inteligência Emocional (EQ)

Resolução de Problemas

0 1 2 3 4 5 6 7 8 9 10
subdesenvolvida   emergente   avançada

Pontuação: _____

Aprendizagem e Desenvolvimento

Aprendizagem

0 1 2 3 4 5 6 7 8 9 10
subdesenvolvida   emergente   avançada

Desenvolvimento

0 1 2 3 4 5 6 7 8 9 10
subdesenvolvida   emergente   avançada

Pontuação: _____ (Total) / 2 = _____

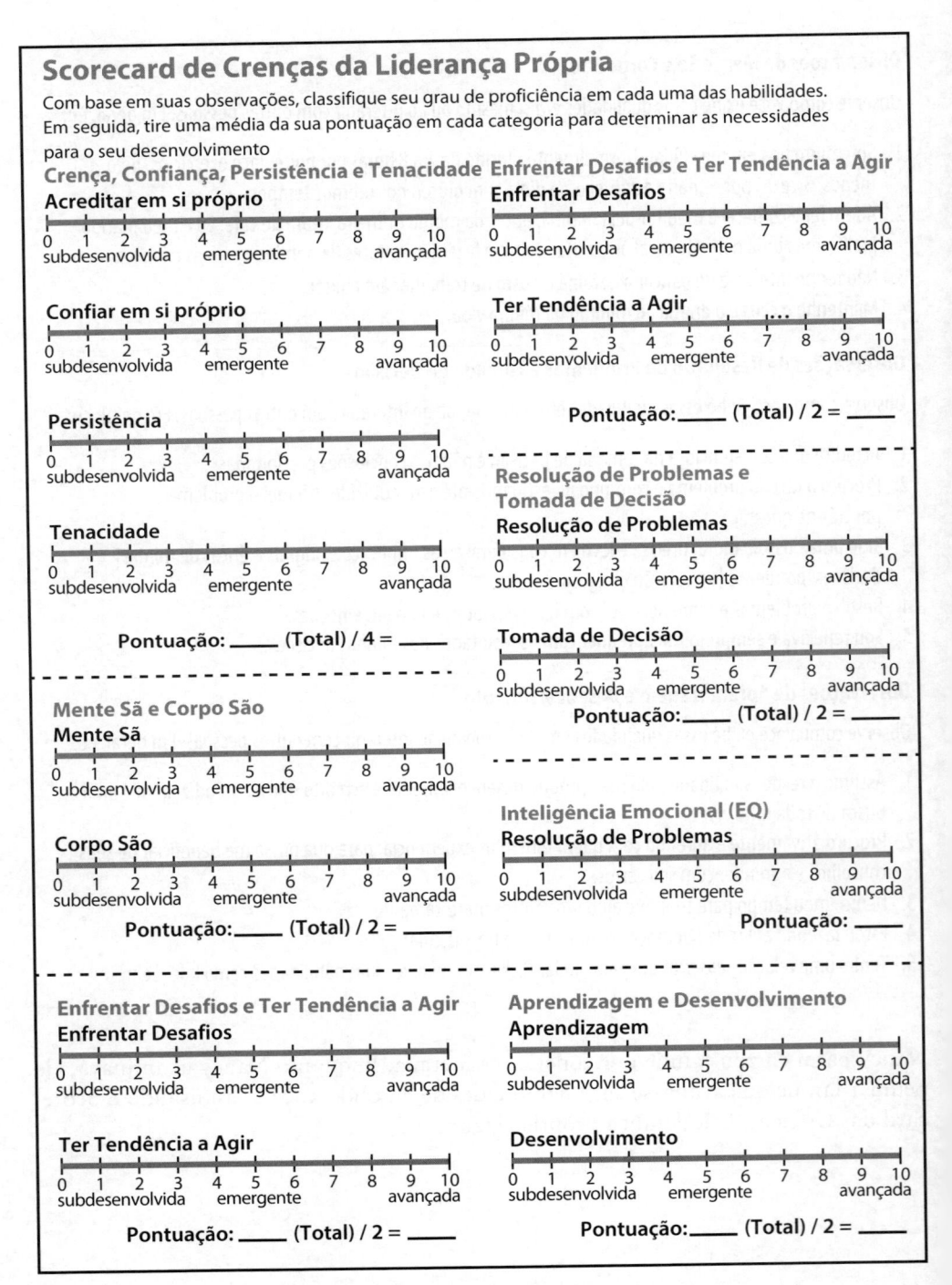

Figura 9-3. *Scorecard de Crenças da Liderança Própria*

Jannie seria capaz de identificar as mesmas áreas com as quais ela precisava de ajuda.

Posteriormente naquela tarde, Jannie e Nancy se reuniram mais uma vez para analisar o scorecard de Jannie. Nancy ficou feliz ao ver que Jannie estava tão entusiasmada. Jannie percebeu que estava trabalhando em suas habilidades da seção "Como Lido com Desafios e Minhas Tendências a Agir". Ela disse que, no passado, provavelmente teria procrastinado, porque isso era complicado de se fazer. Ser objetiva e avaliar suas crenças, habilidades e capacidades foi revelador.

Nancy circulou duas pontuações no scorecard de Jannie (veja a Figura 9-4).

Scorecard de Crenças da Liderança Própria

Com base em suas observações, classifique seu grau de proficiência em cada uma das habilidades. Em seguida, tire uma média da sua pontuação em cada categoria para determinar as necessidades para o seu desenvolvimento

Crença, Confiança, Persistência e Tenacidade

Acreditar em si próprio
0 1 2 3 **4** 5 6 7 8 9 10
subdesenvolvida — emergente — avançada

Confiar em si próprio
0 1 2 3 **4** 5 6 7 8 9 10
subdesenvolvida — emergente — avançada

Persistência
0 1 2 3 4 5 6 **7** 8 9 10
subdesenvolvida — emergente — avançada

Tenacidade
0 1 2 3 4 **5** 6 7 8 9 10
subdesenvolvida — emergente — avançada

Pontuação: __20__ (Total) / 4 = __5__

Mente Sã e Corpo São

Mente Sã
0 1 2 3 4 5 6 7 8 **9** 10
subdesenvolvida — emergente — avançada

Corpo São
0 1 2 3 4 5 6 7 8 **9** 10
subdesenvolvida — emergente — avançada

Pontuação: __18__ (Total) / 2 = __9__

Enfrentar Desafios e Ter Tendência a Agir

Enfrentar Desafios
0 1 2 **3** 4 5 6 7 8 9 10
subdesenvolvida — emergente — avançada

Ter Tendência a Agir
0 1 2 3 **4** 5 6 7 8 9 10
subdesenvolvida — emergente — avançada

Pontuação: __7__ (Total) / 2 = __3,5__

Enfrentar Desafios e Ter Tendência a Agir

Enfrentar Desafios
0 1 2 3 4 5 6 7 **8** 9 10
subdesenvolvida — emergente — avançada

Ter Tendência a Agir
0 1 2 3 4 5 6 7 **8** 9 10
subdesenvolvida — emergente — avançada

Pontuação: __7__ (Total) / 2 = __8__

Resolução de Problemas e Tomada de Decisão

Resolução de Problemas
0 1 2 3 4 5 6 7 **8** 9 10
subdesenvolvida — emergente — avançada

Tomada de Decisão
0 1 2 3 4 5 6 7 **8** 9 10
subdesenvolvida — emergente — avançada

Pontuação: __16__ (Total) / 2 = __8__

Inteligência Emocional (EQ)

Resolução de Problemas
0 1 2 3 4 5 6 7 8 **9** 10
subdesenvolvida — emergente — avançada

Pontuação: __9__

Aprendizagem e Desenvolvimento

Aprendizagem
0 1 2 3 4 5 6 7 8 **9** 10
subdesenvolvida — emergente — avançada

Desenvolvimento
0 1 2 3 4 5 6 7 8 **9** 10
subdesenvolvida — emergente — avançada

Pontuação: __18__ (Total) / 2 = __9__

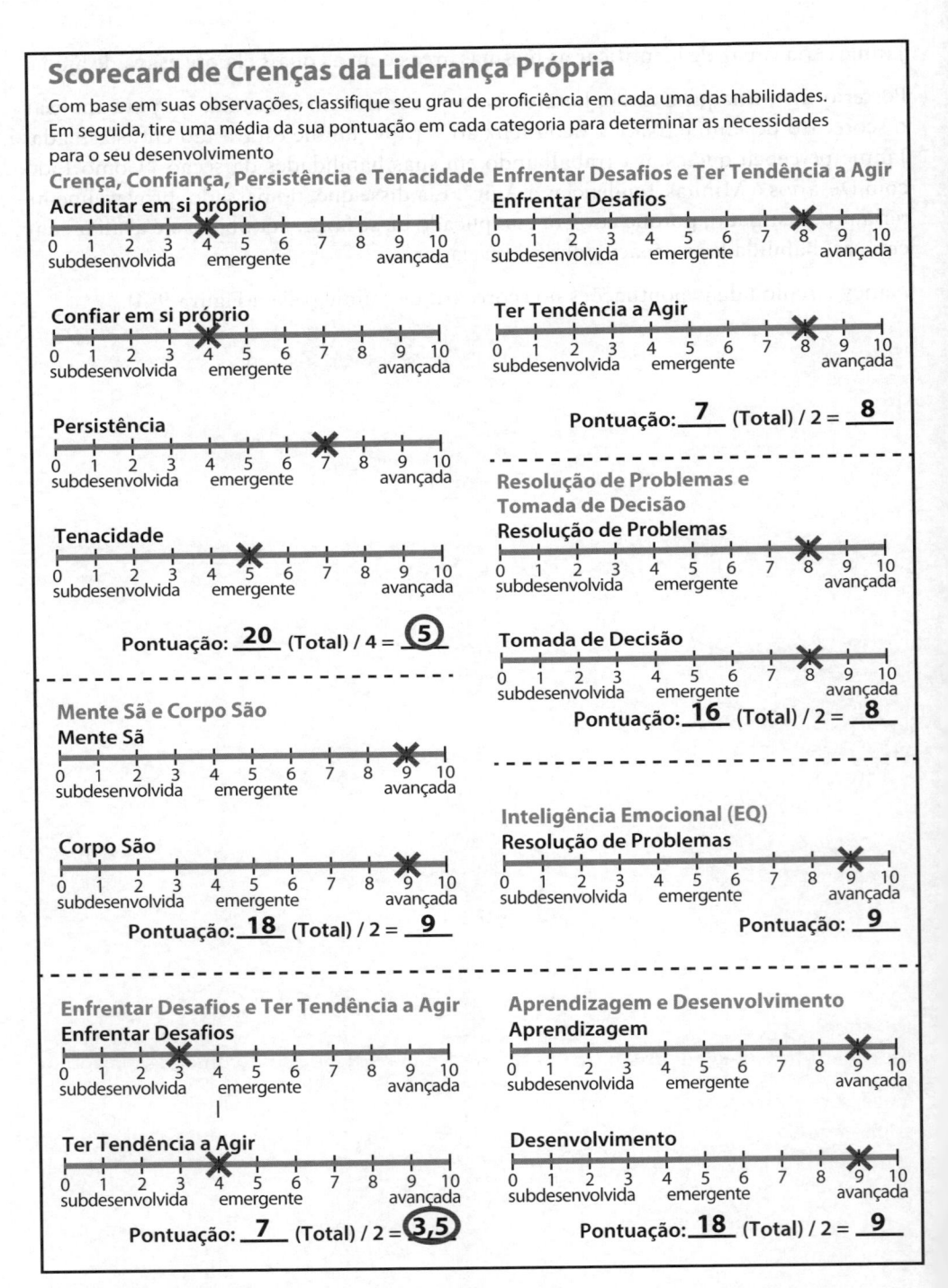

Figura 9-4. *Jannie Peterson: Scorecard de Crenças da Liderança Própria*

Nancy concordou com as Observações de Liderança Própria de Jannie. Se elas tivessem feito esse exercício alguns meses antes, pensou ela, Jannie provavelmente teria pontuado um pouco mais baixo em algumas dessas categorias.

Jannie concordou que estava vivendo um marasmo. Ela não acredita estar à altura do desafio, mas Nancy ajudou a revigorar sua crença em si mesma e na concessionária. Jannie sabia que ainda precisava de mais ajuda nas áreas identificadas por ela e Nancy. Depois disso, Jannie passou alguns minutos transferindo sua pontuação para o seu Canvas de autodesenvolvimento do líder Lean.

Esse processo usa a reflexão (ou *hensei*, em japonês): você fica sentado em silêncio, contemplando suas habilidades em cada categoria e registrando suas observações. Essa é a parte qualitativa da avaliação. Em seguida, você quantifica suas habilidades com o scorecard, que indica as áreas mais imediatas a serem desenvolvidas. À medida que avança, pode incorporar atividades de desenvolvimento específicas em seu plano para fortalecer suas habilidades nessas áreas.

Etapa 2: Defina seus Valores e Objetivos

Para chegar ao sucesso, é fundamental entender aonde quer chegar e como chegará lá, seja você um líder Lean ou não. Você já parou para se perguntar por que algumas pessoas se destacam na vida, enquanto outras que parecem ter tanto potencial não conseguem sair do lugar?

Meu pai queria que todas as suas filhas fossem para a faculdade. A sua motivação era garantir que suas meninas fossem financeiramente independentes. No entanto, hoje em dia percebo que aquele era o sonho *dele* e não o meu, e eu o considerei meu ao longo dos anos enquanto crescia. Então, quando chegou a hora de entrar na faculdade, era algo que tinha que ser feito na minha mente e não uma escolha. Não quero ser mal interpretada, era um grande sonho e me motivou a me esforçar. Eu realmente me tornei autossuficiente! Porém, quando saí da faculdade, fiquei um pouco perdida. Eu estava tão focada nesse único objetivo que não consegui ver muito além dele. Depois de alcançá-lo, "o que vem em seguida?" ficou martelando na minha cabeça e o pânico se instaurou. Eu precisava de algo novo para dar foco. Arranjar um emprego seria o próximo passo lógico, mas eu não queria apenas um emprego qualquer. Eu precisava me redefinir. Como eu faria para construir minha realidade como uma pessoa adulta?

Você se familiarizou com essas palavras? Acredito que sim, porque estou falando sobre a visão e a missão mais uma vez. Os seus valores geram o comportamento, que o mantém focado na sua visão de quem quer se tornar, enquanto a sua missão define como vai chegar lá. Para desenvolver a sua declaração de visão pessoal (PVS) e declaração de missão pessoal (PMS), você deve ter em mente as crenças e os valores que o impulsionam como líder Lean. Ambos devem ser mensuráveis e atingíveis, além de inspiradores, focados e claros, para serem eficazes.

Como Construir o seu Norte Verdadeiro Pessoal

Construir um "Norte Verdadeiro Pessoal" é uma etapa fundamental em sua jornada para se tornar um líder Lean, e essa etapa não pode passar batida. Como a autoavaliação, essa etapa não será fácil. Vai levar tempo e um esforço meticuloso.

O melhor lugar para começar é com os seus valores pessoais. No que você realmente acredita? Alguns exemplos que eu usaria são honestidade, integridade, melhoria contínua e respeito pelas pessoas. Todos esses são valores Lean expressos no Quadrante II da dimensão da Liderança de Cultura do conceito Modern Lean Framework™ (veja a Figura 8-3 no Capítulo 8). Mas agora é você quem está em jogo. Identifique de três a sete valores que mais importam para você. Lembre-se de que esses valores definem quem você é atualmente.

Uma maneira simples e fácil de descobrir seus valores pessoais é se perguntando: "O que é importante para mim?" Depois, faça um brainstorming com uma lista de valores que tem a ver com você a nível pessoal. Se nada vier à mente, você pode rever o QII (Figura 8-3) como ponto de partida. Os valores estabelecem limites que o mantêm focado. Mantenha-os à frente de todos os seus pensamentos.

A falta de alinhamento de valores gera confusão e incerteza, porque suas ações não estarão sincronizadas com o coração servidor e sua mente Lean. Pense em alguma vez que você fez alguma coisa que se voltou contra o seu sistema de crenças e valores pessoais. Você ficou perturbado? Como essa situação se desdobrou? Quando isso acontecer, faça uma análise e assuma a responsabilidade pelo que lhe diz respeito. Considere isso uma experiência de aprendizagem e siga em frente.

Assim que definir seus valores pessoais, tudo o que fizer deve se encaixar dentro desses limites. Caso contrário, você estará desperdiçando seus preciosos recursos, o que se traduz em esforços desperdiçados que não trarão nenhum resultado que você está buscando. Com seus valores definidos em mãos, agora você pode avançar para o desenvolvimento de sua declaração de visão pessoal (PVS). Em quem você trabalhará para se tornar nos próximos três a seis meses? Pergunte-se:

- O que é importante para mim?
- Quem eu quero me tornar? O que eu quero alcançar?
- O que me motiva e me inspira a agir?
- Que impacto eu quero ter sobre mim mesmo? Sobre os outros?

Analise suas respostas para essas perguntas e elabore sua declaração de visão pessoal. Compartilhe-a com o seu *sensei* e obtenha feedback. Medite e reflita sobre ela. Reescreva-a quantas vezes forem necessárias.

Agora que você criou uma visão para si mesmo, como vai fazer com que ela aconteça? Elaborar sua declaração de missão pessoal indica explicitamente como você realizará a sua visão. Isso o ajuda a se manter alinhado com os valores que mais importam para você. Pergunte-se o seguinte:

- O que preciso fazer para dar vida à minha visão?
- Qual é o legado que estou tentando criar para mim mesmo?
- Que impacto eu quero ter no meu trabalho/na minha vida como líder Lean?

Mais uma vez, analise suas respostas e elabore seu primeiro rascunho. Em seguida, compartilhe-o com seu *sensei*, reflita sobre ele e revise-o até ficar satisfeito com o resultado.

O último componente do seu Norte Verdadeiro Pessoal é a sua proposta de valor pessoal (PVP). Para dar contexto a ela, você deve determinar agora que valor você "agrega" colocando sua missão em prática. Sempre pergunto aos meus clientes e colegas:

- Que resultados você busca? Por que eles são importantes para sua visão e missão em geral?
- Que valor você está tentando criar através de seus comportamentos e ações?
- Se você segue esses comportamentos e ações, criará de verdade o valor que está buscando?
- O que você precisa parar de fazer/começar a fazer/continuar fazendo para gerar valor?

Você ficaria surpreso com a relutância que encontro ao discutir as duas últimas perguntas com os aspirantes a líderes. De uma perspectiva Lean, essa é a própria definição de *muda* (desperdício). Tudo volta aos resultados que você está tentando alcançar. Pergunte-se:

- O que é importante para mim?
- O que me motivará a agir?
- Quais são as minhas necessidades mais urgentes que estou tentando atender?
- Qual seria o verdadeiro valor que espero gerar como resultado de colocar a minha missão em prática?
- O que eu diria se tivesse apenas trinta segundos para justificar o meu valor?

Aposto que já adivinhou: analise e repita como fez com suas declarações pessoais de visão e missão. Em seguida, transfira suas declarações concluídas para a Etapa 2 do seu Canvas de autodesenvolvimento do líder Lean (Figura 9-2). Essas três coisas não devem mudar nos próximos três a seis meses, porque representam seu Norte Verdadeiro Pessoal. Se achar necessário fazer uma correção de curso, discuta sobre ela com seu *sensei*.

O Norte Verdadeiro de Jannie Peterson

Jannie passou mais ou menos uma semana trabalhando em cima de seus rascunhos iniciais sobre seus valores pessoais e Norte Verdadeiro (veja as Figuras 9-5 e 9-6).

Jannie Peterson

MEUS VALORES
Respeito pelas Pessoas
Melhoria Contínua
Trabalho em Equipe
Qualidade
Maestria
Capacitação
Foco no Cliente

Figura 9-5. *Valores de Jannie Peterson*

Jannie Peterson
Norte Verdadeiro Pessoal

VISÃO
Sobressair-se sendo uma Líder Lean excepcional que acredita e confia em si própria e que está comprometida em alcançar o autodesenvolvimento, servir os outros e oferecer atendimento da mais alta qualidade ao cliente

MISSÃO
Incentivar e capacitar a mim mesma e aos outros para sermos os melhores Líderes Lean possível

PROPOSTA DE VALOR
Liderar e capacitar a mim mesma e aos outros com coragem usando minha mentalidade Lean para que eu encare os desafios, desenvolva líderes futuros e ofereça atendimento da mais alta qualidade ao cliente, todos esses alcançados através da minha dedicação à melhoria contínua, ao respeito pelas pessoas e ao compromisso com o trabalho em equipe

---

Figura 9-6. *Norte Verdadeiro Pessoal de Jannie Peterson*

Jannie compartilhou quatro valores com a concessionária: respeito pelas pessoas, trabalho em equipe, qualidade e capacitação. Ela também adicionou melhoria contínua, foco no cliente e maestria. Ela escolheu esse último valor após sua discussão com Nancy sobre acreditar e confiar em si mesma. Para Jannie, isso se traduziu em capacitar-se para realizar bem tudo o que ela se propôs a fazer. Com esse processo, ela se conscientizou da conexão entre seus valores e seu Norte Verdadeiro Pessoal. Essa foi grande conquista: os valores e o Norte Verdadeiro estão intimamente ligados. Os valores pessoais dela também combinavam com os valores da concessionária, que é o tipo de relacionamento mutuamente benéfico que gera fidelidade e confiança.

Jannie decidiu concentrar sua declaração de visão pessoal em seu desejo de se tornar uma líder Lean excepcional que acredita e confia em suas próprias habilidades. Depois, ela usou sua declaração de missão pessoal para expandir os elementos de incentivo a si mesma e aos outros a se tornarem os melhores líderes Lean possíveis. Ela faria isso cumprindo sua proposta de valor pessoal, que era focada nas coisas que ela precisava melhorar.

Ela mostrou tudo isso a Nancy, que a aplaudiu pelas ideias que ela havia incorporado ao seu plano. Agora, elas estavam prontas para passar para a próxima etapa.

Etapa 3: Defina seus Objetivos de Liderança Lean

Agora é a hora de identificar as estratégias para se tornar um líder Lean autônomo. Como discutimos no Capítulo 6, os objetivos estratégicos são os objetivos gerais que você deseja alcançar para cumprir sua visão corporativa. Os objetivos de liderança Lean representam os resultados pessoais que você busca com base na sua proposta de valor pessoal. Tudo o que fizer deve estar vinculado, levando de volta a, pelo menos, um desses objetivos. Caso contrário, nem perca seu tempo e energia.

Os dados necessários para esta etapa são o seu Norte Verdadeiro Pessoal (declaração pessoal de visão, missão e proposta de valor) e suas pontuações da autoavaliação. Para Jannie, o valor geral que ela está tentando gerar inclui:

- Acreditar e confiar em si mesma;
- Desenvolver confiança e capacitação para enfrentar os desafios;
- Melhorar suas habilidades de atendimento ao cliente;
- Dedicar tempo e energia à aprendizagem e ao autodesenvolvimento;
- Desenvolver as outras pessoas através de orientação e treinamento.

Se os traduzirmos em objetivos de liderança para Jannie, chegaremos ao seguinte:

1. Melhorar minhas habilidades de atendimento ao cliente;

2. Aumentar minha confiança em mim mesma e enfrentar os desafios;
3. Dedicar tempo e energia ao autodesenvolvimento e orientação/treinamento de outras pessoas.

Após identificar os seus objetivos, Jannie está pronta para encontrar as oportunidades de crescimento necessárias para atingi-los.

Etapa 4: Identifique suas Oportunidades de Crescimento

Como as oportunidades competitivas para a empresa Lean, as oportunidades de crescimento para o líder Lean melhoram suas habilidades e capacidades e o ajudam a atingir seus objetivos. Um ótimo lugar para procurar oportunidades de crescimento é dentro de sua organização atual. A concessionária de Jannie acabou de gastar uma quantia considerável de tempo e energia montando seu Canvas de planejamento estratégico. Por conta desse processo, ela recebeu os seguintes objetivos estratégicos e as oportunidades competitivas correspondentes:

- **Objetivo Estratégico 2:** Melhorar a qualidade dos nossos serviços aos nossos clientes
    - **Oportunidade Competitiva 3:** Concluir os esforços *kaizen* do processo de admissão de solicitações de serviços
    - **Etapa:** Empresa
    - **Função:** Líder de Equipe

- **Objetivo Estratégico 2:** Melhorar a qualidade dos nossos serviços aos nossos clientes
    - **Oportunidade Competitiva 8 (NOVA: da avaliação da cultura):** Impulsionar o treinamento de nossos fabricantes automotivos para proporcionar e oferecer um serviço superior aos nossos clientes
    - **Etapa:** Cultura: Liderança Própria
    - **Função:** Líder/*sensei* para Randy

- **Objetivo Estratégico 2:** Melhorar a qualidade dos nossos serviços aos nossos clientes
    - **Oportunidade Competitiva 9 (NOVA: da avaliação da cultura):** Capacitar os funcionários para exercerem mais plenamente suas habilidades e capacidades de liderança própria
    - **Etapa:** Cultura: Liderança Própria
    - **Função:** Líder/*sensei* para Rick

Os itens acima representam as metas e os objetivos formais de Jannie. O primeiro teve origem no processo de planejamento formal, enquanto os dois últimos foram gerados com a análise de lacunas da cultura. Jannie pôde aproveitá-los para elaborar os seus objetivos de liderança Lean:

- **Objetivo de Liderança Lean 1:** Melhorar as minhas habilidades de atendimento ao cliente
    - **Oportunidade de Crescimento 1:** Concluir o curso avançado de atendimento ao cliente
    - **Etapa:** Desenvolvimento de Liderança Própria
    - **Função:** Único Executor
- **Objetivo de Liderança Lean 2:** Aumentar a minha capacidade de acreditar e confiar em mim mesma, encarando os desafios
    - **Oportunidade de crescimento 2:** Liderar a equipe *kaizen* do Processo de Admissão de Solicitações de Serviços da Fase II
    - **Etapa:** Desenvolvimento de Liderança Própria
    - **Função:** Líder da Equipe
- **Objetivo de Liderança Lean 3:** Dedicar tempo e energia ao autodesenvolvimento e orientação/treinamento de outras pessoas
    - **Oportunidade de Crescimento 3:** Receber orientação/treinamento sobre desenvolvimento no local de trabalho (OJD) de Nancy durante o projeto do Processo de Admissão de Solicitações de Serviços da Fase II
    - **Etapa:** Desenvolvimento de Liderança Própria
    - **Função:** Único Executor
    - **Oportunidade de Crescimento 4:** Fornecer orientação/treinamento para Randy e Rick
    - **Etapa:** Desenvolvimento de Liderança Própria
    - **Função:** *Sensei* para Randy e Rick

Agora, Jannie pode começar a desenvolver seus resultados-chave de acordo.

Etapa 5: Desenvolva seus Resultados-chave (KRs)

Jannie trabalhou em seu conjunto proposto de objetivos e resultados-chave (OKRs), mostrado na Figura 9-7.

Tipo de Objetivo	Objetivo	Tipo de Oportunidade	Oportunidade	Função	Resultados-chave	Mid Status (RAG)	Nota Final	Status Final (RAG)
Estratégico	E2. Melhorar a qualidade dos nossos serviços aos nossos clientes	Competitiva	C3: Concluir os esforços kaizen do processo de Admissão de Solicitação de Serviços	Líder	a. Diminuir a taxa de Erro de Solicitação de Serviços em, pelo menos, 30%	0%	0%	
					b. Aumentar NPS em 15%	0%	0%	
Estratégico		Competitiva/ Cultura (Liderança Própria)	C8: Impulsionar o treinamento de nossos fabricantes automotivos para proporcionar e oferecer um serviço superior aos nossos clientes	Líder/ sensei de Randy	a. Manter 100% de conformidade com as Certificações dos Técnicos de Serviços todo trimestre	0%	0%	
					b. Manter o status geral de certificações "Atual" do fabricante automotivo nos próximos 12 meses	0%	0%	
Estratégico		Competitiva/ Cultura (Liderança Própria)	C9: Capacitar os funcionários para exercerem mais plenamente suas habilidades e capacidades de liderança própria	Líder/ sensei de Rick	a. Fornecer treinamento em TBP para toda a equipe do departamento de serviços dentro dos próximos 90 dias para aperfeiçoar os recursos de resolução de problemas e desenvolver um senso de urgência para resolver os problemas	0%	0%	
					b. Fornecer OJD aos diretores dentro da concessionária nos próximos 90 dias	0%	0%	
Liderança Lean	L1: Melhorar minhas habilidades de atendimento ao cliente	Crescimento	G1: Concluir o curso avançado de atendimento ao cliente	Executante solo	a. Concluir o curso nos próximos 30 dias	0%	0%	
					b. Aumentar meu NPS pessoal em 10 pontos nos próximos 90 dias	0%	0%	
Liderança Lean	L2: Melhorar a minha habilidade de acreditar e confiar em mim mesma, encarar os desafios	Crescimento	G2: Liderar a equipe kaizen do Processo de Admissão de Solicitações de Serviços da Fase II	Executante solo	a. Concluir fase II nos próximos 90 dias	0%		
					b. Garantir que os OKRs permaneçam no status Verde nos próximos 90 dias	0%	0%	
Liderança Lean	L3: Dedicar tempo e energia ao autodesenvolvimento e orientar/treinar outras pessoas	Crescimento	G3: Receber treinamento/ orientação de desenvolvimento no local de trabalho por Nancy durante o projeto do Processo de Admissão de Solicitações de Serviços da Fase II	Líder/ sensei de Rick/ Randy	a. Executar as quatro etapas do OJD, usando o ciclo PDCA no 1º trimestre	0%	0%	
					b. Definir OKRs para cada um dentro da semana 1 do 1º trimestre	0%	0%	

Figura 9-7. OKRs individuais do 1º trimestre de Jannie Peterson

Nancy achou que esses objetivos e resultados-chave capturaram tudo o que foi atribuído a Jannie durante o processo de planejamento estratégico. Os objetivos e resultados-chave da empresa surgiram da análise das lacunas de cultura realizada em toda a concessionária, e Jannie chegou aos seus objetivos de liderança Lean e oportunidades de crescimento também. Além disso, esses objetivos e resultados-chave pareciam factíveis em noventa dias. Normalmente, Nancy sugeria que as pessoas mantivessem seus objetivos e resultados-chave em torno de cinco a sete por trimestre, e Jannie tinha seis.

Etapa 6: Defina suas Táticas e Tarefas Operacionais

Como a empresa Lean, os líderes Lean precisam determinar como farão para atingir seus objetivos. Jannie tem três objetivos e quatro oportunidades de crescimento vinculados aos objetivos estratégicos gerais da concessionária, bem como aos seus próprios objetivos de liderança Lean. Lembre-se de que os líderes Lean estão em um constante desenvolvimento de si próprios e da empresa Lean. Se um estiver mudando sem o outro, ocorre um atrito, porque a dissonância mental do líder deve ser corrigida. Para evoluir constantemente, você deve desenvolver um plano e, em seguida, trabalhar em seu plano e no plano da sua empresa em conjunto.

Mas como é que Jannie garantirá exatamente que sua evolução contínua esteja alinhada com a da organização à qual ela está conectada? A resposta para essa pergunta é desenvolvendo planos táticos e tarefas operacionais que garantam a sincronia dos dois. Uma coisa é dizer que definirá e alcançará seus objetivos, mas, sem um plano, é provável que apenas chegue a resultados conflitantes. Ao montar um plano concreto com tarefas operacionais acionáveis, o seu trabalho recebe foco e, consequentemente, visibilidade para a sua equipe, gerente, *sensei* e organização. O progresso pode ser analisado continuamente e as correções de curso feitas em tempo real. "Planejar seu trabalho e trabalhar no seu plano" é muito mais que apenas um clichê: é uma realidade Lean.

Os planos táticos de Jannie são mostrados na Tabela 9-3.

Tabela 9-3. Planos táticos individuais de Jannie Peterson para o primeiro trimestre

Objetivo de Liderança Lean 1: Melhorar as minhas habilidades de atendimento ao cliente

Oportunidade de Crescimento 1: Concluir o curso avançado de atendimento ao cliente

A. Concluir o curso nos próximos 30 dias
1. Matricular-se no curso
2. Organizar a viagem para o curso
3. Fazer o curso
4. Passar no exame final com uma pontuação de 80% ou mais
5. Apresentar um breve resumo dos principais pontos de volta à equipe do departamento de serviços

B. Aumentar a pontuação líquida de promotores (NPS) em 15%
1. Colocar em prática as habilidades avançadas de atendimento ao cliente aprendidas durante a aula
2. Realizar chamadas de verificação do cliente um dia antes da data do serviço
3. Validar o serviço a ser realizado com o cliente assim que chegar
4. Revisar o trabalho realizado com o cliente antes do faturamento final
5. Realizar uma chamada de acompanhamento ao cliente três dias após a data do serviço
6. Lidar com quaisquer disputas ou problemas por serviço insatisfatório imediatamente

Objetivo de Liderança Lean 2: Aumentar minha capacidade de acreditar e confiar em mim mesma, encarando os desafios

Oportunidade de Crescimento 2: Liderar a equipe *kaizen* do Processo de Admissão de Solicitações de Serviços da Fase II

A. Concluir a Fase II nos próximos 90 dias
1. Conduzir as Práticas de Negócios Toyota (TBP) nos processos de dispositivos móveis
2. Trabalhar com a equipe de tecnologia para ajudar a criar o aplicativo
3. Realizar o Teste de Aceitação do Usuário
4. Realizar o teste de discussão em grupo
5. Fazer quaisquer atualizações/revisões nos processos do aplicativo
6. Lançar o aplicativo

B. Certificar-se de que os objetivos e resultados-chave (OKRs) permaneçam no status Verde nos próximos 90 dias
1. Acompanhar de perto o progresso em relação ao plano
2. Identificar as correções de curso necessárias
3. Implementar as correções de curso; identificar/eliminar obstáculos para a equipe
4. Avaliar o impacto no cronograma e nos objetivos e resultados-chave
5. Mensurar e relatar o progresso nas reuniões de meio e de final de trimestre

Objetivo de Liderança Lean 3: Dedicar tempo e energia ao autodesenvolvimento e orientação/treinamento de outras pessoas.

Oportunidade de Crescimento 3: Receber orientação/treinamento sobre desenvolvimento no local de trabalho (OJD) de Nancy durante o projeto do Processo de Admissão de Solicitações de Serviços da Fase II

A. Executar as quatro etapas do desenvolvimento no local de trabalho (OJD), usando o ciclo PDCA no 1º trimestre
1. Escolher um problema com a equipe (Planejar)
2. Dividir o trabalho entre os membros da equipe (Planejar)
3. Executar dentro dos limites, monitorar e treinar (Desenvolver)
4. Fornecer feedback, reconhecimento e reflexão (Agir)

Oportunidade de Crescimento 4: Fornecer orientação/treinamento para Randy e Rick

A. Definir os objetivos e resultados-chave para cada um na semana 1 do 1º trimestre
1. Ajudar a definir objetivos e resultados-chave relevantes
2. Acompanhar o status e o progresso

B. Realizar Conversas, Feedback e Reconhecimento (CFRs) mensais com os dois.
1. Programar sessões regulares
2. Realizar as sessões
3. Fornecer treinamento e feedback sobre as correções de curso

Nancy aprovou o plano proposto por Jannie, mas também enfatizou que realmente não há resposta certa ou errada nesse caso. Um plano tático se resume ao próprio planejamento, o que faz uma pessoa trabalhar no que se propôs a alcançar. Colocar o plano no papel ajuda a concretizar seus pensamentos e a entender como obter resultados, o que se torna um hábito comportamental ao longo do tempo. Ao dividir o seu trabalho em pequenas partes, estará se condicionando a pensar de maneira iterativa e incremental, garantindo que seu plano seja maleável. Agir sem pensar não é o método a ser seguido por um líder Lean.

Com Nancy a bordo, Jannie pode agora passar para a próxima etapa: engajar-se e executar.

Etapa 7: Engajar-se e Executar

Com o planejamento inicial feito, agora você está pronto para começar a colocar seus planos táticos em prática. Isso marca o início do seu ciclo de realização: o período de noventa dias que você se propôs a atingir seus objetivos e oportunidades de crescimento. Esta etapa é o "desenvolver" do ciclo PDCA. Você deve ser diligente ao registrar quaisquer novas observações que surjam com a fase de execução. Jannie registrou duas observações em seu Canvas quando começou a se engajar e executar:

1. Precisarei de suporte quando estiver fora durante o treinamento.

    Ela não pensou nas implicações de se afastar por dois dias ao desenvolver seu plano e precisará atualizar suas tarefas operacionais em "G1: Concluir o curso avançado de atendimento ao cliente" para garantir que ela tenha cobertura enquanto estiver fora da concessionária.

2. Visto que orientarei Rick e Randy, preciso agendar um horário com Nancy para discutir o processo.

    Isso é crucial, porque formaliza o processo de seus treinamentos de liderança em Conversas, Feedback e Reconhecimento (CFRs) e Desenvolvimento no Local e Trabalho (OJD) com Nancy. Ela precisará adicionar um resultado-chave em "G3: Fornecer orientação/treinamento para Randy e Rick".

No geral, mantendo um registro do que você adiciona e exclui, em seu Canvas de autodesenvolvimento (Figura 9-10), você estará aperfeiçoando suas habilidades de planejamento.

Etapa 8: Mensurar e Relatar os Resultados

Durante a fase de execução, você medirá periodicamente o progresso que está alcançando em relação aos objetivos de liderança Lean e às oportunidades de crescimento. Mais uma vez, lembre-se de que esse é um processo iterativo que se repetirá, com base no cronograma definido com o seu *sensei* ou na cadência definida para toda a empresa Lean, uma vez que você tem objetivos estratégicos e de liderança Lean a serem atingidos em qualquer um dos trimestres. Nesse nível, você está no *gemba*, o que significa que passará pelas etapas 7 e 8 (Desenvolver/Conferir) da mesma forma que a empresa Lean passar (Figura 9-8).

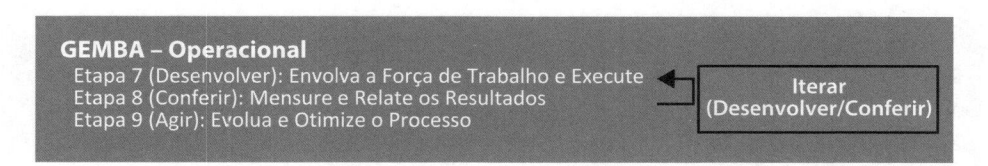

> **GEMBA – Operacional**
> Etapa 7 (Desenvolver): Envolva a Força de Trabalho e Execute ← Iterar (Desenvolver/Conferir)
> Etapa 8 (Conferir): Mensure e Relate os Resultados
> Etapa 9 (Agir): Evolua e Otimize o Processo

Figura 9-8. *Processo Iterativo de Desenvolver/Conferir do gemba*

É uma obrigação mensurar os resultados na empresa Lean. Estabelecer mensurações e depois rigorosamente mensurar, analisar, aprender e ajustar está no centro do ciclo iterativo de Desenvolver/Conferir, que contribui para o sucesso ou fracasso geral de ambos os tipos de objetivos.

Ao final de cada período de mensuração, à medida que você analisa seus resultados, os ajustes e as correções de curso são inevitáveis. Assim como no nível de empresa, a capacidade de mudar de ideia e tomar outra direção é incorporada aos métodos Lean por meio do feedback contínuo e do ciclo de aprendizagem. À medida que você passa por seus planos táticos de autodesenvolvimento estratégico e de liderança Lean, espere que eles mudem e evoluam.

A vida se move rapidamente, e os seus planos podem muito em breve se tornar obsoletos se surgir uma nova ameaça competitiva ou desafio em seu mercado. Portanto, o processo de planejamento estratégico da empresa Lean se concentra em descobrir de maneira geral como serão os próximos doze meses no seu roadmap estratégico. Em seguida, você trabalha em períodos de noventa dias, sintetizando as novas informações em seus planos nos níveis de empresa, tático e *gemba*.

A frequência da mensuração e da elaboração de relatórios dependerá dos objetivos e resultados-chave monitorados, que pode ser diária e semanal para os objetivos de liderança Lean, e mensal ou trimestral para os objetivos estratégicos. Esses pontos de verificação de progresso proporcionam uma oportunidade de ajuste. Os objetivos e resultados-chave não são estáticos. Eles evoluem conforme necessário. Se você estiver definindo e esquecendo de seus objetivos e resultados-chave (OKRs), pode correr o risco de buscar objetivos que não são mais relevantes e possivelmente nem dignos de seu tempo e esforço. É por isso que é tão importante aderir a uma cadência regular de Conversas, Feedback e Reconhecimento (CFR).

Tipo de Objetivo	Objetivo	Tipo de Oportunidade	Oportunidade	Função	Resultados-chave	Mid	Status (RAG)	Nota Final	Status Final (RAG)
Estratégico		Competitiva	C3: Concluir os esforços *kaizen* do processo de Admissão de Solicitação de Serviços	Líder	a. Diminuir a taxa de Erro de Solicitação de Serviços em, pelo menos, 30%	0%	0%	0%	
					b. Aumentar NPS em 15%	0%	0%	0%	
Estratégico	E2. Melhorar a qualidade dos nossos serviços aos nossos clientes	Competitiva/Cultura (Liderança Própria)	C8: Impulsionar o treinamento de nossos fabricantes automotivos para proporcionar e oferecer um serviço superior aos nossos clientes	Líder/sensei de Randy	a. Manter 100% de conformidade com as Certificações dos Técnicos de Serviços todo trimestre	0%	0%	0%	
					b. Manter o status geral de certificações "Atual" do fabricante automotivo nos próximos 12 meses	0%	0%	0%	
Estratégico		Competitiva/Cultura (Liderança Própria)	C9: Capacitar os funcionários para exercerem mais plenamente suas habilidades e capacidades de liderança própria	Líder/sensei de Rick	a. Fornecer treinamento em TBP para toda a equipe do departamento de serviços dentro dos próximos 90 dias para aperfeiçoar os recursos de resolução de problemas e desenvolver um senso de urgência para resolver os problemas	0%	0%	0%	
					b. Fornecer OJD aos diretores dentro da concessionária nos próximos 90 dias	0%	0%	0%	
Liderança Lean	L1: Melhorar minhas habilidades de atendimento ao cliente	Crescimento	G1: Concluir o curso avançado de atendimento ao cliente	Executante solo	a. Concluir o curso nos próximos 30 dias	0%	0%	0%	
					b. Aumentar meu NPS pessoal em 10 pontos nos próximos 90 dias	0%	0%	0%	
Liderança Lean	L2: Melhorar a minha habilidade de acreditar e confiar em mim mesma, encarando os desafios	Crescimento	G2: Liderar a equipe *kaizen* do Processo de Admissão de Solicitações de Serviços da Fase II	Executante solo	a. Concluir fase II nos próximos 90 dias	0%	0%	0%	
					b. Garantir que os OKRs permaneçam no status Verde nos próximos 90 dias	0%	0%	0%	
Liderança Lean	L3: Dedicar tempo e energia ao autodesenvolvimento e orientar/treinar outras pessoas	Crescimento	G3: Receber treinamento/orientação de desenvolvimento no local de trabalho por Nancy durante o projeto do Processo de Admissão de Solicitações de Serviços da Fase II	Executante solo	a. Executar as quatro etapas do OJD, usando o ciclo PDCA no 1º trimestre	0%	0%	0%	
					b. Concluir sessões entre *sensei*/aluno semanalmente com Nancy	0%	0%	0%	
			G4: Fornecer orientação/treinamento para Randy e Rick		c. Definir OKRs para cada um dentro da semana 1 do 1º trimestre	0%	0%	0%	

Figura 9-9. *OKRs individuais do 1º trimestre de Jannie Peterson (revisados)*

Jim e seus líderes estabeleceram a seguinte cadência de mensuração e elaboração de relatório para a New Horizons:

1. O progresso será relatado oficialmente duas vezes por trimestre.
2. O primeiro ponto de verificação será 45 dias após o início do trimestre.
3. O segundo ponto de verificação será três dias após o final do trimestre.
4. O status dos objetivos e resultados-chave será rastreado usando o modelo de rastreamento dos objetivos e resultados-chave da concessionária.
5. O status será relatado usando a escala de elaboração de relatório padrão em vigor em dado momento.
6. As Conversas, Feedback e Reconhecimento (CFRs) de autodesenvolvimento da liderança Lean serão realizadas semanalmente entre aluno e *sensei*.

Como essa é a primeira tentativa individual de Jannie de liderar de maneira Lean, ela começará com uma cadência semanal, que sempre pode ser ajustada. É sempre responsabilidade do aluno fazer esses agendamentos com seu *sensei*. Os líderes Lean têm iniciativa e devem se comprometer por completo com o seu próprio desenvolvimento.

Etapa 9: Evoluir e Otimizar o Processo

A última e possivelmente mais importante etapa é evoluir e otimizar o processo. Isso significa manter um registro das revelações e mudanças à medida que avança na atual fase de execução. Jannie percebeu rapidamente que não havia escrito os objetivos e resultados-chave sobre seus pontos de verificação de aluno/*sensei*. Ela registrou os objetivos e resultados-chave que faltavam em seu Canvas, adicionou-o aos objetivos e resultados-chave do primeiro trimestre (Figura 9-9) e atualizou seus planos táticos (Tabela 9-4).

Tabela 9-4. Planos táticos individuais de Jannie Peterson para o primeiro trimestre (revisados)

Objetivo de Liderança Lean 1: Melhorar as minhas habilidades de atendimento ao cliente

Oportunidade de Crescimento 1: Concluir o curso avançado de atendimento ao cliente

A. Concluir o curso nos próximos 30 dias
1. Matricular-se no curso
2. Organizar a viagem para o curso
3. Fazer o curso
4. Passar no exame final com uma pontuação de 80% ou mais
5. Apresentar um breve resumo dos principais pontos de volta à equipe do departamento de serviços

B. Aumentar a pontuação líquida de promotores (NPS) em 15%
1. Colocar em prática as habilidades avançadas de atendimento ao cliente aprendidas durante a aula
2. Realizar chamadas de verificação do cliente um dia antes da data do serviço
3. Validar o serviço a ser realizado com o cliente assim que chegar
4. Revisar o trabalho realizado com o cliente antes do faturamento final
5. Realizar uma chamada de acompanhamento ao cliente três dias após a data do serviço
6. Lidar com quaisquer disputas ou problemas por serviço insatisfatório imediatamente

---

Objetivo de Liderança Lean 2: Aumentar a minha capacidade de acreditar e confiar em mim mesma, encarando os desafios

Oportunidade de crescimento 2: Liderar a equipe *kaizen* do Processo de Admissão de Solicitações de Serviços da Fase II

A. Concluir a Fase II nos próximos 90 dias
1. Conduzir as Práticas de Negócios Toyota (TBP) nos processos de dispositivos móveis
2. Trabalhar com a equipe de tecnologia para ajudar a criar o aplicativo
3. Realizar o Teste de Aceitação do Usuário
4. Realizar o teste de discussão em grupo
5. Fazer quaisquer atualizações/revisões nos processos do aplicativo
6. Lançar o aplicativo

B. Certificar-se de que os objetivos e resultados-chave (OKRs) permaneçam no status Verde nos próximos 90 dias
1. Acompanhar de perto o progresso em relação ao plano
2. Identificar as correções de curso necessárias
3. Implementar as correções de curso; identificar/eliminar obstáculos para a equipe
4. Avaliar o impacto no cronograma e nos objetivos e resultados-chave
5. Mensurar e relatar o progresso nas reuniões de meio e de final de trimestre

> **Objetivo de Liderança Lean 3:** Dedicar tempo e energia ao autodesenvolvimento e orientação/treinamento de outras pessoas.
>
> **Oportunidade de Crescimento 3:** Receber orientação/treinamento sobre desenvolvimento no local de trabalho (OJD) de Nancy durante o projeto do Processo de Admissão de Solicitações de Serviços da Fase II
>
> *A. Executar as quatro etapas do desenvolvimento no local de trabalho (OJD), usando o ciclo PDCA no 1º trimestre*
> 1. Escolher um problema com a equipe (Planejar)
> 2. Dividir o trabalho entre os membros da equipe (Planejar)
> 3. Executar dentro dos limites, monitorar e treinar (Desenvolver)
> 4. Fornecer feedback, reconhecimento e reflexão (Agir)
>
> *B. Realizar sessões semanais entre sensei/aluno com Nancy*
> 1. **Programar sessões regulares com Nancy**
> 2. **Realizar as sessões**
> 3. **Implementar as correções de curso**
> 4. **Fornecer feedback a Nancy sobre os resultados**
>
> **Oportunidade de Crescimento 4:** Fornecer orientação/treinamento para Randy e Rick
>
> *A. Definir os objetivos e resultados-chave para cada um na semana 1 do 1º trimestre*
> 1. Ajudar a definir objetivos e resultados-chave relevantes
> 2. Acompanhar o status e o progresso
>
> *B. Realizar Conversas, Feedback e Reconhecimento (CFRs) mensais com os dois.*
> 1. Programar sessões regulares
> 2. Realizar as sessões
> 3. Fornecer treinamento e feedback sobre as correções de curso

Espero ter passado a mensagem de que achar que um plano, assim que desenvolvido, não deva mudar, é uma noção ultrapassada — ou, pior ainda, que você precise de muitas aprovações para mudar alguma coisa. Esse comportamento "antigo" não chega nem perto da mentalidade Lean que você está tentando desenvolver. E não esqueça: na fábrica da Toyota, qualquer pessoa pode agir e interromper a linha de produção quando identifica que algo precisa ser corrigido.

Se você precisar agir e fazer uma mudança, leve ao conhecimento de seu *sensei*, discutam e faça as correções necessárias de imediato. Além disso, lembre-se de registrar as mudanças na etapa 7, detalhando o catalisador da mudança e informando na etapa 9 as mudanças feitas. Dessa forma, você terá um registro de como o seu plano se desenvolveu e evoluiu durante o ciclo atual.

O Canvas de Autodesenvolvimento do Líder Lean de Jannie Peterson para o 1º trimestre

Data: 20/07/20XX
Iteração nº 1

Etapa 1: Crenças da Liderança Própria

1. Crença, Confiança, Persistência e Tenacidade:
   Pontuação___5___
2. Mente Sã e Corpo São:
   Pontuação___9___
3. Enfrentar Desafios e Ter Tendência a Agir:
   Pontuação___3,5___
4. Resolução de Problemas e Tomada de Decisão:
   Pontuação___8___
5. Inteligência Emocional:
   Pontuação___8___
6. Aprendizagem e Desenvolvimento:
   Pontuação___9___

Etapa 2: Valores e Norte Verdadeiro Pessoal

- Respeito pelas Pessoas
- Melhoria Contínua
- Trabalho em Equipe
- Qualidade
- Maestria
- Capacitação
- Foco no Cliente

Visão: Sobressair-me sendo uma líder Lean excepcional que acredita e confia em si própria e que está comprometida com o autodesenvolvimento, servindo aos outros e oferecendo atendimento de alta qualidade ao cliente

Etapa 3: Objetivos da Liderança Lean

L1: Melhorar minhas habilidades de atendimento ao cliente
L2: Melhorar a minha habilidade de acreditar e confiar em mim mesma, encarando os desafios de frente
L3: Dedicar tempo e energia ao autodesenvolvimento e orientar/treinar outras pessoas

Etapa 4: Oportunidades de Crescimento

G1: Concluir o curso avançado de atendimento ao cliente
G2: Liderar a equipe kaizen do Processo de Admissão de Solicitações de Serviços da Fase II
G3: Fornecer orientação/treinamento para Randy e Rick

Etapa 5: Resultados-chave (KRs)

L1/G1.a: Concluir o curso nos próximos 30 dias
L1/G1.b: Aumentar meu NPS pessoal em 10 pontos nos próximos 90 dias

L2/G2.a: Concluir fase II nos próximos 90 dias
L2/G2.b: Garantir que os OKRs permaneçam no status Verde nos próximos 90 dias

L3/G3.a: Executar as quatro etapas do OJD, usando o ciclo PDCA no 1º trimestre
L3/G3.b: Concluir sessões entre sensei/aluno semanalmente com Nancy

L3/G4.a: Definir OKRs para cada um dentro da semana 1 do 1º trimestre
L3/G4.b: Conduzir CFRs mensais com ambos

Etapa 6: Táticas e Tarefas

Use os planos táticos a seguir como referência:
1. Curso avançado de atendimento ao cliente
2. Projeto do Processo de Admissão de Solicitações de Serviços da Fase II
3. Processo de treinamento/orientação de desenvolvimento no local de trabalho para o projeto de Processo de Admissão de Solicitações de Serviços da Fase II

Etapa 7: Engajar e Executar as Observações

1. Precisarei garantir que serei substituída quando estiver fora fazendo treinamento
2. Já que estarei orientando tanto Rick quanto Randy, preciso garantir que reservarei um horário com Nancy para discutir o processo.

Etapa 8: Mensurar e Relatar os Resultados

1. O progresso será relatado oficialmente duas vezes por trimestre.
2. O primeiro ponto de verificação será 45 dias após o início do trimestre.
3. O segundo ponto de verificação será três dias após o final do trimestre.
4. O status dos objetivos e resultados-chave será rastreado usando o modelo de rastreamento dos objetivos e resultados-chave da concessionária.
5. O status será relatado usando a escala de elaboração de relatório padrão em vigor em dado momento.
6. As Conversas, Feedback e Reconhecimento (CFRs) de autodesenvolvimento da liderança Lean serão realizadas semanalmente entre aluno e sensei.

Etapa 9: Evoluir e Otimizar

Adicione o seguinte resultado-chave à oportunidade L3G3:
b. Concluir sessões entre sensei/aluno semanalmente com Nancy
  i. Marcar sessões regulares com Nancy
  ii. Conduzir as sessões
  iii. Implementar correções de curso
  iv. Dar feedback a Nancy sobre os resultados

Missão: Incentivar e capacitar a mim mesma e aos outros para sermos os melhores líderes Lean possíveis.

Proposta de Valor: Liderar e capacitar a mim mesma e aos outros com coragem, usando minha mentalidade Lean para que eu possa encarar os desafios, formar futuros líderes e oferecer atendimento da mais alta qualidade ao cliente, que são todos alcançados por meio da minha dedicação à melhoria contínua, ao respeito pelas pessoas e ao compromisso com o trabalho em equipe.

Figura 9-10. *Canvas de autodesenvolvimento de líder Lean de Jannie Peterson para o 1º trimestre (versão em formato grande)*

Resumo: Canvas de Autodesenvolvimento do Líder Lean de Jannie Peterson para o 1º trimestre

A primeira iteração de Jannie Peterson sobre o seu Canvas de autodesenvolvimento do líder Lean para o 1º trimestre (Figura 9-10) representa uma grande conquista em seu caminho para se tornar uma líder Lean.

Ele detalha como ela alcançará seus objetivos de liderança e oportunidades de crescimento, que serão periodicamente atualizados e reciclados nos próximos noventa dias. Esse Canvas inclui apenas os objetivos de autodesenvolvimento do líder Lean dela, mas ela também é responsável pelos objetivos estratégicos e pelas oportunidades competitivas a nível de empresa. Ao todo, ela possui quatro objetivos e sete oportunidades para realizar seus objetivos e resultados-chave.

Conclusão: Assuma o Compromisso com o Modelo do Líder Lean Moderno

O desenvolvimento de líderes Lean Modernos requer uma abordagem com duas frentes: ela deve vir de dentro do indivíduo (você) e, em seguida, deve ser cultivada e sustentada no ambiente certo (a empresa Lean). Você deve estar motivado de maneira intrínseca para se desenvolver e aprimorar, enquanto os líderes Lean Modernos da empresa devem fornecer as condições e oportunidades para o desenvolvimento e a evolução de futuros líderes Lean Modernos e moldar a visão e a missão da organização. Todas as ferramentas para realizar ambas as frentes foram apresentadas e retratadas sistematicamente nos capítulos deste livro, ou seja, todas elas estão à sua disposição para evoluir e se tornar um líder Lean e construir a sua empresa Lean Moderna.

Mais do que tudo, espero que agora você se sinta capacitado e tenha um senso de urgência para agir e se comprometer com o Modelo do líder Lean Moderno. Estes são os princípios com os quais você deve se comprometer como líder Lean Moderno:

- Eu reconheço que meu principal objetivo é a busca incansável da excelência na geração de valor para os clientes, stakeholders e para a empresa, através da criação de um fluxo ininterrupto e da eliminação de desperdícios.

- Eu ajo com o coração fervoroso de um servidor e com a mente disruptiva do Lean Moderno para liderar a mim mesmo, aos outros, aos meus clientes, aos stakeholders e à empresa Lean, através do respeito pelas pessoas e da melhoria contínua.

- Eu entendo que o desenvolvimento das minhas habilidades de liderança Lean Moderna é um processo iterativo e incremental que deve ser uma jornada consciente rumo ao meu "Norte Verdadeiro Pessoal".

- Eu possuo um forte senso de urgência e uma tendência a agir indo diretamente à raiz do problema para encarar os desafios.

- Eu me comprometo a ajudar as outras pessoas a crescer e se desenvolver como líderes Lean Modernos, por meio do trabalho em equipe, feedback eficaz, aprendizagem contínua e autodesenvolvimento.

- Eu sigo o Norte Verdadeiro da empresa Lean para me guiar na realização de sua visão, missão e proposta de valor e, assim, estar sempre gerando e agregando valor para os clientes, stakeholders e para a empresa.

Se quiser saber mais sobre como se comprometer com o Modelo do Lean Líder Moderno e participar de uma comunidade de pessoas e empresas com essa mentalidade que buscam maneiras do Lean Moderno de liderar e trabalhar, acesse http://ModernLeanInstitute.org [conteúdo em inglês] ou entre em contato conosco em *info@ModernLeanInsititute.org*.

Desejo todo o sucesso do mundo em sua jornada para se tornar um líder Lean Moderno.

Índice

A

abordagem
  push de geração
    (da empresa para o cliente), 3
  sistema de pull
    (do cliente para a empresa), 3
    Management by Objectives, 247

alfabetização digital, 175

análise
  Dados
    coletados por funcionários, 115
    de busca, 114
    de entrevista, 114
    de pesquisa, 114

aprendizagem
  colaborativa, 55
  contínua, 38

autodesenvolvimento, 38
  do Líder Lean, 266

B

bem-estar mental, 43

administração
  científica
    (Taylorismo), 16
  por Objetivos
    (MBO)

benefícios tangíveis, 107

C

casos
  3M, 22

ciclo
  de feedback, 28
  de realização, 288
  PDCA
    (Planejar/Desenvolver/Conferir/Agir), 70

cliente
  aquisição de, 102
  atendimento ao, 101
  classificação

Detratores, 104
Passivos, 104
Promotores, 104
engajamento do, 11
  ponta a ponta (E2E), 117
métricas
  Pontuação Líquida de Promotores, 104
  Taxa de Perda, 102
  Valor de Vida Útil do, 103
Omnichannel, 135
perspectiva dos, 4
resultado do, 140
retenção de, 101
satisfação do, 101
  da Cultura, 36
  da Inovação, 36
  de Fora para Dentro, 35
  em Toda a Empresa, 35
  Própria, 35
  sobre os Outros, 35
controles internos, 254
critérios SMART, 152
cultura
  caminhada de, 220
  corporativa, 211
  da empresa, 22
  de apatia
    (pensar que está tudo perfeito), 64
  de assertividade, 22
  Lean, 209–262
  mudança na, 210

fidelização de, 101
Identificar as Personas, 108
jornada do, 112
  Mapeamento, 115

segmentos de, 108
competição global, 4
comportamentos, 216
  Motivadores, 231
conceito
  Kaizen
    (melhoria contínua), 7
  Modern Lean Framework, 21–36
    Liderança

D

decisão de compra, 101
declaração
  de missão, 277
  de visão, 277
Desafios de Liderança, 5
  autodesenvolvimento, 5–6
  avanços tecnológicos, 13
  desalinhamento estratégico, 10–11
  Estilos Ultrapassados, 6–7
  estruturas hierárquicas, 11

foco no cliente, 7–8
força de trabalho, 14–15
Lucro como Prioridade, 8–9
práticas de desenvolvimento, 12
redução de custos, 9–10
desenvolvimento
   de equipes, 68
   no local de trabalho (OJD), 14
design
   participativo, 177
   thinking, 195
desvio organizacional, 173
disrupção
   área de atuação, 180
DNA corporativo, 166

E

eliminação de desperdícios, 28
emocional
   conexões, 113
      Avaliação, 106
      Compra, 107
      Conscientização, 106
      Defesa, 107
      Descarte/Recompra, 107
      Integração, 107
      Pesquisa, 106
      Serviço, 107
   de investimento, 161
   de personalização, 134
estrutura
   centralizada, 137
   descentralizadas, 4

consequências, 53
engajamento, 138
   dos funcionários, 255
      colaboração, 255
      responsabilização, 255
espírito
   da evolução, 22–36
   de desafio, 21
espírito empreendedor, 18
estágios da competência, 24
   Competência
      Consciente, 24
      Inconsciente, 25
   Incompetência
      Consciente, 24
      Inconsciente, 24
estratégia
   de experiência do cliente
      ciclo de vida

ética de trabalho, 46
extinção corporativa, 22–36

G

gemba

onde o trabalho é realizado, 64
genchi genbutsu, 64
   fonte da verdade, 31
Gestão de Desempenho Contínuo (CPM), 256–258

H

human-centered design (HCD), 195

I

Identificação de Crenças, 214
inovação
   Clima político, 182
   Colaboração, 178
   contexto, 178
      enquadramento do problema, 178
   emergente, 161
   experimentação, 178
   força de trabalho, 183
   intencional, 161
      Diversidade, 59
      Integridade, 59
      Interação contínua, 59

M

mecanismos naturais de resposta, 25
medidas corretivas, 254
meditação
   prática diária da, 39
melhoria contínua, 1
mente

pensamento humano, 177
pessoas de fibra, 179
   Tolerância a falhas, 179
inteligência emocional, 6
Internet das Coisas (IoT), 4

J

janela da oportunidade, 12
jornada
   de aprendizagem, 14
   de liderança, 38

L

Lean Startup, 196
liderança, 38
   da Inovação, 175
   habilidades de, 68
   Lean, 57
   servidora, 57–100
      características

Disruptiva, 179
   inquisitiva, 64
   Kaizen, 67
   Sã e Corpo São, 40
mercado
   condições competitivas de, 2
   participação no, 165

metas
　definir, 163
　individuais, 36
　organizacionais, 36
metodologia Agile, 10
missão estratégica, 137
modelo de negócios, 197
motivação, 210

N

nível
　da empresa
　　estratégico, 33
　　operacional, 33
　　tático, 33
　de maturidade, 165
noção de finalização, 46
Norte Verdadeiro, 61
　Corporativo, 265
　Pessoal, 278

O

objetivos
　de carreira, 68
　estratégicos, 97
　gerais, 97
oportunidades
　competitivas, 150
　de aprendizagem, 264
　de crescimento, 282
　no horizonte, 185

P

padrões reacionários, 41
pensamento
　independente, 65
　Lean, 28
Planejamento Estratégico, 143
　Canvas, 145
plano
　de ação, 47
　de lançamento, 170
pontos de verificação de progresso, 289
posição
　competitiva, 165
　de conectividade, 23
　de serviço, 7
Práticas de Negócios Toyota (TBP), 70, 148
processo
　de aprendizagem, 7
　de desenvolvimento
　　(de produtos/serviços), 2

Q

Quociente Emocional, 52

R

resolução de problemas, 72
respeito pelas pessoas, 31

responsabilização pessoal, 44
resultados
  -chave, 152
  sistemáticos, 256
Roadmap
  do produto/serviço, 201
  Estratégico, 166

S

sistema
  de crenças, 23
    Lean, 224
  de estoque Just-In-Time (JIT), 26
  de Produção
    Ford, 26
    Toyota (TPS), 27
  de remuneração, 245
stakeholders, 1
Sucesso, 192

T

técnica Lean dos 5 Porquês, 50
    articuladas, 189
    básicas, 189
    despertadas, 189
    segmento, 189

tempo de ciclo, 12
Tolerância ao Fracasso, 65
trabalho em andamento
  Work in Progress (WIP), 47
triângulo do drama da comunicação
  (Stephen Karpman), 40

V

valor
  agregado, 1
  definindo o, 3–4
  fluxo de identificação, 3
  incompatibilidade de, 215
  para o cliente, 28
  proposta de, 1
vantagem competitiva, 19
viés de positividade, 47
  síndrome de Poliana, 47
voz do cliente, 185
  análise
    entrevistas, 187
    necessidades

Projetos corporativos e edições personalizadas
dentro da sua estratégia de negócio. Já pensou nisso?

Coordenação de Eventos
Viviane Paiva
viviane@altabooks.com.br

Assistente Comercial
Fillipe Amorim
vendas.corporativas@altabooks.com.br

A Alta Books tem criado experiências incríveis no meio corporativo. Com a crescente implementação da educação corporativa nas empresas, o livro entra como uma importante fonte de conhecimento. Com atendimento personalizado, conseguimos identificar as principais necessidades, e criar uma seleção de livros que podem ser utilizados de diversas maneiras, como por exemplo, para fortalecer relacionamento com suas equipes/ seus clientes. Você já utilizou o livro para alguma ação estratégica na sua empresa?

Entre em contato com nosso time para entender melhor as possibilidades de personalização e incentivo ao desenvolvimento pessoal e profissional.

PUBLIQUE SEU LIVRO

Publique seu livro com a Alta Books. Para mais informações envie um e-mail para: autoria@altabooks.com.br

/altabooks /alta-books /altabooks /altabooks

CONHEÇA OUTROS LIVROS DA ALTA BOOKS

Todas as imagens são meramente ilustrativas.

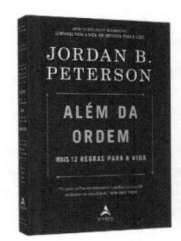

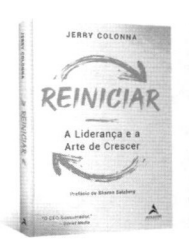

Este livro foi impresso nas oficinas gráficas da Editora Vozes Ltda.,
Rua Frei Luís, 100 – Petrópolis, RJ.